아날로그의 반격

아날로그의 반격

THE REVENGE of ANALOG

REAL THINGS and
WHY THEY MATTER

디지털, 그 바깥의 세계를 발견하다

데이비드 색스 지음 | **박상현·이승연** 옮김

어크로스

⊙

새로운 미디어는 기존의 미디어에 추가되지도,
기존의 미디어를 그냥 내버려두지도 않는다. 새로운 미디어는
기존의 미디어에 끊임없이 개입하여 새로운 모습과 위치를 찾게 한다.

마셜 매클루언, 1964

⊙

재키 트리혼: 새로운 테크놀로지를 사용하면 인터랙티브하고
에로틱한 소프트웨어로 흥미진진한 일을 할 수 있지.
미래의 물결은 100퍼센트 일렉트로닉해.
더 두드: 흠…… 그래도 난 자위는 손으로 해.

영화 〈위대한 레보스키〉 중에서, 1998

2부
아날로그 아이디어의 반격

진짜가 아니라는 느낌

2012년 6월 캐나다 토론토의 리틀이탈리아 지역에 '준레코드'라는 상점이 문을 열었다. 아내와 내가 새로 산 집에서 한 블록 반 정도 떨어진 곳이었다. 준레코드는 내가 어린 시절 종종 들렀던 비좁고 먼지 가득한 음반 매장과는 전혀 다른 모습이었다. 밝은 불빛에 모던하고 깔끔해서 상류층을 위한 고급 상점의 느낌마저 들었다. 집을 사고 나서 동네를 산책하던 나는 준레코드 안의 턴테이블에서 흘러나오는 아름다운 음악 소리에 반해 걸음을 멈췄다. 아레사 프랭클린Aretha Franklin의 연주 실황 음반《필모어 웨스트 라이브Live at the Filmore West》가 턴테이블에서 돌아가고 있었다. 햇볕이 쏟아지는 여름날 '소울의 여왕' 프랭클린의 노래가 우리 동네의 분위기와 너무나 멋지게 어우러졌기 때문에 나는 홀린 듯 가게 안으로 들어섰다. 나는 레코드의 가격을 물었고 가게를 나설 때는 프랭클린의 앨범이 내 품에 안겨 있었다. 나는 기쁨에 춤이라도 추듯 집으로 돌아왔다.

많은 음악 팬들이 그랬던 것처럼 나도 앞선 10년 동안 모아두었던 음악을 물리적 실체로부터 차츰 분리해냈다. CD의 곡들을 아이튠즈에 담았다가 다시 아이폰으로 옮겼고 결국엔 클라우드로 이전했다. 여전히 턴테이블은 가지고 있었다. 내 친구 데이비드 레비가 선물한 오래된 테크닉스 텐테이블은 박스째로 부모님 댁에 2년 이상 완전히 방치되어 있었다. 내가 준레코드 매장에 지불한 20달러는 지난 2년간 어떤 종류의 음악에 썼던 금액보다도 큰 액수였다.

그해 가을 그 동네로 이사하면서 나는 집에 턴테이블을 설치했고 드디어 프랭클린의 기가 막히게 아름다운 노래를 들을 수 있었다. 〈리스펙트Respect〉가 흐르고 불과 몇 소절도 지나지 않아 '내가 이렇게 열심히 듣는 음반은 정말 오랜만이구나' 하고 깨닫게 되었다. 내 컴퓨터에 있는 아이튠즈를 마지막으로 열어본 게 벌써 몇 달 전이고 내 휴대전화에는 아무런 음악도 담겨 있지 않았다. 내 앨범들은 전부 예전 이메일이나 갖가지 파일들과 함께 하드 드라이브 어딘가에 숨어 있다. 나는 보통 부엌이나 차에서 공영 라디오 방송을 들을 뿐이고 동생에게 이용권을 선물받은 알디오Rdio(음악 스트리밍 서비스)도 앱을 실행시키고 나면 무슨 음악을 들을지 결정하지 못해서 멍하니 쳐다볼 때가 많다. 알디오에서 제공하는 옵션은 무한해서 문자 그대로 세상의 모든 싱글 앨범과 모든 노래를 들을 수 있다. 나는 무슨 음악을 듣고 싶었던 걸까? 마치 디지털 음악의 편리함이 음악을 듣는 행위에서 즐거움을 쏙 빼내버린 것 같았다. 온 세상의 음악을 클릭 한 번이면 들을 수 있지만 나는 그것도 귀찮았다. 곡을 하나 들으려다가도 '이것보다 더 좋은 노래가 있지 않을까?' 하는 생각에 계속 노래를 찾기만 했다. 뭔가 중요한 게 빠져 있었다. 지금 돌이켜보니 내가 잃어버린 그 뭔가를 되찾는 방법이 바로 레코드였다.

그 후 기회가 있을 때마다 음반을 샀다. 처음에는 준레코드의 할인 코너에서 옛날 재즈나 솔뮤직 앨범을 샀지만 곧이어 갓 찍어낸 새 음반들도 사게 되었다. 주로 준레코드의 매장 직원과 이야기를 나누다가 알게 된 아티스트나 밴드의 새로운 앨범들이었다. 매장의 턴테이블에 틀어놓은 음악을 듣고 곧바로 그걸 사는 경우도 많았다. 우리 지역에서 활동하는 밴드 올웨이즈Always의 아름다운 데뷔 앨범이나 사이키디스코psych-disco의 숨겨진 실력자인 나이지리아 출신 윌리엄 오니버William Onyeabor의 새로운 컴필레이션 앨범, 랩의 전설인 고스트페이스 킬라Ghostface Killah가 펑크 밴드인 배드배드낫굿BadBadNotGood과 함께 연주한 힙합 컬래버레이션 같은 것들이 그렇다. 처음 이사 왔을 때만 해도 낡은 음반 10여 개가 전부였지만 그 숫자가 빠르게 늘어나더니 마침내 아내가 집의 절반을 잠식해가는 레코드판의 개수를 엄격히 제한하기에 이르렀다.

하지만 음반 모으기에 심취한 내 귀에 아내의 경고 따위는 들어오지 않았다. 레코드판에 대한 약간의 집착은 냅스터Napster에서 음악을 다운로드받기 시작한 이후 잠들었던 내 안의 무언가를 깨웠다. 바로 음악을 손으로 고르고 구매하는 '육체적인' 즐거움이었다. 레코드점에 들르기만 하면 내 지갑에 들어 있던 10달러 지폐가 저절로 기어 나오는 것 같았다. 30분쯤 후 앨범을 팔에 끼고 나오는 내 얼굴은 마치 그 음반에 수록된 곡을 모두 녹음하고 나온 가수처럼 뿌듯함이 가득했다. 그 음반에 담긴 곡들을 전부 공짜로 받아 다섯 가지 기기에서 들을 수 있는 시대에 나는 플라스틱으로 만든, 쉽게 긁히고 무겁고 까다로운 음반을 사는 데 상당한 돈을 지불하고 있었다. 더구나 그 음반으로 음악을 들으려면 중고차만큼이나 관리가 까다롭고 유지비가 많이 드는 기기를 이용해야 하는데도 말이다. 정말로 비합리적인 짓이었다.

하지만 나만 그런 정신 나간 짓을 하는 게 아니었다. 몇 달에 한 번꼴로 새로운 음반 가게가 문을 열거나 기존의 음반 매장이 2호점, 3호점을 내는 것이 눈에 띄었다. 그때마다 작은 기적을 목격하는 기분이었다. 사람들의 머릿속에서 음반 가게는 이미 10년 전에 멸종했어야 하는, 디지털 시대에 적응하지 못하고 죽어가는 유통업을 상징했다("만약 서점이 웹에 적응하지 못하면 음반 가게들의 전철을 밟을 것이다"). 아무도 음반 매장을 새로 열지 않았다. 어느 누구도. 공룡처럼 멸종한 줄로만 알았던 음반 가게들은 벼랑 끝에서 살아 돌아와 우리 곁에 모습을 드러냈을 뿐만 아니라 세계 구석구석으로 퍼져나가고 있다. 음반 매장들이 망했다는 소식을 전하던 뉴스는 준레코드와 같은 음반 매장이 다시 문을 열고 있다는, 도저히 불가능해 보였던 소식을 전하더니, 이제는 음반 매장이 다시 돌아왔을 뿐만 아니라 성업 중이라는 선언을 하기에 이르렀다. 음반 신보의 발행량과 판매량은 지난 10년 동안 10배 이상 증가했고, 그 결과 턴테이블의 판매와 음반 매장의 개장 역시 증가했다. 준레코드의 공동 소유주인 이언 청에 따르면 준레코드만 해도 개점 이후 매달 약 5퍼센트씩 판매가 증가했고 연간 매출도 두 배씩 증가했다고 한다. 심지어 지난달에는 준레코드에서 몇 블록 떨어지지 않은 곳에 다른 레코드점이 문을 열었다. 그러나 청은 걱정하지 않는다고 했다. 더 많은 음반 매장이 등장할수록 준레코드는 존재의 이유가 분명해질 것이기 때문이다.

매출 성장보다 더 의미 있는 것은 누가 음반을 사느냐였다. 준레코드의 점원인 앤드루 저커먼은 긴 머리에 자기주장이 강한 사람이다(사람들이 그런 음반 매장에서 흔히 떠올릴 만한 전형적인 음반 구루guru다). 그에 따르면 지난 10년간 레코드점 손님은 대개 "1달러짜리 세일 코너 명반을 찾는 쉰내 나는 남자들"이었다. 알다시피, 그런 유형은 벗겨져가는 정수리 아래로 새치 섞인 머리카락을 하나로 묶고 낡아빠진 제인스 어딕션Jane's Addiction 콘서트 티셔츠를 얼룩진 블랙진에 넣어 입고 다니면서 아무도 관심 없는 자신의 문화적 우월성을 쉬지 않고 중얼거리는 사람들이다.

그러나 준레코드가 개장했을 즈음 고객층에 극적인 변화가 일어났다. 쉰내 나는 고객들이 젊은 고객들로 빠르게 대체된 것이다. 음악을 사랑하는 20대 젊은이, 디지털 음악과 함께 성장한 10대 아이들, 애플 기기에서 공짜로 내려 받은 음악밖에 들어본 적이 없던 사람들이 그들이다. 하지만 정말 깜짝 놀랄 만한 소비자 집단은 따로 있었다.

"여자애들이오!" 그렇게 말하는 이언 청의 목소리에서는 사막을 헤맨 끝에 우연히 물줄기를 만난 사람의 '살았다'는 안도감마저 느껴졌다. "여자애들이 다시 레코드를 사기 시작했다면 정말로 상황이 바뀐 겁니다." 저커먼이 고개를 끄덕였다. "레코드판 사는 여자아이들을 보는 나이 든 고객들의 눈을 봤어요." 그건 공포에 질린 눈이었다. 여자들이 다시 레코드판을 사고 그 숫자가 늘어난다는 것은 음반 매장이 전체 문화의 지평에서 제 위치를 찾아간다는 신호였다. 어딘가 '쿨'한 곳에서 젊은이들이 음악을 찾기 위해 모여들어 서로를 발견하고 있었다.

미디어와 음반 업계 사람들은 전 세계적으로 레코드판이 다시 인기를 끄는 놀라운 현상을 어떻게 설명해야 할지 몰랐다. '진짜', '노스탤지어,' '밀레니얼 세대' 같은 마케팅의 유행어들이 다양하게 조합되었고 어떤 사람들은 모두가 싫어하는 힙스터hipster들에게서 흥행의 원인을 찾았다. (사람들은 젠트리피케이션부터 스키니 진까지 그들이 싫어하는 도시 문화의 모든 요소가 힙스터에게서 유래했다고 몰아세운다. 힙스터가 손쉬운 희생양이기 때문이다.)

내가 보기에 레코드판이 다시 인기를 끄는 것은 좀 더 거시적인 현상이다. 바로 '아날로그의 반격' 말이다.

새로운 프리즘

준레코드가 생기기 5년 전 나는 유타 주 파크시티에서 열린 수련회에 참가했다. 리부트Reboot라는 유대인 단체가 개최한 주말 행사로서 유대인의 정체성과 문화를 새롭게 돌아보는 다양한 활동들로 채워져 있었다. 그런데 참가자들은 안식일인 금요일 일몰부터 토요일 일몰까지 24시간 동안 테크놀로지의 이용을 중단해야 했다. 그렇게 전자제품을 사용하지 않게 되자 커다란 휴식이 찾아왔다. 나는 종교가 없음에도 토론토에서 돌아온 이후로는 나만의 디지털 안식일을 만들어 지키고 있다.

몇 주 후 금요일 밤에 나는 여자친구(지금의 아내)와 함께 친구 집에 초대받았다. 저녁 식탁에는 우리 커플을 포함해 여덟 명이 있었다. 그런데 아내와 나를 제외한 모두가 애피타이저와 메인 요리, 그리고 디저트를 먹을 때까지 식사 내내 블랙베리 스마트폰을 손에 들고 열심히 자판을 두드렸다. 아내와 나는 어이가 없어서 누군가 대화를 멈추고 작은 자판에 손을 뻗을 때마다 마치 '저것 좀 보라'는 듯이 테이블 아래에서 서로의 발을 툭툭 건드렸다. 그들 앞의 요리는 식어가고 있었다. 그날 우리는 테크놀로지가 사람들의 사회적 행동을 얼마나 근본적으로 변화시켰는지 처음으로 목격했다. 큰 충격이었다.

물론 그것은 다가오는 빙산의 일각에 지나지 않았다. 그 후 몇 달 만에 첫 번째 아이폰이 등장하면서 우리 모두는 우리의 주의를 빼앗아가는 무한대에 가까운 능력을 기꺼이 받아들였다. 아내와 나도 곧 다른 커플들과 똑같아졌다. 저녁 식사 자리에서도 휴대전화 화면에 코를 박은 채 우리를 둘러싼 세상에 대해, 그리고 우리 서로에 대해 담을 쌓았다.

그날 밤 아파트로 돌아온 나는 절친한 친구 애덤 캐플런과 이야기를 나누었다. 어색했던 저녁 식사에 관한 이야기는 곧 디지털 기술이 우리의 일상을 어떻게 바꾸어놓고 있는지에 관한 긴 대화로 바뀌었다. 교사인 애덤은 테크놀로지에 대한 이해가 깊고 디지털 테크놀로지가 지닌 변화의 힘에 대한 신뢰가 컸다. 하지만 그도 우리가 디지털 기술로 얻는 것이 있는 반면 잃는 것도 있음을 분명히 인정했다.

최근에 애덤은 부모님 댁에서 턴테이블을 가져오면서 허브 앨퍼트와 티후아나 브래스의 전작을 포함한 한 무더기의 레코드판도 가져왔다. 거기 담긴 음악들은 우리의 이야기를 발전시키는 과정에서 사운드트랙을 제공해주었을 뿐 아니라 중요한 자극이 되기도 했다.

같은 스테레오를 활용할 경우 레코드판으로 음악을 듣는 경험은 디지털 파일로 듣는 것에 비해 효율적이지 않다. 더 번거롭기만 하고 음향적으로 더 뛰어나지도 않다. 하지만 레코드판으로 음악을 듣는 행위는 하드 드라이브의 음악을 꺼내 듣는 것보다 더 큰 참여감을 주고, 궁극적으로 더 큰 만족감을 준다. 레코드판이 꽂힌 서가에서 앨범을 골라 디자인을 꼼꼼히 들여다보다가 턴테이블의 바늘을 정성스레 내려놓는 행위, 그리고 레코드판의 표면을 긁는 듯한 음악 소리가 스피커로 흘러나오기 직전 1초 동안의 침묵. 이 모든 과정에서 우리는 손과 발과 눈과 귀, 심지어 (레코드 표면에 쌓인 먼지를 불어내기 위해) 가끔은 입도 사용해야 한다. 우리가 가진 물리적인 감각을 더 많이 동원하게 되는 것이다. 레코드판이 주는 경험에는 계량화할 수 없는 풍성함이 있다. 효율성이 떨어진다는 바로 그 이유 때문에 더 재미있는 경험이다.

애덤에 따르면 레코드판의 경험이 다른 것은 그것이 아날로그이기 때문이라는 것이다. 아날로그는 (내가 이 책에서 사용한 것처럼) 가장 넓은 의미로 쓰일 경우 디지털의 반대말이다. 디지털은 컴퓨터의 언어인 1과 0으로만 표현되는 이진코드이며, 이를 끝없이 조합함으로써 컴퓨터 하드웨어와 소프트웨어가 정보를 전달하고 연산을 수행하게 된다. 인터넷이나 소프트웨어나 컴퓨터를 통해 접근하는 것들은 모두 디지털이다. 디지털이 양이라면 아날로그는 음이다. 디지털이 밤이라면 아날로그는 낮이다. 아날로그는 컴퓨터가 없어도 작동하며, 대개 (가상 세계와 반대되는) 물리적인 세계에 존재한다.

이런 프리즘으로 세상을 보게 되자 지금까지 보지 못했던 현상 하나가 감지되기 시작했다. '한물갔다'는 취급을 받던 특정 테크놀로지와 프로세스가 갑자기 되살아나기 시작한 것이다. 그것들을 둘러싼 세상은 점점 디지털 테크놀로지로 돌아가는데도 말이다. 거리를 다니다 보면 컴퓨터와는 무관하게 아날로그에 특화된 작은 매장이 거의 매주 생겨났다. 활자로 찍어낸 카드와 초대장, 필름 사진, 수제 가죽 제품과 시계, 새로 창간된 종이 잡지, 만년필, 그리고 레코드판까지. 우리 아파트 인근의 보드게임 카페는 개점 첫날부터 사람들이 줄을 서기도 했다.

나는 대부분의 시간을 집필에 쓰지만 짬짬이 스타트업에 투자를 하기도 한다. 그런데 내가 발견한 것과 같은 트렌드는 우리 경제의 혁신을 둘러싼 일반적인 내러티브와 상반되는 것이었다. 모든 사람들이 다음에 유행할 앱을 만들어내야 하는 것처럼 이야기하지만 정작 내 삶에 중요해 보이는 새로운 비즈니스는 전혀 다른 종류였다. 벽과 창문이 있는 물리적인 공간에서 손에 잡히는 물건을 파는 비즈니스 말이다.

아날로그는 완전히 끝났음이 분명해져야 하는 바로 그 시점에 새로운 중요성을 지니게 된 듯했다. 《아날로그의 반격》은 아날로그에서 디지털로의 이행이 완성된 바로 그 시점에 디지털이 아닌 상품이나 서비스, 그리고 아이디어가 새롭게 부상하는 현상과 그것들의 새로운 가치를 설명하는 책이다. 하지만 디지털 테크놀로지가 우리 일상에서 점점 더 많은 역할을 맡게 되면서 마치 하나의 대안으로서 포스트디지털postdigital 경제가 출현하는 것으로 보이기도 한다. 처음에는 새로운 유행에 민감한 도시 지역에서 번성하는 듯했던 이런 트렌드는 곧 주류 소비문화로 확대되었다. 초기에는 똑똑 떨어지는 물방울 같았던 아날로그의 반격은 오래지 않아 급류가 되어 내 주위를 둘러쌌다.

대도시 외곽의 스타벅스에서 창업자들을 만나보면 그들은 스타벅스 매장 내의 다른 손님들과 마찬가지로 몰스킨 수첩에 메모를 하는 경우가 많다. 의류 매장인 어번 아웃피터스Urban Outfitters와 같은 체인점들이 갑작스레 다양한 모델의 폴라로이드 카메라를 들여놓는가 하면, 식료품 매장인 홀푸즈Whole Foods(유기농 농산물을 판매하는 고급 식료품점-옮긴이)가 레코드판 판매를 시작한다고 발표했다. 뉴스에서는 하루가 멀다 하고 새로 등장한 아날로그 트렌드에 관해 보도하고, 실리콘밸리에서는 전자 기기의 사용을 금지하는 기업용 럭셔리 워크숍과 마인드풀 mindful 명상 강의가 크게 증가했으며, 디지털로 인한 집중력 분산의 위험과 대면 상호작용의 장점을 설명하는 책들이 베스트셀러가 되었다. 10년 전 저녁 식사 자리에서 나를 제쳐두고 휴대전화에만 열중하던 바로 그 친구들도 이제 식사 중에는 휴대전화를 치워놓는다. 물리적인 공간에서의 상호작용, 스크린을 금지하는 양육법, 종이책을 사용한 독서 등에 관한 학술적 연구가 꾸준히 등장한다. 한때 반드시 무너뜨리겠다고 선언했던 장소에 오프라인 매장을 속속 열고 있는 온라인 유통업체들의 뒤를 이어 아마존도 시애틀에 오프라인 서점을 열었다. 심지어 카세트 테이프까지 다시 등장했다. 갑자기 아날로그가 유행어가 되었다.

어떻게 이런 일이 일어난 걸까? 혹시 내가 웨스 앤더슨 감독이 직접 큐레이션하고 손으로 직접 만들어낸 꿈의 세계로 흘러들어온 걸까? 내가 아날로그에 심취하는 바람에 이런 것들이 내 눈에 보이는 걸까, 아니면 이런 일들을 이끌고 있는 눈에 보이지 않는 흐름이 존재하는 걸까? 혹시 우리가 디지털에 대해 가졌던 열정이 도를 넘은 걸까? 그 바람에 내가 태어난 이후 한 번도 멈춘 적이 없던, 한때는 불가피해 보였던 디지털화의 모멘텀이 흔들린 것일까? 아날로그가 우리의 깊숙한 내면에 호소하기 때문은 아닐까? 갈수록 디지털 테크놀로지로 규정되는 세상 속에서 나는 왜 아날로그의 반격을 목격하게 되었을까?

포스트디지털 시대의 돌파구

우리는 하루가 멀다 하고 디지털 테크놀로지에 의해 개선되고, 바뀌고, 완전히 재편되는 것들을 보게 된다. 우리의 자동차, 집, 일, 섹스 라이프가 그렇게 바뀌고 있다. 기술의 진보라는 매끈하고 질서 정연한 내러티브 속에서 최신 기술은 항상 낡은 기술의 생명을 끊는다. 음악 감상법은 직접 듣는 것에서 밀랍원통wax cylinder, 레코드판, 카세트테이프, CD, MP3 다운로드를 거쳐 이제는 무선 스트리밍 서비스로 진화했다. 디지털 기술이 바꿔놓은 일상 속의 다른 많은 것들과 마찬가지로, 음악 감상의 미래는 더 나은 음질에 더 저렴하고 더 빠르고 더 쉬운, 완전히 가상의 것으로 변화할 듯 보인다.

아주 최근까지만 해도 디지털화가 가능한 사물의 운명은 이미 정해진 듯했다. 잡지는 온라인으로만 존재할 것이고, 모든 구매는 웹을 통해서만 이루어질 것이며, 교실은 가상공간에 존재할 것이었다. 컴퓨터가 대신할 수 있는 일자리는 곧 사라질 일자리였다. 프로그램이 하나 생길 때마다 세상은 비트와 바이트로 전환될 것이고, 그 결과 우리는 디지털 유토피아에 도달하거나, 아니면 터미네이터와 마주칠 것처럼 보였다.

그러나 아날로그의 반격은 그와는 다른 내러티브를 보여준다. 기술 혁신의 과정은 좋은 것에서 더 좋은 것으로, 그리고 가장 좋은 것으로 천천히 나아가는 이야기가 아니라는 점이다. 혁신의 과정은 우리가 어떤 존재이며 어떻게 작동하는지를 이해하게 도와주는 일련의 시도들이다.

아날로그의 반격은 역설적이게도 디지털 기술이 기가 막히게 좋아졌기 때문에 일어나는 일이다. 디지털 컴퓨팅은 지난 50년 가까이, 퍼스널 컴퓨팅은 지난 30년 동안, 인터넷은 20년 동안, 스마트폰은 10년 동안 우리와 함께해왔다. 오늘날 우리는 특정 작업을 수행할 때 디지털 솔루션을 먼저 생각한다. 작업을 수행하기에 가장 효율적이고, 가장 널리 사용되며, 가장 저렴하고, 가장 확실한 도구가 디지털이다. 따뜻한 쿠키를 집으로 배달시키는 일이나 클라우드에 거대한 데이터 센터를 마련하는 일 모두 손가락을 몇 번 두드리는 것으로 손쉽게 끝난다.

그런 이유로 처음에는 디지털의 압도적인 우수성이 아날로그를 쓸모없게 만들었고 아날로그 기술의 가치를 크게 떨어뜨렸다. 그러나 시간이 지나면서 가치에 대한 인식이 달라졌다. 특정 디지털 기술과의 밀월은 언젠가 끝날 수밖에 없다. 그러면 우리는 그 기술의 진정한 장단점을 좀 더 쉽게 평가할 수 있게 된다. 많은 경우 오래된 아날로그 도구나 아날로그적인 접근법이 더욱 효과적이다. 사람들은 아날로그의 타고난 비효율성을 점점 탐하게 되고 아날로그의 약점은 새로운 강점이 된다.

그래서 아날로그의 반격이 중요하고, 그래서 아날로그 제품과 아이디어의 가치 상승은 이제 시작에 불과한 것이다. 디지털에 둘러싸인 우리는 이제 좀 더 촉각적이고 인간 중심적인 경험을 갈망한다. 우리는 모든 감각을 동원하여 제품이나 서비스와 소통하기를 원하며, 많은 사람들이 그런 경험을 위해 기꺼이 웃돈을 지불할 용의가 있다. 그것이 디지털 기술보다 훨씬 번거롭고 값비싼데도 말이다.

아날로그의 반격은 디지털화가 불가피하다는 가정뿐 아니라 디지털 경제의 핵심인 확실성에 관해서도 의문을 제기한다. 디지털화의 흐름에 의문을 제기하는 것은 쉬운 일이 아니다. 디지털이 아닌 물건이나 아이디어가 더 큰 가치를 가지게 된다는 생각은 실리콘밸리와 다른 스타트업 허브에서 확산시키는 파괴적 혁신을 우상시하는 기술 낙관주의의 내러티브에 반하는 것 같지만 사실은 기술 진화라는 것이 절대적이지 않다는 점을 보여줄 뿐이다. 우리는 새로운 해결책을 열심히 습득하지만 장기적으로 이들 기술은 사람들에게 진정으로 더 나은 경험을 제공하는 경우에만, 그리고 냉정하고 이성적인 수준에서 디지털 기술과 겨룰 수 있을 경우에만 살아남을 것이다.

바로 그 지점에서 아날로그의 반격이 더 중요해진다. 아날로그 경험은 디지털 경험이 주지 못하는 실제 세계의 즐거움과 만족감을 주지만 때로는 디지털보다 더 나은 결과물을 내놓는 최고의 솔루션이기도 하다. 아이디어의 자유로운 흐름을 기록할 때는 키보드나 터치스크린이 펜을 이기지 못한다. 이 책에서 확인하겠지만, 아날로그 기술의 태생적 제약이 사용자의 생산성을 방해하기보다는 오히려 높여준다.

이 책이 디지털 기술에 반대하기 위해 쓰인 것이 아니라는 점은 명확히 해두고 싶다. 독자가 이 책에서 만날 인물, 회사, 조직은 디지털화 이전의 이상화된 과거에 대한 장밋빛 노스탤지어 때문에 아날로그 기술을 사용하는 것이 아니다. 그들 중 어느 누구도 러다이트Luddite(신기술 반대자 – 옮긴이)가 아니다. 그들은 아주 진보적이고 혁신적인 사고로 무장하고 온라인 크라우드 펀딩, 소셜 미디어, 디자인 소프트웨어, 스마트폰 등 온갖 디지털 도구로 아날로그 제품과 서비스를 마케팅한다. 그들은 디지털 세상을 몰아내는 대신 아날로그 세상을 더욱 가까이 끌어들여 그 장점을 활용해 성공을 추구한다.

그런 이유로 《아날로그의 반격》은 광범위한 현상 이면에 존재하는 보편적 진실을 기꺼이 받아들이려는 회사나 기관에게 엄청난 기회를 보여준다. 새롭게 재탄생한 아날로그 제품과 서비스에 대한 소비자의 욕망을 채워줄 수 있다면 수익 창출의 기회가 생길 것이다. 하지만 단순한 돈벌이를 넘어 우리가 세상과 소통하는 방식에 대해, 그리고 우리가 선택한 기술이 그 소통 방식을 어떻게 규정하는가에 대해 우리 모두가 귀 기울일 만한 중요한 교훈 또한 담고 있다. 비록 이 책을 읽는 독자가 레코드판을 감상하거나 보드게임을 즐기거나 디트로이트에서 시계를 생산할 계획이 없더라도 그런 비즈니스에서 성공한 사람들로부터 얻는 교훈은 포스트디지털 경제에서 생존하고 번성하고자 하는 개인이나 조직에게 더없이 소중한 가치가 있다.

이 책은 두 부분으로 구성된다.

1부에서는 레코드판, 종이, 필름, 보드게임의 새로운 시장을 살펴봄으로써 과거의 아날로그 제품을 제조·판매하는 기업이 어떻게 소비자의 근본적 욕망을 활용했는지, 그리고 어떻게 그 과정에서 성공을 이끌어냈는지 알아볼 것이다.

2부에서는 출판, 유통, 제조, 교육은 물론 실리콘밸리로부터도 교훈을 이끌어냄으로써 디지털 중심의 경제에서 아날로그적 아이디어가 가진 혁신적이고 파괴적인 잠재력과 그것을 적극적으로 수용하는 사람들이 누릴 이점들을 보여준다.

우리가 직면한 선택은 디지털이냐 아날로그냐가 아니다. 그런 단순한 이분법은 디지털 세상에서 우리도 모르게 사용하고 있는 언어일 뿐이다. 1이냐 0이냐, 흑이냐 백이냐, 삼성이냐 애플이냐와 같은 이분법적 구분은 허구다. 실제 세상은 흑도 백도 아니고, 심지어 회색도 아니다. 현실은 다양한 색상과 수많은 질감과 켜켜이 쌓인 감정들로 이루어진다. 현실에서는 이상한 냄새가 나고 희한한 맛이 난다. 인간의 불완전함은 흠도 되지 않는다. 최고의 아이디어는 그런 복잡함에서 나오지만 디지털 기술은 그 복잡함을 완전히 이해하지 못한다. 현실 세계가 그 어느 때보다 중요한데도 말이다.

《아날로그의 반격》은 복잡하고 정리되지 않은 현실의 산물로서 디지털 기술이 던져주는 어려움들에 직면해 그것들로부터 장점을 취한다. 각 기술은 서로 다른 용도를 충족시키고 서로 다른 결과물을 만들어낸다. 《아날로그의 반격》이 우리에게 보여주는 것은 다가오는 포스트디지털 경제의 모델이다. 그 모델은 기술의 미래를 바라보되, 기술의 과거를 잊지 않는다.

첫 장을 시작하기 전에 당부하고 싶은 것이 있다. 이것은 책이다. 비록 나는 컴퓨터를 사용해서 이 책을 썼고, 독자들 중에는 전자 기기를 이용해서 이 책을 읽는 사람도 있겠지만 책은 아날로그적인 환경에서 가장 잘 읽힌다. 따라서 잠시 휴대전화를 꺼두길 부탁드린다. 디지털 세상을 최대한 차단하고 페이지를 넘기는 동안의 고요함을 적극적으로 받아들여라. 편안한 자리에 앉아라. 그리고 혹시 턴테이블이 있다면 음악을 틀어도 좋겠다. 《아날로그의 반격》은 레코드판으로 시작한다. 첫 번째 방문지는 전 세계적인 레코드판 붐의 중심지다.

1부

아날로그
사물의 반격

The Revenge of
Analog Things

1장

레코드판
Vinyl

스마트폰을 탈출한
미래 세대의 음악

디지털이 거의 고사시킨 아날로그 레코드판의 부활에 일조한
것은 다름 아닌 디지털이었다. LP 시장은 점점 더 성장했고 LP
팬들은 레코드판을 사고팔기 위해 인터넷으로 모여들었다. 수
백만 장의 앨범이 이베이에서 경매되고, 아마존에서 팔리고,
디스콕스 같은 거대 온라인 장터에서 거래되는 동안 디지털
음악의 장점은 단점이 되어버렸다.

내슈빌에 있는 유나이티드 레코드 프레싱URP(United Record Pressing) 공장은 마치 살아 숨 쉬는 용 같다. 공장 안에는 약간 작은 듯한 콘크리트 방들이 조밀하게 늘어서 있다. 창문도 없는 방 안에서는 레코드판을 찍어내는 프레스 기계 22대가 쉬익, 철컥, 부르릉, 드르륵 하는 소리를 내며 다양한 장르, 무게, 색깔, 사이즈의 레코드판을 뱉어낸다. 데이브 매튜스 밴드Dave Matthews Band 의 앨범이 프라이머스Primus, 펄 잼Pearl Jam, 우탱 클랜Wu-Tang Clan 의 히트 앨범들의 복각판과 함께 나란히 늘어선 기계에서 탄생한다. 라나 델 레이Lana Del Rey의 히트곡들, 수집가들을 위해 컬러로 제작되는 아이언 메이든Iron Maiden의 앨범, 영화 〈엘비라Elvira, Mistress of the Dark〉의 사운드트랙 음반, 크로미오Chromeo의 네오 디스코 앨범. 공장에서는 달구어진 금속과 시큼한 물 그리고 따뜻한 플라스틱이 섞여 독성을 머금은 달콤한 냄새가 난다.

수십 명의 노동자가 기계에 물, 윤활유, 전력, 그리고 검은색 알갱이 형태의 폴리염화비닐PVC(영어로 흔히 레코드판을 지칭하는 '바이늘vinyl'은 PVC의 다른 이름이다)을 공급한다. 그들은 끊임없이 쏟아지는 레코드판을 기다란 금속 막대에 차곡차곡 꽂는다. 커다란 유압 장치, 대형 버튼, 파이프, 호스, 두꺼운 금속판으로 구성된 거대한 기계들이 일제히 웅웅거린다. 기계 소리가 너무 커서 단지 음파를 뜨거운 플라스틱 원반에 음각하는 작업 소리만이 아닌, 공장 깊숙한 곳에 묻혀 있는 온갖 음악들의 원초적인 비명 소리까지 섞여 있는 듯하다. 아날로그 부흥의 근원지인 이 공장에서는 오래된 레코드 프레스 기계들이 쉴 새 없이 돌아가고 있었다.

URP를 2010년에만 방문했더라도 지금보다 훨씬 조용했을 것이다. 많은 시간 프레스 기계는 전원이 꺼진 상태로 신규 주문을 기다리고 있었을 것이고 지금 바쁘게 움직이는 사람들 가운데 3분의 2는 아마 다른 곳에서 일하고 있었을 것이다. 그 당시 URP는 저점에 있었다. 약 50명의 직원들은 하루에 여섯 시간, 그것도 일주일에 이틀 정도만 일했다. 공장주는 공장을 유지하기 위해 대출을 받아야 했다. 당시 URP는 하루 평균 몇 천 장의 레코드판을 찍어냈고 그 숫자는 계속 줄어들었다. 1990년대 초부터 전 세계적으로 대부분의 LP레코드판 공장들이 비슷한 상황이었다.

그로부터 4년 후 내가 그 프레스 기계들이 내는 기막힌 불협화음 사이에 섰을 때에는 매일 4만 장의 레코드판이 찍혀 나오고 있었고 직원들의 숫자는 2010년에 비해 세 배나 늘어났다. 공장은 일요일만 제외하고 주 6일 동안 하루 24시간 돌아갔다. 요즘 URP에 들어오는 주문서들은 트럭에 실리기를 기다리는 앨범들만큼이나 수북하게 쌓여서 대형 음반 회사의 경우 주문한 레코드판이 제작되는 데는 2~3개월이 걸리고 독립 음반 회사는 여러 달이 더 걸린다. 얼마 전까지만 해도 URP는 쇄도하는 주문을 소화하지 못해 신규 고객을 받지 않았다. URP는 주문받은 물량을 제때 생산하지 못했고 결국 회사를 키워야 했다. 음악 팬들은 배가 고팠고, LP에 대한 식욕이 엄청났다. 이런 현상이 가까운 시일 안에 줄어들 조짐도 보이지 않는다.

중산층 음악 팬이 있는 곳이라면 어디서나 턴테이블과 레코드판을 사는 사람들이 눈에 띄게 증가했다. 그들은 지하실에서 끄집어낸 낡은 레코드판도 사고 온라인이나 상점에서 빈티지 레코드판도 사지만 URP와 같은 공장에서 매일 찍어내는 새로운 레코드판의 판매도 계속 늘어난다. 유럽의 한 공장주는 2015년에만 전 세계적으로 새로 생산된 레코드판이 3000만 장 가까이 될 거라고 추산했다.

LP의 재발견이 가장 널리 혹은 가장 극적으로 이루어진 곳은 미국이었다. URP는 미국에서 가장 크고 전 세계에서는 세 번째로 큰 레코드 공장이다(독일의 옵티말Optimal과 체코의 GZ가 좀 더 크다). 2010년에 저점을 찍은 후 URP는 너무나 급성장해서 2014년 중반에는 근처에 두 번째 공장을 열고 프레싱 기계를 22대에서 38대로, 직원은 150명에서 250명 이상으로 늘리겠다고 발표했다. 그 공장은 내가 준레코드에서 경험한 LP레코드판 부활의 최전방이었다. 또한 그 공장에서 나는 아날로그 제품에 대한 수요를 맞추기 위해 포스트디지털 경제가 성장 중이라는 것을 체감했다.

사람의 손길이 필요한 일

내슈빌이 음악의 도시라고 불리는 데는 이유가 있다. 만약 내슈빌에서 탄생한 깁슨Gibson 기타를 거리에서 휘두른다면 음악 산업과 관련된 사람이나 물건이 맞을 것이다. 그만큼 음악 산업과 관련된 사람이나 물건이 흔하다. '그랜드 올 오프리Grand Ole Opry'(일주일에 한 번 방송되는 컨트리 음악 라디오 콘서트-옮긴이)와 조니 캐시 박물관은 물론, 수많은 레코딩 스튜디오와 홍키통크 스트립honky-tonk strip(내슈빌의 브로드웨이)에서 연주하는 컨트리밴드에 이르기까지, 음악은 내슈빌을 이끌어가는 동력인 듯하다. 슬라이드 주법으로 연주하는 컨트리 음악의 달콤한 사운드는 여전히 내슈빌의 상징이지만 최근에는 값싼 임대료와 넓은 스튜디오 공간, 넘쳐나는 뛰어난 뮤지션들 때문에 록 뮤지션과 인디 뮤지션들도 밀려들고 있다. 요즘은 피들fiddle 사운드와 픽업트럭에 관한 노래(피들은 바이올린과 흡사한 악기로 컨트리 음악에서 자주 사용되며, 컨트리 음악의 가사에는 농촌에서 많이 사용하는 픽업트럭이 자주 등장한다-옮긴이)만큼이나 잭 화이트Jack White와 블랙 키스Black Keys의 다듬어지지 않은 록 뮤직과 테일러 스위프트Taylor Swift의 파워풀한 팝 음악이 내슈빌다운 음악으로 여겨지게 되었다.

시내 남쪽 웨지우드힐의 창고와 공장 거리에 위치한 URP의 입구에는 두 개의 거대한 레코드판이 붙어 있다. 주차장을 지나 안으로 걸어 들어가면 녹아 떨어진 작은 LP 조각들이 발에 밟히며 바스락 소리를 낸다. 더욱 안으로 들어가면 벽에는 액자에 담긴 레코드판들이 걸려 있고 바닥에는 레코드판들이 쌓여 있다. 1900년대 중반에 만들어진 의자와 램프, 책상, 바닥 타일, 나뭇결무늬의 벽면 패널 등 공장 안의 모든 것이 LP로 만들어진 듯하다. 종이 앨범 커버와 금속 프레스 기계, 라이어넬 리치Lionel Ritchie나 릭 제임스Rick James 같은 가수들의 누렇게 바랜 사진들, 거기서 일하는 사람들을 제외하면 공간 내의 거의 모든 것이 (석유 부산물을 프레스로 압착해서 만든) 레코드판으로 만든 것 같았다.

URP는 1947년에 불릿 플라스틱스Bullet Plastics라는 이름으로 시작한, 내슈빌 최초의 레코드 공장이었다. 몇 년 후 이름을 서던 플라스틱스Southern Plastics로 바꾸었고 나중에 URP로 바꾸었다. 1962년부터 현재의 건물을 사용하면서 20세기 인기 음악의 중심부에서 레코드판을 만들어냈다. 선 레코즈Sun Records에서 녹음한 엘비스 프레슬리와 조니 캐시의 싱글 앨범, 모타운Motown과 스택스Stax의 전성기 곡들, 그리고 미국에서 처음 발매된 비틀스의 앨범 등이 URP에서 만들어졌다. 미국에서 연주되는 레코드판의 상당수가 이 공장에서 만들어졌다.

이 공장은 시간이 피해간 곳이다. 위층의 어느 방에는 케네디 정부 시절부터 똑같은 가구들이 놓여 있다. 그 방에 '모타운 스위트Motown Suite'라는 이름이 붙은 것은 내슈빌이 아직 흑백 인종으로 분리되어 있던 당시 음반 업계의 흑인 임원들이 머물렀기 때문이다. 침실 바닥에 검은 구두 한 켤레가 놓여 있다. 수십 년간 변함없이 그 자리에 있는 구두는 스모키 로빈슨Smokey Robinson 같은 유명인의 것인지, 아니면 그냥 어떤 멍청이가 잊어버린 것인지 아무도 모른다.

"음악은 공기의 진동일 뿐입니다." 그 당시 URP의 마케팅 국장이던 제이 밀라(현재 선데이즈드Sundazed 음반 소속)가 말했다. 그가 레코드 제작 공정을 설명해준 곳은 공장 사람들이 '거실'이라고 부르는, 2층에 있는 커다란 방이었다. 그곳에서 회사는 지역 아티스트들의 라이브 뮤직을 자주 녹음해서 한정판 앨범으로 발매한다. "레코드판 홈에는 그런 진동이 복사되어 있고, 레코드 바늘은 그런 진동을 잡아내어 증폭시킵니다."

간단하기도 하고 간단하지 않기도 하다. 또한 이 이야기는 아날로그 제품이 물리적 실체를 갖추려면 무엇이 필요한지 실마리를 풀어가는 본보기를 보여준다. 테일러 스위프트의 앨범 《1989》에 관해 이야기한다고 하자. 〈셰이크 잇 오프Shake It Off〉 같은 노래의 진동을 영원히 물리적 레코드판에 옮겨 담으려면 몇 단계를 거쳐야 한다. 첫째, 스위프트와 밴드가 스튜디오에서 앨범을 녹음한다. 거기서 편집된 곡들을 프로듀서가 믹싱해서 밸런스를 잡고 음향 엔지니어가 이상적인 음량으로 마스터링한다. 마스터 레코딩은 절삭 선반을 통해 연주된다. 절삭 선반은 턴테이블의 바늘 대신 다이아몬드 헤드를 가진, 거꾸로 된 레코드플레이어라고 할 수 있다. 이 다이아몬드 헤드가 알루미늄 디스크에 홈을 새기면 그 위에 매니큐어와 비슷한, 약간 부드러운 검은 래커가 부어진다. 이 홈은 각 곡의 소리 진동의 최고점과 최저점에 완벽하게 들어맞는다.

다음으로 래커로 제작된 마스터 디스크는 복잡한 과정을 거쳐 금속 스탬퍼stamper로 변신한다. 그 과정에는 화학물질, 니켈 조각들, 전류 등이 이용된다. 그 과정이 여러 차례 반복된 후 두 개의 금속 스탬프판이 프레스 기계에 고정되고 레코드판의 A, B 양면이 찍힌다. 간단히 말해서 각각의 기계는 마치 거대한 와플을 만드는 기계처럼 '비스킷'이라고 불리는 하키 퍽 크기의 용해된 PVC를 약 2700킬로그램의 유압으로 눌러서 테일러 스위프트의 노래를 담은 홈을 찍어내는 것이다. 하나의 레코드판을 찍어내는 데는 약 30초의 시간이 걸린다. 그 과정은 자동화된 것처럼 보이지만 각각의 단계에는 변수가 많아서 사람의 손길이 크게 개입된다. 습기는 물론 스탬프 기계에 사용된 금속들의 조합 혹은 사용되는 PVC 용해물의 특성이 각 레코드판의 품질에 영향을 준다. URP는 프레스기에서 나오는 레코드판을 현미경이나 맨눈으로 혹은 리스닝 룸에서 끊임없이 검사해서 온갖 종류의 '표면 잡음'이 있는지 확인한다. 그 결과 전체의 약 20퍼센트가 불합격 판정을 받는다. 불합격한 판들은 라벨을 찍어내는 기계로 파쇄하고 녹인 다음 재활용한다.

"이 공정은 표준화가 불가능해요." 밀라는 라벨이 잘못 부착된 메탈리카 앨범을 "퍽!" 소리가 나도록 요란하게 쪼개며 말했다. "이 과정은 정교하지 않아서 우리는 매일 새로운 문제를 발견하죠. 제빵사가 매일 오븐과 팬을 같이 바꾸는 격이라고나 할까요." 가장 커다란 변수는 음악이다. 레코드판은 한정된 물리적 공간에 정보를 담아야 하기 때문에 더 많이 쑤셔 넣으려고 할수록(말하자면 특히 큰 소리가 나는 헤비메탈 앨범이나 베이스가 많은 댄스 뮤직의 경우) 작은 홈에 더 많은 정보를 빽빽이 집어넣어야 한다. 그 때문에 제작 단계별로 미묘한 수정이 요구된다.

"제가 가졌던 직업은 예외 없이 음악과 관련된 것들이었습니다." 40대에 가까운 호리호리한 밀라가 (그의 고향인) 디트로이트, (그가 여러 해 동안 살았던) 뉴욕과 내슈빌의 억양이 섞인 말투로 털어놓았다. 그는 처음에는 레코드점에서 일하다가 나중에는 폴리그램, BMG, 유니버설 같은 음반 회사에서 마케팅 일을 했다. 밀라는 〈톰 웨이츠 쇼〉를 보러 내슈빌에 왔다가 이 도시의 매력에 푹 빠져서 2006년 아내와 함께 아예 이사를 왔다. 그는 얼마 되지 않아 URP에 취직했고 지금 진행 중인 레코드판의 반격에서 중요한 역할을 맡게 되었다.

"저란 사람 자체가 시장이 LP로 회귀하는 이유를 보여주는 표본이죠." 밀라가 말했다. "LP, 카세트테이프, CD, MP3를 모두 겪었어요. 모든 음악을 공짜로 얻었고 뉴욕의 작은 아파트 벽면에는 CD케이스가 빽빽이 들어차 있었지요." 그러나 밀라가 처음으로 아이팟을 갖게 되자 중요한 변화가 생겨났다. CD의 음악은 이제 여러 컴퓨터 속으로 들어가 버렸고 물리적 실재는 그다지 중요하지 않게 되었다. 그러나 시간이 지날수록 밀라는 책들을 보관한 서재처럼 자신의 음악들을 보관할 곳이 절실해졌

1부 아날로그 사물의 반격

다. 음악이 가진 기술적인 면, 손으로 만져지는 느낌, 눈에 보이는 모습, 그리고 각각의 앨범마다 확연하게 다른 음질.

"LP는 그 모두를 가지고 있다는 생각이 퍼뜩 들더라고요." 밀라는 자신의 CD를 모두 팔고 그 돈으로 같은 앨범의 LP 버전을 샀다. "디지털화는 편리함의 극치인 반면, LP는 경험의 극치예요." 그러나 밀라는 자신이 순수 아날로그주의자가 아니라는 점을 강조했다. 그는 운전이나 조깅 등으로 레코드판을 들을 수 없는 경우에는 항상 디지털 음악을 듣는다. 심지어 그의 아내는 워너 뮤직의 디지털 제작 부장이다. "디지털은 모든 사람들이 음악을 들을 수 있게 해주지만 LP는 진정한 음악 애호가들을 위한 디럭스 버전이죠."

하지만 밀라의 말은 레코드판의 반격을 경제적, 문화적 현상으로 설명하지 못한다. 밀라가 '진정한 음악 애호가'라고 부른 지극히 소수의 사람들이 (미국의 LP 산업이 그랬던 것처럼) 2007년 이후 열 배나 많아졌을 것 같지도 않다. 전 세계적으로도 수치는 비슷하다. 이 같은 갑작스러운 붐이 일어나기 전 LP레코드판 시장에는 무슨 일이 일어났던 것일까? 지금은 왜 그렇게 빨리 성장하고 있는 것일까?

스트리밍이 부활시킨 레코드판

먼저 역사를 조금 살펴봐야 한다. 상업용 LP레코드판은 1931년 RCA 빅터Victor가 처음 소개했다. 폴리머 기술이 발달하면서 당시 분당 회전수가 78rpm이던, 깨지기 쉬운 밀랍이나 셸락

shellac(니스 생산에 사용하는 천연 수지-옮긴이)으로 만든 그래머폰 gramophone 디스크보다 더 가볍고 강한 레코드판 제작이 가능해졌다. 하지만 LP도 2차 대전 이후인 1948년 컬럼비아 음반사가 12인치(약 30센티미터)짜리 레코드판을 내놓을 때까지는 성공을 거두지 못했다. 12인치 판은 분당 33과 3분의 1회 회전(rpm)하면서 45분 분량의 음악을 연주할 수 있었다. 일 년 후 RCA는 45rpm의 속도로 8분 분량의 음악을 담은 7인치(약 17센티미터)짜리 EP 싱글판을 내놓았다. 이렇게 12인치와 7인치의 포맷이 전후 새로운 팝 음악을 생산하고 구매하는 수단이 되어 집과 주크박스, 그리고 라디오에서 음악이 흘러나오게 했다.

LP레코드판에는 많은 문제점이 있었다. 크기와 무게가 부담스러울 뿐만 아니라 시간이 갈수록 스크래치가 생겨서 바늘이 레코드판의 홈을 건너뛰기 일쑤였다. 게다가 정전기로 먼지도 잘 붙고, 상점이나 집에서 보관하기에는 공간도 많이 차지하며, 햇볕에 휘어지기도 했다. 운전이나 조깅 중에 들을 수도 없었다(물론 그때만 해도 조깅을 하는 사람들은 없었지만). 그러다가 1979년 소니는 최초의 이동형 카세트테이프 플레이어인 워크맨Walkman을 선보였고 4년 뒤에는 CD를 출시했다. 나는 1985년 아버지가 새로 산 CD플레이어를 시연했던 장면을 생생히 기억한다. 마치 마법 같았다. 자동 트레이가 우아한 쉬익 소리와 함께 미끄러지듯 열리자 아버지는 조심스럽게 작은 은빛 디스크를 넣었다. (아직도 내가 가장 좋아하는 재즈 앨범 중 하나인 조지 벤슨George Benson의 《푸른 수평선 너머Beyond the Blue Horizon》의) 맑은 음색이 집 안을 채

1부 아날로그 사물의 반격

왔다. 버튼만 누르면 곡을 건너뛸 수도 있었다. 당시 새롭게 떠오르던 PC 세대에게 걸맞은 음악 형식으로, 레이저와 디지털 프로세싱을 이용해서 음악에 생기를 불어넣는 매끈하고 신비로운 블랙박스였다. 우리는 미래에 들어선 것이었다!

1970년대 LP레코드판의 판매량은 서서히 감소했고, 8-트랙 오디오테이프와 카세트테이프가 시장점유율을 잠식했다. 1973년 미국에서는 싱글 앨범이 2억 2800만 장 판매되면서 정점을 찍었다. 음반은 3억 4100만 장이 팔린 1978년에 최고조였다. CD의 급격한 성장으로 LP레코드판의 판매는 급격히 줄어들어 1988년에는 1984년에 비해 절반으로 줄었고 그 후에도 계속 감소했다. LP의 경우 정규 앨범은 심각할 정도로 판매가 악화되었지만(1993년에 저점을 찍었고 그해 미국에서는 고작 30만 장이 판매되었다) 싱글 앨범은 주크박스나 DJ, 라디오 방송국에서 여전히 수요가 있었기 때문에 좀 더 오래갔다. 21세기에 들어서도 LP레코드판의 판매 감소는 계속되었고 CD는 MP3 다운로드와 아이팟에 자리를 내주었다. LP레코드판의 경우 2006년은 최악의 해였다. 전 세계적으로 새 레코드판의 판매는 총 300만 장에 불과했다. 미국에서는 90만 장의 레코드판이 팔렸다. 이는 2006년 디즈니 영화 〈하이스쿨 뮤지컬〉의 사운드트랙이 CD와 다운로드로 팔려나간 숫자의 약 4분의 1에 불과하다.

URP의 CEO 마크 마이클스는 글로벌 경영 컨설팅과 사모펀드에서 성공적으로 경력을 쌓고 2007년에 URP를 사들였다. 아마추어 음악 수집가였던 마이클스는 URP가 장기적으로 꾸준히 현금 흐름을 창출하는 제법 괜찮은 비즈니스 모델을 만들 수 있으리라 생각했다. "상업용 LP는 음악 산업의 극히 일부를 차지할 만큼 줄어들었어요." 그는 시카고 사무실에서 나와 통화했다. 음반 회사들은 새로 싱글 앨범을 출시할 때마다 여전히 프로모션용 LP를 찍어냈고 이것이 URP 비즈니스의 핵심이었다. "그 부분은 작지만 안정적이었지요." 그렇지만 마이클스는 프로모션용 LP 산업이 그토록 빨리 곤두박질치리라고는 생각하지 못했다. "나는 그런 순간이 오고 있다는 사실을 깨닫지 못했지만 비즈니스 모델을 다시 생각하고는 있었어요. 그리고 2만 장의 레코드판을 공짜로 뿌리는 게 회사에는 이익이 되지 않는다는 사실을 깨달았지요." 일 년 뒤에 불황이 닥치면서 회사는 거의 문을 닫기 직전까지 갔다. 마이클스는 채권자들에게 기다려달라고 사정했고 URP 직원을 대부분 내보냈다. 많은 기계가 가동을 멈추었다.

객관적인 수치로만 본다면 LP레코드판은 끝났다. 어느 음반 회사 임원에 따르면 그 당시 LP레코드판은 통계적 예외였다고 한다. 판매액의 극히 일부분에 지나지 않는 숫자의 반올림 오차에 불과했다. 2007년에 이르자 음반 산업은 디지털 다운로드와 불법 다운로드와의 힘겨운 싸움을 벌이고 있었다. 판매 액수의 관점에서 보면 부침과 불확실성이 있기는 해도 음악 산업의 미래는 분명했다. 형체가 없는 디지털 음악이 언제 어디서든 무선으로 제공되는 것. CD 판매가 계속 수직 하강 중이고 스포티파이Spotify 같은 스트리밍 서비스가 인기를 모으면서 유료 디지털

1부 아날로그 사물의 반격

다운로드도 감소하기 시작했다. 물리적 음악은 사라지고 있었고 LP가 그 첫 번째 희생자였다.

그러다가 반격이 시작되었다.

도미니크 바트만스키Dominik Bartmanski와 이언 우드워드Ian Woodward는 2015년 발간된 흥미로운 책《LP: 디지털 시대의 아날로그 레코드판Vinyl: The Analogue Record in the Digital Age》에서 "음반 업계에 따르면 LP는 어느 모로 보나 '더 나은' 제품으로 '교체되어' 지금쯤은 사라졌거나 기껏 박물관이나 앤티크 숍에 진열된 진기한 초판본 정도의 취급을 받아야 했다"면서 "하지만 그런 일이 일어나는 대신 다른 중요한 변화가 생겨났다. …… 디지털 혁명이 거의 완성된 듯한 바로 그 시점에 LP는 사회적으로 광범위한 르네상스를 맞이했다"고 주장했다.

미국음반산업협회Recording Industry Association of America에 따르면 미국의 경우 LP 앨범의 판매량은 2007년 99만 장에서 2015년 1200만 장 이상으로 늘었고 연간 성장률은 20퍼센트를 웃돌았다. 다양한 자료를 종합해보면 2015년 LP 판매는 전체 음악 판매 수입의 25퍼센트에 근접했다. 이는 광고로 운영되는 스트리밍 서비스를 능가하는 수치이며, 그동안 유료 다운로드와 CD 판매는 계속 감소했다. 2014년 신규 LP레코드판은 3억 4680만 달러의 수입을 창출했다. 여전히 LP 판매의 상당 부분을 차지하는 중고 레코드판 판매는 신규 앨범 판매의 몇 배에 달하는 액수다. 10년 전에 저점을 찍은 이후 LP레코드판 판매는 빠르고 극적으로, 그리고 꾸준히 성장했다. 놀라운 반전이다. 몇 가지 이유로 사람들이 (새것이든 중고든) 지난 10년간 사들인 앨범은 그 이전의 20년 동안 구매한 것보다 많았다.

왜일까?

첫째, LP레코드판의 판매는 멈춘 적이 없다. 새로 발매한 앨범의 매출만 보면 LP레코드판이 음반 판매의 거의 100퍼센트를 차지했던 정점으로부터 아래로 곤두박질한 것은 맞지만 시장에 풀린 수십억 장의 레코드판은 사라지지 않고 남아 있었다. 그 LP판들은 선반에서, 상자에서, 레코드점의 종이 박스에서, 벼룩시장에서, 그리고 지하실에서 겨울잠을 자고 있었을 뿐이다. 그 시점까지 살아남은 턴테이블들 역시 그대로 그 존재를 이어가고 있었다. (레코드판의) 인프라는 휴면기였지만 기능은 대체로 유지하고 있었다. 오스트리아의 턴테이블 제조업체 프로-젝트 오디오 시스템스Pro-Ject Audio Systems의 CEO 하인즈 리히테네거는 "괜찮은 시장은 항상 존재했어요"라고 말했다. 1991년 사업을 시작한 그는 테크닉스Technics 같은 다른 턴테이블 업체들이 제조를 중단했을 무렵 중고가 턴테이블을 만들어 팔았다. "사업 첫날부터 주문이 밀리기 시작했어요." 그가 회상했다. 프로-젝트의 핵심 고객층은 고음질에 집착하는 오디오 애호가와 반기업적인 펑크 애호가, 독일의 정글 DJ(1990년대 영국에서 시작된 빠른 템포의 전자 음악인 '올드스쿨 정글'을 전문으로 하는 디스크자키-옮긴이)와 부유한 수집가였다. 그들이 레코드판 구매에 더 많은 돈을 쏟아부어 탄탄한 틈새시장을 형성했기 때문에 많은 레코드점과 제조공장, 턴테이블 회사들이 가장 혹독한 시기에도 사업을 지속할 수 있었다.

　LP는 펑크, 힙합, 댄스 뮤직을 포함하는 언더그라운드 장르에서 약간의 성장을 이루었다. 1998년 암스테르담 외곽의 소니 공장을 사들인 톤 베르뮬렌은 대규모의 유럽 나이트클럽 시장을 겨냥하여 댄스 뮤직 레코드판을 생산했다. "우리는 공장을 인수한 후에 정말 빠르게 성장했어요. LP가 성장해서가 아니었어요. 많은 레코드 공장들이 문을 닫았기 때문이었지요." 베르뮬렌은 2000년으로만 거슬러 올라가도 전 세계적으로 수천만 장의 레코드판이 제작되었을 것으로 추정한다. 대개는 DJ들을 위한 새로운 싱글 앨범, 또는 새로운 비트나 곡을 필요로 하는 클럽 시장이 대상이었다.

　둘째, 디지털이 거의 고사시킨 아날로그 레코드판의 부활에 일조한 것은 다름 아닌 디지털이었다. LP 시장은 점점 더 성장했고 LP 팬들은 레코드판을 사고팔기 위해 인터넷으로 모여들었다. 수백만 장의 앨범이 이베이eBay에서 경매되고, 아마존에서 팔리고, 디스콕스Discogs 같은 거대 온라인 장터에서 거래되는 동안 디지털 음악의 장점은 단점이 되어버렸다. MP3의 등장으로 사정이 나빠진 것은 레코드판보다는 (디지털 파일에 대해 음질이나 미적인 면에서 우위를 가지지 못한) CD였다. 쓸모없어진 중간 기착역처럼 CD는 이동성이 뛰어나고 공간을 차지하지 않는 MP3에 자리를 내주었다. MP3는 음질의 손실 없이 무한대로 복제되기 때문에 불법 다운로드 앨범은 합법적으로 구매하는 앨범과 전혀 차이가 없었다. 1999년 냅스터가 이 사실을 대중에게 분명하게 가르쳐주었고 음반 산업은 그 후로 다시는 회복하지 못했다. 음악이 물리적 실체와 분리되고 나니 공급이 수요를 크게 초과하게 되어 사람들은 음악을 사려 하지 않았다. 갑자기 아날로그 앨범은 소비할 가치가 있는 매력적인 대상에서 제외되었다. 디지털 음악을 듣는 사람들 사이에서 앨범은 아무런 차별점을 갖지 못했고, 음악을 손에 넣는 데는 아무런 노력도 들지 않았으며, 취향은 아무런 의미를 갖지 못했다. 자신이 아이튠즈에 담아둔 음악 목록이나 스트리밍 서비스의 플레이리스트가 얼마나 훌륭한지를 자랑하는 것은 아무런 의미가 없었다. 음악은 하드 드라이브 안에 숨어 있는 1과 0으로 이루어진 데이터가 되어버렸다. 하지만 눈에 보이지도 않고 만질 수도 없는 데이터만큼 지루한 것도 없다.

그사이 LP 레코드판의 단점으로 여겨졌던 것들이 이제는 매력 요인이 되었다. 레코드판은 크고 무겁다. 게다가 만들고 구매하고 재생하려면 돈과 노력이 들어가고 취향도 필요하다. 사람들은 레코드판들을 보면 손으로 넘겨가며 살펴보고 싶어 한다. 소비자는 돈을 주고 레코드판을 얻었기 때문에 그 음악을 진정으로 소유했다는 의식을 갖게 되며 이는 자부심으로 이어진다.

LP 레코드판은 반문화counterculture라는 명성을 회복하면서 젊은 문화의 핵심으로 재진입했다. "아이들이 레코드판을 사기 시작했어요." LA 음악 업계에 종사하는 톰 비어리가 말했다. 그는 LP 레코드판의 판매가 다시 성장하기 시작한 시점에 워너 뮤직에서 중요한 역할을 했다. "자신들의 부모 세대가 아이팟과 페이스북을 이용하기 시작하자 아이들도 뭔가 다른 것을 찾기 시작했어요. 부모가 사용하는 것들은 쿨하지 않으니까요. 마치 로큰롤처럼 말이죠. LP는 이제 더 이상 부모 세대의 물건이 아니에요."

2015년 영국에서 발표된 연구 보고서에 따르면 그해 LP레코드판의 주소비층은 18~24세였다고 한다. 그 연구를 진행한 뮤직워치MusicWatch는 LP 구매자의 절반 이상이 25세 미만이라는 점에 주목했다. 나이 지긋한 복고풍 추종자도, 쉰내 나는 노인들도 아닌, 난생처음 레코드판을 접한 아이들이다. 베이비붐 세대인 부모들이 새로 구입한 아이패드와 스포티파이 계정을 자랑하는 동안 자녀들은 오래된 턴테이블의 먼지를 털어내고 현금으로 새 앨범을 샀다. LP레코드판은 복고 페티시fetish에서 새롭고 쿨한 소비재로 바뀌었다. 광고 캠페인에, 패션 잡지에, 그리고 부티크 호텔에 턴테이블이 등장했다. "(2011년에 문을 열고 나서) 하루가 멀다 하고 20대 초반 아이들에게 레코드판에 바늘을 올리는 방법을 알려줘야 했어요." 텍사스 주 휴스턴에서 2011년 말 개장한 레코드점 하이츠 바이늘Heights Vinyl의 점주 크레이그 브라운이 말했다. "그 아이들은 처음 경험하는 거예요. 그게 바로 시장이죠."

LP의 반격이 시작된 세 번째 이유는 좀 더 계획적인 것이었다. 바로 '레코드점의 날Record Store Day'이다. 해마다 4월 셋째 주 토요일에 열리는 LP레코드판 유통점들의 연례 행사는 LP레코드판의 부활을 주류로 격상시킨 마지막 요소다. 2007년에는 '레코드점 부서Department of Record Stores'라는 연합회에 소속된 독립 음반점 주인들이 볼티모어에 있는 레코드점 사운드 가든Sound Garden의 지하실에서 연례 모임을 가졌다. 그들이 업계의 현재 상태에 대해 나눈 이야기는 똑같았다. 거기에 모인 점주들은 1990년대 내내 HMV나 타워레코드나 버진Virgin 같은 대형 음반 매장들과 피를 말리는 치열한 가격 싸움을 벌였고 지난 10여 년 동안은 CD 판매의 감소를 겪었다. 하지만 모든 시련에도 불구하고 그들의 매장은 잘 버티며 수익을 내고 있었다. "우리는 레코드점을 추가로 개장했고 매년 20퍼센트씩 성장하고 있었어요." 뉴햄프셔 주와 메인 주에 11개 매장을 가진 불무스Bullmoose의 재정 책임자 크리스 브라운이 말한다. 당시 불무스는 레코드 판과 서적을 좀 더 많이 전시하기 위해 벽을 허물어서 상점을 두 배로 늘리고 있었다. "당시 보도되던 내용과는 완전히 반대였죠." 레코드점들이 수익을 내고 있었음에도 대중은 레코드점이 사라지기 직전이라고 생각했다. 손님들은 레코드점에 들어오면 걱정스러운 표정으로 "장사는 어떠시냐"고 묻곤 했다. 가장 열성적인 음악팬들이 아니라면 레코드점은 특별한 의미를 갖지 못했으며 그것이 레코드점의 정체성에 영향을 미쳤다.

"직원들은 새로 나온 음반들을 두고 다투었지요." 레코드점 부서를 운영하는 마이클 커츠가 회상했다. 직원들이 레코드점에서 일하는 주요 이유는 새로운 음악을 먼저 접할 수 있어서였다. "이제 예전에 가게에서 살 수 있었던 모든 것을 온라인에서 구할 수 있지요. 하지만 우리 직원들은 아무도 신경 쓰지 않았어요. 매장에서 일하려는 젊은 여성들이 점차 줄어들어 하나도 남지 않았어요." 커츠가 말했다. "우리는 만화책 가게를 지키는 머저리들 같았지요."

사운드 가든 모임에서도 누군가 이런 말을 하자 에릭 레빈의 귀가 솔깃해졌다. 그 모임이 있기 얼마 전에 레빈의 사업체(애틀 랜타 소재 크리미널 레코즈Criminal Records)는 만화 산업 프로모션의 일환으로 '공짜 만화책의 날Free Comic Book Day'이라는 이벤트를 열어 엄청난 인기를 끌었던 것이다. 레코드점이 건재하다는 사실을 대중과 미디어에 알리기 위해서라도 레코드점을 대상으로 비슷한 이벤트를 해보면 어떨까? "저는 우리 업계가 죽었다는 내용의 기사를 읽었어요. 우리가 마차 시대의 상인들보다 못하다는 거예요." 이 말은 당시 레코드점을 보던 일반인들의 시선을 잘 보여준다. "하지만 당시 우리는 신나게 일하면서 직원들을 고용하고 그들에게 보험까지 들어줬어요. 대체 언론은 왜 그렇게 부정적이었을까요? 기자들은 증거를 원했어요. 그들은 우리 장사가 잘되고 있다는 사실을 믿지 않았으니까요. 자기들의 상식에 부합하지 않았으니까요. 그들이 보도하려는 내용에 들어맞지 않았으니까요. 특이했으니까요. '음악을 얼마든지 공짜로 들을 수 있는데, 어떻게 사업이 번창할 수 있지? 타워레코드는 문을 닫고 있잖아? 베스트 바이Best Buy도 손해를 보고 있는데?'" 대부분의 매장이 CD를 더 많이 팔고 있었지만 레빈은 LP에 주력했다. 사람들에게 매장 자체에 대한 이야깃거리를 주는 것은 LP였기 때문이다.

첫 번째 '레코드점의 날'을 준비하는 몇 개월 동안 커츠는 당시 워너 뮤직의 대표였던 톰 비어리를 만나러 LA를 방문했다. 비어리는 가수 닐 영Neil Young과의 만남으로 워너 뮤직이 LP에 다시 관심을 갖게 되었다고 했다. 닐 영은 2000년대 초반 워너 뮤직이 CD로 발매할 예정이었던 디지털 리마스터드remastered 히트곡 모음집을 듣기 위해 사무실에 들렀다. 하지만 음질에 크게 실망한 닐 영은 어떻게 아무도 최종 제품에 들어간 음악과 아티스트에게 신경을 쓰지 않느냐고 열변을 토했다. "그때 우리는 LP에 주력해야겠다고 결정했어요." 비어리가 말했다. "매출의 문제가 아니었어요. 우리가 이익을 낼지 손실을 입을지는 중요하지 않았어요. 우리의 브랜드 인지도를 지키기 위해 필요한 일이었으니까요." 당시 다른 음반 회사와 마찬가지로 워너 뮤직도 손실을 내고 있었다. 그러니 오래됐지만 입증된 제품인 LP의 먼지를 털고 다시 팔아도 잃을 것이 없었다.

워너 뮤직은 서서히 오디오 애호가와 수집가 시장을 겨냥한 혹은 공연장에서 팔기 위한 앨범들을 찍어내기 시작했다. 이 앨범들은 좀 더 튼튼해 보이도록 좀 더 무거운 플라스틱에 찍어냈고(어떤 이들은 무거운 플라스틱이 더 좋은 소리를 낸다고 주장한다), 윌코Wilco, 화이트 스트라이프스White Stripes 등의 음악을 담고 있었다. 커츠가 비어리에게 '레코드점의 날'에 대해 이야기하자 워너 뮤직이 행사 마케팅에 약간의 재정적 지원을 하기로 했다. 여기에서 중요한 것은 워너 뮤직이 데스 캐브 포 큐티Death Cab for Cutie, 알이엠R.E.M, 뱀파이어 위크엔드Vampire Weekend, 제이슨 므라즈Jason Mraz 같은 뮤지션의 한정판 음반을 발매해서 '레코드점의 날'에 참여한 매장에서만 구매할 수 있게 했다는 것이다. 2008년 4월 19일 북미와 영국에서 약 300개 매장이 첫 번째 '레코드점의 날'에 참여했다. 특히 워너 뮤직이 메탈리카를 공식 홍보대사로 섭외하여 캘리포니아의 마운틴뷰에 있는 라스푸틴 뮤직 매장에서 사인회를 개최한 것이 효과적이었다.

결과는 대성공이었다. "개장 이래 고객들이 매장 바깥에까지 늘어선 건 처음 봤어요." 커츠가 기억을 떠올렸다. "그전에는 한 번도 그런 적이 없었지요." 많은 매장들이 평소에 비해 50퍼센트의 매출 신장을 기록했다. 레빈이 기대했던 대로 긍정적인 언론 보도가 이어졌다. '레코드점의 날'은 계속 확장되어 2009년에는 많은 매장들의 하루 매출액이 블랙프라이데이(북미에서 연중 최대 세일을 하는 날-옮긴이)와 크리스마스 매출액을 크게 넘어섰다. 더 많은 매장과 더 많은 콘서트와 더 많은 한정판 발매가 이어졌다. 수집가들은 '레코드점의 날'에 발매된 한정판 앨범을 사기 위해 밤새 줄을 섰고, 음반들은 발매 직후 온라인에서 액면가의 몇 배로 거래되었다. 레코드점 주인들과 팬들의 불평이 넘쳐났지만 그들의 불만은 실패가 아닌 성공의 징조였다. '레코드점의 날'은 이제 전 세계적으로 레코드점, 아티스트, 음반사들이 참여하는 글로벌한 기념일이 되었다. 2015년 행사에 참가했던 둔드 골Dund Gol은 몽골 울란바토르에 개점한 매장이다.

어느 대도시나 중소 도시를 돌아다녀봐도 레코드점들이 생겨나고 있고 놀라운 속도로 늘어나고 있다. 영국의 경우 2015년

'레코드점의 날'까지 레코드점의 숫자가 늘어나 5년 만에 최고 치를 기록했다. 1월부터 4월까지 영국 전체에서만 40개의 매장이 새로 생겨났다. 이는 2014년 같은 기간에 대비해 50퍼센트가 늘어난 숫자다. LP의 소비가 많은 베를린(타의 추종을 불허하는 세계 최대의 LP 시장이다)에는 이제 100개 이상의 레코드점이 있고 OYE와 같은 인기 레코드점은 여러 지역으로 매장을 확장하고 있다. 대형 체인점들도 LP로 돌아오고 있다. CD 시대를 풍미했던 영국의 레코드 체인점 HMV는 2015년 LP의 판매 신장에 힘입어 파산을 딛고 이익을 내기 시작했다. 내가 사는 토론토에서는 두 달에 하나꼴로 새로운 레코드점이 생겨난다.

"우리는 우연히 이런 시장을 발견했어요." 커츠가 말했다. 이제 그는 '레코드점의 날' 행사 준비에 대부분의 시간을 쏟고 있다. "사람들에게는 뮤직 페스티벌 등을 통해서 커뮤니티와 연결되고자 하는 욕구가 있었어요. 함께 모여서 음악을 기념하고 즐길 기회 말이에요. 우리가 파티장을 제공하기는 했지만 정말로 사람들이 모여들었을 때는 놀라웠어요."

젊은 사람들이 턴테이블을 사고 있어요

이 모든 것이 URP 사업에는 낙수효과로 나타났다. 프로모션용 싱글 앨범 시장은 결코 회복되지 않았지만 정규 LP앨범의 주문은 2009년 말부터 꾸준히 증가했다. 마이클스는 영리하게 움직였다. 〈빌보드Billboard〉지에서 디지털 세대의 LP 구매가 늘었다는 기사를 읽고 나서 이 같은 판매 급등에 대비하여 회사를

1부 아날로그 사물의 반격

다시 포지셔닝했을 뿐만 아니라 값싼 싱글 앨범을 대량생산하기보다는 고품질 앨범 생산에 주력하도록 URP의 체질을 개선했다.

"2012년쯤 갑작스럽게 티핑포인트를 넘어선 것이 눈에 띄었어요. 한 자릿수였던 성장률이 두 자릿수로 순식간에 늘어났습니다." 마이클스가 말을 이었다. "2013년은 이전과는 확연하게 달랐죠. 2014년에는 우리가 수요를 맞출 수 없을 만큼 시장이 성장했고요." URP는 직원을 더 뽑고, 오래된 프레스 기계를 더 많이 구입해서 재정비했다. 그러고는 공장을 주 6일 동안 쉬지 않고 가동했는데도 여전히 주문량을 감당할 수 없었다. 특히 '레코드점의 날'을 앞두고는 더 바빠졌다. 결국 마이클스는 2015년에 두 번째 공장을 세워야 했다.

현재 전 세계적으로 40개가 넘는 레코드 공장이 풀가동 중이다. "2013년 전체 생산량만큼을 2014년 1분기에 찍어냈어요." 네덜란드 레코드 인더스트리Record Industry 사를 운영하는 톤 베르뮬렌의 말이다. "4월은 끔찍합니다. 우리는 9월부터 2교대 작업을 시작했어요." LP 공장이 하나둘 문을 닫은 지 수십 년 만에 레코드 제조업체가 멤피스, 미시간, 루이지애나, 앨버타, 런던, 상파울로 외 10여 개 지역에 새로 생겨났다. 2009년 오하이오 주 콜럼버스에 문을 연 가타 그루브Gotta Groove는 처음에는 월 1만 5000장 정도의 레코드판을 찍어내다가 2014년에는 7만 장까지 찍어냈다. 가타 그루브의 공동 설립자인 맷 이얼리는 말한다. "생산 능력은 한정되어 있는 반면 수요는 계속 늘어나고 있고 앞으로도 늘어날 거예요."

레코드 생산 기계의 숫자가 정해져 있기 때문에 경쟁은 치열하다. 사람들은 한 대당 8만 달러까지 하는 이 구식 기계를 찾아 멀리 짐바브웨나 트리니다드까지도 간다. 채드 캐섬은 2011년 캔자스 주에 퀄리티 레코드 프레싱스Quality Record Pressings 공장을 열면서 LA의 오래된 EMI 공장과 런던의 공장에서 레코드 생산 기계를 사들였다. 기계를 어떻게 찾았느냐는 질문에 그는 이렇게 대답했다. "수단과 방법을 가리지 않았죠!" 2015년 초 캐섬은 시카고의 어느 창고에서 잠자고 있던 13대의 프레스기를 찾아냈다. 레코드 공장을 하는 사람에게는 석유가 쏟아지는 유전을 발견한 것과 마찬가지였다. 그러나 처음 발견한 유전이 그렇듯 새로 구입한 레코드 프레스기가 정확한 부품, 보일러, 쿨러, 스탬퍼, 금형을 갖추고 실제 레코드를 찍어내기까지는 수만 달러의 추가 비용이 들어갔다. 2015년 독일의 뉴빌트 기계NewBilt Machinery와 토론토의 바이럴 테크놀로지스Viryl Technologies가 5년 만에 처음으로 새로운 LP 프레스기를 제조하기 시작했고, 그렇게 생산된 기계는 URP 공장으로 보내졌다.

턴테이블은 LP의 반격을 가늠하는 또 다른 주요 지표다. 하인즈 릭티니저는 1990년대 내내 프로-젝트 오디오를 꾸준히 성장시켰지만 2000년대에 들어서면서 각국의 시장이 LP에 반응하고 있음을 감지했다. 첫 번째가 영국이었고, 다음이 독일, 이탈리아, 스칸디나비아였으며, 2010년에는 북미 시장이 움직였다. 릭티니저는 "(상황이) 완전히 바뀌었다"면서 "잡지와 신문들이 LP와 턴테이블에 관한 기사를 쓰고 있었고 2014년 우리 회사의 턴테이블 사업은 2011년에 비해 두 배 성장했다"고 말한다. 그의 회사에는 현재 3만 5000개의 턴테이블 주문이 밀려 있으며, 전 세계에서 턴테이블 판매량은 연간 500만 개 정도로 추산된다. 이는 파이오니어나 소니같이 과거에 턴테이블을 생산했던 회사들에게는 기존 비즈니스로 되돌아갈 충분한 기회 요인이 되었고 타깃Target이나 월마트Walmart 같은 주요 유통업체들은 매장에 레코드 플레이어를 갖춰놓았다.

그런 매장에서 팔리는 턴테이블은 대개 켄터키 주 루이빌에 본사를 두고 미니 주크박스와 복고풍의 가전제품을 생산하는 크로슬리Crosley의 저렴한 모델들이다. 1980년대부터 생산된 크로슬리의 턴테이블은 종종 빈티지한 시디플레이어나 라디오와 함께 진열되었다. "우리 고객은 주로 스카이몰Sky Mall(기내 면세품 판매 회사로 2015년에 파산했다-옮긴이) 카탈로그에서 물건을 보고 '우와, 99달러면 아빠에게 좋은 크리스마스 선물이 되겠는걸'이라고 생각하는 아이들이에요." (지금은 다른 곳으로 이직한) 당시 크로슬리의 마케팅 담당 부사장 엘리자베스 브론의 말이다. 그러나 나이 든 소비자가 디지털 CD를 구울 수 있게 되고 아이팟을 더 잘 이해하게 되면서 레코드판에 대한 향수 어린 관심이 시들해지는 바로 그 시점에 손자 세대가 LP에 빠져들기 시작했다. 그래서 크로슬리는 그 새로운 소비자로 포커스를 바꿨다.

크로슬리는 이제 휴대가 가능한 스피커 내장형 제품부터 보이 밴드인 원디렉션One Direction이나 더 라몬즈Ramones의 이미지를 붙인 브랜드 에디션에 이르기까지 20개 이상의 다른 스타일로 턴테이블을 만들어 해마다 100만 개 이상 판매한다. "우리의 고객층은 턴테이블을 본 적도, 레코드판을 만져본 적도 없어요." 브론은 말한다. 전날 브론은 어번 아웃피터스(이제 이 체인점은 미국에서 가장 많은 양의 LP와 턴테이블을 판매하고 있다)의 마케팅 직원과 전화 회의를 했는데 그 직원은 브론에게 레코드판 표면의 가는 선들이 뭐냐고 물었다고 한다. "저는 그게 바로 음악이라고 말해야 했지요."

경제적 관점에서 보면 LP의 재유행은 특이한 현상 정도로 쉽게 무시될 만하다. LP 판매가 2007년 이후 극적인 성장을 보였다고는 하지만 여전히 전체 음악 산업에서 차지하는 비중은 10퍼센트 미만에 불과하고 현재의 CD 매출과 비교해도 여전히 3분의 1 수준이다. 그러나 LP 시장을 깊숙이 들여다보면 숫자가 전부는 아니다. "오랫동안 저는 LP 구입에 관한 기사를 읽을 때마다 '그래, LP를 찾는 사람이 다섯 명에서 일곱 명으로 늘어났지. 그래서 뭐?'라고 생각했어요." 리서치 회사인 뮤직워치를 설립한 러스 크럼닉의 말이다. LP를 이해하는 중요한 열쇠는 가격이 비싸다는 사실이다. 디지털 다운로드가 출현한 1990년대 말부터 CD가 하향세로 접어들자 음반사들은 가격을 대폭 낮췄고 그 바람에 CD는 수익을 낼 수 없게 되었다. 그와 대조적으로, 새롭게 등장한 LP 구매자들은 가격에 민감하지 않았다. 그들은 테일러 스위프트의 《1989》에 기꺼이 20달러 이상을 지불할 용의가 있었고 '레코드점의 날'에 발매되는 특별 한정판에는 두 배의 돈도 지불했다. 그들이 그렇게까지 하는 것은 그 대가로 물리적인 자산을 얻기 때문이다. 크럽닉은 "더 적은 수의 LP를 더 적은 수의 사람들에게 팔아서 더 높은 수익을 낼 수도 있다"고 했다. 싱글 앨범 하나가 손익분기점에 도달하려면 12만 7000장이 판매돼야 하는 디지털 다운로드와 비교해보라. "CD는 평균 도매가가 6달러예요. 아이튠즈에서는 심지어 (도매가로) 60센트에도 살 수 있지요. 하지만 LP의 도매가는 10~12달러로도 올릴 수 있어요. 다른 모델에 비해 상당히 수익성이 높은 겁니다."

워너 뮤직 그룹의 영업관리 부사장 빌리 필즈는 LP레코드판이 과연 매출 10억 달러를 올릴 수 있을지에 대해서는 의문을 갖고 있지만 중요한 수익 창출원인 LP의 판매가 둔화되리라고는 보지 않는다. "LP의 단위 수익은 우리가 파는 어떤 제품보다 높습니다. LP는 두 자릿수 후반대의 견고한 이익률을 내고 있습니다. 우리가 디지털 다운로드로 벌어들이는 수익에는 못 미치지만, 단위당 수익률은 훨씬 높습니다." 디지털 다운로드와 CD 판매로 벌어들이는 총수입은 LP 수입보다 많지만 다운로드와 CD 판매는 스트리밍 서비스의 성장과 함께 꾸준히 하락하고 있다. 하지만 LP는 계속 성장하고 있다. 유니버설 레코즈Universal Records의 임원인 제프 바워스는 "LP는 앞으로도 성장할 겁니다. 젊은 이들이 투자하고 있으니까요."라고 말했다. "젊은 사람들이 턴테이블을 사고 있어요. 그런데 턴테이블로는 레코드판밖에 들을 수 없잖아요."

거기에 뮤지션들을 빼놓을 수 없다. MP3와 아이팟이 등장한 이후 좋은 음악이 많이 생산되고 아티스트가 팬들과 직접 소통하며 온라인에서 음악을 유통시킬 멋진 기회들이 생겨났음에도 포스트 CD 시대, 즉 제2세대 디지털 뮤직 시대는 음악으로 돈을 벌고자 하는 뮤지션들에게는 끔찍한 시기였다. 2000년 이후 새롭게 등장한 음악 구매용 테크놀로지들은 하나같이 뮤지션들에게 돌아갈 보상을 줄였다. 스트리밍 서비스 업체 측은 음악인들에게 공정한 보상을 한다고 얘기하지만 실제 수치를 보면 실상은 암울하다. 신문 기사나 블로그 등에 공개되는 로열티 내역을 보면 유명한 작곡가들부터 뛰어난 신인 뮤지션들까지 믿기지 않을 만큼 낮은 대가를 받고 있다. 작곡가인 알로에 블라크Aloe Blacc는 〈와이어드Wired〉 지와의 인터뷰에서 최근 가장 많이 스트리밍된 곡(아비치Avicii의 신나는 댄스곡 〈웨이크 미 업Wake Me Up!〉)을 공동 작곡한 대가로서 판도라Pandora(음악 스트리밍 서비스-옮긴이)로부터 받은 돈이 4000달러도 안 된다고 밝혔다(반면 판도라는 2014년에 10억 달러에 가까운 수입을 올렸다). 크래커Cracker의 데이비드 로워리David Lowery가 〈로Low〉로 판도라에서 벌어들인 16.89달러보다는 훨씬 많은 액수지만 말이다. 2015년 미국과 영국의 음반 업계는 유튜브나 스포티파이 무료 버전 같은 스트리밍 서비스의 광고 수입보다 LP로 벌어들인 수입이 많다고 발표했다. 마이클 커츠는 말했다. "스트리밍 서비스로 동전을 번다면 LP로는 지폐를 벌어들이는 거예요. 그건 완전히 다른 차원이지요. 아티스트나 음반사가 시장에서 어떻게 해야 하는지를 이해한다면 돈을 벌 수 있습니다."

1부 아날로그 사물의 반격

라디오헤드의 톰 요크Thom Yorke나 테일러 스위프트가 스트리밍 서비스와 계약을 하지 않으려는 것은 거기에서 얻는 수익이 푼돈이기 때문이다. 이유는 명료하다. 스트리밍은 검증된 기술이지만 검증된 비즈니스 모델은 아니기 때문이다. 대부분은 벤처캐피털 투자자들이나 구글, 애플 같은 모회사에서 전적으로 자본을 대고 있다. 그리고 대체로 수입보다 지출이 많다. 많은 청취자가 (내가 알디오에 가입해서 매달 10달러를 내고 전체 음악을 듣는 것처럼) 프리미엄 회원으로 가입해줄 것을 기대하면서 많은 음악을 공짜로 뿌리기 때문이다. 이들 스트리밍 서비스가 이익을 내려면 엄청난 수의 유료 회원이 월정액 서비스에 가입해야 한다. 온라인에서 얼마든지 공짜로 음악을 들을 수 있고 신규 서비스가 쉴 새 없이 등장하는데, 그런 어마어마한 회원수를 확보하는 것은 쉬운 일이 아니다. 내가 이 장을 두 번째로 편집하고 있는데 알디오가 파산했다는 뉴스가 들려왔다. 알디오는 (내게서 받아간 월정액 150달러를 포함해) 1억 7500만 달러 이상의 투자를 받고도 이익을 내지 못했던 것이다. 나는 역시 알디오의 가입자인 친구 애덤 캐플런에게 전화를 걸어 그 소식을 전했다. "아, 이런." 그는 짜증난 목소리로 말했다. 그가 갖고 있는 모든 음악을 알디오 서비스와 이제 막 동기화했는데, 그게 전부 헛수고가 되어버린 것이다. 나는 차라리 그 돈으로 레코드판이나 사는 것이 나았을 거라고 했다. 그도 동의했다. "그래, 음악의 미래는 과거야."

한편 엄청난 중고 LP 시장은 이런 추세에서 비껴나 있다. 음악 업계는 통계를 내지 못하고 있지만 현재 거래되고 재생되는 상당수의 레코드판은 중고다. 2015년 온라인 음반 장터인 디스콕스에서만 500만 장 이상의 레코드판이 팔렸는데, 이는 중고 시장의 극히 일부에 지나지 않는다. 레코드점으로서는 중고 레코드판의 수익률이 새 레코드판보다 훨씬 높다. 이제 더욱 많은 레코드판이 만들어지고 판매되고 재판매되기 때문에 중고 거래는 증가할 수밖에 없다. 턴테이블을 갖춘 LP 청취자가 한 명 늘어날 때마다 중고 레코드판의 가치는 커진다. 오하이오 주 신시내티에서 셰이크 잇 레코즈Shake It Records라는 레코드점을 운영하는 대런 블레이즈에 따르면 새 레코드판에서는 40퍼센트의 이익이 나는 반면 중고 레코드판은 들인 비용의 두 배 이상의 가격에 팔릴 뿐만 아니라 해마다 가격도 상승한다고 한다. "예전에 팔리지 않았던 많은 음반들이 팔립니다. 이를테면 보스턴의 첫 앨범 같은 것 말이죠."

블레이즈는 자주 세일을 하는 음반들을 언급하면서 팔리지 않은 '허브 앨퍼트와 티후아나 브라스Herb Alpert and Tijuana Brass'의 레코드판도 곧 어울리는 장소에 놓일 수 있기를 바랐다.

데이비드 보위의 떨리는 목소리

URP 공장을 둘러보는 동안 한 뮤지션의 앨범이 유독 많이 찍혀 나오는 것이 눈에 띄었다. 디트로이트 출신으로 내슈빌에서 활동하는 잭 화이트의 앨범이었다. 화이트 스트라이프스, 데드 웨더Dead Weather, 래콘터스Raconteurs 같은 그룹에서의 연주는 물론 독주로도 유명한 록 기타리스트인 화이트는 현재 LP와 아날로그 음악을 가장 열심히 옹호하는 뮤지션이며, 레코드판의 생산과 판매에 대해 가장 뛰어난 비전을 가진 비즈니스맨이다.

화이트는 〈빌보드〉 지와의 인터뷰에서 "LP를 들을 때는 무릎을 꿇고 바늘의 처분만 기다려야 하죠. 돌아가는 레코드판을 지켜보는 것은 마치 다들 둘러앉아 캠프파이어를 지켜보는 것과 같아요. 최면에 걸리는 기분이에요." 화이트는 마우스 클릭에는 아무런 설렘이 없다고 했다. 게다가 물리적이고 아날로그적인 녹음 기술은 시간이 지나면 금방 쓸모없어지는 하드 드라이브에 비해 음악과 소리를 훨씬 잘 보존한다는 것이다. 그가 녹음한 《라자레토Lazaretto》는 LP의 열기 속에서 가장 많이 팔린 음반에 속한다. 이 앨범은 숨겨진 홀로그램과 라벨의 비밀 트랙, 바늘이 안에서 밖으로 돌아나오면서 재생시키는 A면(나는 그 사실을 반년이 지나도록 몰랐다) 등 기발한 시도와 디자인으로 가득하다. 이런 시도들이야말로 사람들이 아날로그를 좋아할 중요한 이유를 제공한다.

화이트가 음반 업계의 윌리 웡카(동화 《찰리와 초콜릿 공장》에 등장하는 공장주-옮긴이)라면 서드맨 레코즈Third Man Records는 그의 초콜릿 공장이다. 2008년 화이트는 카센터를 인수하여 마치 팀 버튼 감독이 디자인한 듯한 사이키델릭한 아날로그 별천지로 탈바꿈시켰다. 그곳은 반짝이는 검은색이나 쇼킹한 노랑, 빨강, 파랑의 원색으로 칠해져 있다. 직원들은 모두 검정과 카나리아 노랑이 들어간 회사 고유색의 옷을 입고 있다. 서드맨 레코즈의 실내는 빈티지한 청량음료 판매기, 기린 인형의 머리, 낡고 별난 차, 모텔 표지판 따위로 장식되어 있으며, 아티스트들이 라이브 연주를 하거나 화이트가 직접 음반을 프로듀싱하는 콘서트장이 있다. 아티스트들은 지역의 인디 밴드부터 (코미디언) 아지즈 안사리Aziz Ansari, 벡Beck, 로레타 린Loretta Lynn, 완다 잭슨Wanda Jackson, 제리 리 루이스Jerry Lee Lewis, 심지어 윌리 넬스Willie Nelson 같은 전설적 뮤지션에 이르기까지 다양하다. 화이트의 모든 음반, 서드맨에서 녹음한 연주, 희귀한 재발매 레코드판(가령 엘비스 프레슬리의 첫 녹음, 1만 장 이상 팔린 칼 세이건Carl Sagan의 싱글)과 함께 켈리 스톨츠Kelly Stoltz, 시식 스티브Seasick Steve, 헤이든 트리플리츠Haden Triplets 같은 신예 아티스트들의 신보 등이 서드맨 레코즈에서 나온다. 분기별로 음반을 우편 주문하는 볼트Vault라는 레코드 클럽도 있고 레코드판, 팬시상품, 검은색과 노란색이 들어간 프로-젝트와 크로슬리의 턴테이블 등을 파는 소규모 매장도 있다. 심지어 1930년대의 빈티지 레코드 부스도 있어서 잭 화이트가 닐영의 곡을 부른 바로 그 장소에서 방문자가 직접 자신의 7인치짜리 싱글 앨범을 만들 수도 있다.

"턴테이블은 죽지 않았다"는 서드맨의 모토는 아날로그스러움을 숨기지 않는다. "LP는 하나의 정체성이죠." 서드맨을 운영하는 뮤지션(이자 화이트의 조카) 벤 블랙웰Ben Blackwell은 2014년 가을 "우리 회사는 5년 만에 250개 이상의 음반을 발매했습니다"라고 내게 말했다. 서드맨 역시 곡을 디지털 다운로드와 스트리밍 서비스로도 판매하지만 회사의 포커스는 LP에 맞춰져

1부 아날로그 사물의 반격

있다. 서드맨에게 아날로그는 단순히 예술적 경험의 최고봉만이 아니다. 아날로그는 서드맨 제품을 상품과 수익성의 차원에서 분리할 뿐만 아니라 음반사의 시각적, 청각적 미학 전체를 규정하고 이는 화이트의 아날로그 음악에 대한 열렬한 사랑을 그대로 반영한다.

화이트는 음반 업계의 간행물인 〈사운드Sound〉에서 "아날로그는 내가 정말 좋아하는 모든 종류의 음악을 담는 그릇"이라고 말했다. "만약 녹음과 프로듀싱을 하면서 어떤 분위기vibe나 따뜻함, 풍부한 감정 따위를 원한다면 결국 아날로그를 찾게 됩니다. …… 아날로그의 실제 사운드는 디지털 사운드보다 열 배는 더 좋아요."

나는 지금까지 LP의 반격을 이야기하면서 사운드의 역할에 대해서는 애써 논하지 않았다. 그 이유는 논의가 음악의 포맷들 간의 비교로 흐르면 곧바로 압축 비율, 스피커의 주파수, 다이나믹 레인지 같은 기술적 토론으로 발전하기 때문이다. 오디오 애호가들은 턴테이블의 바늘 달린 팔의 균형을 잡아줄 가장 완벽한 무게를 평생 찾아다닐 수도 있는 사람들이고 인터넷에는 사람이 과연 WAV파일과 MP3파일의 차이를 다섯 개의 서로 다른 헤드폰 브랜드로 구분할 수 있느냐를 두고 싸우는 토론방들로 가득하다. 디지털 뮤직은 아날로그 사운드의 웨이브를 1과 0으로 변환하며, 그 과정에서 불가피하게 많은 정보와 사운드를 희생한다. 대개 디지털 파일은 다운로드와 스트리밍이 용이하도록 작은 사이즈로 압축되며, 이를 만회하기 위해 음량은 대폭 상향 조정된다. 하지만 이런 것들은 음질에 그다지 신경 쓰지 않는 대부분의 청취자들에게는 큰 문제가 되지 않는다.

사운드가 문제되는 곳, 아날로그 음악이 LP의 재기에 필적할 만한 반격을 펼치는 곳은 바로 스튜디오다. 1990년대까지 거의 모든 음악은 자기 테이프에 녹음되었다. 이 테이프들은 단선적이고 용량이 제한되어 있기 때문에 이미 녹음된 것을 수정하려면 그 위에 다시 녹음하거나 면도날로 테이프를 끊어야 했다. 디지털 신시사이저 같은 디지털 음악 장비들은 1960년대 말경 등장했지만 1991년 프로 툴스Pro Tools라는 오디오 편집 소프트웨어가 처음 소개된 후에야 음악 프로듀서와 엔지니어들은 테이프의 제약에서 자유로워졌다. 그들은 컴퓨터에서 특정 독주부solo나 사운드를 잘라 붙일 수도 있고 마음에 드는 곳에 마우스로 끌어올 수도 있다. 뮤지션들은 어떤 곡을 들으면서 마음에 드는 부분들을 잘라 붙여 새로운 곡을 만들거나 '취소' 버튼을 클릭하여 원 상태로 되돌릴 수 있었다. 더 이상 실수는 존재하지 않았다.

2000년대 초에 이르자 디지털로 녹음한 음악은 업계 표준이 되었다. 하드 드라이브의 용량과 처리 능력이 극적으로 향상되면서 프로 툴스의 가격이 떨어지고 뮤지션들은 자기 집에 개인 스튜디오를 꾸릴 수 있게 되었다. 다른 회사들은 '플러그인'이라 불리는 보완 프로그램을 여럿 만들었다. 오토튠Auto Tune은 음정을 벗어나는 노래를 음조에 맞는 가장 가까운 음으로 끌어 맞춘다. 울트라맥시마이저Ultramaximizer 프로그램은 음량을 자동으로 키운다. 그 외에도 잔향이나 에코 같은 스튜디오 효과를 흉내 내는 프로그램들도 있다. 예전에는 이런 효과를 내려면 육중한 장비나 복잡한 프로세스를 거쳐야 했다. 프로 툴스가 나오기 전에는 에코 효과를 내기 위해 콘크리트로 지은 긴 반향실echo chamber의 한쪽 끝에서 연주를 하고 반대편 끝에서 녹음을 해야 했다.

디지털이 녹음 스튜디오를 완전히 장악한 것처럼 보이던 바로 그때 아날로그가 반격을 개시했다. 미국의 전통 음악, 블루스, 클래식 록 등 자신에게 영감을 주는 사운드를 찾는 뮤지션과 프로듀서 그리고 엔지니어들은 녹음 프로세스가 사운드에 어떤 영향을 주는지 고민하기 시작했다. 화이트나 데이브 그롤Dave Grohl, 질리언 웰치Gillian Welch를 포함한 이들 아티스트들은 오래된 테이프 기계와 빈티지 스튜디오 장비들로 실험을 시작했고 한때 이용했던 아날로그 방식으로 되돌아갔다. 비평가와 팬들은 이 앨범들의 소리가 다르다(더 가슴 저리고, 생생하고, 유기적이다)는 사실을 알아차렸고 업계도 주목하기 시작했다. 2011년 푸 파이터스Foo Fighters가 《웨이스팅 라이트Wasting Light》 앨범으로 그래미상을 수상했다. 그 앨범은 주로 그롤의 차고에서 아날로그 장비를 사용하여 한 곡당 적게는 세 번만에 녹음되었다. "디지털 장비를 이용하면 연주를 완전히 조작하고 바꿀 수 있지만 아날로그로는 불가능하죠." 어느 인터뷰에서 그롤이 말했다. "저는 제 목소리를 튜닝할 수 있는지 알고 싶지 않아요. 그저 제 목소리처럼 들리길 바라니까요."

이후 그런 아날로그 사운드를 찾으려는 뮤지션들이 내슈빌로 모여들면서 시내에는 아날로그 사운드에 특화된 스튜디오들이

들어섰다. 그중에는 잭 화이트와 블랙 키즈의 스튜디오도 있다. 가장 큰 곳은 도시 서쪽 외곽에 위치한, 예전에는 LP 공장이었던 탓에 창문도 없는 스튜디오다. 이곳에는 모든 빈티지 악기와 모든 종류의 녹음 장비들이 갖추어져 있다. 스튜디오 이름은 '웰컴투1979'. 스튜디오의 공동 소유주인 크리스 마라는 "여기에선 아날로그 분위기에 맞설 수 없을 겁니다"라면서 기타, LP, 테이프, 그리고 중동의 양탄자가 가득한 방에서 나무판으로 덮인 녹음용 콘솔 뒤에 앉았다. "이건 완전히 70년대잖아요!"

마라는 프리랜서 레코딩 엔지니어로 20년 이상 일했다. 그는 처음에는 앨라배마 주의 전설적인 뮤직 쇼울Music Shoal 스튜디오의 실력자들과 작업하면서 일을 배웠다. 나중에 뮤직 쇼울을 나와 자기 스튜디오를 차리게 되었을 때 마라는 선택에 직면했다. 5만 달러 이상을 들여 최신 프로 툴스를 사서 홈 스튜디오를 만들 것인가, 아니면 이미 가지고 있던 아날로그 장비들을 이용해서 진짜 스튜디오를 꾸릴 것인가. 2008년에 마라는 픽업트럭을 담보로 대출을 받아 웰컴투1979를 오픈했다. 그 후 사업은 매년 두 배씩 성장했다. "음질은 사람들이 아날로그를 이용하는 이유 중에 작은 부분을 차지할 뿐입니다." 마라가 말했다. "사실 중요한 건 과정이지요. 이 물건은……." 마라는 공들여 재건한 실험실에 있는 40년 된 장비를 가리켰다. "뮤지션이 이걸 직접 디자인하고 이걸로 녹음했지요. 프로 툴스는 엔지니어가 디자인한 거고요."

뮤지션과 밴드들이 웰컴투1979 같은 아날로그 스튜디오를 찾

1부 아날로그 사물의 반격

는 이유는 디지털 스튜디오가 가진 무한한 옵션, 변형과 조절의 가능성, 그리고 플러그인이 결코 도달하지 못할 완벽성이라는 끊임없이 움직이는 표적을 만들어내기 때문이다. 디지털로는 분명한 결정을 내릴 필요가 없다. 언제든 마우스를 끌어다 사운드를 조금씩 바꾸고 마음에 들지 않으면 클릭해서 취소하면 되기 때문이다. 마라는 너무나 여러 번 녹음을 하고 편집을 하는 바람에 아티스트들이 나가떨어지는 모습을 디지털 스튜디오에서 숱하게 보았다. 그와는 대조적으로, 아날로그의 작업 흐름은 훨씬 제한적이다. 음악을 연주하고 테이프에 녹음해서 다시 들어본 다음 그게 좋은지, 아니면 다시 녹음할지 결정한다. 지나치게 단순화한 것처럼 들릴지 모르지만 마일스 데이비스Miles Davis의 《카인드 오브 블루Kind of Blue》부터 비스티 보이스Beastie Boys의 《라이선스 투 일License to Ill》에 이르기까지 우리가 아는 대부분의 위대한 음악들이 이런 방식으로 녹음되었고, 어떤 곡들은 한 번의 연주로 녹음되기도 했다. "사람들은 제약이 나쁘다고 생각하지만 그건 좋은 의미로 프로세스를 진행시킵니다. 프로세스 중간에 방향을 잃기는 쉽습니다. 하지만 제약이 있다면 계획대로 움직이기가 좀 더 쉬워집니다." 마라가 말했다.

마라와 이야기를 나눈 후 팝 음악계의 전설적인 녹음 엔지니어 켄 스콧을 만나기 위해 테네시 주의 프랭클린으로 차를 몰았다. 그가 불과 열여섯 살에 처음 녹음 작업을 했던 음반이 《하드 데이스 나이트Hard Day's Night》였다. 스콧은 비틀스 음반의 상당수를 녹음한 EMI의 애비로드 스튜디오에서 콘솔을 책임졌으며, 데이비드 보위, 핑크 플로이드, 롤링 스톤스, 루 리드Lou Reed, 엘턴 존, 데보Devo, 듀란듀란을 비롯한 많은 뮤지션과 작업했다. 그는 스튜디오에서 원하는 음향을 라이브로 만들어내기 위해 '모든 인력을 동원해서' 녹음 작업을 하는 법을 익혔다. 프로듀서, 엔지니어, 뮤지션, 심지어는 커피 심부름을 하는 사환 아이의 손가락까지 전부 동원되어 콘솔의 스위치와 다이얼을 눌러야 했다. 이런 어수선한 녹음 프로세스는 종종 '우연한 행운'으로 이어지곤 했고, 최종 녹음의 필수 요소가 되었다. 〈아이 앰 더 월러스I Am the Walrus〉를 믹싱하는 동안 스콧은 음향 조절기를 누르고, 존 레넌은 피아노 건반을 두드리고, 폴 매카트니는 테이프 에코 기계를 조작하고, 조지 해리슨은 마이크에 소리를 만들어 넣고, 링고 스타는 라디오 주파수를 뒤지느라 녹음 프로세스는 더욱 어수선해졌다. 그때 갑자기 링고가 BBC 라디오 방송극 〈리어 왕〉을 찾아내면서 셰익스피어 연극이 LSD에 취한 비틀스의 사운드와 섞여 역사적인 곡이 탄생했다. 그런 자생적이고 신비한 즉흥 연주는 오로지 아날로그 스튜디오에서만 가능하다.

　지난 10년 동안 스콧은 디지털 녹음 기술이 스튜디오 작업에 분명한 영향력을 미치는 것을 목도했다. 그는 그곳에서 프로듀서들이 록큰롤의 전설적인 뮤지션들에게 최고의 연주를 부탁하는 대신 기타 솔로를 59번이나 연속적으로 연주시켜서 잘 나온 부분들을 짜깁기하는 모습을 목격했다. 그는 팝뮤직 역사상 가장 위대한 가수들의 목소리가 오토튠으로 바뀌는 것을 지켜봤고 밴드가 세션으로 고용된 그래미상 수상 경력의 드러머 대신

드럼머신을 선택하는 모습에 고개를 젓기도 했다.

　스콧은 디지털 장비에 반대하지 않았다. 초기 디지털 콘솔은 《애비 로드Abbey Road》와 《다크 사이드 오브 더 문Dark Side of the Moon》의 녹음에 부분적이나마 사용되었고 대프트 펑크Daft Punk 나 카니에 웨스트Kanye West 같은 일부 뮤지션들은 디지털 프로덕션을 기반으로 사운드를 만든다. 스콧은 도구에 불과한 컴퓨터가 지나치게 많이 사용된다고 생각했다. 뮤지션과 프로듀서 그리고 음반사들은 테크놀로지에 대한 편견에 부합하도록 음악을 만들어내고 있었다. 그들은 프로 툴스에서 편집하기 좋게 안전하고 개성 없는 사운드를 녹음했다. 그렇게 다들 게을러졌다. 스콧이 "많은 음악들이 영혼을 잃어버렸어요"라고 말하는 동안 우리가 만나고 있던 스타벅스 매장에서는 버블검 컨트리 팝 bubblegum country pop(청소년용으로 만들어진 팝 음악 장르-옮긴이)이 흘러나오고 있었다. "이 음악은 마음에서 나온 게 아니라 머리에서 나온 거예요. 귀로 잘 들어서 만든 게 아니라 스크린을 들여다보면서 만든 음악이에요." 더 이상 아무도 위험을 감수하지 않는다. 스콧이 엔지니어링을 맡았던 데이비드 보위의 명반 《더 라이즈 앤드 폴 오브 지기 스타더스트The Rise and Fall of Ziggy Stardust》의 첫 곡인 〈파이브 이어스Five Years〉를 보자. "그 곡의 마지막은 정말 감동적이지요." 스콧이 말했다. "보위는 (스튜디오에서) 그 노래를 부르면서 정말로 눈물을 흘렸어요." 요즘이라면 사운드 엔지니어는 보위가 마음을 다해 부른 갈라진 소리를 프로 툴스로 매끈하게 다듬을 것이다. 사실 그 곡의 종결부를 그토록 아름답게 만들어주는 것이 바로 보위의 떨리는 목소리인데도 말이다.

번갯불과 반딧불이

내가 만났던 몇몇 사람들과 마찬가지로 스콧 역시 LP의 부활과 아날로그 레코딩의 르네상스는 함께 일어나고 있다고 생각한다. LP 음반 발매를 원하는 뮤지션과 밴드들은 LP 전성기의 사운드를 갈망하고 그런 사운드를 잡아내는 프로세스를 좋아한다. 그들 중에는 데뷔 앨범을 내슈빌의 아날로그 스튜디오인 봄 셸터Bomb Shelter에서 녹음한, 애잔한 남부 분위기의 앨라배마 셰이크스Alabama Shakes 같은 밴드나 아케이드 파이어Arcade Fire 같은 유명한 밴드도 있다. 심지어 라이언 애덤스Ryan Adams가 테일러 스위프트의 앨범 《1989》를 전부 부른 커버 앨범도 모두 아날로그로 녹음되었다. 초기에는 로큰롤에 국한되었던 아날로그 레코딩에 대한 관심이 이제 꾸준히 다른 장르로 확산 중이다. 내가 2015년 최고로 꼽은 두 장의 앨범도 모두 아날로그로 녹음되었다. 솔 가수 디 안젤로D'Angelo의 멋진 컴백 앨범으로 흥행에 성공한 《블랙 메시아Black Messiah》와 우탱 클랜의 멤버였던 고스트 페이스 킬라와 인스트루멘털instrumental 펑크 밴드 배드배드낫굿의 컬래버레이션 앨범 《사워 솔Sour Soul》은 듣다가 멈추고 다시 살펴보게 되는 앨범들이다.

내슈빌에서의 마지막 밤, 나는 스톤 폭스 바에 가서 버거와 맥주를 즐기며, 프라미스드 랜드 사운드Promised Land Sound라는 로

컬 밴드가 작은 무대에서 공연을 준비하는 모습을 지켜봤다. 내슈빌의 전형적인 록 밴드였다. 20대 초반의 젊은이 네 명은 데님 바지에 플레드 셔츠를 입었고, 머리와 수염의 길이는 전부 제각각이었다. 그 바는 절반쯤만 차 있었고 대부분의 사람들은 휴대전화에 열중해 있었다.

그때 밴드가 연주를 시작했다. 곧 밴드는 와와페달wah-wah pedal(전자 기타에서 사람 목소리와 비슷한 효과음을 내주는 페달-옮긴이)을 많이 사용한 사이키델릭 컨트리 거라지 록psychedelic country garage rock을 맘껏 쏟아냈다. 더 밴드the Band나 버즈Byrds, 올먼 브러더스Allman Brothers의 분위기도 났지만 그 밴드만의 개성이 또렷한, 내슈빌의 순수한 사운드였다. 첫 곡의 중반부쯤 되었을 때 나는 드러머에게서 눈을 떼고 바를 둘러보았다. 사람들은 음악에 맞춰 머리를 흔들거나 발을 구르고 있었고 그들의 얼굴에는 웃음이 번지고 있었다. 스마트폰은 밴드 음악의 강렬한 에너지에 밀려나 전부 가방이나 주머니 속으로 모습을 감추었다. 그들의 음악은 사람들의 주의를 온전히, 그리고 가차 없이 빼앗아갔기 때문에 거기에 굴복하거나, 아니면 도망가야 했다.

그것이 바로 아이팟과 더불어 성장하며 LP를 만져본 적도 없는 10대들을 LP의 세계로 끌어들이고, 나아가 생애 첫 턴테이블을 사게 하는 요인이다. 또한 그것이 LP레코드판과 아날로그 뮤직이 반격에 나서는 이유다. 마크 트웨인의 말을 조금 바꾸자면, 뛰어난 밴드의 라이브가 번갯불이라면 아이팟은 반딧불이에 지나지 않기 때문이다.

연주가 끝나자 나는 기타리스트에게 다가가 밴드의 레코드판을 이 자리에서 살 수 있는지 물었다.

"그럼요." 그가 대답했다. "당연하죠."

2장

종이
Paper

가장 오래된 제품의
새로운 미래

종이는 '쿨'해졌다. 오늘날 양초나 자전거가 기술적으로는 '한물간' 물건임에도 '쿨'하게 느껴지는 것과 마찬가지로. 활자 인쇄기 제작사와 문구 회사들이 모든 도시에서 새롭게 등장하고 있으며, 가장 잘 팔리는 출판물 중에는 어른들을 위한 컬러링북도 끼어 있다. 새로운 펜, 문구류, 종이에 특화된 작은 매장들이 세계 곳곳에서 문을 열고 있다.

밀라노의 디자인 위크(매년 4월 이탈리아의 금융 수도 밀라노 전역에서 가구 박람회와 아트 페스티벌과 더불어 프로세코 와인이 넘쳐나는 파티가 열리는 주간)에 뛰어들기 위해서는 전 세계에서 몰려든 트렌드세터들과 자연스럽게 어울릴 몇 가지 필수 아이템을 갖춰야 한다. 첫째는 안경. 디자인 업계 사람들인 만큼 양 극단 중에 하나를 택해야 한다. 테 없는 동그라미가 얼굴 위에 떠 있는 듯한 극도의 미니멀리즘 디자인이거나, 아니면 무식하게 두꺼운 뿔테 안경. 다음으로는 옷차림. 발목이 꺾일 듯 높은 하이힐과 쪽 빼입은 드레스 차림은 패션 위크에나 가능한 옷차림이다. 디자인 위크에서 중요한 것은 형태와 기능의 이상적 조화다. 가령 샤크스킨 천의 한정판 운동화 같은 것. 스카프도 잊으면 안 된다. 갑작스럽게 더위가 몰려오더라도 디자인 위크에는 스카프가 크면 클수록 좋다. 마지막으로 가방. 가방은 어깨에 걸치는 작고 매끈한 것이라야 한다. 한 손에 단단히 움켜쥔 최신 아이폰으로는 새로운 의자나 주방용 타일의 사진을 찍고, 동료들과 연락을 주고받으며, 밀라노 곳곳에서 벌어지는 파티와 이벤트 장소로 가는 길을 찾는다.

다른 손에는 검은색 몰스킨 노트를 들고 있어야 한다. 매년 밀라노를 찾을 때마다 잘 닳은, 같은 몰스킨 노트를 들고 와도 되고 막 포장을 뜯은 새로운 몰스킨 노트를 써도 된다. 전시실과 출품작들을 둘러보면서 짧은 메모를 하거나 간단한 스케치를 할 수도 있을 것이다. 긴 하루를 마감할 때쯤에는 카페 테이블에 몰스킨 노트를 펼치고 시원한 페로니 맥주와 모르타델라 소시지를 주문한 다음 펜을 꺼내 아침부터 눈여겨본 출품작, 제품, 중요한 디자인 따위를 정리한다. 이때는 단어들, 특히 내용을 잘 설명해주는 형용사들의 목록이나, 극도로 디지털화된 시대에 아날로그적 경험을 하고 싶다는 자연스러운 욕구를 담은 통찰력 있는 몇 줄의 문장으로 시작할 수도 있다.

한두 페이지 정도를 쓰고 나면 잠시 펜을 멈추고 맥주를 한 모금 들이켠 다음 주위를 둘러보라. 맥주의 연한 황금빛과 모르타델라 소시지의 불규칙적이고 아름다운 무늬, 소시지가 담긴 순백의 도자기 접시 등에서 영감이 떠오르고……. 다음 순간 불현듯 당신은 독창적인 옷감을 디자인하고 있을 것이다. 몰스킨 노트는 페이지가 넘어가기 바쁘게 스케치와 단어 그리고 디테일들로 정신없이 채워질 것이다.

물론 이건 낭만적인 묘사일 뿐이다. 사실은 모르타델라 소시지가 사람들이 즐겨 찾는 영감의 원천이 아닐지 모른다. 하지만 이것은 내가 밀라노 디자인 위크 중에 매일 목격하는 광경 그대로다. 디자인 위크 중에는 세상에서 가장 재능 있고 투지 넘치는 디자이너들이 자신의 아이디어를 수백 권의 몰스킨 노트에 적고 그려 넣는다. 나이 많은 디자이너든 젊은 디자이너든, 유럽의 디자이너든 아시아나 라틴아메리카의 디자이너든 하나같이 몰스킨 노트를 사용한다. 그건 굳이 밀라노까지 가지 않아도 확인할 수 있다. 전 세계 어느 커피점에 들어가 보든 몰스킨 노트가 테이블 위의 커피와 노트북컴퓨터 옆에 놓여 있는 것을 보게 된다. 둥글게 깎은 모서리, 고무 밴드, 미색 속지를 보면 누구나 몰스킨 노트임을 알아챌 수 있다. 그래서 어디서든 눈에 띄는 건지도 모르겠다. 선생님의 손에도, 의사의 책상 위에도, 심지어 컴퓨터 프로그래머의 가방 속에서도 발견된다. 내가 이 책을 준비하면서 인터뷰한 사람들은 대개 어느 시점에 몰스킨 노트를 꺼내 들었거나 쉽게 손이 닿는 곳에 놓아두었다. 몰스킨 노트는 철저하게 아날로그적인 물건임에도 온통 디지털에 몰두하는 21세기를 상징하는 아이콘이 되었다.

노트 메이커에서 디지털 시대 아이콘으로

내가 몰스킨에 반한 이유가 몇 가지 있다. 종이는 디지털 기술로부터 심각한 위협을 받은 최초의 아날로그 기술이다. PC가 인기를 끌기 전인 1970년대 말부터 비즈니스계에서는 '종이 없는 사무실'이라는 용어에 집착했다. 많은 물리적 정보를 인쇄·저장·정리하기 위한 비용, 노동력, 공간을 컴퓨터가 절감해줄 거라는 기대는 무시할 수 없었다. (미국에서) 사무직 노동자들을 '페이퍼푸셔paper pusher'(서류를 전해주는 사람 - 옮긴이)라고 부르는 데는 그만한 이유가 있었다. 그렇게 '페이퍼를 푸시하는' 시간을 절약하면 좀 더 의미 있는 일에 좀 더 많은 시간과 비용을 쏟을 수 있을 거라는 생각이었던 것이다. 완벽하게 종이 없는 사무실은 아직 도래하지 않았지만 특정 서류들은 상당 부분 디지털화되었다. 가령 메모, 전보, 팩스는 이메일, 문자 메시지, PDF로 대체되었다. 내가 대학교에 입학했던 1998년만 해도 나처럼 소형 노트북컴퓨터로 필기하는 학생이 드물었지만 요즘에는 스크린이 대학 강의실을 점령했다. 종이가 완전히 사라진 것은 아니지만 더 이상 대세도 아니다.

또한 종이는 디지털에 의해 심각하게 도전받는 아날로그 기술 중 가장 오래되었다. 레코드판은 세상에 등장한 지 40년도 되지 않아 CD로 대체되었지만 종이는 이런저런 형태로 수천 년 동안 존속했다. 종이는 우리가 '문명'이라 일컫는 경제적, 문화적, 과학적, 정신적 핵심의 근간을 이루고 있다. 몰스킨의 대표 상품인 제본된 노트는 유럽인이 미 대륙에 정착하기 전부터 존재했다. 우리가 종이와 맺은 관계는 다른 아날로그 기술과 맺은 관계보다 오래되고, 깊고, 다채롭다. 종이의 강점은 어디에 있고, 디지털 기술에 밀리는 부분은 어디이며, 새로운 정체성을 만들어낸 지점은 어디인지 이해하는 것이 아날로그의 반격을 이해하는 중요한 실마리가 된다.

종이의 반격은 아날로그 기술이 특정 영역의 아주 실용적인 수준에서는 디지털 기술보다 더 뛰어날 수 있음을 보여준다. 디지털 커뮤니케이션이 시작되면서 어떤 영역에서는 종이 사용이 줄었지만 그 외의 목적과 용도로는 종이의 감성적, 기능적, 경제적 가치가 증가했다. 종이의 전체적인 사용은 줄었을지 몰라도 특정 영역에서는 종이의 가치가 더욱 올라갔다.

이 같은 틈새시장을 누구보다 잘 포착한 것이 몰스킨 노트다. 몰스킨 노트는 인터넷 시대의 가장 중요한 종이 제품이자 브랜드로서 노트를 대체할 것 같았던 디지털 기술과 나란히 성장하고 있다(팜파일럿 사의 PDA는 몰스킨이 첫 생산한 노트와 같은 해에 출시되었다). 몰스킨 노트는 파괴적 디지털 경쟁에서도 승리하고 있을 뿐만 아니라 스마트폰, 태블릿, 가상 노트 관리 서비스, 디지털 일러스트레이션 프로그램의 이상적인 동반자로 자리매김했다. 몰스킨은 너무나 성공적이어서 손글씨를 꺼릴 것으로 여겨졌던 젊은 세대의 행동방식마저 바꿨고 젊은이들 사이에서 쉽게 찾아볼 수 있는 물건이 되었다.

몰스킨은 이제 수익성 있는 상장 회사가 되었다. 몰스킨의 시가 총액은 수억 유로이고 연매출은 1억 유로에 달한다. 700여 종의 제품이 100여 개국에서 판매되고 있고, 눈에 띄지 않는 본사 건물(뜰에 둘러싸인 이 건물은 큰 길에서 보이는 간판도 달려 있지 않다)을 비롯해 전 세계에 흩어져 있는 사무실에는 200명 이상의 직원이 근무하고 있다. 이 모든 일의 중심에는 이탈리아 신문이 한때 '몰스킨의 어머니'라 불렸던 마리아 세브레곤디가 있다. 브랜드 자산과 커뮤니케이션 부문 부사장이라는 다소 지루한 직함을 달고 있지만 세브레곤디는 몰스킨의 중심인물이다. 나는 디자인 위크가 시작될 때 햇빛이 잘 드는 세브레곤디의 사무실에서 그녀를 만났다. 밀라노 특유의 자연스러운 우아함과 창의적인 패션이 돋보이는(밝은 핑크 드레스에 보라색 안경을 걸쳤다) 희끗한 금발의 60대 중반 할머니는 자신이 어떻게 디자인 분야에서 경력을 시작하여 우리 눈앞의 책상 위에 놓인 친숙한 수첩을 만들게 되었는지 설명했다.

세브레곤디는 로마에서 태어났다. 아버지는 경제학자, 어머니는 편집과 그래픽 스튜디오를 운영했다. 사회학을 전공한 세브레곤디는 출판사에서 디자이너로 일하면서 디자인 잡지에 글을 썼다. 밀라노에 스튜디오를 차린 세브레곤디는 디자인, 사회학, 트렌드의 접점에서 창의적 사고법creative thinking을 가르쳤다. 그녀는 "제 디자인은 운동 감각kinesthetic approach에 집중했어요"라고 말하면서 감각적 개입sensorial engagement을 강조하는 방법론을 설명했다. "우리 인간은 시각, 후각, 미각, 촉각, 청각 같은 감각기관을 통한 매우 물질적인 자극을 필요로 합니다." 컴퓨터가 처음 디자인 업계를 사로잡았던 1980년대 세브레곤디는 디자이너들이 점점 더 비물질화된 시각적 경험에만 경도되는 것을 알아차렸다. 장기간에 걸친 이런 경향으로 사람들은 보다 형태가 있는 사물을 원하게 되었다.

"(과거) 30년 동안 (디지털 드림이) 실현되었습니다. 하지만 사

람들은 그게 신나는 일만은 아니라는 것을 알게 되었지요. 우리
는 실재하는 사물과 경험을 진정으로 필요로 합니다."

1995년 여름 세브레곤디는 친구 파비오 로스치글리오네의 요
트를 타고 튀니지 연안을 항해 중이었다. 그 친구는 물류 회사
모도 앤드 모도Modo & Modo에 컨설팅을 하고 있었다. 모도 앤드
모도는 그녀의 또 다른 친구인 프란체스코 프란체스키의 회사
로 이탈리아 전역에 티셔츠와 디자인 소품들을 유통시키고 있
었다. 어느 날 별이 쏟아지는 하늘 아래에서 저녁 식사를 하면서
프란체스키는 모도 앤드 모도가 다른 회사의 디자인 제품을 수
입만 할 것이 아니라 자체적으로 생산하는 문제에 대해 이야기
를 꺼냈다. 대화는 누가 그런 상품을 살지에 관한 의문으로 옮겨
갔고 그다음에는 세상의 흐름이 냉전시대에서 벗어나 세계화의
여명이 밝아오고 있다는 이야기로 이어졌다. 항공권 가격이 떨
어지면서 세계 여행은 제약이 줄어든 수준이 아니라 접근 자체
가 쉬워졌다. 저렴한 휴대전화, 웹사이트, 이메일 등 기술 발달
로 독립적 사고를 하는 사람들이 자신의 사업을 펼치고 지역에
상관없이 꿈을 추구할 수 있게 되었다. 밤늦도록 이야기를 나누
던 세 사람은 호기심과 열정으로 움직이는 창의적 계층이 전 세
계에서 새로이 부상하고 있음을 실감했다. 세브레곤디는 이런
개인을 '현대의 유목민Contemporary Nomad'이라 명명하고 모도 앤
드 모도가 이들을 위한 툴킷을 만들면 어떻겠느냐고 제안했다.

이탈리아로 돌아온 세브레곤디는 이 유목민에게 무엇을 갖추
어주어야 할지 고민했다. 좋은 가방에 어디에서 입어도 좋은 티

셔츠, 완벽한 펜, 그리고 커터도 하나 있어야 했다. 당시 세브레곤디는 영국 여행 작가 브루스 채트윈의 《송라인》을 읽고 있었다. 이 작가야말로 세브레곤디가 생각하는 전형적 소비자였다. 그 책에서 채트윈은 자기가 선호하는 노트에 관해 썼다. 그 물건은 그가 파리의 특별한 문구점에서 산 것이었다. "프랑스에서 이 노트는 '카르네 몰스킨carnets moleskines'으로 알려져 있다"고 채트윈은 썼다. "여기서 '몰스킨'은 검정 방수포 표지를 의미한다." 파리를 마지막으로 찾은 채트윈은 자신이 사랑했던 노트를 제작하던 투르의 가족 회사가 사업을 접었다는 사실을 알고 경악했다. 카르네 몰스킨이 사라졌던 것이다. 노트와 노트를 샀던 문구점에 대한 채트윈의 설명이 왠지 세브레곤디에게 익숙하게 들렸다. 세브레곤디는 파리에서 대학원 공부를 하던 시절의 물건들을 뒤져서 거의 20년 전에 썼던 낡은 노트를 꺼냈다. 그 노트는 채트윈의 설명과 정확히 일치했다. 《송라인》은 작가가 죽기 2년 전인 1987년에 출간되었다. 그러나 세브레곤디는 노트가 사라졌다는 채트윈의 설명이 틀렸음을 입증하고 싶었다. 그녀는 파리의 문구점을 몇 군데 조사하고 나서야 그 회사가 정말로 사업을 접었다는 것을 확인했다. 아무도 그런 스타일의 노트를 더 이상 만들지 않았다. 그런데도 세브레곤디는 그 아이디어를 놓을 수 없었다. 얼마 후 세브레곤디는 로마에서 열린 앙리 마티스 전시회에 갔다가 화가의 노트가 자신이 파리에서 썼던 노트와 똑같다는 것을 알아챘다. 피카소 미술관에서 본 스케치북도, 어니스트 헤밍웨이의 책상 사진에서 본 노트도 같았다. 그것들은

1부 아날로그 사물의 반격

모두 같은 회사, 지금은 사라진 프랑스 회사의 제품인 듯했다. 세브레곤디는 모도 앤드 모도가 유목민을 위해 만들 첫 번째 제품은 바로 이 사라진 노트여야 한다고 생각했다.

세브레곤디는 "그 노트야말로 가장 정교한 방법으로 다시 만들 수 있는 물건"이었다고 말한다. 그리고 2년 동안 세브레곤디와 모도 앤드 모도는 '몰스킨' 노트를 여행 수첩으로 포지셔닝해서 다시 디자인·제작·유통했다. 훌륭한 제지 업체가 이탈리아에도 많이 있었지만 결국 중국 업체를 공급자로 선택했다. 중국은 대중 시장에 걸맞은 규모와 가격의 수작업(단단히 묶은 종이, 뒷장에 손으로 꿰맨 포켓, 그리고 납작한 솔기)이 가능한 곳이었기 때문이다. 그들의 목표는 노트가 한 번도 팔린 적이 없는 곳에서도 노트를 파는 것이었다.

"당시만 해도 노트에는 브랜드가 없었어요." 세브레곤디가 회상했다. 싸구려 학생 노트뿐 아니라 수백 달러의 가격이 매겨진 고품질의 수제 노트도 본래는 모두 이름 없는 상품이었다. 당시 유일하게 알아볼 수 있는 브랜드는 사무용 다이어리 파일로팩스Filofax였지만 컴퓨터 달력과 디지털 다이어리 탓에 이미 매출은 감소세였다. "파일로팩스는 생산성과 기능성에 몹시 치중되어 있었어요." 세브레곤디는 말했다. "그런 것들이 지향점이라면 테크놀로지에 번번이 질 수밖에 없죠. 그래서 우리는 상상력, 이미지, 아트를 끌어들였어요."

처음 브랜드를 달고 나온 몰스킨 노트는 3000부였다. 1997년 이 노트들은 이탈리아와 몇몇 선별된 유럽 도시에서 판매되었다. 처음에 회사는 문구점에는 유통시키지 않으려 했다. 대신 대형 서점과 디자인숍의 계산대 근처 선반에 노트를 진열했다. 서점에서 몰스킨 노트는 "아직 씌어지지 않은 책"으로 광고되었다. 구매자가 자신만의 이야기로 채워 넣으라는 것이었다. 제품은 세브레곤디가 내다봤던 것처럼 작가, 여행가를 비롯한 글로벌 보헤미안들의 작은 틈새시장에서 빠르게 팔려나갔다. 몰스킨의 시장은 유럽을 넘어 북아메리카로까지 성장했지만(2005년 토론토의 미술용품 가게에서 나의 첫 번째 몰스킨을 구입했다) 세브레곤디는 여전히 모도 앤드 모도 사에서 아주 적은 시간만 파트타임 계약직으로 일했고 대개는 다른 일에 더 집중했다. 몰스킨이 그냥 하나의 종이 제품에서 아날로그 문화 아이콘으로 변화할 수 있었던 것은 단순히 정교한 디자인(잉크를 유혹하는 부드러운 미색 종이, 주머니에 쉽게 들어가도록 둥글게 깎아낸 모서리, 종이가 휘지 않을 만큼 딱딱한 동시에 거의 가죽 느낌이 날 만큼 부드러운 커버) 때문만이 아니라 세브레곤디가 노트를 신화로 포장했기 때문이었다. 몰스킨(이 이름은 모도 앤드 모도가 2006년에 상표로 등록했다)은 "헤밍웨이, 피카소, 채트윈이 썼던 전설적인 노트"로 광고되었고, 현대의 가장 위대한 예술과 문학의 중심에 있었다는 이야기도 빠지지 않았다. 새로운 몰스킨 노트가 위대한 예술가들이 썼던 것과 똑같은 노트인지(사실은 그렇지 않다)는 중요하지 않다.

다시 떠오른 아날로그 브랜드의 정서적 힘을 이해하기 위해서는 몰스킨이 보도 자료, 마케팅 자료, 인터뷰 등에서 끊임없이 강조하는 사실에 주목해야 한다. 이 회사는 몰스킨 노트가 차세대 피카소의 놀라운 창작물만을 기록하지는 않을 것임을 처음부터 알고 있었다. 사람들이 구매한 몰스킨에는 10대들의 멜로드라마 같은 일기, 별 생각 없이 끼적인 낙서, 수업 내용, 그리고 마트에서 사올 물건 목록 따위가 기록될 것이었다. 하지만 그런 것들이 몰스킨에 기록되면 다른 종이에 적은 것보다 더 창의적으로 느껴질 것이었다.

"창의성은 너무나 많이 사용되어서 의미가 퇴색한 단어지요." 세브레곤디가 말했다. "그렇지만 그 의미는 강력하고 아직 살아있습니다. 사람들은 창의적인 존재가 되고 싶어 하고 자신이 창의적이라고 느끼고 싶어 하죠. 실제로는 그렇지 않더라도요. 창의적인 사람들은 정서적 반응을 일으키는 방아쇠를 만들어내는 능력이 있어요. 그런 정서적 매력과 경험을 만들어내는 것은 아날로그 세계고요."

이는 몰스킨 노트와 그 사용자들 주변에 거의 부족적 동질감을 형성했다. 노트는 창의성에 대한 열망을 나타내는 상징이 되었고 기능적 도구로서 작동할 뿐만 아니라 사용자에 관해 이야기해주는 제품이 되었다. 아직 한 페이지도 쓰이지 않았다고 하더라도. 파타고니아 재킷이나 도요타의 프리우스 자동차처럼 몰스킨은 어떤 사람의 가치, 관심사, 꿈을 투영한다. 그것들이 비록 그들의 현실과는 거리가 있을지라도. 몰스킨은 절대 광고가 필요 없었고 지금까지도 광고를 하지 않는다. 커피숍 테이블에 놓이고 기자들의 손에 들린 각각의 노트들이 어떤 옥외 광고나 잡지 광고보다 더 가치가 있었다. "몰스킨은 카테고리 메이커에서 카테고리 아이콘으로 바뀐 회사예요." 글로벌 브랜딩 회사 랜더 어소시에이츠Landor Associates의 밀라노 지부장인 안토니오 마라차가 말했다. "몰스킨이 전달하는 감성적 열망이라는 자산은 문구 그 이상이지요." 몰스킨 노트를 구매한다는 것은 트렌드를 만들어내는 '쿨'하고 창의적인 특별한 집단에 들어갈 티켓을 산다는 의미였다. 미국 공화당의 전략가인 칼 로브는 몰스킨이 진보 진영의 허세를 드러내는 표식이라고 말했었다. 마라차는 몰스킨이 실체가 있고 만질 수 있는 제품이기 때문에 이런 일이 가능하다고 믿는다. "뭔가에 대해 흥미로운 이야기를 전개하려면 무형일 때보다는 실체가 있는 편이 낫지요."

종이 노트는 전원도, 부팅 시간도, 동기화도 없습니다

브랜딩은 몰스킨에만 있는 것이 아니다. 그러나 뛰어난 브랜딩 캠페인은 방정식의 절반을 구성한다. 나머지 절반은 종이 노트 자체의 질적 속성에 귀속된다. 세브레곤디는 클래식한 검정 몰스킨을 들고 말했다. "이 노트는 상상의 여지를 남겨주는 물리적 경험이에요. 테크놀로지가 따라올 수 없는 부분이지요." 창조성과 혁신을 이끌어내는 것은 상상력인데 상상력은 표준화되는 순간 시들어버린다. 표준화는 디지털 기술이 요구하는 바로 그것, 즉 소프트웨어가 허용하는 범위 내에서 모든 것을 1과 0으로 부호화하는 것이다. 몰스킨 노트는 눈에 띄지 않는 단순한 디자인 덕분에 신체의 일부처럼 자연스럽게 느껴진다. 몰스킨 노트는 개인의 스타일을 방해하지 않기 때문에 개인의 기분을 있

1부 아날로그 사물의 반격

는 그대로 담아낸다. "표준화되면 그 모든 것을 놓치게 되죠." 세브레곤디가 말했다.

앞 장에서 살펴보았던 아날로그 스튜디오와 유사하게 빈 페이지의 물리적 제약은 창의적인 자율성을 가져다준다. 마라차는 10년 전의 이야기를 들려주었다. 당시 회사의 모든 디자이너들이 처음으로 어도비 포토숍 소프트웨어를 쓰게 되면서 하룻밤 사이에 디자인의 질이 떨어진 듯했다. 몇 개월 후 랜더 어소시에이츠 밀라노 사무실은 모든 디자이너에게 몰스킨 노트를 나눠주고 프로젝트를 시작하는 첫 주에는 포토숍 사용을 금지했다. 디자이너의 초기 구상이 소프트웨어의 생래적 편향에 영향받지 않고 종이 위에서 자유롭게 펼쳐진 후에야 컴퓨터로 옮겨져서 미세 조정을 받게 되었던 것이다. 이 아이디어는 너무 성공적이어서 오늘날에도 그대로 유지되고 있다.

이 같은 실용성에 힘입어 몰스킨은 초창기에 눈에 띄게 성장했다. 세브레곤디가 상상했던 B유형의 노마드와는 정반대인 아주 새로운 유형의 사용자들이 노트를 받아들였다. 그들은 생산성과 효율성을 추구하는 컴퓨터 과학자, 고위직 임원 등 A유형의 전문직 종사자들이었다. 그들이 몰스킨을 선택한 것은 대단한 모험심을 가졌거나 헤밍웨이를 좋아해서가 아니라 이 노트가 생각을 정리하는 가장 뛰어나고 가장 효율적인 도구였기 때문이다. 베스트셀러인 데이비드 앨런의 시간 관리 비법《쏟아지는 일 완벽하게 해내는 법》을 추종하는 (2002년 출간한 베스트셀러를 통해 입문해서 마침내 〈와이어드〉 지가 '정보화 시대의 신흥 종교

집단'이라고 이름 붙인) 사람들은 낭만적이고 창조적인 낙서를 위한 물건이었던 몰스킨 노트를 각종 도표와 리스트, 항목들로 가득한 생산성의 기본 도구로 탈바꿈시켰다. 몰스킨은 단순한 디자인 외에는 이런 것을 불러들이는 특별한 특징이 없었다. 몰스킨은 《쏟아지는 일 완벽하게 해내는 법》의 열성적인 팬들이 목적에 맞게 활용하는 것이 가능한 완전히 텅 빈 백지일 뿐이었다. 진정한 백지tabula rasa였던 것이다. "《쏟아지는 일 완벽하게 해내는 법》은 반드시 종이를 필요로 하는 방법론이 아니에요." 2015년 앨런이 내게 말했다. 하지만 그는 이런 말도 덧붙였다. "머릿속에 떠오른 생각을 어디서든 가장 쉽게 끄집어내는 방법은 종이와 펜이지요." 종이와 펜은 전원도, 부팅 시간도, 프로그램 지정 형식도, 외부 드라이브나 클라우드와의 동기화도 필요로 하지 않는다. "어떤 물건 때문이든 시간을 낭비할 수 있지요." 앨런이 말했다. "하지만 디지털 세상에서는 시간을 낭비할 기회가 훨씬 많습니다." 그리고 시간 낭비는 '쏟아지는 일 완벽하게 해내는 법'의 명백한 적이다.

인지심리학자이자 신경과학자인 대니얼 레비틴은 《정리하는 뇌》에서 정보 과부하가 우리에게 얼마나 심각한 해를 끼치는지 설명한다. 극심한 피로나 대마초 흡연보다 뇌 건강에 더 해롭다(그는 멀티태스킹이 '두뇌에는 영양가 없이 칼로리만 높은 음식'과 같다고 말한다). 수많은 연구로 밝혀졌듯이 노트에 손으로 쓰는 것이 디지털 기기에 쓰는 것보다 더 집중하기 쉽고 기억에 유리하며 정신 건강에도 좋다. "뭔가를 써내려가는 일은 어떤 것을 잊어버릴

지도 모른다는 걱정에 그것을 잊지 않으려고 애쓰느라 소모하는 정신적 에너지를 아껴준다." 레비틴은 썼다. 아마도 종이에.

뿐만 아니라 종이에는 다른 장점이 있다. "테크 컨설턴트로서 저는 더 이상 존재하지 않는 형식으로 저장된 파일을 복구해주는 일로 얼마나 돈을 많이 벌었는지 몰라요." 미네소타 주의 컴퓨터 컨설턴트 패트릭 론이 말했다. 그는 펜글씨에 관해 이야기하는 '더 크램피드the Cramped'라는 블로그를 운영하고 있다. "그런 일은 종이 노트에선 생기지 않지요. 앞으로 1만 년이 지나도 읽을 수 있을 거예요. 노트가 분실되지 않고 남아 있기만 하다면요. 사람들은 손에 들고 있는 이 물건이 없어지지 않을 거란 사실을 알고 있어요. 화재나 천재지변이 일어나는 경우 혹은 일부러 없애는 경우가 아니라면요. 노트는 오래 살아남지요. 디지털 파일이 보장하는 백업을 능가할 만큼요." 나는 이 사실을 비싼 대가를 치르고 배웠다. 대학 시절 한 학기 내내 썼던 작은 노트북컴퓨터가 데스크톱컴퓨터와 동기화되지 않는 바람에 3개월간의 강의 기록을 몽땅 날려버렸다. 내 친구가 손으로 쓴 노트를 사진으로 찍어준 덕분에 간신히 낙제를 면했다.

엄청난 숫자의 몰스킨 노트가 세상에 깔리게 된 2015년 마지막 요인은 생산성을 원하는 사용자들과 인터넷의 결합이었다. 2002년경 몰스키너리Moleskinerie(몰스킨 노트를 아름다운 그림으로 채운 이미지 갤러리)나 '쏟아지는 일 완벽하게 해내는 법', MIT의 컴퓨터 사이언스 수강생 블로그, 마이크 로드의 스케치노트 커뮤니티 등 몰스킨 노트에 관한 블로그가 속속 생겨났다. 2007년 웹 디자이너인 로드는 시카고에서 열린 컨퍼런스에서 자신의 첫 몰스킨 노트를 청중에게 공개했다. 로드는 원래 노트북컴퓨터에 한 글자도 빼놓지 않고 기록하던 사람이었지만 이제는 "물리적 실체가 있는 노트에는 제약이 있기 때문에 제가 창의적으로 바뀔 수밖에 없습니다"라고 말한다. "페이지 크기가 제한되어 있기 때문에 예전처럼 자세히 필기할 수가 없어요. 저는 시각 이미지를 사용해서 노트를 더 구조적이고 재미있게 만들지요." 로드의 스케치노트 방법은 일러스트레이션과 글쓰기를 결합해서 효과적으로 아이디어를 저장한다. 이 방법이 대단한 인기를 끌었기 때문에 그는 이를 바탕으로 두 권의 베스트셀러를 냈다. 여러 개의 온라인 커뮤니티가 만들어졌고 수만 명의 커뮤니티 이용자들이 스케치노트, 즉 사진, 일러스트레이션으로 채워진 몰스킨을 공유한다.

"몰스킨은 인터넷 덕을 크게 보았지요." 몰스킨 이사회 의장이자 2007년 몰스킨을 인수한 사모펀드 신테그라 캐피털Syntegra Capital의 파트너인 마르코 아리엘로의 말이다. 나는 밀라노에 있는 그의 사무실에서 이야기를 나누었다. "인터넷을 통해 몰스키너의 적극적인 참여를 직접 확인할 수 있었지요. 노트 기능을 뛰어넘는 열정이 있었어요." 이런 온라인 커뮤니티들은 훨씬 거대한 잠재 시장이 있음을 암시했을 뿐만 아니라 경쟁사들의 도전으로부터 몰스킨을 지켜줄 충성스러운 방어벽이 존재함을 의미했다.

1부 아날로그 사물의 반격

몰스킨이라는 브랜드 DNA

신테그라가 몰스킨 인수에 들인 6200만 유로는 당시 몰스킨의 연매출의 네 배 이상이었다. 이를 두고 회의론자들이 넘쳐났다. 아리엘로에 따르면 한 신문에서는 신테그라가 (인터넷 기업의) 급성장 가능성과는 거리가 먼 종이 회사에 인터넷 기업에나 어울릴 가격을 지불했다며 조롱했다고 한다. 신테그라 캐피털은 20달러짜리 노트를 판매하는 사업을 무슨 재주로 성장시키려는 것일까? 하지만 신테그라는 단순한 노트 너머에 있는 무엇인가를 확인했다. 그것은 몰스킨 브랜드의 장기적인 성장 가능성이었다. 몰스킨은 작은 틈새시장 너머로 확장해가는 아날로그의 반격을 이해할 단서가 된다. "사람들이 몰스킨을 사는 가장 큰 이유는 진품으로서의 가치 때문입니다." 밀라노 보코니 대학교의 마케팅 학과장 안드레아 오르다니니 교수의 말이다. 진품으로서의 가치는 백지의 몰스킨 노트에 담긴 암묵적 자유에서 비롯된다. 《쏟아지는 일 완벽하게 해내는 법》을 따르는 사람들처럼 테크 분야에서 일하는 사람들이야말로 자유를 느끼고 싶어하는 사람들입니다." 오르다니니가 말했다. 몰스킨 노트가 사용자들에게 전달한 메시지는 '노트는 사용자의 꿈이 담긴 자본'이라는 것이다. 회사는 그 메시지를 중심으로 광범위한 브랜드를 구축하고 있다. 당신이 보수적인 투자 상담사든 공학밖에 모르는 엔지니어든, 몰스킨 노트를 펼치는 순간에는 카페에서 도시 공원을 디자인하는 멋진 건축가와 다름없이 창조적인 영역에서 일하는 것이다.

"몰스킨은 제품이나 디자인, 프리미엄 가격을 통해 사용자가 스스로를 차별화하게 해줌으로써 자신은 다른 사람들과 다르다는 것을 보여주게 합니다." 보코니의 경영대학에서 전략과 기업가정신을 가르치는 카를로 알베르토 카르네발레 마페 교수의 말이다. 그에 따르면 가장 중요한 것은 아날로그 제품으로서 몰스킨의 지위다. 요즘처럼 누구나 애플이나 삼성의 스마트폰을 쓰고 있는 상황에서는 오히려 종이 노트가 눈에 띈다. 트위터나 페이스북 같은 서비스는 '거시사회적' 네트워크로서 광범위한 전 세계 인구를, 대개는 인간미 없는 관계로 끌어들이는 반면 몰스킨같이 틈새를 겨냥한 아날로그 브랜드는 아주 인간적이고 '미시사회적인' 네트워크를 형성한다. 같은 몰스킨 노트를 꺼내는 것만으로도 낯선 사람에게 친밀감을 느낄 만큼 몰스킨 노트는 비싸고 배타적이다. 이와 대조적으로, 트위터와 페이스북은 무료 서비스이고 도처에 깔려 있기 때문에 다른 사람들 앞에서 계정에 접속한다고 해도 특별해 보이지 않으며, 심지어 약간 눈에 거슬리기까지 한다.

다음으로 전통의 문제가 있다. 디지털에서 전통 브랜드는 어제 먹다 남긴 음식 취급을 받는다. 가장 좋은 디지털 기술은 항상 다음에 나올 기술이며, 소비자들은 지나간 기술에 대한 충성도가 없기 때문이다. 하지만 아날로그에서는 전통에 프리미엄이 붙는다. "루이뷔통 가방을 똑같이 베낄 수는 있죠." 마페 교수는 우리가 커피를 마시던 고급스러운 호텔 카페에서 우아하게 잘 차려입은 옆자리 여성의 팔에 걸린 가방을 가리키며 말했다. "하지만 베껴 만든 가방을 6000달러에 팔 수는 없어요. 그렇게 만들어진 가방은 브랜드 유산을 갖고 있지 않거든요. 사용자들에게 (브랜드의) 과거가 중요하다는 확신을 심어줄 수만 있다면 그들은 기꺼이 큰돈을 지불할 겁니다. 거기에 경제적으로 합리적인 이유가 있는 건 아니에요. 오로지 마케팅입니다." 근대의 위인들이 사용했던 전설적 노트라는 브랜드 이미지를 고수함으로써 몰스킨은 전통적인 브랜드의 지위를 공고히 했다. 그 이미지는 대부분 만들어진 것이었음에도 불구하고.

밀라노에서의 둘째 날 아침, 나는 몰스킨 사무실을 다시 찾았다. 몰스킨의 CEO 아리고 베르니와 이야기를 나누기 위해서였다. 세브레곤디의 사무실은 화려한 색채로 가득한 반면 베르니의 사무실은 최소한의 가구만 갖춘 심플한 공간이었다. 민머리에 흰 턱수염을 짧게 깎은 베르니는 신테그라가 몰스킨을 인수하는 과정에서 몰스킨에 합류했다. 그는 가정용 소비재 회사 P&G에서 근무했고 경영 컨설턴트로 경험을 쌓았으며 명품 브랜드인 불가리Bulgari와 테스토니Testoni에서 일했다. 처음에 베르니는 몰스킨에 대한 소비자들의 이야기에 끌렸다. 그들이 이야기하는 정서적 유대감은 베르니가 한 번도 들어본 적이 없는 것이었다. 수만 달러짜리 불가리 다이아몬드 목걸이를 구매한 고객들도 그렇게 이야기하지는 않았다. 또한 그는 철저히 아날로그적인 이 제품의 성공이 디지털 팬들과 밀접한 관계가 있다는 아이러니에 주목했다.

"몰스킨이 1980년대에 이 사업을 시작했다면 성공하지 못했을 겁니다." 베르니가 말했다. "아날로그라는 개념은, 제품의 물성physicality을 차치하더라도, 인간과 사물 사이에서 가능한 경험입니다. …… 오늘날의 디지털 경쟁에도 불구하고 성공을 거두는 아날로그 기업들은 실제로 신뢰를 만들어내고, 또 그것을 강조하는 브랜드들이죠. …… 여기에서 신뢰란 그들이 파는 것의 경험적 차원을 의미합니다. 말장난처럼 들릴지 모르지만, 기능성 제품과 경험을 위한 도구 사이의 차이를 부각시키는 거죠." 이는 프랑스 로디아 노트와의 경쟁에서도 드러난다. 로디아는 주로 물리적 특성을 광고한다. "이런 관점은 처음부터 줄곧 몰스킨의 브랜드 DNA를 이루고 있습니다."

나는 베르나 세브레곤디와의 대화가 정말 흥미로웠지만 한편으로는 만족스럽지 못한 것도 사실이었다. 그들은 몰스킨 브랜드가 지닌 무형적 본질이나 소비자들을 채트윈의 정신으로 이끄는 방법에 대해 이야기하면서 즐거워했지만, 내가 몰스킨 노트의 실질적, 기능적 요소에 관해서, 그리고 그런 요소들이 브랜드와 어우러지는 방법에 대해서 물을 때마다 마치 복싱 링에 오른 헤밍웨이처럼 질문을 요리조리 피했다. 공식적인 견해를 밝힐 때는 여전히 매출의 대부분을 차지하는(2014년 몰스킨 수익에서 종이 제품이 91퍼센트 이상을 차지했다) 노트보다는 광범위한 몰스킨 브랜드에 집중하라는 사내 지침이 있는 것이 분명했다. 유연한 브랜드 정체성도 좋지만 궁극적으로 몰스킨은 세상 사람들이 가장 잘 알아보는 노트를 만드는 회사다. 그런데 왜 그 이야기를 꺼리는가?

　　　　　　　　　　　　　　　　　1부 아날로그 사물의 반격

그 질문에 대한 힌트는 나의 다른 질문, 즉 2013년 이탈리아 증시 상장에 대한 베르니의 답변에서 얻을 수 있었다. 신테그라에 인수되어 상장에 이르기까지 6년 동안 몰스킨은 다양한 색상과 크기의 노트 생산 라인을 확장하고 기업(페이스북과 같은 테크 회사들)으로 판로를 확대하며 몰스킨 와인과 푸드 저널에서부터 레고나 〈스타워즈〉 캐릭터를 넣은 한정판까지 다양한 제품을 생산하면서 꾸준히 성장해왔다. 세브레곤디는 몰스킨 노트와 비슷하게 생긴 가방과 아이패드 케이스, 펜과 독서용 안경 등을 선보이면서 자체 제작한 도구 세트를 사업의 근간에 두기 시작했다. 전 세계 2만여 개의 매장에서 몰스킨 제품들을 판매하면서 회사는 세계적 위상을 다졌다. 기업공개 보고서에서 밀라노 메디오방카Mediobanca(이탈리아 밀라노에 위치한 투자은행-옮긴이)의 투자자들은 브랜드의 독특한 포지셔닝에 주목했다. "일련의 무형적 가치(문화, 디자인, 상상, 기억, 여행)를 표현하며, 독특한 유산을 물려받았다"는 것이 몰스킨의 가장 큰 강점이었다. 신흥 시장에서 성장할 잠재력, 다른 제품군으로의 브랜드 확장성, 몰스킨 자체 매장 개발 기회, 디지털 파트너들과의 협업 가능성도 갖추고 있었다. 수익와 순이익은 꾸준히 성장하는 반면 비용과 부채는 감소하고 있었다.

2013년 4월 3일 몰스킨은 주당 2.3유로의 가격으로 밀라노 주식 시장에 상장되었고, 주가 총액은 4억 9000만 유로였다. 그해 이탈리아의 첫 번째 기업공개로서 유로존의 경기 불황으로 큰 타격을 받았던 이탈리아에는 특별히 자랑스러운 일이었다. 어느 기업에든 기업공개는 대단한 성공을 의미하지만 아날로그의 반격에서 몰스킨의 기업공개는 각별한 의미를 갖는다. 하지만 몰스킨 주가는 상장하자마자 가파르게 하락했다. 꾸준한 성장, 이익, 확장 등 좋은 재무 지표들에도 불구하고 몰스킨의 주가는 2013년과 2014년 내내 가라앉았으며, 2014년 말에는 1유로로 저점을 찍었다. 2015년 상황은 개선되기 시작했고, 지난 4월에는 마침내 주가가 2유로를 넘어섰다. 그럼에도 상장 시점에 주식을 사들인 투자자들의 손실을 만회하려면 아직도 갈 길이 멀다. 주가 하락 요인은 몇 가지가 있다. 베르니의 말에 따르면, 애널리스트들은 몰스킨을 프라다, 구치, 살바토레 페라가모 같은 이탈리아 명품 브랜드와 한데 묶었다고 한다. 하지만 이들 명품 브랜드들은 기본적으로 의류 업종에 속한다. 다른 노트와 대비되는 무형적 가치와 프리미엄 가격을 내세웠다고 해도 몰스킨은 명품 브랜드가 아니었기 때문에 상품이 시즌별로 움직이고 마진율도 아주 높은 그들 명품 회사들과는 매우 다르게 작동한다. 게다가 애널리스트의 주가 예측이 지나치게 낙관적이었던 것도 문제였다. 메디오방카의 기업공개 보고서는 몰스킨의 매출과 이익이 2년마다 거의 두 배씩 성장할 거라는 예상치를 내놓았다. 그러나 베르니는 몰스킨 주식이 종이 사업 혹은 아날로그 사업 전반에 대해 사람들이 가진 편견의 희생자였다고 생각한다.

"내가 은행가와 투자자들의 모임에 나가면 그들은 앞에 놓인 아이패드를 가리키며 '3년만 지나면 사업을 접어야 할 텐데요. 종이에는 미래가 없어요. 제 아이패드를 보세요! 사람들은 더 이상 노트를 쓰지 않을 거예요'라고 말했습니다." 베르니가 말했다. "그들은 자기들의 생각을 시장에 투영하는 실수를 저질렀어요. 결국 사람들은 종이의 종말을 믿기 시작했지요." 그 회의론자들 중 다수가 단기매도를 택함으로써 사실상 몰스킨 주식에 불리한 쪽으로 돈을 걸었고 결국 주가를 떨어뜨렸다. "세상에는 우리의 성공을 절대 받아들이지 못하는 사람들이 언제나 존재할 거예요." 베르니는 손을 내저으며 덧붙였다. "그들은 '하지만 우리는 디지털 세상에 살고 있잖아!'라고 말하는 사람들이지요."

하지만 회의론자들은 쏟아져 나오는 새로운 앱, 소셜 네트워크, 디지털 기기에 눈이 가려져서 필기를 디지털 시대의 중요한 행위로 만든 것이야말로 몰스킨의 가장 큰 성과임을 보지 못했다. 휴가 여행 일지든, 에어비앤비 같은 스타트업의 브레인스토밍이든, 단순한 일상의 낙서든, 몰스킨은 테크에 민감한 소비자가 종이 위에 펜을 움직이는 행위를 하고 싶게 만들었고 다른 사람들은 거기에서 이익을 얻을 기회를 보았다.

이제 시장에는 노트들이 쏟아져 나오고 있다. 어느 오후 나는 밀라노의 서점을 구경하다가 곡선의 모서리나 밴드 등 몰스킨과 똑같아 보이는 노트를 20종이나 보았다. 그렇지만 그것들은 몰스킨이 만든 노트가 아니었다. 로이텀Leuchtturm 1917처럼 몰스킨보다 더 오래된 종이 회사가 만든 몰스킨처럼 보이는 노트도 있었고 해외에서 대량 수입된 브랜드 없는 노트들도 있었다. 그런 노트들의 표지에는 (스포츠팀의 마스코트나 박물관 로고, 혹은 미키 마우스 같은) 다양한 그림이 붙어 있었다. 모드 노트북스Mod Notebooks처럼 하이테크 노트도 있었다. 이 회사는 사용자가 다 사용한 노트를 보내주면 스캐닝해서 클라우드에 올려주는 서비스를 제공한다. 그 외에도 몰스킨을 뛰어넘고 싶어 하는 사람들이 킥스타터Kickstarter에서 펀딩을 받아 수많은 노트들을 제작했다. 그중 스파크 노트북Spark Notebook은 마이크로소프트와 아마존 같은 테크 회사에서 임원으로 일했던 케이트 마츠다이라가 만든 것으로 "진심으로 성공을 원하는 사람들을 위한" 목표 중심의 노트 겸 플래너다. 배런 피그Baron Fig의 노트는 (그 회사의 설립자인 조이 코폰에 따르면) "브레인스토밍과 아이디에이션ideation"에 특화되었고, 필기를 통해 사회 공헌까지 하고 싶은 사람이라면 퍼블릭-서플라이Public-Supply 노트를 사는 것이 좋다. 판매 금액의 4분의 1을 공립학교의 문구류 지원 사업에 사용하기 때문이다.

이들 노트 대부분은 외관이나 느낌이 몰스킨 노트와 놀랄 만큼 흡사하다. 중요한 (그리고 어쩌면 유일한) 차이점은 브랜드다. 몰스킨 이후 등장한 노트 중 가장 성공한 브랜드는 필드 노트Field Notes다. 이 회사의 노트는 1920년대 미국의 농업용 일기장을 바탕으로 했다. 필드 노트 제품은 "달콤하도록 아날로그적"이라는 것이 브랜드 매니저 미셸 사일러의 설명이다. 이 회사의 노트는 미국에서 수작업으로 제작되는데, 표지 안쪽에는 각종 특이한 사실이나 통계 따위가 인쇄되어 있다. 이 회사가 매년 선보이는 (주 박람회나 미국의 북극 탐험 등을 기념하는) 한정판 노트 시리

1부 아날로그 사물의 반격

즈는 온라인상에서 몇 배의 가격으로 수집가들에게 다시 팔린다. 필드 노트는 주로 의류 매장, 자전거 숍, 하드웨어 스토어, 사격장, (노드스트롬 같은) 대형 유통 매장, (이발소 같은) 작은 가게에서 판매된다.

사람들이 노트 회사 창업에 뛰어드는 것은 손글씨의 황금기에 대한 향수나 낭만 때문이 아니다. 이들 제품에 대한 수요가 성장 중인 동시에 앞으로도 성장할 여지가 있고 또한 종이의 가치를 아는 시장이 존재하기 때문이다. 모든 종이에 해당되는 이야기는 아니다. 특히 종이를 이용한 저렴한 일상용품에는 더더욱 해당되지 않는 이야기다. 아무도 이메일로 보낼 수 있는 서류를 팩스로 보내지 않을 것이고, 많은 사람들이 종이 청구서보다 전자 청구서를 선호하기 때문이다. 그러나 몰스킨이나 그 경쟁사들이 보여준 것은 한때 무시당했던 아날로그 산업에 혁신과 이윤 창출의 엄청난 잠재력이 있다는 사실과 브랜드 파워만 있다면 사람들이 종이 제품에 기꺼이 지갑을 연다는 사실이다.

실리콘밸리 기업이 종이 명함을 주문하는 이유

가장 우세한 커뮤니케이션 수단으로서의 지위를 상실한 뒤 오히려 종이의 지위는 높아졌다. 이런 높아진 위상에서 종이는 아날로그의 무형적 이점을 활용할 수 있게 되었다. 그 과정에서 종이는 '쿨'해졌다. 오늘날 양초나 자전거가 기술적으로는 '한물간' 물건임에도 '쿨'하게 느껴지는 것과 마찬가지로. 활자 인쇄기 제작사와 문구 회사들이 모든 도시에서 새롭게 등장하고 있으며, 가장 잘 팔리는 출판물 중에는 어른들을 위한 컬러링북도 끼어 있다. 새로운 펜, 문구류, 종이에 특화된 작은 매장들이 세계 곳곳에서 문을 열고 있다. 그중 하나가 2015년 뉴욕에 개점한 오직 연필만 파는 상점이다. (대신 카드를 써서 부쳐주는) 펑크포스트Punkpost와 같이 디지털 덕분에 가능해진 종이 사업 또한 빠르게 성장하고 있다.

종이의 성공을 눈치챈 일부 디지털 기업들이 아날로그 사업에 뛰어들고 있다. "지나고 보니, 우리 회사의 이름이 최선이 아니었을 수도 있겠다는 생각이 들었어요." 페이퍼리스 포스트Paperless Post('종이 없는 우체국'이라는 의미-옮긴이)의 CEO인 제임스 허슈펠드가 솔직하게 말했다. 페이퍼리스 포스트는 2009년에 사업을 개시한 프리미엄 온라인 초대장 회사다. 그런데 페이퍼리스 포스트는 계속되는 고객들의 요구에 굴복해서 2012년 '페이퍼 바이 페이퍼리스 포스트Paper by Paperless Post'라는 이름의 종이 초대장 제품을 선보였다. "('종이 없는 우체국'이라는 이름의 회사가 종이 제품을 내놓는 것은) 분명히 모순이죠." 나와 뉴욕의 사무실에서 이야기를 나누던 허슈펠드가 말했다. "우리 고객은 정말로 온라인과 오프라인을 오가는 삶을 살죠. 종이와 디지털 기기 사이에서 커뮤니케이션합니다. 고객들과의 관계를 유지하기 위해서라도 물리적인 제품을 제공해야 했습니다." 성과가 있었다. 이제는 페이퍼리스 포스트의 신규 비즈니스 가운데 절반 이상이 종이 사업에서 발생한다.

종이의 반격은 카드나 문구류같이 소비자와 정서적으로 엮인

　　　　　　　　　　　　　1부 아날로그 사물의 반격

소비재에 한정되지 않는다. 다양한 전문직 종사자들이 몰스킨을 선택한 것에서 볼 수 있듯이 종이에는 오래 지속되는 실용성이 있다. 여기에 딱 들어맞는 사례가 플레저 카드Pleasure Cards라는 이름으로 2004년에 사업을 시작한 영국 회사 MOO다. 플레저 카드의 용도는 카드 위에 웹 코드를 인쇄해서 명함에 적힌 회사의 온라인 프로필에 접근하게 하는 것이다. 이 아이디어는 실패했지만 사람들은 이 카드의 디자인을 아주 좋아해서 실제 명함으로 만들어달라고 했다.

"가장 단순한 아이디어가 성공했어요." MOO의 설립자이자 CEO인 리처드 모로스가 런던 동쪽 끝자락에 있는 자기 사무실에서 말했다. 그는 밝은 청녹색 블레이저와 산호색 바지를 입고 있었다. "자, 여기 500년간 이어져온 기술이 있어요. 이메일, 모바일 등 다른 어떤 것들보다도 널리 사용되고 있지요. 배터리나 소프트웨어 없이 전 세계 어디서나 사용되고요. 전 세계 누구에게나 줄 수 있어요." 모로스는 그렇게 말하면서 내게 자신의 명함을 건넸다. "그걸 받은 사람들은 그게 뭘 의미하는지 정확하게 압니다."

MOO는 디지털 기술을 최대한 활용해서 완전한 맞춤 디자인과 인쇄 옵션을 제공하는 반면, 명함 디자인에서는 시각의 한계를 뛰어넘는 실험을 한다. 예를 들어 MOO의 프린트피니티 Printfinity 명함을 주문하면 명함 한 장 한 장마다 뒷면에 완전히 다른 이미지를 넣을 수 있다. 럭스Luxe 명함은 삼색의 종이 세 장을 샌드위치처럼 붙인 것이다. 모로스는 매년 3월 미국 텍사스 주 오스틴에서 열리는 테크 컨퍼런스인 사우스 바이 사우스웨스트 인터랙티브South by Southwest Interactive에 참석하여 명함을 대체할 차세대 앱에 관해 듣는다. 하지만 그걸 듣는 사람들도 MOO에서 더 많은 명함을 주문하고 있으며, MOO는 스카이프Skype, 링크드인LinkedIn, 우버Uber 같은 테크 기업들에 문구류를 공급하고 있다. "디지털 시대에 맞게 명함을 바꾸려는 시도들은 성공하지 못했다." 2015년 〈이코노미스트Economist〉 지에 이런 기사가 실렸다. "실리콘밸리에 모여 있는 가장 트렌디한 테크 기업에서조차 처음 만난 사람들끼리 휴대전화를 함께 두드리는 대신 여전히 죽은 나무로 만든 조그만 사각형 종이를 서로 건네며 인사를 나눈다."

MOO의 명함이 성공하는 이유는 가장 디지털적인 방식이 주도하는 산업에서조차 종이가 불필요한 소음을 제거하기 때문이다. 모로스는 하루에도 수천 통의 이메일을 받아 대부분 보지도 않고 삭제하지만 책상 위에 도착하는 봉투는 빠짐없이 열어본다. 구글과 페이스북도 정·재계의 리더들에게만큼은 공들여 만든 인쇄물을 보낸다. 종이는 눈에 띄기 때문이다. 아름다운 종이 인쇄물은 바로 삭제되는 첨부파일보다 비서들을 통과해서 미셸 오바마나 빌 게이츠 같은 명사들의 손에 들어갈 가능성이 훨씬 높다. 연락처를 모아 고객 관리 데이터베이스와 동기화하고 링크드인 프로필에서 손쉽게 검색하는 시대에 명함은 구시대적 도구인 것이 사실이다. 그러나 명함은 첫인상을 오래 남게 해준다. 또한 명함을 들여다보거나 손으로 만지는 것도 앞으로 받을 인상에 영향을 준다. 이런 효과는 업종과 세대에 무관하게 나타난다.

"디지털 네이티브는 실제로 종이에 가장 관심이 높은 세대입니다." MOO에 종이를 공급하는 85년 전통의 제지 회사 모호크 페이퍼Mohawk Paper(뉴욕 주 소재)의 크리에이티브 디렉터인 크리스 해럴드의 말이다. "그들은 종이에 대한 향수를 갖고 있지 않아요. 디지털 네이티브는 종이가 정말 아름답고 신선하다고 느낍니다. 그들에게 디지털 기기는 일상용품입니다. 일상적으로 필요한 것들을 배달해주는 플랫폼일 뿐이죠. 인쇄물은 정보를 특별한 방식으로 정리하는 능력을 갖고 있습니다. 반면, 웹에서는 정보가 그냥 끝도 없이 무한 반복됩니다."

가장 창의적인 테크놀로지

웹의 끝없는 무한 반복은 몰스킨의 반격이 보여주는 최후의 결정타일지도 모르겠다. 몰스킨의 핵심 상품인 종이 노트가 일군의 디지털 회사들과 통합되어가는 과정을 보면 말이다. 그 첫 번째가 2012년에 시작된 클라우드 기반의 필기 서비스 에버노트Evernote와의 업무 제휴였다. 제휴 내용에는 에버노트 스마트폰 앱에서 손글씨를 훨씬 정확하게 스캔해주는 특수 종이를 사용한 몰스킨 노트 제작도 포함되어 있었다.

에버노트가 처음 몰스킨에 협업을 제안했을 당시 세브레곤디를 비롯한 밀라노 본사 사람들은 미덥게 생각하지 않았다. 누가 뭐래도 에버노트는 종이 없는 사무실을 표방하는 테크 기업 아닌가. "몰스킨과 제휴하면서 우리는 종이와 휴전을 선언했어요." 에버노트의 디자인 부사장 제프 즈워너의 말이다. "우리는 (종이를) 조롱했었지만 반드시 디지털과 종이 중 하나를 선택해야 하는 문제는 아니라고 봅니다. 우리는 현실주의자라서 사람들이 다양한 커뮤니케이션 방법을 사용한다는 사실을 인정합니다." 즈워너의 말처럼 디지털 테크놀로지의 단점은 그것이 끊임없이 변화한다는 사실이다. 새로운 기술을 이해하고 다루는 법을 익히자마자 상위 버전의 하드웨어나 소프트웨어가 나오고 학습 과정이 처음부터 다시 시작된다. 그는 앞에 놓여 있던 몰스킨의 에버노트 스마트 노트북을 집어 들고 이렇게 말했다. "사람들은 종이 노트를 잘 압니다. 어떻게 '작동'하는지 손에 들자마자 바로 이해하죠."

몰스킨은 손글씨를 디지털로 저장하는 스마트펜 라이브스크라이브Livescribe와 연동한 노트를 만들었다. 그 외에도 디지털 프린터 밀크MILK와는 사진첩을, 페이퍼53Paper FiftyThree과는 주문 제작용 책을 만드는 등 다른 디지털 서비스들과도 업무 제휴를 하고 있다. 나와 함께 밀라노의 렘브라테 구(區)에 있는 젊은 벨기에 디자이너들의 작품 전시장을 걸으면서 세브레곤디는 이렇게 말했다. "놀랍게도 테크놀로지는 이 같은 물리적인 경험을 가능하게 합니다." 몰스킨의 디지털 분야로의 첫 진출은 우연하고도 자연스럽게 일어났다. 초창기 사용자들이 블로그 포스트를 통해 자신들이 그린 그림과 조직도를 공유하면서 단순한 종이 노트를 중심으로 하는 전 세계적인 커뮤니티가 생겨난 것이다.

우리는 넓게 트인 창고 건물에 들어섰다. 그곳에는 디자이너들과 전 세계에서 건너온 상품들이 가득했다. 우리는 건물 뒤쪽에 있는 몰스킨 파빌리온으로 갔다. 리벳이 박힌 금속 프레임으로 둘러싸인, 바닥보다 높은 플랫폼이었다. 몰스킨은 그곳에서 소프트웨어 대기업인 어도비Adobe와의 최신 디지털 협업을 시연하고 있었다. 어도비의 크리에이티브 클라우드Creative Cloud 서비스와 몰스킨 노트를 통합하는 작업이었다. 그 협업은 몰스킨이 에버노트와 함께 만든 노트와 유사한 방식으로 작동되었다. 즉 노트에 인쇄된 특수한 마커를 이용해서 어도비의 모바일 애플리케이션이 사용자가 작성한 글과 그림 등을 정확하게 스캔하여 다양한 파일 포맷으로 전환하는 것이다. 회사는 밀라노 디자인 위크 중에 많은 디자이너들에게 이 노트를 나눠주었고 몰스킨 디지털팀은 어도비 소프트웨어에 디자이너들의 스케치를 업로드했다. 그러면 디자이너들이 직접 편집해서 결과물을 출력하여 전시하는 것이다. 기능 면에서는 잘 작동하는 것 같았다. 이런 협업은 디지털보다 아날로그를 우선시하기 때문에 몰스킨에게 의미가 있다. 몰스킨은 종이를 창의적인 테크놀로지로 앞세운 후에 작업을 제대로 수행할 애플리케이션을 찾았다.

"우리 인간은 아주 물리적인 존재입니다." 세브레곤디가 말했다. 그녀는 어느 디자이너가 노트에서 스캔한 가구 스케치를 살펴보고 있었다. "하지만 동시에 우리는 자아도취적이기도 해서 (우리가 해낸 것을) 보여주고 공유해야만 하죠."

그렇지만 이 모든 것은 조심스럽게 진행되어야 한다. 성공한 수

많은 아날로그 회사들이 지난 수십 년간 막대한 돈과 시간을 낭비해가며 디지털 혁신이라는 허황된 목표를 찾아 헤맸다. 안정적인 아날로그 제품을 만들던 회사가 세상을 놀라게 할 디지털 회사로 탈바꿈하려다가 실패한 예는 흔하다. 몰스킨은 디지털 회사들과의 협업으로 어느 정도 성공을 거두었지만 회사의 성공, 성장, 이익, 정체성이 종이 노트에서 시작되었다는 사실을 잊지 않는다. 나는 왜 세브레곤디와 베르니를 비롯한 몰스킨 직원들이 그 사실을 강조하지 않는지 이해한다. 그러나 종이는 몰스킨의 가장 커다란 강점이자 회사가 존재하는 현실적인 근거다.

종이에 기초한 회사라는 이유로 한때 몰스킨에게 가혹했던 시장도 이제는 그 사실을 받아들이는 듯하다. 나는 인테사 산파올로Intesa Sanpaolo 은행의 투자 분석가인 알베르토 프란체제와 함께 밀라노의 유명한 라스칼라 오페라 하우스 맞은편에서 커피를 마시며 이야기를 나누었다. 최근 몰스킨 주식을 담당하게 된 프란체제는 "어쨌거나 결국은 종이 제품입니다"라고 말했다. 몰스킨의 협업과 브랜드 확장이 모두 긍정적이긴 하지만 앞으로 회사가 성장할 주요 동인은 중국, 인도, 라틴아메리카 등지에서 새롭게 등장하고 있는 고학력 도시 거주 소비자들일 것이라는 말이다. "몰스킨 브랜드를 노트에서 분리하는 것이 바람직할까요? 절대 아닙니다." 몰스킨의 주식 상장을 담당했던 밀라노의 변호사 레오나르도 프로니의 말이다. 몰스킨의 브랜드 감성이 노트 이외의 제품들과 잘 어울린다고 해도 그런 이동은 "완전히 자살 행위"라는 것이다.

그 따사로웠던 봄날 저녁 나는 세브레곤디와 함께 디자인 전시장을 좀 더 돌아다니면서 아날로그의 미래에 관해 집요하게 물었다. 세브레곤디는 내 질문 공세에 지쳐 보였지만, 그래도 나는 '아날로그의 반격'의 선봉장인 몰스킨이 계속 종이에 전념할지 알아야 했다. 세브레곤디는 회사의 연구 부서에서 새로운 종이 프로젝트가 진행 중이라면서 앞으로 몇 년 안에 새로운 디자인의 몰스킨 노트와 다른 종이 제품들이 출시될 것이라고 넌지시 알렸다. 중요한 것은 고객들이 자신에게 떠오른 생각을 손에 잡히는 영구적인 기록으로 바꿀 수 있는 도구를 계속 제공하는 것이라고 세브레곤디는 강조했다.
   나는 나중에 집에 돌아와서 내 노트를 살펴보다가 세브레곤디가 그날 밤 마지막으로 내게 남긴 말을 곱씹어 읽었다. "이 회사는 새로운 이야기와 재능, 그리고 탐험들을 통해 항상 성장하고 있어요." 세브레곤디가 그렇게 말할 때만 해도 나는 그저 그 회사의 모든 직원들이 항상 들려주는 전설적인 노트 이야기를 다시 하는구나 하고 생각했다. 그런데 내가 컴퓨터 화면 위로 고개를 들자 사무실 반대쪽의 서가가 보였다. 거기에는 몰스킨을 포함하여 수십 권의 노트가 반듯하게 줄지어 있었다. 그 노트들은 지난 13년간 기자로서 내가 정리한 모든 인터뷰와 기록을 담고 있었다. 내가 집필한 세 권의 책이 거기에서 나왔고, 수백 편의 신문과 잡지 기사의 바탕이 되는 기록도 거기에 있었으며, 그밖에 전 세계 곳곳에서 되는 대로 적어 넣은 수많은 관찰, 스케치, 대화들 역시 거기에 남았다. 그 노트들은 나만의 이야기와 재능, 그리고 탐험의 영원한 증거물로 서가에 자리 잡고 있었다. 브루스 채트윈은 20년 전 세브레곤디에게 영감을 주었던 바로 그 에세이에 다음과 같이 썼다.

"한곳에 정착하고 싶은 마음이 나를 엄습하기 전에 이 노트들을 다시 열어야겠다고 생각했다. 흥미롭거나 나를 사로잡는 아이디어나 인용구, 우연한 만남들을 종이에 간략하게 적어두어야 한다. 그렇게 적은 메모들은 나를 떠나지 않는 가장 중요한 질문을 설명해줄 것이다. 바로 '인간은 왜 한곳에 머무르지 못하고 떠돌아다니는가?'라는 질문 말이다."

3장

Film

로모그래피와 인스타그램이
말하는 것들

"처음에 사람들은 디지털 사진의 가장 큰 문제점은 화질이라서
화질이 개선되기만 하면 디지털이 승리할 거라고 생각했지요.
그러나 디지털 사진의 가장 큰 문제는 그게 실제가 아니라는 점
입니다. 사진들이 사라지고 있어요. 더 이상 가족 앨범은 없고
인화된 사진도 없어요. 손으로 만지거나 흔들 수 있는 게 없습
니다. 그제야 사람들은 그런 경험을 그리워하기 시작했지요."

몰스킨 이야기는 아날로그 회사가 오래된 제품의 새로운 미래를 어떻게 구축할 수 있는지를 보여주는 사례다. 그래도 종이는 아직 상대적으로 잘 굴러가는 사업이다. 하지만 디지털로 인해 정말로 무너져버린 아날로그 업종이라면? 그것도 해당 아날로그 기술의 복잡성이 발목을 잡는 업종이라면 어떻게 살아날 수 있을까? 나는 그 답을 찾기 위해 밀라노에서 차를 빌려 남쪽으로 달렸다. 평야가 가파른 언덕으로 바뀌더니 맑았던 하늘도 비를 뿌렸다. 두 시간도 채 걸리지 않아 탁 트인 은빛 지중해가 모습을 드러냈다. 해안을 따라 서쪽으로 이동하다가 내륙으로 방향을 되돌렸다. 길고 어두운 터널을 잇달아 통과하자 안개에 덮인 완만한 산들이 나타났다. 길을 따라 리구리아 지역 깊숙이 들어가자 오래된 스키 리프트같이 생긴 설치물 밑을 계속 통과하게 되었다. 리프트의 케이블에 매달린 무거운 철제 곤돌라들이 해안 쪽에서 어딘가로 천천히 짐을 나르고 있었다. 마침내 페라니아 계곡에 도착했다.

페라니아는 이제 마을이라기보다는 마을이 있었던 흔적에 가까웠다. 한때는 이탈리아 제조업 부문의 대표 주자였던 대규모 공업 지역의 폐허. 비록 페라니아 테크놀로지스라는 회사가 여전히 화학약품을 생산하여 지역의 제약 회사에 공급하고 있고 상대적으로 새로운 (하지만 쉬는 날이 더 많은) 태양전지판 공장이 버려진 건물들 사이에 서 있기는 하지만 페라니아는 유령 마을 같았다. 사무실의 깨진 유리창 사이로 바람이 불어왔고 아파트 건물은 눅눅한 공기 속에 방치되어 썩어갔다. 축구장의 골대 위쪽에까지 잡초가 자라고 있었다. 저속 기어로 달리는 트럭들의 소음을 제외하면 철거반이 건물을 해체하면서 철근과 콘크리트가 뒤틀리고 으스러지는 소리밖에 들리지 않았다. 계곡 위로는 아까 봤던 정체불명의 공업용 곤돌라가 쉬지 않고 짐을 실어 날랐다. 그 곤돌라가 배에서 하역한 석탄을 산 너머 카이로몬테노테(찰스 디킨스의 소설과 같은 분위기를 풍기는 곳으로 검은 석탄 연기가 자욱하다)의 발전소로 운반 중이라는 것을 나중에야 알게 되었다. 페라니아는 이탈리아 영화 〈달콤한 인생〉에 나오는 그림같이 아름다운 풍경과는 거리가 멀었다. 오히려 소비에트연방 해체 이후의 러시아에 가까웠다.

나는 차를 몰고 사람이 없는 보안 게이트를 지났다. 그러고는 부식된 파이프라인 밑으로 바큇자국이 깊게 파인 도로를 따라

1부 아날로그 사물의 반격

내려가다 계곡 구석에 자리 잡은 4층짜리 건물에 다다랐다. 건물의 창은 누렇게 바랬고 외관은 노인의 피부처럼 얼룩얼룩하게 벗겨진 콘크리트와 1950~60년대의 모조 벽돌이 뒤섞여 칙칙했다. 작은 출입문 옆에는 '사진 연구소LRF'라는 문구가 새겨져 있었다.

소형 랜드로버가 흙먼지를 일으키며 도로에서 내려와 서더니, 니콜라 발디니가 차에서 튀어나왔다. 그는 광택이 나는 갈색 재킷 차림에 아르마니 선글라스를 쓰고 있었으며, 초록색 닥터마틴 부츠를 신고 있었다.

"자, 그럼." 발디니는 LRF의 문을 열면서 말했다. "필름의 미래를 확인할 준비가 되었습니까?"

큰 키에 턱수염이 희끗희끗한 발디니는 대화 중에 몸짓이 요란했다. 그는 화학 강의, 산업의 역사, 사업 소개를 한데 뒤섞어 열정적으로 떠들기 시작했다. 그의 설명은 잠자는 시간만 제외하고 꼬박 만 하루 동안 계속되었다.

발디니와 그의 동업자 마르코 파그니는 외딴 계곡에 자리 잡은 파산한 마을의 낡고 조그만 공장에서 무엇을 하려는 것일까? 그들은 오래된 FILM페라니아 브랜드로 스틸 사진과 영화용 컬러 필름을 부활시키려고 한다. 그러기 위해서는 포스트디지털 경제에서 아날로그 산업이 직면한 장애물을 하나도 빠짐없이 극복해야 했다. FILM페라니아로 영화 한 편을 만들 수 있게 되기까지 파그니와 발디니는 일반 시장을 겨냥한 조립 라인을 10분의 1 규모로 재설계해야 했다. 최소한의 직원들, 여기저기서 모은 지식, 빈약한 예산으로 생산이 중단된 위험 물질을 만져가면서 말이다. 그들은 대출을 받아 근처 필름 공장에서 거대한 기계들을 옮겨와야 했다. 그것도 철거반이 건물을 허물기 전까지 단 몇 달 안에. 이 짧은 기간을 놓쳤다면 FILM페라니아를 재건할 기회는 영영 사라졌을 것이다.

이는 중요한 부분이다. 아날로그의 반격은 시작되었을지 모르지만 디지털 시대에 이런 사업을 시작하려면 여전히 용기가, 그것도 아주 큰 용기가 필요하다. 필름이나 레코드판 같은 아날로그 제품을 되살릴 꿈을 꾸는 것과 실제로 아날로그 제품을 공업적으로 생산하고 판매해서 엄청난 불이익을 떠안는 것은 완전히 다른 얘기다. 아날로그 제품을 되살리려는 사람들을 기다리는 것은 부족한 원료와 지식, 축소된 규모의 경제, 낡은 구식 기계, 독성 강한 화학물질, 불안정한 시장, 고르지 않은 품질, 끊임없이 발생하는 예상치 못한 비용 같은 두통거리들이다. 이런 것들을 모두 이겨내고 만들어낸 제품은 좋게 말해 까다로운, 하지만 종종 아예 작동조차 하지 않는 사진 필름 같은 것이다. (내가 페라니아에서 그랬던 것처럼) 이런 작업의 작은 단면이라도 목격하게 되면 어째서 디지털 사진이 그렇게 신속하고 광범위하게 퍼졌는지 금세 이해될 것이다. 끝장난 아날로그 기술을 되살리는 것은 말하자면 해저에 가라앉은 배를 건진 다음 그 배를 개조하여 다시 항해하게 하는 것과 같다.

코닥 공장의 폭파 사진

페라니아 필름 산업의 출발점이 불안정성에 있었다는 것은 흥미로운 일이다. 1882년 이 계곡에 (SIPE라는 이름의) 화약 공장이 들어서서 폭탄과 포탄을 러시아제국 해군에게 공급했다. 1917년 소비에트연방이 출현하면서 SIPE는 최대 고객을 잃어버렸고, 결국 필름 회사로 변신하게 되었다. SIPE는 '파브리카 이탈리아나 라미네 밀라노Fabbrica Italiana Lamine Milano'의 머리글자를 딴 FILM페라니아로 이름을 바꾸고 다양한 형태의 스틸 사진 필름과 영화 필름을 생산하기 시작했다. 무솔리니의 파시스트 정권하에서 페라니아의 필름은 이탈리아 사진작가와 영화감독의 필수 옵션이 되었지만 전쟁 이후에는 페데리코 펠리니Federico Fellini 같은 이탈리아의 전위적 영화감독들의 선택을 받았다. 페라니아 고유의 기술은 이탈리아 명감독들 특유의 영상미를 만들어냈고, 소피아 로렌Sophia Loren의 곡선미와 마르첼로 마스트로야니Marcello Mastroianni의 미소를 잡아냈으며, 그렇게 만들어진 영상은 이탈리아 영화를 대표하는 음영과 색상이 되었다.

20세기에 이탈리아에서 찍은 사진이나 영화라면 아마 예외 없이 페라니아에서 만든 필름이 사용되었을 것이다. 말하자면 페라니아는 이탈리아의 코닥Kodak이나 폴라로이드Polaroid에 해당하는 브랜드였다. 즉 페라니아는 단순한 필름 제조사가 아니라 생일, 휴가, 기념할 사건 등을 담는 기억 저장소를 연상시키는 회사였다. 한창때 페라니아에서는 4000명의 직원이 일했다. 단순한 회사가 아니라 완전히 독립된 공동체였으며, 그곳 직원과 자원은 필름을 만들기 위해 존재했다. 이 전성기 때의 사진은 인터넷에서 찾아볼 수 있다. 직원들이 가득한 회사 식당, 먼지 하나 없는 실험실에서 반짝이는 현미경으로 일하는 여성들, 사내 미인 선발 대회나 사내 축구 대회 등의 모습을 담은 사진들 말이다.

1964년 미국의 3M에 인수되면서 FILM페라니아의 운명이 바뀌었다. 3M은 이 계곡을 여전히 생산 공장으로 이용하면서도 페라니아 브랜드의 사용을 점차 줄였고 대부분의 필름은 3M 스카치Scotch, 이메이션Imation, 솔라리스Solaris 같은 이름으로, 혹은 그냥 판매자의 상표를 붙여서 팔았다(한때 페라니아는 전 세계에서 가장 큰 주문자 상표 부착 필름 공급업자였다). 그러나 페라니아는 여전히 이탈리아에서만은 피아트Fiat(이탈리아의 대중차 브랜드-옮긴이)와 맞먹는 명성을 지닌 회사로서 3M의 다양한 사업부는 물론 파나소닉과 코닥 같은 경쟁 업체들이 탐내는 이미징과 화학 분야의 혁신을 만들어내는 중심지였다. 45만 9870제곱미터에 가까운 페라니아의 부지에는 20개 건물이 있었고, 한가운데 3M이 1967년에 지은 LRF 건물(내가 발디니와 파그니를 만난 바로 그 건물)이 있었다. 그곳이 그 회사의 가장 똑똑한 인재들이 근무했던 R&D 본부였다. 발디니의 표현을 빌리면, "최고 중의 최고"였다. "그 사람들은 이 계곡에서는 신적인 존재였죠."

페라니아의 몰락은 세계 필름 산업의 몰락을 그대로 보여준다. 3M은 1995년에 회사를 구조 조정하면서 수익성이 높은 의학 영상 부분을 가장 먼저 매각했고 1999년에는 상업용 필름 부문을 이탈리아 투자 회사에 넘겼다. 그때가 필름 부문이 상승하던 마지막 해로, 전 세계적으로 생산량이 최고점을 찍었다. 코닥은 수년 전에 이미 디지털 사진 기술을 개발했지만 소비자들이 디지털카메라를 필름 카메라의 대용으로 여기기 시작한 것은 이미지 센서의 처리 능력이 충분히 좋아지고 저장 용량의 가격이 충분히 내려간 21세기 초의 일이다. 대개 디지털카메라로 사진을 한 번 찍어본 사람들은 다시는 필름 카메라로 돌아가지 않았다.

내가 또렷한 5.0메가픽셀 디지털카메라로 갈아탔던 때가 기억난다. 나는 10대 때부터 사진에 관심이 있어서 일포드Ilford의 흑백 필름을 넣은 펜탁스 K100 수동 카메라를 들고 친구들과 도시 곳곳을 쏘다니곤 했다. 우리는 그렇게 찍은 사진을 고등학교 암실에서 현상하고 확대했다. 붉은 등이 켜지고 화학약품 냄새가 나는 암실에서 우리는 완벽하게 인화된 사진 한 장을 들고 나왔다. 열여덟 살이 되면서 나는 펜탁스 카메라를 캐논 레벨 G로 바꿨다. 디지털 센서가 자동으로 초점과 밝기를 조정해주는 필름 카메라였다. 나는 그 카메라를 어디에든 들고 다니면서 장거리 여행이나 스키 여행에서 사진을 찍기도 하고 〈내셔널 지오그래픽National Geographic〉이나 〈파우더Powder〉 같은 잡지에서 본 사진을 그대로 따라 찍어보기도 했다. 나는 수십 권의 앨범을 그렇게 찍은 사진들로 채웠다. 내게 사진에 재능이 있었다기보다는 그저 사진 찍는 일이 정말로 좋았다.

2003년 나는 프리랜서 기자 생활을 시작하면서 아르헨티나의 부에노스아이레스로 이사했다. 아르헨티나로 떠나기 전에 캐논 파워숏PowerShot 디지털카메라를 챙기면서 일할 때만 쓰기로 결심했다. 아르헨티나에서 첫 번째 필름은 모두 사용했지만 두 번째 필름은 모두 쓰지 못했다. 두 번째 필름을 찍던 중간에 디지털카메라의 즉흥성, 공유 능력, 비용, 완전한 자유에 반해버렸던 것이다. 그 후 나는 필름 카메라를 갖고 있다는 사실조차 잊고 살았다. 2년 뒤 아르헨티나를 떠날 때에는 손도 대지 않던 캐논 레벨을 여자친구에게 줘버렸다. "카메라에 들어 있는 필름은 어떡할까?" 여자친구가 물었다. 나는 그냥 버리라고 했다.

  필름 카메라와 비교해서 디지털카메라는 너무나 결정적인 장점을 가지고 있는 데다 너무나 빠르게 등장했기 때문에 필름 산업은 추세에 적응할 기회조차 얻지 못했다. 필름은 절벽에서 추락한 것이다. 필름 공장들은 규모가 너무 큰 데다가 대량생산에 맞추어 건설되었기 때문에 그 같은 급격한 생산량 감소에 대처하지 못했다. 1999년 미국에서만 8억 통의 필름이 생산되었지만 2011년에는 2000만 통으로 생산량이 줄었다. 폴라로이드는 2002년에, 페라니아는 2003년에, 영국의 일포드와 독일의 아그파는 2005년에 연이어 도산했다. 이스트만 코닥Eastman Kodak 사는 2012년에 법정관리를 신청했다. 전성기에 전 세계적으로 14만 5000명이었던 코닥 직원은 지금은 8000명만 남았다. 코닥 공장이 폭파 해체되는 모습을 담은 드라마틱한 사진을 보면 사람들이 LCD화면이 달린 디지털카메라와 휴대전화로 그 장면을 찍고 있는 아이러니를 확인할 수 있다. 코닥의 사진 필름 생산 부문은 코닥 알라리스Alaris라는 이름의 별도 법인으로 분사되었고 지금은 영국 코닥사 직원들의 연금 기금이 그 소유주다. 하지만 미국 코닥은 동영상 필름만큼은 계속 유지했다. 후지필름만이 이미징 사업과는 별도로 사업을 다각화하고 일찌감치 디지털카메라에 투자한 덕분에 유일하게 파산을 면했다. 하지만 후지필름 역시 동영상 부문을 접고 사진 필름 생산을 크게 줄여야 했다.

페라니아의 필름 부문은 연이은 감원 끝에 2006년의 어느 주말 LRF 건물을 폐쇄했다. 페라니아에서 마지막 필름이 생산된 2011년 초 마지막 노동자가 기계의 전원을 껐다.

21세기에 필름 회사를 차린다고?

발디니와 파그니는 몇 킬로미터 떨어진 작은 레스토랑에서 점심으로 라자냐와 토끼찜을 먹으면서 내게 이 이야기를 들려주었다. 두 사람은 피렌체에 살고 있었고 파그니는 피렌체에서 코닥 필름을 프로세싱하는 작업실을 소유하고 있었다(파그니는 신중하고 부드러운 어조에 헐렁한 스웨터를 입은 날씬한 러셀 크로 같았다). 그는 열다섯 살에 영사기 기사로 일하면서 처음으로 필름과 인연을 맺었다. 파그니는 사진작가는 아니었지만 독학한 엔지니어답게 필름 제조와 현상 과정 전반에 걸쳐 해박한 지식을 갖추고 있었다. 그는 잠시 동안 LP레코드판을 만드는 프레스 기계도 가지고 있었다. 발디니는 아마추어 영화 제작자, 카메라 수집가, 사진작가로 꾸준히 활동해왔지만 주업은 인공 지능, 머신 러닝,

빅데이터에 특화된 컴퓨터과학 교수였다.

2011년 발디니는 (2006년부터 단골이었던) 파그니의 작업실에 35밀리 동영상용 후지필름을 가져 왔다. 그 필름을 16밀리나 8밀리 형식에 맞게 절단하여 소형 카메라에 사용하고 싶어 했던 것이다. 그 작업을 하려면 특별한 기계가 필요했다. 바로 필름을 적정 크기로 절단하는 천공기였다. "그건 아무 데서나 구할 수 있는 장비가 아닙니다." 파그니가 말했다. "(필름을 만드는) 다른 회사로부터 사야만 하지요." 후지필름이나 코닥은 처음 보는 두 이탈리아인에게 자사가 특허 낸 기계를 팔 생각이 전혀 없었고 아그파를 비롯한 다른 회사들은 이미 천공기를 처분했다. 운 좋게도 한 친구가 피렌체에 새로 생긴 사진 박물관에 FILM페라니아의 천공기가 있다고 알려주었다. 발디니와 파그니는 박물관에 가서 기계에 쓰인 일련번호 86번을 확인했다. "좋았어. 그럼 나머지 85개는 어디에 있을까?" 발디니가 파그니에게 물었다.

2011년 말 두 사람은 페라니아로 차를 몰았다. 그러고는 기계에 대해 물어보기 위해 셔터가 내려진 공장 문을 두드렸다. 아무 대답도 없었다. 결국 그들은 마을을 뒤지고 다닌 끝에 전직 관리자와 통화할 수 있었다. 그는 페라니아 테크놀로지스의 현 관리자에게 연락했고 그 관리자는 건물들이 곧 철거될 예정이지만, 원한다면 공장 안을 둘러봐도 좋다고 했다. 그들은 거대한 필름 생산 시설을 둘러보면서 모든 것이 새것같이 깨끗한 상태라는 것을 알게 되었고, 천공기도 금방 찾아냈다. 발디니는 천공기를 고철 가격인 1만 유로에 사들였다. 무게가 1톤 정도 나갔기 때문에 기계를 운반할 방법을 찾아서 다시 돌아오기로 했다.

이듬해 초 다시 돌아온 파그니와 발디니는 이미 그 천공기를 설치할 장소를 물색해둔 상태였다. 노동력이 훨씬 저렴한 불가리아가 그 후보지였다. 그러나 사진 필름 부문의 마지막 관리자였던 마르코 데스칼조Marco Descalzo가 (그는 페라니아의 자산 매각을 위해 고용이 유지된 상태였다) 페라니아의 자산을 소유하고 있던 리구리아 주정부의 담당자와 함께 파그니와 발디니를 LRF에 데려갔다. 파그니와 발디니는 점점 더 야심 찬 질문을 던지기 시작했다. 제조한 필름을 포장해야 하면 어떡하지? 필름 포장 기계도 사야 할까? 코닥과 후지필름을 비롯해서 필름 시장에 남아 있는 다른 회사들이 속속 사업을 그만둔다면 천공할 필름을 어떻게 안정적으로 공급받지? 모든 것이 이곳 페라니아에 설치되어 있고 제조법도 (발디니에 의하면 "피자 반죽과 마찬가지로") 이곳 기후에 맞춰져 있는데, 왜 이런 거대한 기계들을 다른 나라로 옮겨야 하지? 여기에서 그냥 필름을 만들면 되잖아? FILM페라니아를 되살리면 어떨까?

데스칼조는 그들에게 완전히 미쳤다고 했다. "페라니아는 죽었어요. 여기에선 필름이 1미터도 생산되지 않는다고요!" 다음 날 데스칼조는 아주 중요한 한 가지 이유 때문에 FILM페라니아를 되살리는 것이 가능할 거라고 마지못해 말했다. 그 이유란 바로 3M이 LRF 건물을 인근 공장의 축소 버전으로 디자인했다는 점이었다. 그 말은 필름 제작에 필요한 가장 크고 복잡한 기계들과 건물에 완전히 부속된 공정이 LRF 내에 온전히 남아 있다는 의미인 동시에 오늘날 틈새로 남은 필름 시장에 이상적인 소규모 생산이 가능하다는 뜻이었다. 이제 46만 3000제곱미터의 공장을 약 5900제곱미터로 줄여야 했다. 이론적으로는 (순전히 이론적으로만) 가능했다.

"우리는 정말 제때 그곳을 찾았어요." 발디니가 디저트로 나온 체스닛 플랑(달걀, 치즈 등을 넣은 파이-옮긴이)을 포크로 단숨에 해치우며 말했다. "만약 우리가 일 년 전에 그곳을 찾았다면 아무것도 가져가지 못했을 거예요. 그때는 생산 공정이 돌아가고 있었으니까요. 만약 우리가 일 년 늦게 그곳을 찾았다면 모든 기계들이 이미 팔려나갔거나 망가져 있었을 거예요." 그들은 리구리아 주정부와 협상하여 LRF 건물을 임대료 없이 사용하게 되었고 심지어 각종 수리비도 주정부가 지원하기로 했다. 두 사람은 LRF를 근본적으로 개조하여 자생력 있는 21세기 FILM페라니아를 만들기로 했다. 그렇게 되면 필름 제작 공정이 한 장소에서 모두 해결될 것이다. 그래야만 아날로그 필름의 수명이 100년 더 연장된다는 것이 발디니의 주장이었다.

때는 4월 중순이었다. LRF 옆의 공장(그들은 '빅 보이'라고 불렀다)은 6월 중에 철거될 예정이었다. 새로운 페라니아의 컬러 반전color-reversal 슬라이드 필름 한 롤이 조립라인에서 만들어지기 위해서는 대략 다음의 작업들을 거쳐야 했다. 즉 철거 전에 빅 보이에서 필요한 기계류를 모두 사서 분해하고 창고에 보관했다가 LRF로 가져와서 재조립하고 테스트와 재보정을 거쳐야 했다. 그밖에 전 세계에 흩어져 있는 필요한 장비들의 소재를 파악

1부 아날로그 사물의 반격

해서 페라니아로 가져와야 했다. 필요한 화학약품들을 확보해서 안전하게 보관하고 테스트를 거쳐 재배합해야 했다. 필름 원료 배합 공식, 수많은 재료들, 크고 작은 기계장치와 시스템, 건물 하나하나의 설계도에 이르기까지 모든 중요한 문서들의 소재를 파악하고 정리하고 백업해야 했다. 페라니아 테크놀로지스는 LRF 운영에 필요한 스팀과 전기, 물의 공급을 중단할 예정이었기 때문에 자체적으로 새로운 시스템을 설치해야 했다. 해로운 석면을 건물에서 제거해야 했고 물이 새는 지붕도 고쳐야 했다. 전등은 다시 연결해야 했고, 20년 넘은 낡은 컴퓨터를 다시 켜야 했으며, 더러운 변기들은 문질러 닦아야 했다. 당장 해결해야 하는 크고 작은 일들이 산처럼 쌓여 있었지만 파그니와 발디니, 그리고 그들이 고용한 전직 FILM페라니아 직원들 몇몇이 그 모든 것을 도맡아야 했다.

"이 건물에서는 길을 잃을 위험이 있어요." 발디니가 파그니와 함께 (습하고 추운 오후인데도 난방이 되지 않는) LRF 내부의 어두운 계단을 올라가며 말했다. 또 하루의 끝없는 난제들이 그들을 기다리고 있었다.

그 많은 걱정거리에도 불구하고 발디니와 파그니는 자신들의 필름을 누가 살까라는 걱정은 하지 않았다. 발디니는 다양한 뉴스 기사와 기업 자료, 그리고 산업 보고서에서 수집한 정보에 근거하여 35밀리 필름의 전 세계적인 시장 규모가 매년 1억 통 정도로 안정화되어 있다고 추산했다. 필름을 프로세싱해주는 서비스까지 합하면 시장은 10억 달러 규모였다. "앞으로 이 시장은 레코드판 시장처럼 좀 더 성장할 것입니다." 발디니의 말이다. 코닥이 코다크롬Kodachrome과 같이 소비자들의 사랑을 받았던 제품들의 생산을 멈출수록 페라니아의 필름이 틈새시장을 개척할 기회가 늘어난다. 페라니아가 전성기에 전 세계 필름 시장에서 차지했던 점유량의 단 4퍼센트만 확보한다고 해도 매년 수백만 달러의 가치가 있는 수익성 있는 사업이 될 것이다.

"이 시장은 이제 안정기에 접어들었어요." 파그니의 말이다. "그러나 새로운 제품이 더 이상 나오지 않기 때문에 사진가들은 풀이 죽어 있습니다. 제품을 철수하는 옛날 회사들뿐이죠. 그러니 모멘텀이라고는 찾아볼 수 없어요." 사람들은 소멸해가는 아이디어에 투자하고 싶어 하지 않는다. 아무리 자신이 그 아이디어를 좋아한다고 해도. 그러나 성장하는 듯이 보이는 아이디어, 특히 그것이 일반적인 트렌드를 거스르며 성장하는 아이디어라면 기꺼이 돈을 쏟아붓는다. 아날로그 사진의 경우 이미 로모그래피Lomography를 애용하는 사람들이 좋은 선례를 남겼다.

로모그래피와 인스타그램

1984년 구소련 상트페테르부르크에 있는 군수 회사가 프롤레타리아를 위한 적당한 가격의 플라스틱 카메라인 로모 콤팩트 오토매트LC-A(Lomo Kompakt Automat)를 출시했다. LC-A는 공산권 전역에서 빠르게 인기를 얻으며 블라디보스토크에서 아바나에 이르기까지 공산권에 사는 사람들이 가족과 보낸 순간과 휴가를 사진에 담게 해주었다. 그러다 1991년 소련이 붕괴하고 동유럽의 국경이 열렸다. 동유럽과의 경계선에 위치한 빈은 예술과 문화의 도시로, 냉전시대에는 동유럽과 서유럽이 만나는 지점이었다. 그런 빈이 소련의 갑작스러운 붕괴와 함께 무너진 철의 장막 안으로 들어가는 관문이 되었다. 빈에서 차를 몰고 한 시간이면 슬로바키아에 이르고, 세 시간이면 동독, 체코, 보스니아, 크로아티아, 슬로베니아, 세르비아, 루마니아, 폴란드, 우크라이나에 도착한다.

그해 봄 빈에 살던 샐리 비바위와 그녀의 남자친구 마티아스 피글을 포함한 몇몇 학생들이 프라하로 주말여행을 떠났다. 그들은 프라하의 카메라 상점에서 LC-A를 보고는 우스꽝스럽고 값싼 그 카메라가 좋은 여행 기념품이 될 거라고 생각했다. 그들은 빈으로 돌아와 여행 사진을 인화해보고 깜짝 놀랐다. LC-A로 찍은 사진은 정교한 일본 카메라나 독일 카메라로 찍은 사진과 확연하게 달랐다. LC-A로 찍은 사진은 빛과 컬러가 강렬했고, 가장자리가 어두웠으며, 톤의 변화가 불규칙했다. 소련의 대량생산 체제와 플라스틱 부품이 만났으니, 카메라 곳곳에 빛이 새어드는 것은 당연했다. LC-A로 찍은 사진은 분명 불완전했지만 비바위와 피글, 그리고 다른 친구들은 그 독특한 아름다움에 반했다.

그들은 곧 LC-A에 대한 이야기를 퍼뜨렸다. 그들은 눈에 보이는 대로 LC-A카메라를 사들였고, 어디에든 들고 다녔으며, 수많은 필름을 써댔다. 그들은 대부분의 사람들처럼 가장 선명하고 뛰어난 사진을 선택·확대하여 액자에 끼워두는 대신 필름 전부를 가장 저렴한 슈퍼마켓 간이매장에서 현상한 다음 흐릿하게 나온 것까지 포함해 모든 사진을 아파트 벽면에 붙였다. 실험적이고 약간은 초현실주의적이었지만 지금까지 사진이 추구해오던 것과는 급진적일 정도로 달랐다.

"초창기의 로모그래피는 시각적 이해의 변화에 초점이 맞춰져 있었어요." 비바위가 말했다. 그녀는 피글과 두 아들을 데리고 점심 식사를 먹기 위해 빈이 내려다보이는 언덕 위의 식당에 방금 들어온 참이었다. "사진은 그 시절에 이미 종말을 고했어요. 지나치게 경직되었고 정교할 뿐만 아니라 너무 많은 규칙들이 있었죠. 우리는 '이제 화질 같은 건 생각하지 말자'고 했죠."

1992년 여름 비바위와 피글 그리고 친구들은 국제로모그래피 클럽Lomographic Society International을 결성했다. 그들은 지역 신문에 선언문을 발표하며 로모그래피의 열 가지 규칙을 나열했다. 그들의 새로운 사진 철학은 불완전성을 자랑스럽게 받아들이자는 것이었다. 선언문에 따르면 "로모그래피는 빠르고, 즉각적이고, 부끄러워하지 않는 형태의 예술 표현이다". 선언문은 또한 사람들에게 (1)어디에든 카메라를 들고 다니고 (2)언제든지 카메라를 사용하며 (3)어떤 앵글이든 닥치는 대로 찍고 (4)가까이에서 찍으며 (5)생각하지 말고 찍고 (6)빨리 찍으며 (7)사진을 찍기 전에 사진의 예측 불가능성을 받아들이고 (8)사진을 찍은 후에도 사진의 예측 불가능성을 받아들이며 (9)카메라를 생활의 일부로 생각하고 (10)언제나 규칙을 무시하라고 권장했다. 로모그래피는 완벽한 사진을 찍기 위한 기술적인 논의라기보다는 사진의 해방 철학이었다.

LC-A카메라의 수요가 늘어남에 따라 로모그래피는 급성장했고 피글과 비바위에게는 사업이 되었다. 1995년 그들은 LC-A의 공식 유통업자가 되었다. 같은 해에 로모그래피는 자체 웹사이트를 개설해서 사용자들이 사진을 스캔하여 업로드하게 했다. 최초의 온라인 사진 공유 플랫폼 중 하나가 그렇게 탄생했다. 이후 몇 년간 그들은 세계 곳곳에 매장을 열어 새로운 카메라를 소개했다. 그중에는 (네 개의 서로 다른 렌즈로 동시에 네 장의 사진을 찍는) 액션샘플러Actionsampler와 아홉 개의 렌즈가 있는 팝9, 서로 다른 컬러의 필터와 플래시가 있는 컬러스플래시Colorsplash 등 수십 가지 모델이 있었다. 1995년부터 2001년까지 로모그래피의 사업은 연평균 50퍼센트씩 성장했다.

이 시기에는 디지털 사진 혁명이 한창 진행되고 있었지만 로모그래피는 필름 산업이 끝장나는 상황에서도 그다지 영향을 받지 않았다. 로모의 카메라는 여전히 팔리고 있었고 회사는 모든 대륙에 더 많은 매장을 열었다. 하지만 2005년 러시아의 LC-A 공장이 생산을 중단하겠다고 발표했다. 비바위와 피글은 중국에서 신제품을 만들기로 했지만 선택에 직면했다. 로모그래피의 대표 상품인 LC-A는 아날로그 필름 카메라로 남아야 할까, 아니면 디지털 버전을 새로 만들어야 할까? 그들은 온라인 로모그래피 커뮤니티에 질문을 올린 다음 디지털과 아날로그에 관련된 정서와 경험을 적어달라고 했다. 결과는 매우 흥미로웠다.

"정서와 관련된 모든 단어가 아날로그 영역에 있었어요." 피글이 말했다. "반면에 디지털 영역은 모두 완벽함과 속도에 관한 단어들이었지요." 조사 결과는 이견을 허용하지 않았다. 로모그래퍼Lomographer(로모 카메라로 사진을 찍는 사람들-옮긴이)의 95퍼센트는 LC-A가 온전히 아날로그로 남기를 원했다. 이 결과는 새로운 카메라뿐 아니라 회사의 방향을 결정했다. 로모그래피는 아날로그에만 전념하기로 했다. 로모그래피는 재빨리 "필름은 죽지 않았다"는 슬로건을 채택했다. 이듬해 국제 사진 박람회인 포토키나Photokina에 그들은 '아날로그의 반혁명'을 선언하는 큼지막한 배너를 내걸었다.

그렇게 불이 붙었다. 2005년부터 2010년까지 로모그래피는 더욱 극적으로 성장했다. 가능한 모든 포맷의 카메라(미디엄 포맷 카메라, 인스턴트 카메라, 회전하는 카메라, 요란한 색상의 케이스에 담긴 카메라 등 무려 150종이 넘는 모델들이 생산되었다)를 매년 새로 소개하면서 소비자에게 적극적으로 다가갔다. 오늘날 이 회사는 연간 약 2000만 유로의 매출을 올리고 있다. 한때는 지나치게 공격적으로 유통을 확장하는 바람에 여러 도시의 여러 매장들을 정리해야 했지만 여전히 전 세계에 흩어진 40개 이상의 로모그래피 프랜차이즈 매장과 직영 매장에서 수익을 내고 있다. "우리 사업은 장기적으로 상당한 안정세를 유지해왔어요." 피글이 말했다.

디지털 사진의 급속한 성장은 로모그래피를 약화시켰다기보다는 오히려 로모그래피의 성공에 도움이 되었다. 디지털 사진의 성장으로 사진에 관심을 갖게 된 젊은이들이 로모그래피 제품으로 몰려들었다(고객의 평균 연령대는 20~45세다). 내가 아는 어떤 사진작가는 "형편없는 플라스틱 장난감"에 불과한 카메라에 프리미엄을 덧입혀서 고사양의 캐논이나 니콘 중고 카메라의 수준 혹은 그 이상의 가격으로 판다고 주장했다. 이는 로모그래피가 현재 디지털 사진의 모습과 느낌에 결정적인 영향을 미쳤다는 점을 고려하면 더욱 의미심장하다. 흐릿한 이미지, 채도가 높은 필터, 계산되지 않은 구도, 심지어는 사진을 SNS에서 공유하는 것까지 스마트폰 사진(특히 인스타그램)의 문법은 로모그래피의 열 가지 원칙을 사실상 교과서처럼 따르고 있다.

발디니와 파그니에게 로모그래피는 아날로그 필름 시장이 새로운 아이디어와 제품에 반응하리라는 사실을 보여주는 증거다. 로모그래피의 고객은 과거의 향수나 두려움이나 고집 때문에 필름을 고수하는 것이 아니다. 그들은 지나치게 기술에 치우치지 않으면서도 디지털 표준과는 다른, 새로운 경험을 추구하는 사진작가들이다. "아날로그 사진과 관련된 온라인 대화를 살펴보면 50대들이 그레인grain 효과를 얼마나 줄지 같은 지루한 얘기를 떠들고 있어요!" 발디니는 끔찍하다는 표정으로 말했다. "로모그래피의 고객은 아날로그 카메라에 대해서는 들어본 적도 없는 20대예요. 그들은 난생처음 셔터 소리를 들어보고 카메라를 사기로 하죠."

잠자는 거인을 깨워라

사진작가이자 필름 제조업자인 발디니에게는 이것이 디지털과 필름 가운데 어느 것이 더 낫다거나, 어느 쪽의 해상도와 선명도가 더 높으냐의 문제가 아니다. 그는 디지털카메라를 엄청나게 많이 수집했을 뿐만 아니라 매일 사진을 찍는 데는 아이폰이 최고라고 생각한다. 필름은 선택 사항일 뿐이다. 필름을 쓰기로 결심한 사람들(여전히 수백만 명이나 되는 전 세계의 프로와 아마추어 사진가들)은 아날로그 프로세스에 왠지 끌리고 아날로그 사진이 주는 느낌을 사랑하기 때문에 필름을 선택한 것이다. 그들은 그들의 재료를 손으로 직접 만질 수 있기를 바란다.

"예술 같은 거죠." 발디니의 말이다. "제가 미켈란젤로이고 다비드 조각을 구상한다고 가정해봅시다. 제 앞에는 두 가지 선택지가 있어요. 다비드의 신체를 스캔해서 완벽한 비율 그대로 3D 프린터로 출력할 수도 있고 한 덩어리의 대리석을 가져와서 야금야금 깎아나갈 수도 있어요. 두 과정은 서로 달라요. 제가 대리석으로 위대한 작품을 만들고자 한다면 더 창의적이 되어야 하죠." 사진이 등장한 후에도 물감과 캔버스가 그랬던 것처럼 필름은 앞으로도 유용한 창작 도구로 남을 것이다. "저는 창작을 도와주는 도구로 필름을 팔고 싶습니다."

이를 위해 그들은 FILM페라니아를 '전문가용 또는 산업용' 비즈니스로 만들어 페라니아 브랜드만의 스타일과 느낌을 가진 전문가용 고품질 필름 제품을 생산하기로 했다. 필름 산업의 전성기에는 모든 브랜드가 그랬다. 코닥은 빨간색과 오렌지색이,

아그파는 초록색과 파란색이 좋기로 유명했고, 후지필름은 전반적으로 균형 잡힌 색으로 유명했다.

필름은 인근에서 만들어지는 살짝 거품이 나는 레드 와인처럼 시간이 지날수록 변하고 진화하는 테루아(포도 재배에 영향을 주는 지리적, 기후적 요소-옮긴이)를 필요로 한다. "필름이 모든 사람의 마음에 들 수는 없어요." 발디니가 말했다. "모두에게 맞는 거라면 아이폰이 있지요."

우리는 그들이 빅 보이라고 부르는 건물 입구에 서 있었다. 그 건물은 원래 FILM페라니아의 코팅 시설이었지만 철거를 앞두고 있기 때문에 발디니와 파그니가 장비를 들어내는 중이었다. 빅 보이는 한 블록 길이의 인상적인 5층 건물로 창문이 없는 콘크리트 저장고였다. 우리는 아무것도 없는 로비에서 우리를 안내해줄 파올로를 기다렸다. 그는 예전에 FILM페라니아에서 일했고 지금은 현장 관리를 맡고 있었다. 그는 흰색 청소복 차림에 손전등 세 개를 들고 나타났다. 우리는 계단을 올라가 시간이 정지한 듯한 사무실을 지나쳤다. 벽에는 달력이 걸려 있고 모니터에는 빛바랜 가족사진이 테이프로 붙여져 있었다. 책상 위에는 종이가 흩어져 있고, 키보드에는 먼지가 수북이 덮여 있으며, 벗겨진 페인트 조각이 지저분해진 눈처럼 바닥에 쌓여 있었다.

우리는 건물 깊숙이 어둠 속으로 들어갔다. 공장 전체가 사실상 하나의 거대한 암실이었다. 우리는 바닥의 희미한 야광 페인트 선을 따라 걸었다. "이 건물 자체가 기계예요." 파그니가 말했다. "건물과 기계를 분리할 수 없을 거예요." 버려진 거대하고 위험한 공장을 깜깜한 어둠 속에서 손전등 불빛에만 의지한 채 돌아다니는 경험은 매혹적인 동시에 으스스했다. "여기서 일한다고 상상해보세요." 파그니에 따르면 페라니아의 많은 전직 노동자들이 영원한 밤의 공간에 처음 들어선 그날 자기들의 성격이 완전히 달라졌다고 했다는 것이다.

"아마도 당신은 이곳이 생산 준비를 갖추고 있는 모습을 구경하는 마지막 외부인이 되겠네요." 그가 말했다. 내가 본 것은 아주 제한적이긴 했지만 그것을 통해 필름이 만들어지는 아주 복잡한 과정을 조금이나마 이해할 수 있었다. 첫째, 면화 섬유소 조직과 기타 화학물질로 필름의 기본 재료(베이스)인 얇고 투명한 시트를 만들어서 '점보'라고 불리는 거대한 회전축에 감는다. 그다음 각 필름의 모양과 느낌, 그리고 성능을 결정하는 에멀전(유화액)을 만들어낸다. 각각의 에멀전은 젤라틴(코닥은 젤라틴의 원료인 우골과 우족을 안정적으로 공급받기 위해 한때 콜로라도에 소목장을 소유하기도 했다)과 화학 혼합물, 은입자 등 다양한 물질들로 만들어진다.

투명한 필름 베이스는 점보에서 풀려나가 코팅 기계로 넘어간다. 코팅 기계는 에멀전을 필름 베이스에 고르게 분사하고, 전기분해를 통해 특정 색을 점착한다. 각각의 에멀전은 서로 다른 색상에 반응하기 때문에 필름의 유형에 따라 여러 종류의 에멀전이 필요하다. 흑백 필름은 세 가지 에멀전이 필요하지만 컬러 필름은 16가지 에멀전을 모두 사용하는 식이다. 에멀전이 뿌려진 필름 시트는 송풍 동결기를 통과하고 이어서 건조 터널을 통

1부 아날로그 사물의 반격

과한다. 건조 터널이란 필름을 운반하는 2층짜리 운송 터널이다. 이 안에서 필름은 일정하게 뿜어 나오는 공기층 위를 시속 약 3킬로미터의 속도로 뱅글뱅글 이동한다. 이 모든 과정은 중단 없이 하나의 움직임으로 이루어져야 한다. 필름이 회전축에서 풀려나오는 과정은 마치 필름이 프로젝터에서 돌아가는 과정과 비슷하다. 차이가 있다면 필름이 건물 전체를 돌아다닌다는 것이다. 코팅된 필름은 다시 감겨서 일정 시간 '숙성'되는데 이때 필름의 '감도speed'가 결정된다. 그리고 필름은 변환기로 들어가 천공기에 의해 정확한 사이즈로 재단된다. 마지막으로, 다른 기계로 옮겨진 필름은 통 안에서 돌돌 말린 다음 플라스틱 케이스와 종이 상자 속으로 하나씩 떨어뜨려진다.

나는 기계에 손을 집어넣어 로모그래피 필름 두 통을 꺼냈다. 이 공장이 폐쇄되던 4년 전에 여기에서 생산된 마지막 필름들이었다. 당시에는 이 건물의 모든 기계가 작동되고 있었고 디자인, 제조, 설비에 막대한 비용이 들어갔다. 그러나 제조에 특화된 소프트웨어, 인력, 원료 공급자 없이는 아무런 쓸모도 없었다. 파그니와 발디니가 이곳에서 구해내 옆 건물로 옮기지 않으면 모두 폐기될 것이다.

우리가 LRF 건물로 돌아오자 파그니는 그들이 계획하는 새로운 사업이 어떻게 이루어질지, 그리고 그에 따르는 어려움들은 어떤 것들인지 설명했다. 3M의 자체 디자인 덕분에 LRF는 건물 안에 코팅 기계와 건조 터널을 갖추고 연간 800만 통의 필름을 생산해낼 수 있었다. 물론 빅 보이에 있는 기계들은 연간 수억 통의 필름을 생산할 수 있으니 거기에 비할 바는 아니었다. "머릿속에서는 어려울 게 하나도 없어요." LRF 건물에 있는 코팅 기계의 부품들을 설명한 후에 파그니가 말했다. "하지만 그 후에는 화학이 기다리고 있습니다. 그때부터 일이 복잡해지죠."

파그니와 나는 계속 LRF 건물을 둘러보았다. 컴퓨터실은 냉난방 장치, 화학약품 혼합기, 센서들, 코팅 기계에 이르기까지 다양한 정밀 시스템을 제어하는 곳으로, 1991년의 라디오쉑Radio Shack(미국의 대표적인 대형 전자·전기 제품 매장으로 2015년에 파산 신청을 했다-옮긴이)을 연상시켰다. 이곳은 그 당시의 IBM, HP 등 온갖 종류의 도스DOS(디스크 오퍼레이팅 시스템: 윈도 환경 이전의 컴퓨터 오퍼레이팅 시스템-옮긴이) 시대 유물들을 바탕으로 구동되었다. 대개 플로피디스크 드라이브로, 윈도95 이후 버전은 찾기 힘들었다. "자동 제조 공정의 배합 공식들이 이 컴퓨터들에 저장되어 있습니다." 요란하게 돌아가는 PC를 쓰다듬으며 발디니가 말했다. 그러고 나서 우리는 설계도와 배합 공식이 담긴 바인더들, 층층이 쌓인 마이크로필름들을 살펴보았다. 거기에는 에멀전과 기계들, 그리고 이 건물 자체에 관한 정보가 담겨 있었다. 파그니는 "이것들을 잃어버리면 아무것도 없는 것과 마찬가지예요"라고 말했다. FILM페라니아에 필요한 지식은 이렇게 사라지기 쉬운 서류들 여기저기에 흩어진 채 묻히고 감추어져 있었다.

문제는 그들이 단순하게 현대적인 컴퓨터와 장비로 새롭게 시작할 수 없다는 것이다. 그들은 잠자는 거인을 깨우려 했고 그

1부 아날로그 사물의 반격

거인은 이런 낡은 기계에서만 문제없이 작동했다. 갑작스러운 변화를 준다면 가뜩이나 많은 생산 변수가 넘쳐나는 프로세스에 또 다른 변수가 추가될 것이다. 모든 생산 과정은 이 건물에 맞게 고도로 특화된 센서와 설비를 필요로 했다. "이걸 보세요." 파그니는 거대한 밀크셰이크 믹서처럼 보이는 기계로 다가갔다. "이 기계는 특정한 속도로 회전하면서 특정한 에멀전에 요구되는 은입자의 정확한 양을 결정했어요. 우리의 배합 공식은 여기 있는 이 기계를 위해서 계산된 것이지요. 새 기계로 쉽게 역설계할 수 있는 게 아니라고요!"

실패 가능성은 너무나 큰 데다가 실패할 경우 그들의 투자액을 넘어서는 심각한 결과를 가져올 수 있었다. "한 번만 실수해도 끝"이라고 파그니는 말했다. "이 과정 어딘가에 문제가 생기면 사람이 다칠 수도 있어요. 화학 엔지니어가 암모니아로 작업하는데 내가 실수로 송풍기를 끈다면 그는 목숨을 잃을 겁니다." 그는 짧게 말을 멈추고 턱수염을 문지르더니, 위쪽을 올려다보았다. "이 일을 해내기 위해서 엄청난 지식을 쌓아야 합니다."

임파서블 프로젝트

사람들이 그냥 '박사'라고 부르는 플로리안 캡스는 그 같은 지적 중압감을 이해하는 몇 안 되는 사람이었다. "우리는 페라니아와 같은 처지였어요." 다음날 빈에서 저녁 식사를 함께하면서 캡스가 내게 말했다. "재난이 닥칠 거라는 사실을 우리가 알고 있다고 칩시다. 사람들에게 빨리 도망가라고 해야 할까요, 아니면 불가능한 일을 해내라고 해야 할까요?" 꽁지머리에 늘 장난스러운 웃음기를 머금은 캡스는 임파서블 프로젝트Impossible Project의 설립자로 가장 잘 알려져 있다. 임파서블 프로젝트는 폴라로이드가 필름 생산을 중단한 후에 폴라로이드 카메라용 필름을 생산하기 시작했다. 거미의 시력을 연구해온 생물학자였던 캡스는 1999년에 로모그래피에 입사해서 수년간 일했다. 그러나 회사가 즉석 사진을 계속해야 한다고 확신했던 그는 독립해서 자기 회사를 차렸다.

전성기의 폴라로이드는 애플과 동급이었다. 테크놀로지 업계의 화려한 스타였던 이 회사는 새로운 제품을 내놓을 때마다 새로운 혁신을 만들어냈다. 2004년 폴라로이드는 부실 경영의 수렁에 빠졌고 이미 문화적 자본을 낭비한 상황이었다. 물론 디지털카메라의 등장은 치명적이었고 폴라로이드 필름은 생산 중단 위기에 놓였다. 캡스는 로모그래피에서 경험했던 아날로그 소셜 마케팅을 폴라로이드 필름에 적용하고 싶었지만 회사는 전혀 관심이 없었다. 그는 회사에 20만 달러어치의 필름을 주문하고 언세일러블Unsaleable(판매 불가능)이라는 온라인 매장을 열었다. "광고는 폴라로이드가 해준 셈입니다." 캡스가 말했다. "회사는 매년 매장을 닫았고 구식 포맷들을 버리기 시작했습니다. 제가 남김없이 사들였죠." 폴라로이드는 지난 10년 동안 필름 시장이 꾸준히 축소될 것이라는 예측하에 계획을 세웠지만 수요는 더 줄지 않았고 매년 2500만 개의 필름이 꾸준히 팔리고 있다.

"모두들 디지털이 아날로그를 소멸시킬 거라고 생각했지요.

하지만 갑자기 사람들이 필름만의 느낌을 그리워하기 시작했어요."캡스가 말했다. "처음에 사람들은 디지털 사진의 가장 큰 문제점은 화질이라서 화질이 개선되기만 하면 디지털이 승리할 거라고 생각했지요. 그러나 디지털 사진의 가장 큰 문제는 그게 실제가 아니라는 점입니다. 사진들이 사라지고 있어요. 실제로 손에 쥘 수 있는 사진의 양은 급격하게 줄어들고 있죠. 더 이상 가족 앨범은 없고 인화된 사진도 없어요. 손으로 만지거나 흔들 수 있는 게 없습니다. 그제야 사람들은 그런 경험을 그리워하기 시작했지요."

나는 그 말을 쉽게 이해할 수 있었다. 나는 디지털카메라로 갈아탄 이후 사진을 1만 5000장 이상 찍었지만 그중에서 인화한 것은 극히 일부였다. 디지털카메라는 사진이 물리적으로 존재하는 것을 막는다. 디지털카메라로 사진을 찍는 것은 간단하지만 그 후의 모든 과정은 엄청난 노력을 요구한다. 편집을 하고, 포맷을 정하고, 사진들을 골라내고, 싸게 인화할 곳을 찾고, 레이아웃을 결정하고, 또다시 포맷을 정하고, 또다시 편집하는 일을 해야만 한다. 아내와 나는 결혼 앨범을 인화하는 데에만 거의 2년이 걸렸다. 즉석 사진은 디지털과 아날로그의 장점을 모두 갖는다. 디지털의 즉각적인 만족과 아날로그의 물리적 존재.

그러다가 2008년 캡스는 폴라로이드로부터 걱정스러운 메시지를 받는다. 폴라로이드는 네덜란드 엔스헤데에 있는, 마지막 필름 공장의 폐장식에 캡스를 초대한 것이다. 폐장식 날짜는 6월 14일로 예정되어 있었다. 캡스는 충격을 받았다. 언세일러블은 전 세계인을 대상으로 구하기 어렵거나 단종된 폴라로이드 필름을 원래 가격의 두 배 이상에 팔아서 매년 수십만 유로를 벌어들였다. 엔스헤데의 공장이 문을 닫으면 폴라로이드 필름도 끝장날 것이었다. 200만 대의 폴라로이드 카메라는 하룻밤 사이에 쓸모없는 물건이 되고 캡스의 사업도 버티지 못할 것이었다.

여름 내내 캡스는 자신에게 공장을 팔라고 회사를 설득했지만 회사는 꼼짝도 하지 않았다. 9월 24일, 미 연방수사국FBI과 국세청IRS 수사관들이 페터스 그룹 월드와이드Petters Group Worldwide의 사무실을 급습했다. 미국 미네소타 주에 위치한 이 회사는 2005년에 폴라로이드를 인수한 투자 회사로, 실제로는 34억 달러 규모의 피라미드형 사기를 저지르고 있었다. 캡스는 폴라로이드 사건을 위임받은 변호사로부터 전화를 받았다. "일주일의 시간을 드리겠습니다." 그가 캡스에게 말했다. 캡스는 18만 유로를 어렵게 마련하여 네덜란드 공장의 장비를 사들이고 공장 건물의 임대권을 확보했다. 그는 폴라로이드 필름 재고를 모두 사들여 재판매한 이익으로 총 400만 유로에 이르는 공장의 재가동 비용을 충당했다. 새 회사의 이름은 폴라로이드의 설립자인 에드윈 랜드Edwin Land의 말, "정말 중요하면서도 불가능에 가까운 프로젝트가 아니라면 착수하지 말라"에서 따왔다. 임파서블 프로젝트는 그렇게 탄생했다.

캡스의 동화 같은 이야기는 여기서 끝나고 폴라로이드 필름의 역설계가 시작된다. "우리는 모든 것이 생각했던 것보다 훨씬 까다롭다는 것을 깨달았습니다." 그는 자신이 순진했음을 인

1부 아날로그 사물의 반격

정했다. 알고 보니 즉석 필름은 가장 복잡한 제품이었던 것이다. 페라니아의 35밀리 필름이 튼튼하고 유행을 타지 않는 피아트라면 폴라로이드는 정밀하게 튜닝한 페라리였다. 이론적으로는 일반 필름과 비슷할지 몰라도 생산하려면 엄청나게 어렵다. 본래 폴라로이드는 26가지 요소가 샌드위치처럼 겹쳐져 있다가 빛에 노출되면 카메라에서 빠져나오면서 화학 현상을 일으키도록 설계되어 있었다. 엔스헤데의 임파서블 프로젝트 공장에서는 26가지 요소를 조합하여 제품을 만든다. 문제는 26가지 재료들이 전 세계 곳곳에 흩어져 있는 다른 공장과 회사에서 온다는 점이었다. 그중 다수는 폐업하거나 생산을 중단했다. 폴라로이드는 연구에 수십억 달러를 투자하고, 수천 명의 엔지니어를 고용하고, 복잡한 품질관리 시스템과 구매 시스템을 운영하던 거대한 회사였다. 임파서블 프로젝트 공장에 있는 다섯 명의 직원은 이런 길고 복잡한 공정의 마지막 부분만을 이해하고 있었다.

임파서블 프로젝트가 생산해낸 첫 필름이 2010년 봄 시장에 나왔다. "윽……." 캡스가 어깨를 으쓱였다. "그냥 '실험적인' 작품이었다고 해두죠. 우리는 준비 과정에서 겪었던 가장 끔찍한 일보다 더 끔찍한 필름을 내놓은 거죠." 간신히 사진이라고 부를 만한 수준이었다. 사진들은 흐릿하고 얼룩덜룩했다. 아예 사진이 찍히지 않을 때도 있었고 찍혔다 해도 이상한 모양이 가득했다. 필름은 지나치게 민감해서 사진을 찍자마자 카메라에서 빼내어 어두운 곳으로 옮겨야 했고 따뜻하게 몸 가까이에(하지만 화학물질이 흘러나올 수도 있으므로 피부에는 닿지 않아야 했다) 들고 있어야 했다. "미국 시장에서 저희 필름은 재난이었습니다." 캡스가 말했다. "미국인들은 한 상자에 9달러밖에 하지 않으면서도 제대로 작동하는 밝은 색감의 폴라로이드 필름에 익숙했거든요." 폴라로이드 필름은 현상에 1분밖에 걸리지 않지만 새로 나온 임파서블 프로젝트의 필름은 현상에 거의 한 시간이 걸린다. 그렇게 형편없는 제품을 고객들은 여덟 장들이 한 팩에 25달러를 내고 구매한다.

임파서블 프로젝트는 고객들에게 약속한 페라리 신차 대신 중고 알파-로메오, 즉 시도는 아름다웠지만 문제가 가득한 제품을 공급했던 것이다. 하지만 많은 사람들이 여전히 그런 중고 알파-로메오를 사고 있고(발디니도 이 차를 운전한다) 많은 사람들이 임파서블 프로젝트의 불완전한 필름을 구매했다. 이는 발디니와 파그니가 임파서블 프로젝트에서 배운 중요한 교훈으로, 디지털 제품과의 경쟁에 직면한 신규 아날로그 브랜드가 성공하기 위한 핵심이다. 임파서블 프로젝트는 디지털의 완벽함을 좇기보다는 아날로그 필름의 불완전성에 중점을 둠으로써 성공을 거두었다. 캡스는 제품의 이상한 면을 매력으로 바꾸었다. 로모그래퍼가 값싼 소련제 카메라에 대해 그랬던 것처럼 새로운 아날로그 사진작가들, 특히 젊은이들이 즉석 필름의 임의성과 예측 불가능성을 반겼다. 누구나 디지털로 깔끔하게 현실을 재현할 수 있지만 우리는 그런 재현이 늘 우리가 원하는 바는 아니라는 것을 뒤늦게 깨닫게 되었다. 그들이 이 카메라를 사는 것은 테일러 스위프트의 《1989》 앨범 커버를 아름답게 장식한 (눈 위쪽이 잘려

1부 아날로그 사물의 반격

나간) 약간 흐릿한 인물 사진 같은 것을 기대하기 때문이다. 그 사진은 임파서블 프로젝트의 필름으로 찍은 것이다. 임파서블 프로젝트는 불완전하고 엉망인 제품을 만들었음에도 디지털 사진과는 정반대로 완벽함과 가장 멀리 떨어져 있었기에 성공했다.

필름의 품질은 서서히 개선되었고 임파서블 프로젝트는 이제 연간 100만 팩(여전히 한 팩으로 여덟 장만 찍을 수 있다) 이상의 필름을 판매한다. 매출은 해마다 20퍼센트 정도 성장하고 있다. 이 회사는 손에 넣을 수 있는 모든 중고 폴라로이드 카메라를 사들여서 손본 후에 200~400달러에 재판매한다. 2012년 캡스는 회사의 지배 지분을 슬라바 스몰로코우스키에게 팔았다. 그는 원자재 판매로 자수성가한 폴란드의 억만장자로 아들인 오스카를 통해 임파서블 프로젝트를 알게 되었다. 캡스는 임파서블 프로젝트의 CEO직을 맡자마자 오스카 스몰로코우스키를 임원으로 받아들였고 스몰로코우스키는 2014년 4월 빈에서의 저녁 식사에도 함께했다. 2015년 봄 스몰로코우스키는 임파서블 프로젝트의 첫 신제품 카메라를 선보였다. 블루투스를 이용해 스마트폰으로 작동시킬 수 있으며(아날로그의 사진 찍기와 디지털의 유연성을 결합했다), 렌즈가 다섯 개에 조정 가능한 플래시 기술이 적용되었다. 하지만 스몰로코우스키는 후지필름이 인스탁스Instax 카메라로 압도적 우위를 차지하고 있는 즉석 필름 산업에서 임파서블 프로젝트의 시장점유율은 여전히 아주 낮다고 추산한다.

인스탁스는 1998년 일본에서 (후지필름이 폴라로이드와의 기술 제휴로 만든) 폴라로이드보다 작고 저렴한 즉석 카메라로 사업을 시작했다. 이 제품은 일본 여학생들을 대상으로 삼았으며, 스티커를 함께 제공했다. 인스탁스 그룹의 대표 나카무라 요시타카에 따르면 2002년에 100만 대의 카메라를 판매하며 최고점을 찍고 나서 매출이 급락하여 2005년에는 10만 대 수준에 이르렀다고 한다. 후지필름은 과감하게 생산 규모를 축소했고 인스탁스는 퇴출 직전까지 갔다. 그러던 인스탁스의 매출은 2007년에 호전된 이후 극적으로 성장하여 2012년에는 160만 대, 2014년에는 460만 대(그해 헬로 키티 버전이 출시되었다)가 팔렸으며, 2015년에는 600만 대 이상의 판매가 예상된다. 인스탁스는 현재 전 세계에서 가장 성공한 사진 필름으로, 스몰로코우스키의 추산에 따르면 연간 4000만 팩 이상이 판매되고 있다. 이 수치는 폴라로이드가 2008년 필름 생산을 중단하기 전까지 팔았던 필름의 절반 수준에 근접한 것이다. 후지필름의 디지털카메라 매출이 스마트폰 카메라 때문에 급감했던 2014년에 (2008년 일본 제조업체는 1억 1000만 대의 디지털카메라를 출하했지만 2014년에는 2900만 대만 출하했다) 후지필름의 이미징 부문은 인스탁스 덕분에 흑자로 전환했다. 낯설게 들리겠지만 필름이 (헬로 키티도 도움이 되었겠지만) 후지필름을 디지털 슬럼프에서 구해주었던 것이다.

더욱더 많은 벤처 회사들이 즉석 필름 틈새시장을 메우고 있다. 단종된 미디엄 포맷의 폴라로이드 필름에 특화된 뉴 55도 그중 하나로, 2015년 시장에 출시되었다. 즉석 필름의 부활은 디지털 기술을 이용한 새로운 제품들을 낳기도 했다. 가령 폴라로이드가 만든 스냅Snap 카메라가 그런 예다. 또한 프린트Prynt는 스마트폰에 장착하는 사진 프린터로 (원래 폴라로이드가 개발한) 열전사 인쇄 기술을 사용해서 이미지를 만들어낸다. 엄밀히 말해 프린트는 아날로그는 아니지만 가장 많이 이용되는 카메라(즉 스마트폰)에 물리적인 솔루션을 제공한다. 프린트의 공동 설립자 클레망 페로는 샌프란시스코에서 열린 어느 파티에서 친구가 임파서블 프로젝트 필름으로 사진을 찍는 것을 보고 아이디어를 얻었다. "우리 세대는 수십만 장의 사진을 찍게 되었지만 찍으면 찍을수록 사진이 더 무의미해지는 느낌이에요. 사진은 온라인에 한 번 게시되면 그 뒤에 올라오는 디지털 정보에 의해 지워져버리죠." 25세의 페로가 내게 말했다.

다른 전통적인 필름 회사들은 파산 이후 새로운 생명을 발견하기도 했다. 영국의 흑백 필름 전문 회사 일포드는 2005년 전직 관리자들에게 인수되어 하만-일포드Harman-Ilford로 재탄생했고 현재의 틈새시장에 맞추어 생산량을 줄였다. 그들은 신상품을 개발해서 재빠르게 회사를 회복세로 전환시켰다. 2014년 매출은 3000만 파운드였고 구조 조정 이후 계속 이윤을 내고 있다. 독일을 기반으로 하는 ADOX도 비슷하게 규모를 축소하여 로모그래피 필름 등을 생산한다. ADOX는 세계에서 가장 작은 광화학 공장을 지었다고 자랑스럽게 말한다. ADOX의 웹사이트에는 이렇게 적혀 있다. "아날로그 사진의 전성기는 저물었습니다. 우리의 목표는 우리의 건물과 설비에 맞춘, 가장 저렴하고 가장 뛰어난 아날로그 제품을 생산하는 것입니다. 그래야 작고 유연하게 미래의 시장 규모에서 생존할 수 있습니다."

깨어난 포스

과거 생산량의 1퍼센트 정도밖에 되지 않는 필름을 생산하는 코닥조차도 아날로그, 특히 동영상 필름 부문(미국 기반의 이스트만 코닥이 파산한 이후에도 유지한 부문)에 대한 관심을 다시 키웠다. 후지필름이 2013년 영화 산업에서 빠져나오면서 이스트만 코닥만이 전 세계에서 유일한 메이저 영화 필름 공급자가 되었다. 안전한 위치는 아니었다. 이제 대부분의 영화와 TV드라마가 디지털로 촬영되고 디지털로 상영되기 때문이다. 2014년 할리우드가 구해주기 전까지 코닥 영화 부문의 몰락은 불가피해 보였다. J. J. 에이브럼스Abrams와 쿠엔틴 타란티노Quentin Tarantino, 크리스토퍼 놀란Christopher Nolan, 저드 애퍼토우Judd Apatow, 마틴 스코세이지Martin Scorsese가 이끄는 한 무리의 거물급 감독들이 영화 스튜디오들을 상대로 로비를 펼쳐서 지속적인 공급이 보장될 만큼 충분한 물량의 코닥 동영상 필름을 구입하게 했다. 그 일로 필름 부문에 사람들의 관심이 쏠리자 코닥은 다시 필름을 밀기로 했고 이를 온라인과 언론에 열심히 홍보했다. 지난 1월 코닥은 2016년 말부터 코닥의 상징과 같은 슈퍼8 필름 카메라의 새로운 버전을 만들 것이라고 발표했다.

"단지 필름을 살려두는 게 좋겠다는 생각은 아니었어요." 필름 중심의 블록버스터 영화 〈슈퍼 에이트〉, 〈스타트렉〉, 〈스타워즈: 깨어난 포스〉의 감독 에이브럼스는 〈할리우드 리포터

Hollywood Reporter〉와의 인터뷰에서 말했다. "필름은 미적으로도, 재료로서도 중요합니다."

놀란 감독(〈다크 나이트〉, 〈인셉션〉, 〈인터스텔라〉)은 좀 더 직설적이었다. "필름은 대단한 물건이죠. 굉장해요. 무슨 말이 더 필요하겠어요."

2014년 말 나는 런던에서 〈스타워즈: 깨어난 포스〉를 촬영 중이던 에이브럼스와 통화했다. 그는 "필름 대 디지털이든, 테이프 대 프로 툴스든, 물감 대 포토숍이든 아날로그 도구는 각기 다른 작업과 요구 사항에 부합하지요"라고 말했다. 에이브럼스는 아날로그 도구와 아이디어를 좋아했다. 에이브럼스는 아날로그에 대한 애정이 깊다. 그가 종이 노트에 초안을 작성하고 공동 창작한 베스트셀러 소설 《에스.S.》는 아날로그 물건이 두드러지도록 종이, 노트 등의 물리적인 소품들을 공들여 섞은 패키지다. 에이브럼스는 〈스타워즈: 깨어난 포스〉를 찍으면서 의식적으로 10년 전 '스타워즈 에피소드 1, 2, 3'의 조지 루카스와는 상반된 방향으로 이동했다. 그 영화들이 제작될 무렵 디지털이 기술 우위의 정점에 있었고 당연히 루카스도 디지털 기술을 마음껏 즐겼다. 그러나 결국 디지털에 대한 심취는 영화의 질을 떨어뜨렸다. 캐릭터와 영화 배경이 너무 표피적이어서 비디오게임과 별 차이가 없었다. 등장인물인 자 자 빙크스에 대해서는 이야기도 꺼내지 말자.

"우리는 필름으로 촬영하고 있어요. 엄청난 일이죠." 에이브럼스가 말했다. 필름과 디지털 중에 선택할 수 있을 경우 그는 질감, 따뜻함, 화질을 고려해서 필름을 택한다. "그런 결정은 영화에 접근하는 자세를 드러냅니다. 우리는 아날로그적 접근법을 취하고 싶어요. 그렇다고 해서 우리가 디지털 효과를 배제하거나 (특수효과 회사인) 인더스트리얼 라이트 앤드 매직Industrial Light & Magic이 디지털 효과를 쓰지 않을 거란 말은 아니에요. 하지만 우리는 다른 영화들만큼 자주 디지털을 활용하지는 않습니다."

〈스타워즈: 깨어난 포스〉의 세트장과 소품들은 "컴퓨터가 만든 모델 특유의 완벽함"을 갖지 않도록 사람들이 직접 만들고 공들여 칠한 것이 많았다. 에이브럼스는 1970년대의 루카스처럼 가면, 분장, 실물 로봇을 더 많이 사용하여 영화에 생기를 불어넣었다. 이런 것들은 영화가 관객에게 어떻게 보일지를 결정할 뿐만 아니라 배우의 연기에도 영향을 미쳤다. "저는 현장에 없는 사람과 물건으로 영화를 많이 만들어봤어요." 그가 말했다. "저는 실제로 분장한 배우가 연기를 하는 것인지 아닌지를 알아볼 수 있습니다. (실제 분장의 중요성을) 그보다 잘 설명할 수는 없죠. 촬영장 스태프들조차 외계 생명체를 다르게 대하기 시작했어요. 실제로 그 장소에 있는 존재였으니까요. 거기에 뭔가 있는 척하는 것과는 차이가 있지요."

발디니가 2014년 말에 있었던 FILM페라니아의 킥스타터 캠페인에 관해 이야기할 때 에이브럼스의 이름이 튀어나왔다(에이브럼스는 그 캠페인에 투자한 6000명의 후원자 중 한 명이었던 듯했다). 발디니는 "100년 뒤에도 아날로그 필름"을 안전하게 지켜내자는 것을 회사의 목표로 내세워 모두 31만 5000달러를 모금했다.

그 돈은 빅 보이 등의 공장 건물들로부터 장비를 구입해서 LRF로 이동할 자금을 댔다. 지금까지 발디니와 파그니는 몇몇 친구와 가족의 도움을 받아 FILM페라니아에 100만 유로를 투자했으며, 2016년에 30만 통 내외의 필름을 생산하기 위해 외부 투자자로부터 100만 유로의 추가 투자를 적극적으로 물색하고 있었다.

그들은 FILM페라니아에 큰 기대를 하고 있었다. 카메라, 세계 최고의 필름 연구소, 이탈리아의 빛나는 영화 유산을 복원한 아카이브, 아이폰의 버튼만 누르면 페라니아 필름이 현상되는 자동화된 필름 프로세싱 서비스. 그러나 아직까지 그들은 난방도 되지 않는 어둑한 LRF에 최고 책임 화학자인 코라도 발레스트라와 함께 앉아 있었다. 그들은 매일 100만 개의 문제를 해결하면서 정부가 철거된 건물의 석면을 제때 치워주기만 기다리고 있었다. 전기와 물이 완전히 끊기거나 첫 테스트용 에멀전의 유효 기한이 끝나기 전에 모든 일이 이루어져야 했다. 일찌감치 그들은 킥스타터 후원자들에게 일정이 지연되고 있음을 알렸다. 대부분의 반응은 격려와 지지였다. 누군가 "포기하지 마세요!"라고 썼고 다른 누군가는 "도움이 필요하면 알려주세요. 제가 가서 도울게요!"라고도 했다. 그런 지연 사태가 수개월 이상 더 이어지면서 그런 인내심도 바닥나기 시작했지만. 그들은 이제 돌이킬 수 없을 만큼 깊숙이 작업에 빠져들었고 과연 나오기는 할까 싶은 첫 필름의 생산까지는 일 년 혹은 그 이상이 남았지만 아무도 FILM페라니아가 정상적인 사업을 시작하거나 완벽한 제품을 생산할 거라고 기대하지 않았다.

"경험도 일천하고 자본도 별로 없는 두 젊은이가 지역에서 가장 큰 사업을 인수했다고는 아무도 생각하지 못해요." 파그니가 삐걱거리는 책상 의자에 기댄 채로 말했다. 의자는 그들의 신세처럼 쓰러지기 직전이었다.

나는 그들에게 질문을 던졌다. 생산 라인에서 가장 먼저 생산한 필름을 꺼내 카메라에 집어넣고 사진을 찍는다면 기분이 어떻겠냐고.

"반격이죠!" 발레스트라가 짓궂게 웃었다.

"아뇨, 첫 사진은 우리가 겪을 진짜 어려움의 시작점에 불과할 거예요." 발디니가 진지하게 말했다. "저는 필름 한 통만을 원하는 게 아니니까요."

4장

보드게임
Board Games

네트워크 바깥의 네트워크

게임을 혼자서 하든 여럿이 하든, 우리가 컴퓨터와 놀 때는 그 경험의 주도권을 소프트웨어와 나눠야 한다. 우리는 상상력을 동원하여 놀이의 경험을 창조하는 능력이 있지만 프로그램과 기기가 그런 능력을 제한해버린다. 마인크래프트같이 유연한 게임조차 그렇다.

"이봐, 벤." 애런 잭은 노트북 화면에서 눈을 들어 사업 파트너인 벤 카스타니를 보았다. "또 다른 보드게임 카페가 시내에 문을 열었나 보네."

　카스타니는 토론토에 처음 개장한 보드게임 카페 '스네이크 앤드 라테스Snakes & Lattes'의 주인이었다. 내가 마침 카스타니를 인터뷰하기 위해 자리에 앉자마자 카페의 공동 소유주이자 운영 책임자인 잭이 이 소식을 전했다. 건장한 체격의 카스타니는 살짝 턱수염이 나고, 회색 레게머리를 늘어뜨리고, 팔찌를 주렁주렁 매단 34세의 파리지앵이었다. 그는 흥미롭다는 듯 미소 띤 얼굴로 고개를 흔들면서 어깨를 으쓱했을 뿐이다. 그는 점점 더 자주 이런 소식을 듣고 있다.

　내가 이탈리아로 떠나기 한 달 전인 3월의 어느 화요일 아침이었고 날씨는 쌀쌀했지만 스네이크 앤드 라테스의 내부는 따뜻했고 사람들로 북적였다. 에스프레소 머신은 쉭쉭 소리를 내고, 10여 개의 테이블에서는 웃음소리가 터져 나왔다. 점심시간 무렵이면 카페의 120석 남짓한 좌석이 꾸준히 채워질 것이고 저녁 6시 무렵에는 테이블이 만석이 될 것이었다. 그때쯤이면 이곳의 북적거림은 귀가 먹먹할 정도의 소란으로 바뀔 것이다. 배꼽 잡는 웃음소리, 패배로 인한 신음 소리, 놀란 고함 소리, 승리의 함성 소리, 그리고 게임판 위에서 플라스틱과 나무가 딸깍거리는 소리가 한데 뒤섞이고…… 이 모든 소리의 배경음악이 되어주는 옛 팝송들은 자정이 훨씬 지나도록 잦아들지 않을 것이었다.

주말에는 스네이크 앤드 라테스에 모인 사람들이 인도로까지 쏟아져 나오고 테이블을 차지하기 위해 길게는 세 시간까지 기다리기도 한다. 이를 해결하기 위해 스네이크 앤드 라테스는 예약 소프트웨어를 자체적으로 개발해야 했다. 카페는 이미 공간을 두 배 이상 늘렸고(원래는 50석 정도였다), 남쪽으로 1.6킬로미터 이상 떨어진 곳에 두 번째 카페를 열었다. 이전에 당구장이었던 그곳은 원래 카페보다 두 배 정도 넓어서 수백 명의 손님을 더 받을 수 있었다. 테이블은 기우뚱거리고 의자는 불편했다. 와이파이도 없고 음식도 팔지 않고…… 쉽게 말해 사람들을 끌어당길 만한 곳이 아니다. 더구나 1인당 5달러를 내야 입장이 가능하다.

해마다 수십만 명이 스네이크 앤드 라테스를 찾는 이유는 그곳에 세계 최고의 보드게임, 카드게임이 있기 때문이다. 젱가

Jenga나 스크래블Scrabble처럼 고전적인 게임부터 '카탄의 개척자 Settlers of Catan', 그리고 벗 웨잇But Wait 같은 최신 독립 게임들까지 모두 구비되어 있다. 또 있다! 스네이크 앤드 라테스는 아날로그 놀이의 성지이고, 온갖 게임을 맛볼 수 있는 잔칫상이며, 손으로 직접 만지는 것을 좋아하는 커뮤니티가 아날로그의 반격과 어 떻게 밀접한 관련이 있는지를 보여주는 예이기도 하다.

종이 편지나 레코드판, 사진 필름과는 달리 보드게임과 카드 게임은 (업계 용어를 빌리면, 둘 다 테이블게임으로 분류된다) 디지털 때문에 망하지는 않았다. 1980년대 초에 전성기를 누린 이후 비 디오게임이 성장함에 따라 테이블게임 산업이 전반적으로 하락 추세이기는 했지만 이 산업이 멸종 위기에 놓였다거나 선두 업 체들이 모두 파산하는 일은 없었다. 테이블게임의 쇠퇴기였던 그 10년 동안이 나의 성장기였다. 내게는 몇 시간을 쉬지 않고 모노폴리 토너먼트를 했던 일, 크레이니엄Cranium만 하던 여름날 들, 점심시간마다 볼더대쉬Balderdash를 하던 5학년 시절의 기억 이 소중하게 간직되어 있다. 나는 닌텐도의 TV광고는 하나도 기 억나지 않지만 마우스트랩Mousetrap, 게스 후Guess Who?, 헝그리 헝 그리 히포스Hungry Hungry Hippos의 광고 음악들은 머릿속에서 지 워지지 않는다.

테이블게임은 천천히 하강곡선을 그렸다는 것이 맞는 표현이 다. 매출도 줄어들었지만 더 중요한 것은 게임의 질이 떨어졌다 는 것이다. 크레이니엄처럼 10년에 한 번 나올까 말까 한 히트작 을 제외하면 보드게임은 진부한 산업이 되었다. 해즈브로Hasbro

나 밀턴 브래들리Milton Bradley 같은 거대 회사들도 블록버스터 게임들의 새로운 에디션('모노폴리: 비틀스 에디션', '모노폴리: 앵그리버드', '모노폴리: 전자카드' 등등)에만 관심이 있다. 혁신은 비디오게임에서 일어났다. 처음에는 오락실에서, 뒤이어 PC와 게임콘솔에서 그리고 모바일 기기에서 게임의 혁신이 일어났다. 인터넷의 속도가 빨라지면서 전 세계의 수많은 사람들이 실시간으로 동시 접속해서 즐기는 게임들이 끝없는 가능성을 제공했다. 거실에 앉아 중대 병력의 탱크를 이끌고 나치 독일의 베를린에 진격할 수 있다면, 혹은 버스에 앉아 다른 나라 사람과 워즈 위드 프렌즈Words With Friends 게임을 할 수 있다면 (아날로그 테이블게임인) 리스크Risk나 스크래블이 어떻게 경쟁 상대가 되겠는가?

이는 실제로 게임 산업에서 벌어지고 있는 일이다. 장난감 가게 선반에는 모노폴리와 리스크, 그리고 스크래블이 쌓여만 있고 팔리지는 않으며, 매출은 근근이 유지될 뿐이다. 그러나 과거 몇 년간 업계에서 취미 부문으로 분류되는 테이블게임 가운데 플레이어 중심의 독립적인 게임 부문에서 극적인 일이 발생했다. 취미용 게임의 매출은 2008년 이후 해마다 두 자릿수 성장을 거듭하면서 북미 지역에서만 두 배 이상 증가했다. 과거 북미의 테이블게임 시장에서 별 관심을 끌지 못하던 취미용 게임은 오늘날 장난감 업계에서 20억 달러에 달하는 게임과 퍼즐 부문 매출의 절반에 가까운 매출을 올리고 있다. 2년 전에 비하면 엄청난 변화다. 미국의 게임제조업체연합GAMA(Game Manufacturers Association)은 2009년 이후 회원사가 두 배 이상 증가했다. GAMA의 오리

진스Origins나 젠콘GenCon 그리고 독일의 에센 슈필Essen Spiel 같은 게임 컨벤션의 참가자 수는 전문가와 게임 이용자 모두 최고 기록을 갈아치우고 있다.

새로운 테이블게임이 수없이 등장하고 있을 뿐만 아니라 게임 퍼블리셔들과 디자이너들, 블로그와 팟캐스트, 매장과 카페들이 증가하고 있다. 신문 기사들은 주기적으로 "보드게임 매출 급증"(NPR), "보드게임 다시 인기 상승"(〈LA 타임스〉), "보드게임 돌아오다"(〈포천〉)라고 보도하고 있으며, 우리는 지금 "보드게임 르네상스"(〈가디언〉)를 살아가고 있다고 선언한다. 테이블게임의 매출과 문화적인 의미 모두 증가하고 있다. 이런 일이 일어나는 것은 보드게임 특유의 아날로그적 특성 때문인 동시에 우리 삶에 내재된 독특한 사교 욕구를 보드게임이 충족시켜주기 때문이다.

'쿨'한 사교의 공간

벤 카스타니에게 게임은 어린 시절의 행복한 기억으로 남아 있다. 그는 파리 외곽의 가난한 공동주택에서 자랐다. 그의 가족은 아주 궁핍하지는 않았지만 그의 부모는 게임을 사주지 않았다. "부모님은 노는 것을 정말 싫어하셨어요." 그가 말했다. 하지만 매년 여름에는 상황이 달라졌다. 여름마다 친척들과 함께 마르세유에 머물던 카스타니와 형제들은 근처에서 장난감을 무료로 빌려주는 도서관인 뤼도테크Judothèque를 발견했다. 뤼도테크는 바비 인형과 레고를 비롯해서 많은 게임들이 방대한 선반을 채우고 있는, 아이들에게는 꿈같은 장소였다. 카스타니는 여름 내내 스코틀랜드 야드Scotland Yard나 모노폴리 그리고 마일 본스 Mille Bornes 같은 끝나지 않는 카드게임에 흠뻑 빠져 지냈다.

2008년 카스타니는 토론토에 있는 물류 소프트웨어 회사에서 일하고 있었다. 어느 주말 그는 (어린 시절부터 알았던) 여자친구와 시카고로 여행을 가서 우연히 게임과 장난감 가게에 들렀다. 두 사람은 아무것도 사지 않았다. 하지만 잠깐 상점에 들렀던 것이 어린 시절의 좋은 기억으로 남아 있던 뤼도테크에 관한 대화로 이어졌다. "우리는 '북미에는 그런 게 정말 없구나. 우리가 토론토에 장난감 도서관을 만들어볼까?' 하고 말했어요." 카스타니가 회상했다. 하지만 그들은 뤼도테크를 만든다면 매일 수백 명의 아이들을 상대해야 한다는 사실을 깨달았다. 20대 두 명이 놀기에는 보드게임 카페가 더 좋을 것 같았다.

카스타니는 보드게임 카페를 전혀 경험해보지 못했지만 온라인 조사를 통해 서울에서 2002년경에 보드게임 카페가 생겨나 크게 성공했다가 몇 년 만에 사라졌다는 것을 알게 되었다. 보드게임이 인기 있는 독일의 경우 많은 술집이나 카페가 게임을 구비하고 있었으며, 심지어 브라질 상파울로에도 보드게임 카페가 하나 있었다. 하지만 북미 쪽을 조사해보니 대도시에는 대개 취미와 게임 가게들만 있었다. 카스타니는 그런 가게를 싫어했다. 그런 가게는 대개 지하나 2층에 있었고, 미니어처 판타지 피규어들이 가득했으며, 비웃는 표정만 짓는 무뚝뚝한 중년 남자가 가게를 지켰다. 던전스 앤드 드래곤스Dungeons and Dragons의 10면

1부 아날로그 사물의 반격

주사위를 굴리거나 없는 돈에 '매직: 더 개더링Magic: The Gathering' 카드를 사려는 하드코어 게이머들이 고객이었다.

북미에서는 그런 가게들 때문에 보드게임이 점점 사라지고 있었다. 여자친구 없는 남자들과 초보들을 비웃는 웃음은 사람들의 발길을 돌리게 했다. 카스타니는 그런 비웃음 때문에 떠난 고객들을 다시 불러들이기로 했다. "저는 하드코어 게이머와 긱 문화에 반대합니다." 그가 말했다. "제 첫 번째 목표는 모든 사람이 편안한 곳, 최대한 긱 문화와는 동떨어진 장소를 만드는 것이었어요." 카스타니는 유럽의 게임 도서관에 동네 커피점의 편안한 분위기를 접목한 그런 장소를 만들고자 했다. 맛있는 커피와 재미있는 게임, 그리고 상냥한 사람들. 평범한 남녀(여자가 특히 중요했다), 즉 사회 주류가 즐길 수 있는 보드게임들을 생각한 것이다. 이는 아주 놀라울 만큼 단순한 아이디어였다.

카스타니과 여자친구는 2년 동안 게임을 수집했다. 그는 일이 끝나면 구세군이나 다른 중고품 가게들을 돌아다니면서 게임 매대 전체를 쓸어 담았다. 크레이그스리스트Craigslist(온라인 벼룩시장 사이트-옮긴이)에서 보드게임을 헐값에 내놓는다는 광고를 보면 인근 마을이나 도시까지도 차를 몰고 찾아갔다. 2년 동안 카스타니와 여자친구(현재는 카스타니와 관계를 끊었고 보드게임 카페 사업도 함께하지 않는다)는 1000개의 게임을 2000달러도 안 되는 돈에 모을 수 있었다. 주택담보로 5만 달러를 빌린 그들은 토론토 코리아타운 인근의 '아넥스'라는 대학가에서 담배 자국이 남아 있는 지저분한 도넛 가게를 빌렸다.

스네이크 앤드 라테스는 2010년 9월 초 노동절 휴일을 앞두고 문을 열었다. 오전 11시 카스타니가 내부를 가리기 위해 창문에 붙여두었던 종이를 떼어내자 이미 바깥에는 대기줄이 늘어서 있었다. 그가 그렇게도 피하고 싶었던 하드코어 게이머들이 첫 고객이자 가장 열성적인 고객이었다. 하지만 고객들은 금방 다양해졌고 스네이크 앤드 라테스는 개점과 동시에 성공을 거두었다. 그 가게는 한때 나와 친구 애덤 캐플런이 함께 쓰던 아파트에서 두 블록 떨어진 곳에 있었기 때문에 지금도 정확하게 기억이 난다. 내가 그 앞을 지나칠 때마다 손님들이 가득하던 가게의 모습이. 특정한 하위문화 집단들이 스네이크 앤드 라테스를 자신들의 아지트로 만들었다. 가게에서는 주류를 팔지 않았기 때문에 술집이나 클럽을 대신할 건전한 놀잇거리를 찾는 젊은이들이 찾아들었다. 그중에는 단체로 오는 아시아 학생들, 여럿이 데이트하러 오는 정통파 유대계 커플들, 무슬림 10대와 커플들, 친구들과 오는 젊은 여성들이 있었다. 무엇보다 그 가게에서 데이트하려는 사람들이 가게의 절반을 차지했다.

"스네이크 앤드 라테스에 오는 사람들은 보드게임 자체보다는 '쿨'한 곳에서 재미있는 시간을 보내는 것에 더 관심이 있어요." 카스타니가 말했다. "사람들은 보드게임을 하거나 새로운 게임을 구입하기 위해 이곳을 찾는 것이 아니에요." 그의 추정에 따르면 스네이크 앤드 라테스의 고객 중 하드코어 게이머는 10퍼센트 미만이다. 그런 게이머들은 주로 집이나 매장에서 게임을 한다. "우리가 보드게임에만 너무 집중하면 우리의 주요

타깃을 잃게 돼요." 테이블게임은 모임의 핑곗거리일 뿐이지만 아날로그적 특성 때문에 그런 모임에 아주 적절하게 특화되어 있다.

테이블게임은 디지털 세상과는 동떨어진 고유한 사회적 공간을 만들어낸다. 이는 화려한 정보가 쏟아지고 인간관계를 가장한 마케팅이 넘쳐나는 소셜 네트워크와는 정반대다. 트위터상의 대화는 심하게 편집된 짧고 재치 있는 말의 연쇄 반응에 불과하고, 페이스북의 친구 관계는 진짜 관계라기보다는 온라인상의 크리스마스 카드 교환에 가까우며, 인스타그램 피드는 일상의 가장 빛나는 순간만을 담고 있다. "우리는 네트워크 안에 함께 있어도 서로에 대한 기대가 아주 낮기 때문에 심한 외로움을 느끼는 것이다." MIT 사회심리학 교수인 셰리 터클은 자신의 저서 《외로워지는 사람들》에서 이야기한다. "게다가 우리가 상대방을 접근해야 할 대상물로 생각할 위험도 있다. 상대방이 내게 유용하거나 위로가 되거나 혹은 재미있는 면만을 본다. 우리가 물리적이고 어지럽고 복잡한 일상의 흐름에서 우리 자신을 분리시키려고 하면…… 우리는 세상 속으로 나가서 위험을 각오할 생각을 점점 포기하게 된다."

거기서 사람들은 다가가고 이야기하고 웃는다

스네이크 앤드 라테스같이 중립적인 환경에서 보드게임을 하다 보면 게임 참여자들 간에 관계를 맺는 방식이 변화한다. 사람들은 서로에게 다가가고 이야기하고 웃는다. 그들은 자신의 연약함을 인정한다. 그들은 인간이다. 오래지 않아 그런 사람들에게 스네이크 앤드 라테스는 사회학자들이 '제3의 공간the third place'이라고 부르는 장소가 된다. 제3의 공간이란 집이나 직장이 아니면서도 안전하고 환영받는 신성한 공간으로, 사람들이 자신의 정체성과 인간관계의 한계를 탐험하는 장소다. "신성한 공간은 은신처가 아니다." 터클은 썼다. "그곳은 우리의 자아와 책무를 확인하는 곳이다."

사람들은 비디오게임이 그런 상호작용을 주리라 믿었고 실제로 그러기도 했었다. 나는 우리 집 지하실에서 동생 대니얼과 나란히 앉아 슈퍼마리오 브러더스나 NBA 잼 같은 게임을 하면서 껑충껑충 뛰고 소리 지르던 일, 8학년에는 점심시간마다 친구 조시, 댄과 함께 스트리트파이터2로 대결을 벌였던 일, 대학교 때는 한 학기 내내 골든아이 007 게임으로 룸메이트에게 칼을 휘두르고 총알을 퍼부었던 일을 소중한 기억으로 간직하고 있다. 지저분한 오락실에서든 집에서든, 비디오게임은 친구와 유대감을 갖게 하는 대단히 사회화된 경험이었다.

그러나 테크놀로지가 발전하면서 비디오게임은 고립된 경험이 되어버렸다. 전 세계 곳곳에 있는 한 무리의 친구들과 매일 월드 오브 워크래프트World of Warcraft나 콜 오브 듀티Call of Duty를 하면서 헤드셋을 통해 서로를 놀리고 자판으로 자잘한 대화를 나눌 때도 결국 방 안에는 스크린을 들여다보는 자신밖에 없다. 게임이 끝나는 순간 외로움이 파도처럼 밀려든다. 아이패드가 등장하고 모바일게임이 한창 번성하면서 비디오게임에는 그나

마 남아 있던 진정한 사회적 상호작용마저 사라져버렸다. 이제 당신은 함께 침대에 누운 연인을 완전히 무시한 채 세컨드 라이프Second Life에서 가상 연인과 가상 연애를 할 수 있다.

이 같은 사회적 상호작용에 대한 아주 인간적인 욕구야말로 테이블게임의 반격에 담긴 핵심이다. "가상 세계의 인터넷이 아무리 빨라져도 우리가 원하는 방식으로 상대방과 연결되지 못하리라는 사실을 우리는 개인적으로, 그리고 집단적으로 깨달았어요." 컴퓨터게임 디자인과 이론의 연구자이자 저술가인 버니드 코벤의 말이다. 게임을 혼자서 하든 여럿이 하든, 우리가 컴퓨터와 놀 때는 그 경험의 주도권을 소프트웨어와 나눠야 한다. 우리는 상상력을 동원하여 놀이의 경험을 창조하는 능력이 있지만 프로그램과 기기가 그런 능력을 제한해버린다. 마인크래프트같이 유연한 게임조차 그렇다. "실제 환경만큼 사용자를 깊숙이 끌어들이는 가상 환경은 나오지 않을 겁니다. 마주 앉아 체스를 두는 것이 온라인 체스보다 사람들의 참여를 훨씬 많이 끌어내지요. 우리가 만날 수 없을 경우 온라인은 좋은 대안이긴 합니다. 하지만 여러분이 직접 만나서 상대방이 진땀을 흘리고 안절부절못하는 모습을 보아야만 진정한 대결이 펼쳐집니다."

아날로그 게임의 경우 복잡한 보드게임이든 어린아이들의 술래잡기든 게임 참가자들이 모두 노력해서 게임의 환상 세계를 만들어야 한다. 현실을 대체한 세상 속에서는 게임 참가자가 파크애비뉴(뉴욕 시의 부유한 지역-옮긴이)의 주인이거나 색종이 돈이 진짜라고 믿는 상상력을 단체로 발휘해야 한다. 게임 중에 그런 일이 벌어지면 드 코벤이 상호해방coliberation이라고 부르는 현상이 시작된다. "우리가 사회적 공간에 함께 있게 되면 상대방을 해방시켜서 좀 더 완전하고 충만한 본연의 자아에 가까워지게 합니다." 드 코벤이 말했다. 우리는 함께 노력해서 서로를 현실로부터 풀려나게 한다. 매일 밤 수백 명의 사람들이 스네이크 앤드 라테스에서 그런 일을 한다. 디지털 세상에서도 그런 일은 가능하지만 한계가 있다. "게임을 하면서 우리는 살아 있음을 느낍니다." 드 코벤이 말했다. "그런 느낌은 컴퓨터로는 얻을 수 없습니다. 컴퓨터를 통해 참여하거나 흥분할 수는 있지만 살아 있음을 느낄 수는 없지요."

게임은 우리를 오래 지속되는 깊은 우정으로 결속시키기도 한다. 나의 할머니와 할아버지는 다른 세 부부와 매주 브리지 게임을 하셨고, 장모님은 친구들과 여러 해 동안 마작을 하셨고, 요새는 아내도 매달 자기 친구들과 마작을 한다. (게임 중에 규칙을 자주 잊기는 해도) 마작을 하는 날은 아내의 사교 생활에서 중요한 역할을 한다. 볼링이든 소프트볼이든 카드든 도미노든 체스든 던전스 앤드 드래곤스든 게임의 목적은 승리만이 아닌 관계에 있다.

〈아날로그 게임 연구Analog Game Studies〉의 공동 편집자인 에번 토너Evan Torner 교수는 게임이 참가자들에게 특정한 행동을 하는 구실을 제공한다고 믿는다. "제가 친구들을 집에 불러다 '다 같이 우주선 놀이를 하자!'라고 할 수는 없거든요." 그가 상상력이 가득한 아이의 목소리를 흉내 냈다. "제 친구가 만든 배스트 앤드 스탈릿Vast and Starlit 게임을 하자고 친구들을 부를 수는 있지요. 이런 작은 게임판이 있으면 우리는 우리 모두가 우주선에 타고 있는 척할 수가 있어요. 아날로그적인 요소들은 새로운 사회적 세계로 들어가는 관문 역할을 합니다. 우리는 캐릭터를 선택하고, 서로 다른 경제에 참여하고, 주인 없는 땅을 개척하고, 서로 무역을 하죠. 게임은 결국 우리에게 익숙한 사회적 상황을 형성하는 능력으로 귀결됩니다. 아날로그 게임은 우리를 허구적인 상황에서 활동하게 하지만 그 허구 아래에는 (실생활의) 전략과 전술이 깔려 있어요."

사람들이 스네이크 앤드 라테스에 가는 것은 스콧 니컬슨이 "현실 세계의 사람들과 함께하는 풍부하고 멀티미디어적이고 3차원적인 상호작용"이라고 부르는 경험을 하기 위해서다. 니컬슨은 북미 최고의 게임 학자 중 한 명으로, 현재 토론토 외곽의 로리에 대학교에서 게임 디자인 프로그램을 이끌고 있다. 디지털 게임과 아날로그 게임 모두를 광범위하게 연구(하고 실제로 게임을)해온 니컬슨은 게이머들의 가상적 경험을 향상시키는 아날로그적 경험에 대한 욕구가 사람들 사이에서 커지고 있음을 발견했다. 콜 오브 듀티를 하는 사람들은 또한 (페인트 볼을 이용한) 서바이벌 게임을 하고, 온라인 포커 게임을 하는 사람들은 매년 라스베이거스로 여행을 떠나고, 판타지 팬들은 방 탈출 게임을 하고, 월드 오브 워크래프트를 좋아하는 사람들은 망토를 걸치고 스티로폼 칼을 차고는 라이브 액션 롤 플레잉LARP(Live Action Role Play) 캠프에 참가한다.

상대의 표정을 읽어내는 재미

아날로그 게임은 다층적 인지 수준에서 벌어지기 때문에 좀 더 풍부한 경험으로 이어진다. 그것은 페인트 볼을 피해 숲을 뛰어다녀보면 쉽게 알 수 있다. 하지만 니컬슨은 체커나 포커같이 가장 단순한 테이블게임을 하는 동안에도 그런 일이 일어난다고 말한다. "게임을 위해 앉아 있는 것은 사회적 계약을 맺는 것과 같아요." 그가 말했다. "이 게임 공간에서 우리는 실생활에서는 용납되지 않는 일들을 서로에게 합니다. 우리는 거짓말을 하고, 공격을 하고, 사실을 조작하기도 하지요. 그런 일들 자체가 놀이에 참여하는 거니까요. 테이블게임으로 다른 사람들과 관계를 맺을 때는 실생활에서와는 완전히 다른 방식으로 다른 사람들과 놀게 됩니다. 디지털 게임에서는 이러기 힘들지요. 왜냐하면 디지털 게임은 게임 참여자의 행동을 제한하기 때문입니다." 테이블게임을 할 때는 사실상 두 가지 게임을 하는 셈이다. 하나의 게임은 테이블 위에서, 다른 하나의 게임은 테이블 주변에서 진행된다. 하지만 비디오게임을 할 때는 단지 버튼만 누를 뿐이다.

최고의 비디오게임은 엄청난 고성능의 그래픽과 사운드로 감각적 만족을 제공한다. 게다가 가상현실virtual reality의 등장으로 이런 경험은 훨씬 더 좋아졌다. 빠르게 펼쳐지는 실감나는 액션과 즉각적 만족감, 멀리 있는 게이머들과의 연결성에서 타의 추종을 불허한다. 그러나 사회적인 수준에서 보면 비디오게임은 평평한 사각 판을 펼쳐놓고 다른 사람들과 게임을 하는 경험에 비해 강도가 훨씬 떨어진다. 디지털 게임의 경우 얼굴 표정을 읽어낼 정도의 고화질 웹캠과 마이크를 장착하고 있다고 해도 자세, 숨소리, 음료를 마시는 모습, 테이블 아래 다리의 흔들거림 등 사람의 몸이 내보내는 많은 물리적인 신호를 놓치게 된다. 이것들은 사람들이 실망했거나 겁먹었거나 기뻐하거나 건방을 떨고 있음을 알려주는 신호다. 이는 인간의 가장 복잡한 감정을 알려주는 신호로서 우리는 그에 따라 우리의 행동을 결정한다.

최고의 게임들은 이런 신호들을 게임에 이용한다. 포커를 생각해보라. 포커의 정수는 사람의 몸이 내보내는 신호들을 억제하거나 조작하는 것이 아닌가. 이제 여러 명이 함께하는 디지털 게임을 생각해보라. 그런 신호들은 하나도 보이지 않는다. 다시 말해 당신이 실수한 상대편 게이머에게 "멍청한 년"같은 욕설을 마이크로 퍼부을 때는 상대편 게이머가 처한 맥락과 욕설의 결과가 보이지 않는다. 욕을 먹은 상대편의 입장은 다르지만. 온라인 게임은 이용자들 간에 저속하고, 성차별적이고, 모욕적인 상호작용으로 악명이 높다. 만약 스네이크 앤드 라테스에서 그런 말을 했다면 같이 게임을 하던 친구가 당장 나가라고 할 것이다. 디지털 게임 참가자들은 스크린 너머에 있는 상대방을 현실 속의 사람으로 인식하지 못한다. 그들은 그저 화면 속의 픽셀을 움직이는 익명의 손가락들에 의해 조종되는 아바타들일 뿐이다.

그럼에도 많은 테이블게임 회사들과 디지털 게임 회사들이 둘을 통합하려는 시도를 했지만 그리 성공적이지는 못했다. 버튼과 배터리와 기계장치를 장착한 보드게임들은 흥미로워 보였지만 그런 장치들이 게임 자체를 더 재미있게 만들지는 못했다. 그런 이유로 소비자들의 외면을 받은 게임은 수없이 많다. 몇 년 전 아이폰과 아이패드가 차례로 출시되었을 때 많은 테이블게임 관계자들은 거기서 게임의 미래를 보았다. 그러나 (팬데믹 레거시Pandemic Legacy와 펀임플로이드Funemployed의) 게임 디자이너 랍 다비오의 말을 빌리면 테이블 위에 놓인 아이폰은 문제를 찾고 있는 솔루션에 불과하다. "디지털 장난감(과 게임)은 형편없기 때문에 성공하지 못하는 것"이라고 크리스 번이 말한다. 그는 장난감과 게임 블로그 토이 타임Toy Time을 운영하며, 픽셔너리Pictionary 게임의 원작자 가운데 한 명이다. "디지털 게임들은 재미가 없어요. 아날로그 게임에 아이패드를 결합해서 월스트리트의 투자자들에게 '우리는 최첨단 회사'라고 자랑할 수는 있겠지만 실제 게임 경험에는 아무 도움이 안 됩니다." 제이컵 크리스먼의 말이다. 시애틀에 있는 그의 게임 회사 원더 포지 게임스Wonder Forge Games는 '닥터 수스Dr. Seuss', 디즈니, '호기심 많은 조지Curious George' 등에서 라이선스를 얻어 미취학 아동용 보드게임을 개발·급성장하고 있다. 그는 "테크놀로지를 이용한 게임"에 회의적이고 그의 회사는 99퍼센트의 노력을 아날로그 게임에 집중하고 있다.

하지만 테이블게임 업계에는 보드게임의 반격이 비디오게임 덕분이라고 생각하는 사람이 많다. 궁극적으로 모든 게임은 게임을 낳고, 디지털 게이머는 아날로그 게이머가 될 가능성이 높다. "언제부터인가 비디오게임이 게임광이나 어린애들만의 놀이가 아닌 세상이 되었어요. 이제는 모든 사람이 비디오게임을 즐기죠." 콜비 도치의 말이다. 그는 오하이오 주에 위치한 플래드 햇 게임스Plaid Hat Games 사의 오너다. 이 회사는 (데드 오브 윈터 Dead of Winter, 서모너 워즈Summoner Wars 등의) 보드게임을 디자인하고 판매하여 일 년에 200만 달러 이상을 벌어들인다. 플래드 햇의 사업은 지난 5년 동안 해마다 두세 배 성장했다. "제 생각엔 (비디오) 게이머들이 점점 게임에 빠져들면서 보드게임도 해보고 싶어 하는 것 같아요." 도치는 일반화된 긱 문화가 테이블게임의 인기에 도움이 되었다고 주장한다. 영화 '반지의 제왕' 시리즈, 〈빅뱅 이론The Big Bang Theory〉처럼 아예 '너드nerd'(똑똑하지만 사회성이 떨어지고 관심 있는 분야에 집착하는 사람을 일컫는 속어 – 옮긴이)를 주인공으로 등장시킨 드라마,《왕좌의 게임Game of Thrones》처럼 히트한 판타지물,《헝거 게임The Hunger Games》시리즈, 많은 슈퍼히어로 영화들, 성인용 만화영화, 그리고 인기가 되살아난 아카펠라까지 대중문화는 지난 10년간 긱 문화에 매료되었다. 한때 교내의 인기 운동선수들이 빼앗아 밟아버렸을 너드들의 두꺼운 뿔테 안경은 인기 있는 패션 아이템이 되었고 세상에서 가장 섹시한 직업은 '컴퓨터 프로그래머'가 되었다.

2010년 무렵 마텔Mattel 사에서 근무하던 조니 오닐의 업무 중에는 (히맨He-Man, 배트맨, WWE레슬러 등) 수집용 피규어들의 웹사이트를 관리하는 것도 포함되어 있었다. 평균 고객은 어머니 집의 지하실에 살면서 옛날 장난감에 매료된 전형적인 너드, 달리 말해 스네이크 앤드 라테스가 애써 피하려고 하는 바로 그런 사람들이었다. "지난 6년 동안 긱들은 더 젊어지고, 성별에 구애받지 않게 되었죠." 오닐이 말했다. "테이블게임은 사회 활동입니다. 친구들과 한자리에서 얼굴을 마주하고 즐기는 게임이라 긱들의 특성에는 맞지 않죠. 게이머들이 실제로 만나기 시작하면 남자들만을 위한 게임은 성공하기 힘들어집니다." 오닐은 낮에는 장난감 회사인 스핀 마스터Spin Master의 마케팅 디렉터로 남자아이들을 위한 장난감을 담당했지만 퇴근 후에는 (동생 크리스와 함께) 브러더와이즈 게임스Brotherwise Games를 운영했다. 회사의 대표작 보스 몬스터Boss Monster는 복고 비디오게임에 영감을 받은 카드 게임으로, 지하 감옥을 관리하는 사악한 보스가 슈퍼히어로를 죽여 나가는, 슈퍼마리오 브러더스와는 정반대의 게임이다. 오닐이 젠콘과 같은 게임 컨벤션에 처음 참가했을 때만 해도 온통 남자들뿐이었다. 하지만 이제는 컨벤션 참가자들의 절반 정도가 여자라고 한다.

너드주의nerdism의 어두운 구석으로부터 좀 더 친근한 긱들의 세계로 이동하면서 테이블게임 산업은 주류로 부상했다. 내가 전화를 걸었을 당시 오닐은 자신의 로스앤젤레스 집 근처의 타깃 매장에서 쇼핑 중이었다. 그는 주류 장난감 시장이 보드게임의 잠재력을 서서히 인정하기 시작했다면서 이렇게 말했다. "보세요. 일 년 전만 해도 취미 매장에만 있던 게임들이 타깃 매대에 14개나 진열되어 있어요." 그중에는 '카탄의 개척자', 티켓 투 라이드Ticket to Ride, 먼치킨Munchkin, 팬데믹Pandemic, 킹 오브 도쿄King of Tokyo, 스몰 월드Small World, 연금술사Alchemist, 저항The Resistance이 있었고, 심지어 던전스 앤드 드래곤스의 새로운 버전도 있었다. 그 모두가 스크래블, 트리비얼 퍼수트Trivial Pursuit 같은 미국을 대표하는 게임들과 함께 미국을 대표하는 대형 매장인 타깃에서 팔리고 있는 것이다.

게임 소믈리에

주류 소비자들이 보드게임을 매력적으로 느끼게 하는 것과 그들이 실제로 그 게임들을 즐기게 하는 것은 완전히 다른 문제다. 스네이크 앤드 라테스에서는 후자의 역할을 게임 구루에게 맡기고 있다. 스네이크 앤드 라테스에서 게임 구루는 소믈리에와 같은 역할을 한다. 즉 카페가 보유한 3000종의 게임에 대한 지식을 갖추고 테이블에 앉은 사람들의 취향을 확인해서 적절한 게임을 제공하는 것이다. 그 카페의 수석 구루인 스티브 태시는 말총머리를 늘어뜨리고 매일 하와이안 셔츠를 갈아입으며 내레이터 같은 우렁찬 목소리로 떠드는 중년의 신사였다. 스탠드업 코미디언, 교사, 보드게임 디자이너, 게임 가게 직원으로 오랫동안 일했던 태시는 스네이크 앤드 라테스가 개점한 지 6개월 만에 카스타니로부터 일자리를 제안받았다. 그가 게임에 가장 박식하고 가장 충성도 높은 고객이었기 때문이다. 카페를 찾는 사람들은 게임 초보자, 보통 수준의 게이머, 수적으로는 적지만 목소리는 큰 하드코어 게이머들로 나뉘어 있다. 구루의 주요한 임무는 테이블마다 다른 사회적인 신호를 읽어내는 것이다.

대부분의 고객들은 자신들이 원하는 것을 잘 모르기 때문에 그냥 '재미있는 것'을 달라고 한다. 그들에게 맞는 게임을 제공하기 위해서는 빠른 두뇌 회전과 게임에 대한 광범위한 지식, 그리고 20초가량의 설득으로 물건을 파는 세일즈 능력 등이 요구된다. 이는 인간 고유의 능력으로, 게임에서 이기기 위한 능력과 크게 다르지 않다. 이는 게이머들이 구루 역할도 잘하는 이유이기도 하다.

"우리는 가르치는 듯한 태도를 보이지 않으면서도 게임에 대해 열정적일 수 있어야 합니다." 태시가 말했다. 우리가 처음 만났을 당시 그는 불타는 폴리네시아 가면 무늬가 찍힌 셔츠를 입고 있었다. "보드게임 매장과는 정반대지요. 모노폴리 게임이라고 무시해서는 안 됩니다. 우리는 취미의 친선 대사죠. 사람들에게 재미를 선사하는 한편 재미에 대한 사람들의 생각을 바꾸려는 노력도 합니다. 어린 시절 좋아했던 게임들은 대부분 어른이 되어서 다시 해보면 재미가 없어요." 태시에 따르면 사람들은 인생게임The Game of Life 같은 고전 게임을 달라고 했다가 10분쯤 해보고는 다른 것은 없냐고 묻는다고 한다. 태시는 그 이유가 "인생게임이 재미없기 때문"이라고 말한다. 그래서 구루는 지루한 게임을 주문받을 경우 그것을 새로운 게임을 소개할 기회로 바꿔야 한다. 고객이 모노폴리를 주문하면 태시는 '팔아요For Sale'나 '내가 사장I'm the Boss' 같은 게임을 추천한다. 둘 다 모노폴리처럼 돈을 투자하는 게임이지만 모노폴리보다 빨리 진행되고 (모노폴리와 달리) 끝이 있는 게임이기 때문이다.

1부 아날로그 사물의 반격

어느 날 나는 친구 웬디를 데리고 가서 태시의 능력을 시험해 봤다.

"어떤 종류의 게임을 좋아하세요?" 태시가 우리에게 물었다.

나는 트리비아 게임trivia games(연예인 등에 관한 하찮은 내용을 묻고 맞히는 게임-옮긴이)을 잘하고 몇 가지 게임을 해보고 싶지만 시간이 한 시간밖에 없다고 했다. "제가 못하는 게임이 아닌 걸로 주세요." 웬디가 웃으며 말했다.

그는 작은 박스를 가져와서 설명을 시작했다. 그의 설명은 정말 분명하고 자신감이 넘쳐서 자동차라도 팔 수 있을 것 같았다. "이건 타임라인Timeline이에요. 연도를 맞히는 트리비아 게임이죠. 카드들의 앞면에는 영화, 앨범, 책, 노래 등 창작물의 제목이 적혀 있고 뒷면에는 제작 연도가 적혀 있어요. 첫 번째 카드는 타임라인 가운데 있습니다. 타임라인상 맞는 위치에 놓은 후에 연도를 확인해서 손에 들고 있는 카드를 없애는 게임입니다. 카드를 잘못 놓으면 한 장을 더 가져가야 해요." 그가 말했다.

우리의 첫 타임라인은 제임스 브라운James Brown의 팝송 〈겟 온 업/섹스 머신Get on Up/Sex Machine〉(1970)으로 시작했다. 우리는 재빨리 카드를 타임라인에 내려놓았다. 〈이유 없는 반항Rebel Without a Cause〉, 〈선데이 블러디 선데이Sunday Bloody Sunday〉, 〈텍사스 전기톱 연쇄살인사건〉을 내려놓았다. 웬디가 〈콰이 강의 다리〉와 〈택시 드라이버〉 사이에 〈2001 스페이스 오디세이〉를 내려놓으면서 첫 판을 이겼다.

"웬디가 왔노라!" 친구는 의기양양하게 외쳤다. 우리는 타임라인을 두 판 더 하고 태시에게 다른 게임을 달라고 했다.

"이제 추상적 전략의 세계로 들어가 볼까요." 그가 이렇게 말하면서 콰트로Quarto를 열었다. "이 게임은 틱택토tic-tac-toe(우리나라의 오목에 해당하는 게임-옮긴이)의 섹시한 유럽 버전이에요. 네 조각을 한 줄로 연결해야 하는데 어떤 조각을 사용할지는 상대방이 결정합니다." 콰트로는 언뜻 보기에는 바둑판 위에 서로 다른 모양과 색의 나무 조각을 늘어놓는 고전적인 게임처럼 단순했다. 그러나 두 판만에 게임은 치열해졌다.

"이번 판은 내가 이긴 것 같네." 나는 승리를 결정짓는 마지막 패를 보드에 놓을 준비를 하면서 웬디에게 우쭐댔다.

"과연 그럴까?" 웬디는 더 자신 있게 물으면서 완벽한 대각선으로 늘어선 원형의 돌들을 가리켰다. "그럼 이건 뭐지?"

앗, 이럴 수가!

마지막으로, 태시는 카드를 교환하는 게임인 자이푸르Jaipur를 가져다주었다. 인도 시장에서 낙타를 매매하고 사재기를 하면서 부를 축적하는 것이 게임의 목표다. 처음에는 이해하기가 약간 어려웠지만 몇 분이 지나지 않아 낙타와 관련된 농담이 마구 오가면서 시장에 재산이 쌓여갔다.

태시는 여섯 명의 구루 직원을 관리하고, 게임 컨벤션에 가서 새로운 게임을 발굴하고, 스네이크 앤드 라테스 웹사이트에 정기적으로 동영상, 리뷰, 팟캐스트 등을 올린다. 그러나 그의 가장 중요한 역할은 카페의 가장 소중한 자산이자 끊임없이 편집되는 게임 도서관의 큐레이터다. 어느 날, 나는 태시(이날 그는 구

1부 아날로그 사물의 반격

형 캐딜락이 프린트된 셔츠를 입고 있었다)와 또 다른 구루인 토드 캠벨이 진행하는 새로운 게임의 테스트에 참석했다. 보드게임 시장이 활황이어서 좋은 점은 새로운 게임들이 계속 쏟아져 나온다는 것이다. 덕분에 스네이크 앤드 라테스 카페에서 손님들에게 제공하거나 오프라인과 온라인 매장에서 판매할 수 있는 게임이 많아졌다. 하지만 해마다 수천 종의 새로운 게임이 쏟아져 나오기 때문에 품질은 천차만별이다. 따라서 카페에서 선보이는 모든 게임은 태시와 다른 구루들이 미리 테스트해보아야 한다. 태시는 여러 개의 박스를 가져와서 테이블에 내려놓았다.

첫 번째, 셀카를 주제로 타이완에서 개발된 카드 매칭 게임 '세이 치즈!Say Cheese!'는 이상한 그림 때문에 바로 탈락했다. 태시는 카드의 그림들이 "이상하게 토끼에 집착"하면서 소수 인종에 대하여 인종차별에 가까운 묘사를 하고 있다고 했다. 다음은 레드7이라는 숫자와 컬러로 구성된 카드게임이었다. 처음에는 단순해 보였지만 실제로 게임을 해보니 생각보다 훨씬 복잡했다. 왓 더 푸드?!What the Food?!라는 음식으로 싸우는 카드게임은 포장을 채 벗기기도 전에 도로 박스에 집어넣어졌다. 박스에는 쉽고 재미있는 게임이라고 쓰여 있었지만 그런 게임치고는 작은 조각들이 너무나 많아서 잃어버리기 쉬웠다. "저는 큐레이터예요. 제 책임은 저 책장에 재미있는 게임들만 전시하는 것이에요." 태시가 말했다. 그들이 테스트한 마지막 게임은 '사무라이 정신Samurai Spirit'이란 게임으로, 마법의 힘을 지닌 일곱 명의 사무라이들이 유령들에 맞서 마을을 지키는 내용이었다. 게임 참가자들이 서로 싸우기보다는 힘을 합쳐서 공동의 목적을 달성하는 게임이다. 업계에서는 이런 게임을 '협력 게임'이라고 부른다.

마크 저커버그가 사랑하는 게임

좋은 게임을 만들기는 어렵다. 태시는 근래에 사람들이 보드게임에 관심이 높아진 가장 큰 이유는 게임 디자인에 변화가 생겼기 때문이라고 주장한다. 태시는 과거에는 게임들이 "쓰레기 같은 미국 게임과 유럽 게임"이라는 두 진영으로 나뉘어 있었다고 말하면서 씩 웃었다. 전통적인 미국 게임은 놀이 방법은 단순했지만 끝이 나지 않고 길게 늘어졌다. 참가자들이 아무것도 하지 않는 시간이 길었고 승부도 분명히 나지 않았다. 모노폴리를 끝날 때까지 해본 적이 있는가? 당연히 없다. 그에 비해 유럽 게임은 전략은 더 복잡했지만 규칙이 워낙 엄격해서 나중에는 변호사를 고용하고 싶어진다. 게다가 유럽 게임은 내용과 디자인이 모두 딱딱했다. 특히나 눈에 띄는 미국 게임의 대단한 그래픽에 비하면 더욱 그렇다.

"지난 5년에서 10년 사이 두 대륙의 게임들이 뒤섞이는 하이브리드 현상이 나타났습니다." 태시가 말했다. 그 결과 품질은 미국 게임에 가까워 보이지만 게임의 내용은 유럽 게임에 가까운, 완전히 새롭게 디자인된 게임이 등장했다. 이런 게임들은 주로 전략 게임이고, 가끔 협력 게임이며, 아주 독창적이다. 배우기도 쉽다. 또한 끝도 분명해서 한 시간 안에 승패가 결정 난다. 게임 업계 사람들은 우리가 게임 디자인의 황금기를 살고 있다고 말한다. 그리고 그들은 그런 변화가 독일의 치기공사 클라우스 토이버가 고안한 '카탄의 개척자' 덕이라고 본다.

1995년 독일에서 처음 출시된 '카탄의 개척자'는 2300만 세트 이상이 계속 팔리고 있으며, 35개 언어로 번역되었다. 게임 참가자들은 카탄 섬에 정착할 임무를 부여받는데 그 섬의 지형은 게임을 할 때마다 바뀐다. 게이머들은 자원을 모아서 팔거나 교환하여 정착촌과 도로를 건설할 자금을 마련하고 그중에서 승자가 결정되면 게임은 끝난다. 이 게임의 뛰어난 점은 게임보드가 항상 달라지고, 규칙이 분명하며, 한 시간 안에 게임이 끝난다는 점이다. 그러나 상대방과 동맹을 맺거나 감정을 이용하는 등 사용 가능한 전략은 끝이 없다.

'카탄의 개척자'는 처음으로 미국에서 큰 성공을 거둔 유럽 테이블게임이었다. 처음에는 대학가와 테크 업종(페이스북 CEO 마크 저커버그가 이 게임의 엄청난 팬으로 알려져 있다)에서 성공 기반을 마련했다. 이렇게 골수 팬들만 즐기던 것이 주류로 확대되면서 사람들이 새로운 개념의 게임에 눈을 뜨게 되었다. "유럽 게임의 성공은 디지털 게임의 성공과 함께 진행되었다. 하지만 유럽 게임은 아날로그를 고집했다." 에이드리엔 라펠Adrienne Raphel은 〈뉴요커New Yorker〉에 실린 게임 개발자 토이버에 대한 기사에서 이렇게 말했다. "유럽 게임들 중에는 비디오게임만큼 복잡한 것들도 있다. 그러나 내러티브가 고정되어 있지 않아서 사람들이 여러 번 게임을 즐길 수 있다." 〈와이어드〉와 〈월스트리트 저널Wall Street Journal〉은 '카탄의 개척자'를 리스크와 모노폴리의 계보를 이을 게임으로 묘사했다.

아버지를 도와 '카탄의 개척자'를 만들었던 클라우스 토이버의 아들 귀도는 캘리포니아 주 오클랜드에서 미국 지부를 운영하고 있다. 그에 따르면 그의 가족은 게임의 성공에 깜짝 놀랐다고 한다. "겉보기에는 그냥 지루했거든요. 하지만 그 이상의 뭔가가 있었습니다. 규칙을 설명해주면, 사람들은 하품을 합니다. 그런데 일단 게임을 시작하면 바로 눈빛이 달라집니다. 우리 가족은 그 게임이 골수 게이머들을 넘어서는 잠재력이 있을 거라고는 생각하지 못했어요. 사실 요즘도 제가 게임을 설명하면 사람들은 하품을 해요. 그렇지만 일단 게임을 시작하면 사람들은 흥분합니다." 내가 처음 '카탄의 개척자'를 경험했을 때도 그랬다. 나는 스네이크 앤드 라테스에서 게임을 사온 후 아내와 친구 두 명과 함께 게임을 했다. 게임의 규칙을 읽고 게임 도구들을 살펴보는 데 30분은 걸린 느낌이었다. 그러자 전에 게임을 해본 적이 있는 친구 바네사가 참지 못하고 일단 시작하자고 했다. 게임을 시작하자마자 거친 개척자들이 토지 수탈에 나섰고 건설경쟁과 무자비한 교역, 그리고 속임수가 넘쳐났다. "와, 이 게임 엄청나다." 갑자기 승리를 거머쥔 아내가 말했다.

'카탄의 개척자'는 디지털 버전도 있지만 원래의 보드게임만큼 인기를 끌지 못했다. 디지털 버전의 실패에는 여러 가지 이유가 있을 것이다. 하지만 궁극적으로 테이블게임의 역할은 사람들이 서로 대면할 구실을 제공하는 것이라는 점이 중요하다. "사람들이 아날로그 경험을 하고 싶어 할 때는 '정말로' 아날로그 경험을 원하는 겁니다. 게임 기술도 중요하고 운도 작용하지만 커뮤니케이션 능력도 중요해요. …… 감정 표현을 잘 사용하는 사람이 게임에서 성공합니다." 귀도 토이버가 말했다. 이는 어느 성별, 계층, 문화에서나 마찬가지다. 외향적인 문화를 가진 지역(브라질, 이탈리아, 이스라엘)과 내향적인 문화를 가진 지역(독일, 일본, 영국) 모두 '카탄의 개척자'를 한다. 하지만 토이버에 따르면 이 게임은 개방적인 사람들을 좀 더 신중해지게 하고 조용한 사람들을 좀 더 공격적으로 바꿔주는 '평평한 운동장'을 제공한다. 카탄에서 승리하려면 전략적이어야 하지만 높은 수준의 감성지능과 본능 또한 필수적이다. 그것이야말로 여전히 디지털 게임이 지배하고 있는 엔터테인먼트 시장에서의 성공 열쇠다. "'카탄의 개척자'는 일종의 협상 게임으로서 쉽게 정의하기 힘든 유기적 개념들을 사용합니다. 허풍, 거짓말, 기만 따위가 동원되죠." 폴 딘이 말했다. 그는 전문 비디오게임 비평가였다가 테이블게임 블로그인 '입 닥치고 앉아Shut Up and Sit Down'를 공동 개설했다. "그런 것들은 컴퓨터가 잘합니다. 컴퓨터가 체스는 잘 두겠지요."

테이블게임의 부흥이 '카탄의 개척자'로 시작된 것이 아니라는 주장도 있다. 티켓 투 라이드Ticket to Ride는 두 명의 성공한 실리콘밸리 사업가가 설립한 데이즈 오브 원더Days of Wonder에서 출시한 철도 건설 전략 게임으로 '카탄의 개척자'가 미국에서 성공하기 여러 해 전에 나왔다. 지금은 의학적 위기 상황에 대처하는 협력 게임인 팬데믹부터 워킹데드The Walking Dead와 X-파일같이 TV드라마나 영화를 바탕으로 만들어진 게임까지 이 카테고리에는 새로운 게임들이 많이 포함된다. 이런 신규 게임들 모두가 많은 전략적 사고를 요구하는 것은 아니다. 퀴즈니악Kwizniac이나 '야, 그거 내가 잡은 물고기야!Hey, That's My Fish!'처럼 파티에서 가볍게 즐길 수 있는 게임들도 있다.

보드게임의 디지털 활용법

아마도 테이블게임 열풍을 이끌어낸 가장 중요한 사실은 디지털 도구 덕분에 테이블게임 디자인이 새로운 기업가들로 넘쳐나는 산업으로 변모했다는 점일 것이다. 그런 디지털 도구로는 첫째, 2000년에 개설된 온라인 커뮤니티 보드게임 긱Board Game Geek이 있다. 이 온라인 커뮤니티는 테이블게임을 좋아하는 사람들이 함께 새로운 게임들을 찾아내고, 아이디어를 공유하고, 게임 디자인과 상업화에 대한 조언을 제공하고, 오프라인 모임을 조직하도록 도왔다. 유튜브, 페이스북, 트위터는 팬페이지, 게임 뉴스, 게임 리뷰 동영상 등으로 그러한 움직임을 확장하게 도와주었다. 업계에서 가장 영향력 있는 목소리를 내는 사람은 윌 휘튼Wil Wheaton이다. 그는 〈스타트렉: 넥스트 제너레이션〉에서 웨슬리 크러셔 역을 맡은 배우다. 그가 유튜브에서 운영하는 유쾌한 보드게임 리뷰 쇼인 〈테이블탑Tabletop〉은 에피소드마다 100만 뷰 이상을 기록한다. 리뷰 쇼가 엄청나게 인기를 끌면서 게임 업계에서는 〈테이블탑〉에 소개된 후에 해당 게임의 매출이 치솟는 현상을 '테이블탑 효과'라고 부르기도 한다.

다른 디지털 도구들로는 낮은 가격에 오픈 소스인 게임 디자인 소프트웨어와 템플릿, 3-D프린터(작은 용을 손으로 조각하는 것보다는 프린트하는 게 훨씬 쉽다) 등이 있다. 그밖에도 드라이브스루카드DriveThruCards 같은 온디맨드on demand 프린트 서비스는 디자이너들이 카드게임을 업로드하게 도와주고 주문이 들어올 때만 하나씩 게임지를 프린트해준다. 테이블게임의 반격을 주도했던 가장 혁신적이고 강력한 도구는 킥스타터다. 2009년 크라우드펀딩 서비스를 개시한 이후 킥스타터는 단시간 내에 수만 종의 크고 작은 보드게임과 카드게임을 탄생시킨 실질적인 론치패드가 되었다. 언제 들어가 봐도 약 200종의 새로운 테이블게임 프로젝트가 모금 중이며, 약 절반 정도의 프로젝트가 모금 목표를 달성한다. 테이블게임은 모금액의 규모 면에서도, 모금의 성공 면에서도 킥스타터에서 가장 인기 있는 프로젝트에 속한다. 킥스타터가 주기적으로 (비디오게임과 테이블게임을 모두 포함하는) 게임 카테고리의 통계를 따로 발표하지는 않지만 2013년 〈뉴욕타임스〉와의 인터뷰에서는 테이블게임 프로젝트가 한 해 동안 5210만 달러를 모금했다고 밝혔다. 그해 비디오게임의 모금액은 4530만 달러였다.

킥스타터는 밀턴 브래들리(1860년에 인생게임을 만든, 미국의 전설적인 보드게임 제작자-옮긴이) 이후 게임 제작의 인기에 가장 큰 역할을 했다. 내가 이 책을 준비하면서 만난 게임 디자이너들은 거의 예외 없이 킥스타터에서 게임을 론칭했다. '터지는 고양이들Exploding Kittens'처럼 단 며칠 만에 800만 달러 이상을 모금한 엄청난 성공작들도 있지만 대부분의 프로젝트는 게임 제작에 필요한 수천 달러를 모은다. 어떤 게임들은 킥스타터에서 소규모로 시작하여 거대한 규모로 성장한다. 그런 사례 중 하나가 '인간성을 저버린 카드Cards Against Humanity'다.

'인간성을 저버린 카드'는 게임 참가자들에게 문장을 완성하게 한다. 이를테면 "이번 시즌에 팀 앨런Tim Allen(미국의 코미디언-옮긴이)은 크리스마스를 구하기 위해 _____에 대한 두려움을 극복해야 한다"와 같은 문장을 "상상하기도 싫을 만큼 아픈 항문 열창", "너무나 맛있어서 인종과 계급을 초월하는 갈비 요리", "다 늙어 죽어가는 래리 킹Larry King(은퇴한 CNN의 유명한 앵커맨-옮긴이)", "유대인들" 중에서 문구를 선택하여 완성해야 한다. 게임의 목적은 가장 불쾌한 내용으로 문장을 완성하여 점수를 얻는 것이다. 이론적으로는 그렇지만 사실 '인간성을 저버린 카드'를 하면서 점수를 계산하는 사람은 없다. 사람들은 보통 술에 취한 상태에서 이 게임을 하기 때문이다. 또한 "이 카드를 만든 중국 아이들의 굳은살 박인 자그마한 손" 같은 문구가 등장하는 카드 게임에서 승자가 있을 리도 없기 때문이다. 이 게임은 그저 우리의 인간성을 서서히 무너뜨릴 뿐이다.

'인간성을 저버린 카드'는 여덟 친구의 합작품이다. 어린 시절부터 친구였던 그들은 미국 전역에서 대학에 다니다가 신년을 맞아 고향인 시카고 근교로 돌아왔다. 그들은 신년 파티를 하다가 이 게임을 고안했고 무료로 인터넷에 올려놓았다. 그 후 2년 동안 이 게임에 열광하는 컬트에 가까운 팬들이 생겨나자 게임

을 만든 친구들은 실물 카드로 판매가 될지 알아보기 위해 2011
년 킥스타터에 프로젝트를 등록했다. "킥스타터는 우리에게 엄
청난 기회를 주었어요." 게임 개발자 중 한 명이자 파트 타임으
로 사업을 운영하는 맥스 템킨의 말이다. "우리는 게임을 만들
고 싶은 생각은 있었지만 다른 사람들이 그것을 재미있어할지
확신이 서지 않았죠. 게다가 여기 시카고 근처의 인쇄소에서 게
임을 인쇄하려면 4000달러 정도가 필요했고요. 우리에게는 그만
한 돈이 없었어요. 그래서 킥스타터가 우리의 유일한 방법이었
습니다." 그들이 모금한 금액은 1만 5000달러였다.

인쇄된 '인간성을 저버린 카드'는 모든 기대를 뛰어넘는 큰
인기를 끌었다. 회사는 판매 실적을 밝히지 않았지만 업계에서
는 약 100만 세트(평균 가격 25달러) 이상이 팔렸을 것으로 추정한
다. 지금도 아마존에서 가장 잘 팔리는 게임이며, 캐나다 유통을
맡은 스네이크 앤드 라테스에서 판매되는 게임의 60퍼센트를
차지한다. "'인간성을 저버린 카드'가 나오기 전까지 우리의 매
출은 아주 미미했어요." 스네이크 앤드 라테스의 온라인 소매와
유통을 돕고 있는 애런 잭의 말이다. "하지만 그 카드 덕분에 우
체국에서 우리 제품의 배송을 따로 취급할 만큼 성공했죠."

템킨과 친구들은 자신들에게 성공을 가져다준 과도한 소비문
화에 관한 생각을 밝히기 위해 오히려 자신들의 성공을 이용했
다. 2013년 블랙프라이데이에 그들은 게임을 평소보다 5달러 비
싸게 팔았다. 그들은 이 가격이 바가지 가격임을 광고에서 분명
히 밝혔음에도 게임 세트는 그 전해보다 더 많이 팔렸다. 다음번

블랙프라이데이에 그들은 온라인 상점에서 게임을 팔지 않는 대신 '불쉿bullshit'(문자 그대로는 쇠똥이지만 허튼소리, 개수작을 의미한다-옮긴이)을 한 상자에 6달러를 받고 팔겠다고 했다. 30분 동안 무려 3만 명의 팬들이 신나게 구매 버튼을 눌렀다. 그리고 몇 주 후 그들이 우편으로 받은 것은 마른 쇠똥이 담긴 상자였다. 동봉한 쪽지에는 판매 수익은 미국 정치권의 재정 투명성을 지지하는 재단에 기부된다고 쓰여 있었다.

'인간성을 저버린 카드'가 성공을 거두면서 업계 사람들의 비판이 쏟아졌다. 비평가들은 그 게임의 불쾌한 내용뿐만 아니라 그 게임이 잘 만들어진 다른 게임들과 같은 취급을 받는 것에도 반발했다. 게임을 좋아하는 사람들은 '인간성을 저버린 카드'가 게임 전체를 비하한다고 생각했다. 포르노를 본 사람들이 진지한 영화에 관심을 가지리라고 기대할 수 없듯 '인간성을 저버린 카드'를 해본 사람들이 게임에 눈을 뜨고 다른 게임도 해볼 것 같지는 않다는 것이었다. 게임 자체도 그렇게 기발하거나 웃기지 않다는 사람들도 있다.

물론 일리 있는 비판이다. 하지만 그런 비판들은 '인간성을 저버린 카드'가 지닌 중요한 부분, 즉 그 카드가 디자이너들이 만드는 테이블게임이라는 거대한 흐름의 일부가 아니라는 점을 놓치고 있다. 그 게임은 사회적 윤활유의 역할을 궁극적인 목표로 한다. 한심할 정도로 단순하고 말도 안 되게 유치해서 그런 불쾌한 문구를 읽을 배짱이 있는 사람이라면 누구나 카드를 집어 들고 몇 초 만에 웃음을 터뜨리게 된다. 게임의 스펙트럼으로 보면 '카탄의 개척자'와는 완전히 반대 지점에 자리하고 있음에도 이 게임은 '카탄의 개척자'와 마찬가지로 아날로그 게임의 가장 핵심적인 매력인 '대면 접촉'을 이뤄낸다.

"우리는 정말 외로운 세대거든요." 29세의 템킨이 말했다. 게임을 만든 그와 친구들은 전부 주위에서 인정하는 너드들이었고 인터넷과 더불어 성장했다. 고등학교 시절 그들은 채팅방에서 친구들과 어울렸고 인터넷으로 스타크래프트를 했다. 하지만 대학생이 되자 진짜 인간관계가 그리워졌다. "잘 골라낸 일상의 이미지를 공유하는 흔한 (온라인) 사회 관계망과 그런 이미지를 따라가지 못하는 우리의 현실 사이에 긴장이 존재하죠. 페이스북에서 친구가 100만 명이라고 해도 현실에서 만날 수 있는 친구는 하나도 없어요. 일상의 서글픈 현실에 비하면 인스타그램은 너무 완벽하지 않나요? 일단 그런 외로움을 느끼기 시작하면 소셜 미디어와 안전한 관계에 더욱더 의지하게 되죠. 즉각적인 만족감을 찾기 위해 다시 소셜 미디어로 돌아가서 계속 새로고침 버튼을 누르는 겁니다. 누구나 그렇게 새로움을 추구하는 순환 고리에 빠져서 거기에서 관계를 발견하려고 애쓴 경험이 있을 거예요."

템킨은 데이비드 포스터 월리스David Foster Wallace(TV는 외로움을 달래는 마취제라고 했다-옮긴이)의 말을 뒤틀어서 디지털 소셜 미디어를 외로움의 마취제라고 불렀다. "바로 그런 이유 때문에 실제로 친구와 함께 테이블에 앉아 이 게임을 하면 그렇게 기분이 좋아지는 거죠. 게임을 시작하면 연결은 즉각적이죠. 게임의 규칙이 무엇인지도 알고요. 그러니까 그건 우리의 맥락에서 파악하기 쉬운 사회적 관계인 거죠. '인간성을 저버린 카드'는 우리 친구들이 함께 어울리고 웃기 위해 만든 거예요. '인간성을 저버린 카드'는 사람들이 필요로 하는 시점에 원하는 욕구에 부응했어요. 제 희망은 사람들이 이 게임을 하면서 서로서로 진정한 관계의 순간들을 경험하는 겁니다." 템킨이 말했다.

'인간성을 저버린 카드'를 비판하는 사람들 중에는 킥스타터가 테이블게임 산업에 해가 된다고 믿는 이들이 많다. 그들은 크라우드펀딩을 통해 쉽게 모금되는 돈 때문에 엉성하게 디자인된 게임이나 제품으로 만들어지지 못하는 프로젝트, 또는 마감일을 한참 지나서야 완성되는 게임들이 시장에 넘쳐난다고 생각한다. 비판자들에 따르면 그런 게임들 때문에 사람들은 테이블게임에 실망하게 되고 상대적으로 작은 게임 시장이 포화 상태가 되어 수익률이 악화된다는 것이다. 그들의 주장이 모두 틀린 것은 아니지만 킥스타터를 통하지 않는 다른 방법, 즉 필요한 사양에 맞추어 게임을 창작하고, 자비로 프로토타입을 만들고, 여러 게임 가게에서 게임을 테스트해보고 나서야 게임 컨벤션에서 전통적인 게임 퍼블리셔에게 그 게임을 파는 방법은 게임 디자이너들이 원하는 과정이 아니다.

게임 디자이너의 밤

어느 날 밤, 나는 스네이크 앤드 라테스에서 알레한드로 베르나자를 만났다. 그는 '딜: 아메리칸드림Deal: American Dream' 게임을 킥스타터에 올리고 모금 중이었다. 베르나자는 콜롬비아 보고타 출신이지만 지금은 토론토에서 교사로 일하고 있다. 그는 트리스탄 프로베르가 속해 있는 프랑스 팀과 함께 이 게임을 만들었다. 베르나자와 프로베르는 2010년 러시아 횡단 여행에서 엿새 동안 좁은 열차 칸을 함께 사용하면서 알게 되었다. 여행 중에 그들은 금세 지루해졌고 종이로 직접 게임을 만들기 시작했다. 여행 직후 프로베르는 베르나자에게 편지를 보내 '리스크'와 비슷한 게임을 만들자고 제안했다. 그 게임의 주인공은 마약 카르텔이었다. 몇 년 동안 그들은 게임을 개발했다. 그리고 시제품을 독일에서 열리는 대규모 국제 보드게임 축제인 에센 슈필 등에 출품했고 거기에서 킥스타터에 대해 처음으로 알게 되었다. 2015년 5월 말 그들이 킥스타터 캠페인을 시작했을 때 '딜: 아메리칸드림'의 모금 목표액은 2만 9000유로였다. 내가 베르나자를 만났을 당시 캠페인은 6일을 남겨놓고 있었고 그때까지 2만 유로가 모금되었다.

"킥스타터가 얼마나 마음을 졸이게 하는지 아무도 말해주지 않았어요." 보드게임의 시제품을 펼치고 카드를 늘어놓으면서 베르나자가 말했다. "정말 진땀 나는 경험이죠."

'딜: 아메리칸드림'은 아메리카 대륙의 마약 생산·소비 시장을 두고 경쟁을 벌이는 범죄 조직들을 주인공으로 하는 게임이다. 게이머는 먼저 갱단(시카고 마피아, 멕시코 카르텔, 밴쿠버 야쿠자 등)을 고르고 기금을 모으고 군인을 사고 영역을 차지한 후에 마약을 팔아 신뢰 점수를 얻는다. 먼저 신뢰 점수 10점을 얻으면 승리한다. 그러나 거기에 이르려면 돈을 뜯어내고, 영역에 침입하고, 각종 무기로 자신을 죽이려는 경쟁자들을 물리쳐야 한다. 우리가 게임을 시작하자 게임 분위기에 걸맞게 카페의 스테레오에서 노토리어스 비아이지Notorious B.I.G.의 노래가 흘러나왔다. 나는 미국의 동부 해안을 손에 넣었고 베르나자는 미국 남서부를 차지했다. 그러고 나서 나는 중서부와 텍사스에서 그의 공격을 물리치고 마이애미를 손에 넣었다. 나는 마침내 그의 고국 콜롬비아의 공급 시장을 차지한 후 게임에 승리할 만큼의 마약을 싣고 미국으로 돌아왔다. '딜: 아메리칸드림'은 재미있고 빠르게 진행되는 독창적인 게임이었다. 나는 킥스타터 캠페인에 10달러를 내기로 약속했고 다음 일주일간 킥스타터를 지켜봤다. 캠페인 종료 5일 전 베르나자와 프로베르가 목표액을 달성할 가능성은 점점 낮아졌다. 그러다 마지막 3일 동안 갑작스럽게 후원자들이 몰려들면서 목표액을 넘어섰다. 이 게임은 이제 공식 출시되어 구매가 가능하다.

'딜: 아메리칸드림'은 킥스타터에 올릴 동영상을 스네이크 앤드 라테스에서 촬영했다. 게임이 공식 판매에 들어가기 직전 나는 카페의 내실에서 개최되는 '게임 디자이너의 밤'에 참석한 베르나자를 만났다.

킥스타터와 (온라인 커뮤니티인) 보드게임 긱이 보드게임의 반격을 이끌어내고 있는 디지털 커뮤니티라면 '게임 디자이너의 밤'은 디지털 커뮤니티의 아날로그 버전에 해당한다. 매달 유명한 프로 디자이너들부터 첫 게임을 발표한 아마추어에 이르기

1부 아날로그 사물의 반격

까지 20~30명의 게임 디자이너들이 동료들을 초대해서 게임을 하고 시제품에 대한 피드백을 받는다. 이때 모인 사람들은 평소 스네이크 앤드 라테스를 찾는 손님들만큼 다양하지는 않다. 남성이 더 많고 더 '긱'스럽지만(〈스타워즈〉 티셔츠를 입은 사람들을 쉽게 볼 수 있다) 출품된 게임의 종류와 범위는 새로운 세대의 게임 디자인이 가진 창의성을 잘 보여준다. 퀵 기사나 수리공을 주인공으로 하는 단순한 게임, 숫자를 사용한 복잡해 보이는 게임, 재미있는 트리비아 게임, 잘라낸 이면지 뒤에 그려 넣은 게임, 나무로 만든 복잡한 말과 나무판을 이용한 게임, 당장 가게에서 팔아도 될 만큼 완성도 높은 게임들까지 다양한 게임들이 나왔다. 동화 〈피리 부는 사나이〉에 기초한 게임, 2차 대전 당시 영국 해협을 건너다니던 전서구가 주인공인 게임도 있었다. 판타지 게임은 당연히 많았다.

그 자리에는 태시(열대 칵테일이 프린트된 셔츠를 입었다)도 나와서 신참 게임 디자이너들과 경험 많은 디자이너들에게 조언과 피드백을 주는 동시에 자신의 B급 영화 카드게임인 '외계에서 온 도굴꾼들 Grave Robbers from Outer Space'을 사람들에게 테스트했다. 태시는 2001년에 처음 나와 이제는 판매가 중단된 그 게임을 새롭게 디자인했다. 그는 업데이트된 게임을 킥스타터에 올릴지 고민 중이었다. "저는 시장이 있다고 생각해요." 태시는 각양각색의 괴물과 배경 그리고 캐릭터 카드들('제일 먼저 죽을 남자', '젖가슴을 드러내는 여자' 등)을 펼치며 말했다. 게이머들은 그런 카드들을 골라 영화를 만들게 된다. "이건 저의 첫 킥스타터 캠페인이에요. 엄청나게 떨려요. 물론 저는 예전에 나온 첫 버전이 얼마나 재미있었는지 이미 알고 있죠. 이 게임을 해본 적이 없는 사람들에게도 여전히 이 게임이 재미있는지 확인하려는 거예요." 킥스타터와 보드게임 긱은 기금 마련과 홍보에 효과적인 수단이었다. 하지만 태시에 따르면 게임이 정말로 성공할지를 확인하는 방법은 한 번도 게임을 해본 적이 없는 사람들에게 직접 해보게 하는 것이라고 한다.

그날 밤 게임을 발표한 게임 디자이너 제니 미첼은 토론토 외곽에 살고 있다. 예술가이자 뮤지션이자 스쿨버스 기사인 미첼은 자신이 처음 만든 게임을 선보이고 있었다. 중고 물건들을 사다가 재활용하는 일을 좋아하는 미첼은 친구들과 겨울 내내 중고 매장에서 구한 보드게임을 했다.

"제가 만든 게임은 '수집벽을 가진 사람들Hoarders'이라고 합니다. 저도 수집벽이 있어요." 미첼이 말했다. 미첼의 아버지는 골동품 가게를 운영했기 때문에 수집벽을 가진 사람들을 종종 만났다. "집에 물건이 너무 많아서 선 채로 죽은 여자도 있었어요." 미첼이 말했다. 이 게임은 집 안에 쌓아놓은 신문 더미 사이에서 선 채로 죽고 싶지 않은 미첼이 약간 병적인 자신의 증상에 대처하는 자신만의 방법이기도 했다.

'수집벽을 가진 사람들'은 엉성했지만 게임으로서의 가치가 있었다. 풀로 붙인 마분지, 손으로 적은 규칙, 싸구려 매장에서 구입한 게임용 화폐, 미첼이 손으로 정성껏 그린 작은 카드들로 구성된 게임이었다. 게이머들은 쓰레기 더미를 뒤져서 유용한

1부 아날로그 사물의 반격

물건(나무, 금속, 철사, 연장)을 찾아내고 그것들을 조합해서 라디오, 테이블, 가구 세트 등을 만들어야 한다. 그렇게 만든 물건들을 잡동사니를 가져온 곳에 되팔거나 다른 참가자들에게 판다. 게임의 시간 단위는 일주일로, 매주 쓰레기를 버리는 날이 있고 느닷없이 홍수가 나는가 하면, 구청의 위생 검사, 생일, 거라지 세일garage sale(차고 등에 쓰던 물건을 내놓고 파는 일-옮긴이), 토네이도 등이 중간중간 끼어들어 수집 활동에 피해를 입히거나 도움을 준다. 12주 동안 가장 많은 돈을 모은 사람이 이긴다.

나는 렉스와 테리라는 이름의 커플(그들은 나를 '파파라치'라고 불렀다)과 마법사 같은 턱수염을 기른, 나이 지긋한 게임 디자이너 프랑수아와 게임을 했다. 프랑수아는 미첼에게 어떤 피드백을 받고 싶은지 물었다. "규칙에 관해서 듣고 싶어요. 하지만 자연스럽게 피드백이 나올 거라고 생각해요." 미첼이 대답했다. 우리는 보드를 준비하고 미첼의 인도에 따라 게임을 진행했다. 맨 처음 모두에게 물품들이 주어지고 차츰 몇 가지 작은 물건들을 팔기 시작했다. 5주 차에 토네이도가 와서 우리의 카드를 뒤섞었다. 나는 흩어진 금속 조각을 발견하고는 테리에게서 슬쩍 가져왔다. 테리는 "파파라치!!!" 하고 화난 척 외쳤다. 게임이 진행되면서 까다로운 점들이 드러났다. 미첼에게 게이머들의 제안이 쏟아지기 시작했다. 다음 게이머에게 순서가 넘어가는 과정이 너무 느려 보였기 때문에 프랑수아는 게이머들이 자기 차례에만이 아니라 언제든 물건을 교환하게 하자고 제안했다. "고양이가 그려진 카드들을 쌓아놓았다가 우승한 사람에게 고양이들을 쏟아주는 세리머니를 해도 되겠어요." 프랑수아에 이어 2등을 차지한 테리가 말했다.

그날 밤 행사가 끝나갈 무렵 나는 구석의 테이블 옆에 서서 구경을 하고 있었다. 테이블에서는 다섯 남자가 리버 러너River Runner라는 어린이용 게임을 하고 있었다. 게이머들은 거센 강물을 건너기 위해 기억에 의존하여 카드들의 짝을 맞춰야 했다. 게임은 단순하면서도 완벽해 보였다. 나는 그 게임의 디자이너 대니얼 로키에게 그 자리에서 시제품을 살 수 있는지 물었다. 그들은 캐나다 보드게임 디자이너 협회Board Game Designers Guild of Canada의 멤버였다. 디자이너들이 서로 게임 출시에 도움을 주고 조언을 해주기 위해 그 협회를 설립했다. 센풍 림은 그 협회의 운영진으로, 작업치료사이자 발달심리학 교수다. 그는 홈쇼핑 광고를 흉내 낸 '잠깐, 그게 전부가 아닙니다!But Wait, There's More!'와 TV 드라마를 각색한 '오펀 블랙Orphan Black' 등 다양한 게임을 디자인한 게임 디자이너이기도 했다.

림은 게임 디자인을 취미hobby와 일job이 뒤섞인 '덕업jobby'으로 여겼다. 그는 그 일을 하느라 집에서 나와 있는 시간을 정당화할 만큼의 돈을 벌고 있었다. 블록버스터급 게임이 있긴 하지만 테이블게임을 만드는 대부분의 사람들은 그저 게임이 좋아서 게임을 만든다. "제 목표는 단순합니다. 우리가 더 많은 게임을 만들어낼수록 게임 문화도 더욱 성장한다는 거죠." 림은 말했다. 그는 디지털 도구가 그런 아날로그 문화를 살려내고 있음을 인정했다. 그는 킥스타터에서 자금을 모았고, 보드게임 긱에

1부 아날로그 사물의 반격

정기적으로 드나들었으며, 심지어 자신만의 팟캐스트를 진행하기도 했다. 그러나 그는 보드게임의 역습이 스네이크 앤드 라테스 같은 현실에 존재하는 물리적인 커뮤니티 덕분에 가능했다고 믿는다.

"스네이크 앤드 라테스가 그 증거죠." 그가 카페를 둘러보며 말했다. 월요일 밤 11시 다양한 성별, 연령, 배경, 관심사를 지닌 사람들이 그곳에 가득 들어차서 온갖 종류의 게임을 하고 있었다. "보드게임이 부모님 집의 지하실에 틀어박혀서 던전스 앤드 드래곤스를 하는 남자들의 전유물이 아니라는 증거죠. 여긴 실재 사람들이 모여서 진짜 게임을 하는 실재 장소예요." 이렇게 말하면서 립은 또 다른 게임을 준비했고 친구들이 그의 주위로 모여들었다.

아날로그
아이디어의 반격

The Revenge of
Analog Ideas

5장

인쇄물
Print

무겁기 때문에
무게 있는 이야기

디지털 경험에는 잉크 냄새도, 바스락바스락 책장을 넘기는 소
리도, 손가락에 느껴지는 종이의 촉감도 없다. 이런 것들은 기
사를 소비하는 방법과 아무런 관계도 없어 보이지만 사실
은 그렇지 않다. 아이패드로 읽는다면 모든 기사가 똑같아 보
이고 똑같게 느껴진다. 그러나 인쇄된 페이지에서 인쇄된 페이
지로 넘어갈 때는 그런 정보의 과잉을 느끼지 못한다.

나는 가장 최근작인 《취향을 만드는 사람들The Tastemakers》의
출간 직후 뉴욕의 유명 마케팅 대행사로부터 연락을 받았다. 내
책을 읽었다면서 고객사를 위해 준비 중인 온라인 음식 트렌드
쇼에 대해 의논하고 싶다고 했다. 우리는 뉴욕에서 만나 커피를
마셨다. 우리의 대화는 금세 내가 현재 하고 있는 일로 넘어갔고
나는 이 책 《아날로그의 반격》에 관해 이야기했다. 그녀는 흥미
로운 아이디어이긴 하지만 궁금한 것이 있다고 했다.

　"왜 책인가요?"

　무슨 말이지?

　"굳이 책을 또 한 권 내려는 이유가 뭐죠?"

　그러고 나서 그녀는 표현 수단으로서 책 출간에 반대하는 모
든 논거를 조목조목 들었다. 책은 방대한 조사와 집필 과정이 필

요하고, 출판사는 그런 일에 비해 변변찮은 보수를 지급하며, 저자에게 변변한 수입을 올려주는 책은 아주 드물다. 게다가 아무도 인쇄물을 읽지 않는다.

대안이 뭔가요? 내가 물었다.

"브랜디드 콘텐츠branded contents죠." 그녀가 당연하다는 듯이 대답했다. 세상은 브랜드에 의해 돌아가고 있고 예술가나 다른 창작자들은 브랜드를 대신해서 훌륭한 작품을 제작하고 있다고 했다. 그녀는 《아날로그의 반격》을 그 같은 프로젝트의 일환으로 여겼다. 아마 소니뮤직은 레코드판에 관한 웹 동영상 시리즈를 제작하도록 비용을 대줄 것이고 캐논은 아날로그 '메이커들'에 관한 블로그를 후원할 것이다. 사람들은 더 이상 책을 원하지 않는다고 그녀가 말했다. "사람들은 가볍게 즐길 수 있는 브랜디드 콘텐츠를 원하죠." 그러니 나처럼 예술이나 새로운 아이디어를 만들어내는 사람들은 그런 콘텐츠를 제작해서 돈을 벌거나, 아니면 죽어가는 문화의 상징에 필사적으로 매달린 채로 점점 가난해지거나 선택을 해야 한다는 것이었다.

나는 미팅을 마치고 나오면서 충격에 빠졌다. 스키 점프대처럼 코가 높은 전직 모델 출신의 그녀는 도대체 자기가 뭐라고 생각하기에 만난 지 5분도 지나지 않아 글쓰기가 직업인 나의 존재에 의문을 제기하는 거지? 시간이 지날수록 그녀의 문제 제기가 내 머릿속을 파고들었다. 그녀의 말이 옳았기 때문에 내가 그렇게 마음이 상했던 걸까? 도대체 왜 나는 또 하나의 책을 쓰고 있었던 거지?

2002년 직업적인 글쓰기를 시작한 이래 디지털에 의한 인쇄물의 죽음이라는 유령은 끊임없이 존재했기 때문에 나는 그 사실을 자연스러운 것으로 받아들이게 되었다. 인쇄 미디어(책, 잡지, 신문)에서 일하는 것은 쇠락한 공업 도시에서 사는 것과 비슷한 느낌을 준다. 주변 세계가 쪼그라들면서 스러져가는 과거의 영광에서 편안함을 찾는 것처럼. 전업 작가로 일을 시작한 후 내가 기고했던 간행물들이 해마다 발간을 중단했고, 점점 더 많은 잡지와 신문이 지면을 축소했으며, 더 많은 편집자들이 일자리를 잃었다. 그리고 내 일로 벌어들일 수 있는 돈의 액수는 점점 줄어들었다. 인쇄 간행물은 저항할 수 없는 디지털 중력에 의해 계속 아래로만 끌려 내려가는 듯했다.

디지털 간행물보다 인쇄 간행물을 제작하고 유통하는 비용이 비싸다. 잡지, 신문, 책을 독자들에게 배달하기 위해서는 나무, 제지 공장, 거대한 인쇄기, 트럭과 창고, 우편배달부, 유통 매장 등이 필요하다. 인쇄 간행물은 돈을 내고 사야 하며, 많은 공간을 차지한다. 그에 반해 디지털 간행물은 물리적 자원도, 배달할 사람도 필요하지 않으며, 아무런 공간도 차지하지 않는다. 디지털 간행물은 쓰레기를 만들지 않으며, 공짜이거나 말도 안 되게 싸다. 인쇄 간행물 한 부를 제작·유통시키는 비용과 노력으로 디지털 간행물 100만 부를 제작·유통시키는 것이 가능하다.

이 모든 사실을 알면서도 인쇄물에 매달릴 사람이 있을까?

하지만 인쇄물은 간신히 살아 있는 것이 아니다. 어떤 부문에서는 성장하고 있고, 새로운 간행물이 등장하기도 하며, 심지어 온라인 간행물의 아날로그 버전이 출간되기도 한다. 물론 요즘은 정기간행물로 수십억 달러를 벌어들이는 매체가 거의 없기는 해도 저비용 생산과 즉시 유통으로 성공한 디지털 출판의 성공담이 전부가 아니라는 사실이 갈수록 분명해지고 있다. 아날로그는 디지털 출판사들이 겪는 온갖 문제들, 즉 인게이지먼트 engagement(관객이나 청중 등의 참여나 반응을 가리킨다-옮긴이), 끈끈함 stickiness, 발견성discovery 등을 해결해주기 때문에 만약 종이 출판과 디지털 출판의 등장 순서가 뒤바뀌었다면 종이 출판이 오히려 디지털 출판을 파괴하는 혁신 기술이 되었을 가능성이 크다.

독립 잡지 구독 서비스

그 어색했던 커피숍 미팅을 마치고 몇 달 후에 나는 런던의 트렌디한 동네인 쇼어디치의 지하 바에 있었다. 천장이 수천 개의 폐전구로 뒤덮인 북클럽이란 이름의 지하 바는 사람들로 북적였다. 런던, 특히 이 동쪽 끝자락은 새롭게 형성된 활기찬 인쇄 출판, 특히 잡지 출판의 중심지다. 전 좌석이 매진된 스택 라이브Stack Live 행사에 참석한 100명 가까운 사람들은 주로 20대와 30대 초반이었다. 독립 잡지 구독 서비스인 스택의 창립자 스티븐 왓슨은 매달 스택이 유통시키는 잡지의 제작자를 초대해서 질문과 대답의 시간을 갖는다. 그날 밤 왓슨은 리사 박을 인터뷰하고 있었다. 박은 아주 말이 많은 미국인으로, 연 2회 발행하는 〈시리얼Cereal〉지의 공동 제작자였다. 〈시리얼〉은 영국의 독립 잡지 업계에서 급부상 중인 스타였다.

서울에서 태어나 밴쿠버에서 자란 리사 박은 뉴욕에서 패션 마케팅 일을 하다가 석사 과정을 밟기 위해 영국 바스로 건너와 그곳에서 영국인 디자이너 리치 스테이플턴을 만났다. 두 사람은 2012년 여백이 많은 북유럽 스칸디나비아의 미학을 살린 디자인 중심의 여행 잡지 〈시리얼〉을 창간했다. 창간호는 1500부가 인쇄되었지만 2015년 가을 호는 3만 5000부를 발행했는데도 금세 매진되었다. 현재 〈시리얼〉은 모든 호가 매진이다(중고 잡지는 온라인상에서 원래 가격의 두세 배 가격에 거래된다). 2015년 〈시리얼〉은 한국어판, 중국어판, 일본어판을 발행하기 시작했고 미국에서도 배본을 늘렸다. 또한 문학을 다루는 부록을 만들고, 가구와 그림 그리고 도자기 등을 아우르는 협업을 시작했다. 현재 리사 박은 레코드판 생산과 꽃꽂이 일도 준비 중이다. 리사 박과 스테이플턴은 정규직 직원 두 명과 함께 이 모든 일을 하고 있었다.

"(어떻게 해내시는지) 저로서는 이해가 안 되는군요." 왓슨이 웃으며 말했다. "아이가 없는 것은 분명한 것 같네요."

그는 〈시리얼〉이 새로 시작한 도시 가이드에 관해, 그들이 디지털 발행이 아닌 인쇄 발행을 택한 이유에 대해 박에게 물었다. 잉크와 종이를 이용한 사업에는 재정이나 물류 면에서 어려움이 따르지 않는가? 나는 귀가 번쩍 뜨였다. "원래는 온라인으로 하려는 생각이 확고했어요." 리사 박이 말문을 열었다. "하지만 인쇄물에 대한 요구가 엄청났어요. 우리는 〈런던 가이드〉를 실험적으로 인쇄했는데 2주 만에 모두 팔렸어요. 그래서 우리의 사업 모델을 유료 인쇄 버전으로 바꿨어요. 온라인으로는 좀 더 작고 요약된 버전을 내놓고요."

나는 손을 들었다. 그러고는 인쇄 잡지가 디지털 잡지와의 경쟁에서 유리한 점이 뭐라고 생각하는지 리사 박에게 물었다. "사람들은 온라인 제품보다 인쇄 제품에 대해 훨씬 더 빨리 알게 되죠"라는 대답이 돌아왔다. "여러분이 상점이나 호텔이나 열차에 들어갔는데 누군가 당신 옆에서 저희 잡지를 읽고 있다면 여러분의 눈에 바로 띄겠죠. 제품을 현실 세계에 내놓으면 사람들의 눈에 띄게 됩니다." 리사 박이 〈시리얼〉의 비전과 잡지의 재정 상황에 대해, 그리고 그들이 공짜로 잡지를 뿌리지 않는 이유에 대해 설명하는 동안 나는 주위를 둘러보았다. 많은 사람들이 고개를 숙이고 그녀의 말을 주의 깊게 노트에 적고 있었다. 그들은 단순히 〈시리얼〉의 팬이 아니라 인쇄물의 반격을 주도하는 사람들이었다. 젊은 그들은 디지털에 익숙했지만 〈시리얼〉을 성공시킨 리사 박의 경험을 듣기 위해 기꺼이 비용을 지불하고 그곳에 참석했다. 그들은 그렇게 자신들의 잡지도 성공하기를 기대하고 있었다.

"'디지털이 인쇄를 죽일 것이다'라는 헤드라인은 매우 단순하면서도 설득력 있는 내러티브지만 사실이 아닙니다." 다음날 아침 가까운 찻집에서 나와 환담을 나누던 제러미 레슬리가 말했다. 신문과 잡지의 디자이너로 활동했던 레슬리는 잡지 디자인에 관한 책을 두 권 썼고 전 세계의 잡지를 소개하는 인기 블로그 '매그 컬쳐Mag Culture'를 운영 중이다. "누가 '왜 인쇄물의 종말이 아닌지 알려달라'고 하면 저는 수많은 문제들에도 불구하고 크고 작은 온갖 매체들이 여전히 대부분의 수입을 인쇄물로 올리고 있으며, 그 어느 때보다도 많은 잡지들이 발행되고 있기 때문이라고 대답합니다."

레슬리는 잡지 산업이 항상 구독자 수로 규정되어왔다고 말했다. 정기간행물 하나가 문을 닫을 때마다 인쇄의 종말이라는 뉴스가 등장하지만 사실은 문을 닫는 잡지보다 훨씬 많은 숫자의 잡지가 창간된다. '미스터 잡지'로 통하는 미국의 학자 사미르 후스니Samir Husni가 작성한 통계 자료에 따르면 미국에서만 매달 평균 20종의 새로운 정기간행물이 창간된다고 한다. 그 통계에는 앞서 말한 〈시리얼〉이나 에세이를 모은 마이크로 매거진 〈리틀 브러더Little Brother〉, 힙스터 대상의 〈킨포크Kinfolk〉, 글로벌 음식 문화 잡지인 〈러키 피치Lucky Peach〉, 커피와 여행을 주제로 한 〈드리프트Drift〉, 〈뉴요커〉의 서부 판에 해당하는 〈캘리포니아 선데이California Sunday〉 같은 트렌디한 잡지뿐만 아니라 〈게이 웨딩 매거진Gay Wedding Magazine〉, 〈걸스, 건스 앤드 로즈Girls Guns and Rods〉, 〈3D 메이크 앤드 프린트3D Make and Print〉, 애완동물을 다루는 〈기니피그〉 같은 잡지들도 포함된다.

이들 잡지가 보여주는 것은 인쇄된 간행물을 제작하고 판매하는 새로운 모델, 특히 포스트디지털 경제에서 작동하는 모델로의 이행이다. 새로 생겨나는 잡지들은 대개 초기에는 몇 백 부나 몇 천 부 수준으로 작게 시작해서 점차 독자를 자연스럽게 늘려나갔다. 이런 방식은 창간호를 수십만 부 발간해서 많은 매장에 일순간에 뿌리는 기존 출판사의 요란스러운 창간과는 대조되었다. 그러나 지난 10년간 창간된 독립 잡지들 중 많은 수가 이제는 다국적 출판 기업에서 출간하는 잡지들의 발행 부수에 육박하고 있다. "앞으로 콘데나스트Condé Nast와 허스트Hearst 같은 대형 출판 기업이 독립 잡지 모델을 흉내 내는 상황이 벌어질 거예요." 레슬리의 말이다. 이는 적은 숫자의 가치 있는 독자들을 대상으로 소량 생산되는 고품질 잡지의 등장을 의미한다.

레슬리는 이같이 새로운 글로벌 차원의 인쇄 잡지가 생겨난 것은 디지털 기술 덕분이라고 믿는다. 특히 출판 소프트웨어의 확산으로 소규모 출판업자라도 멋진 잡지를 제작하는 것이 가능해졌다. 스티븐 왓슨도 이런 인쇄물의 르네상스가 디지털을 기반으로 한다는 점에 동의했다. "잡지 붐이 일었어요." 왓슨은 스택 라이브 행사가 진행되기 직전 나와 잠깐 만났을 때 그렇게 말했다. "잡지사가 돈을 더 많이 벌거나 잡지를 더 많이 파는 것은 아니지만 기술의 발전으로 더 많은 잡지가 생겨나고 있어요." 여기에서 기술은 디자인 소프트웨어, 크라우드 펀딩 캠페인, 디지털 인쇄 등을 포함하지만 왓슨은 블로그 활동이 중요한 역할을 했다고 생각한다. 그는 "사람들은 블로그 활동을 하면서 블로그와 함께 자랐고 자기표현 수단으로 글쓰기를 해요"라고 말을 이었다. "그런데 인쇄물을 통해 생각을 표현하려는 사람들도 바로 그들이에요. 그러니 그들의 아이디어는 틀리지 않아요." 종이의 영속성이 온라인에서는 실현되기 힘든 한 단계 높은 신뢰성을 부여한다.

왓슨은 새로운 잡지들이 성장하는 것을 지켜보면서 시장의 근본적인 격차에 주목했다. 새로운 잡지도 많고 이들 잡지의 팬도 많지만 배본 시스템은 대형 출판업자들에게 맞춰져 있었다. 이 기업들이 발간하는 잡지들(〈타임Time〉, 〈플레이보이Playboy〉, 〈골프 다이제스트Golf Digest〉, 〈포브스Forbes〉 등등)은 대량 인쇄되어 손해를 보면서 팔리지만 광고로 손실을 메꾼다. "전통적인 잡지 시장은 지독하게 낭비적인 모델에 기초하고 있습니다. 필요한 부수의 두 배를 인쇄해서 이곳저곳에 쏟아내고 팔지 못한 절반은 갈아서 재생지로 만들죠." 제러미 레슬리의 말이다. 새롭게 떠올라 틈새를 공략하는 잡지들 중에는 혁신적인 독일 잡지 〈MC1R〉이 있다. 빨간 머리들을 위한 라이프스타일 잡지인 〈MC1R〉은 전통적인 생산 방식으로는 절대 성공할 수 없었을 것이다. 제작비를 감당할 수 없었을 테니까. 바로 그 부분을 스택이 해결한다. 왓슨은 매월 다른 독립 잡지를 골라 스택의 구독자들에게 최신호를 보낸다. 9월에는 〈어드레스Address〉(문학과 패션), 10월에는 〈엘리펀트Elephant〉(예술과 문화), 11월에는 〈인턴Intern〉(기업에서 돈도 못 받고 일하는 인턴들을 위한 잡지), 12월에는 〈랩Wrap〉(그래픽디자인 잡지로, 포장지를 간지로 끼워준다), 이런 식으로 말이다. 스택의 구독료는 연간 190달러다.

왓슨은 2008년 아직 편집자로 일하던 당시에 파트타임 프로젝트로 스택을 시작했다. 그러다 2014년에 4000명 이상의 구독자들이 모였고 이제 왓슨은 2018년까지 1만 명의 구독자가 모이길 희망한다. (손익분기점을 살짝 넘긴) 이 사업은 이들 잡지를 도매가에 사들여서 돈을 번다. 잡지 발행자들은 스택이 판매를 보장하고 신규 독자들을 불러 모으기 때문에 좋아하고, 독자들은 스택이 정가보다 싸게 새로운 잡지들을 소개하기 때문에 좋아한다. 왓슨은 스택의 시장을 북미로 확장하는 중이다. 또한 잡지 사들이 스택의 웹사이트를 통해 잡지를 단권으로 팔거나 연간 정기 구독을 신청받는 등 새로운 배급 서비스를 시작했다.

"스티브 왓슨은 엄청난 사람이에요." 롭 오처드의 말이다. 그는 2014년 1월 스택이 선정한 잡지 〈딜레이드 그래티피케이션 Delayed Gratification〉(즉각적인 만족instant gratification의 반대말로, 지연된 만족이라는 의미-옮긴이)의 공동 설립자 겸 편집자다. 〈딜레이드 그래티피케이션〉은 뉴스를 회고적인 관점에서 다루며, 자칭 '느린 저널리즘'이라 불리는 분석적 접근을 시도한다. 디지털 미디어가 사건에 대한 즉각적인 평가를 내놓는 것과는 반대되는 방식이다. "우리는 거의 비슷한 시기에 사업을 시작했어요. 그리고 항상 서로를 지지해왔습니다. 스택은 잡지에 대한 관심을 끌어내는 데는 엄청난 재능이 있어요. 이건 매우 실용적입니다. 왜냐하면 소량 인쇄를 하는 경우 왓슨은 일정 숫자의 독자들을 보장해주거든요. 무료 독자가 아닌 유료 독자 말이에요. 그는 정말 영리한 사람이지요. 그는 소규모 잡지사들이 접하는 문제를 전부 알고 있습니다."

영국의 독립 잡지 업계 종사자들과 대화하는 동안 내가 발견한 한 가지 공통점은 디지털 출판에 대한 인쇄물의 장점을 철저하게 낙관한다는 점이었다. 그들이 낭만적이라서 그렇게 생각하

는 것이 아니었다. 그들은 확고히 경제적인 논리에 토대를 두고
있었다. "가장 중요한 사실은 사람들이 인쇄물에 지갑을 연다는
겁니다." 오처드의 말이다. 인쇄물이야말로 유효성이 입증된 비
즈니스 모델이라는 것이다. 〈딜레이드 그래티피케이션〉은 광고
로 수입을 얻지 않지만 연 4회 5000부 정도를 판매하여 연간 20
만 파운드 이상의 수익을 낸다. 그것이 가능한 이유는 잡지가 제
작비보다 비싸게 팔리기 때문이다. 많은 돈처럼 보이지는 않을
수도 있다. 하지만 장기적으로 보면 수백만 달러를 퍼부으면서
도 비즈니스 모델을 고민하는 (디지털) 발행물보다 경제적으로
생존 가능성이 높은 모델이다. "저는 진짜로 성공한 디지털 잡
지를 아직 보지 못했어요." 오처드가 말했다. "디지털이 답이라
고 생각하여 디지털로 뛰어든 사람들을 많이 봤지만 그들은 어
떻게 돈을 벌어야 할지 몰라요."

트래픽과 독자의 차이점

디지털이 배포에는 유리하지만 디지털 미디어의 수익 모델
은 여전히 불확실하다. 다들 인쇄물은 죽었다고 그토록 자신 있
게 말하고 있지만 대부분의 디지털 미디어들은 여전히 버는 돈
보다 쓰는 돈이 많다. 이 사실은 디지털 미디어들이 가지고 있는
가장 핵심적인 가설과 상반된 것이다. 2008년 10월 뉴욕의 파티
장에서 내가 만났던 사람이 그 가설을 아주 잘 요약해주었다. 미
디어 가십 웹사이트를 토대로 디지털 미디어 왕국을 건설한 고
커Gawker가 주최한 파티였다. 나와 이야기한 그 사람은 블로거로

활동하고 있었다. 리먼 브러더스Lehman Brothers는 그보다 몇 주 전에 붕괴했고, 주식 시장은 급락 중이었으며, 미디어 산업은 경기 침체의 영향을 받고 있었다. 인쇄 미디어들이 폐간하면서 감원이 이어졌다. "이건 아주 좋은 일이에요." 그녀는 자신이 기록하고 있던 암울한 전망에 관해 그렇게 말했다. "모든 광고가 콘데 나스트를 떠나 우리에게 올 거예요!" 그녀의 예측은 절반만 맞았다.

경기 침체로 광고비는 인쇄 매체에서 온라인 매체로 재빠르게 이탈했다. 그러나 불행히도 디지털 매체로 그 돈이 고스란히 이동한 것은 아니었다. 광고비는 디지털 매체로만 이동한 것이 아니라 웹 곳곳으로 퍼져나갔다. 크레이그스리스트와 이베이eBay는 안내 광고를, 구글 애드워즈Google Ad words와 옐프Yelp는 지역 광고를 수주했다. 그리고 또 다른 브랜드와 광고주들은 특정 카테고리에서 페이지뷰 점유에 따라 비용을 지불했고 브라우저가 어느 페이지를 열든 소프트웨어가 자동으로 페이지뷰를 채워나갔다. 광고주의 예산은 동일한데 더 많은 곳으로 흘러가다 보니, 광고 단가는 떨어졌고 디지털 퍼블리셔와 인쇄 퍼블리셔는 모두 가난해졌다.

나는 런던에서 이니셔티브Initiative라는 미디어 플래닝 전문 광고 회사에서 일하는 제인 울프슨, 스티브 헤르와 이야기를 나누었다. 이니셔티브는 코카콜라나 아마존 같은 브랜드들의 광고 구매를 담당한다. 헤르에 따르면 인쇄를 기피하는 트렌드로 인해 2005년에는 30퍼센트를 차지했던 미디어 광고 비용이 점점 줄어들어 2015년에는 7퍼센트까지 내려갔다고 한다. 그렇게 빠져나온 광고비는 디지털로 이동했다(TV나 〈빌보드〉 등 다른 미디어들은 큰 변동이 없다). "모두 뉴스가 계속 (인쇄물의 종말을) 강조한 탓이라고 생각합니다." 울프슨이 말했다. 설사 인쇄물의 장점이 실제로 감소하지 않았다고 해도 사양길로 접어들었다는 이야기가 계속 들리는 곳에 투자하고 싶은 광고주는 없을 것이다. "투자 대비 수익ROI(return on investment)으로 보면 인쇄 광고는 항상 효과가 좋아요." 그가 말했다.

인쇄 광고는 디지털 광고보다 높은 인게이지먼트를 갖는다. 사람들은 디지털 광고보다 인쇄 광고를 더 오랫동안 보게 된다. 또한 알고리즘에 의해 광고가 배치되는 디지털 광고에 비해 인쇄 광고는 언제 어떤 식으로 광고를 노출할 것인지에 대해 브랜드와 매체 모두에게 더 많은 통제력이 주어진다(최근에는 〈뉴욕타임스〉 웹사이트에 올라온 케이트 미들턴의 가짜 섹스 동영상에도 광고가 등장했었다). 디지털 광고는 종종 사적인 공간을 침해하는 방해물이나 장애물로 여겨지기 때문에 클릭해서 전부 닫거나 애드 블로킹 소프트웨어로 한꺼번에 차단해버리고 싶어진다. 반면 인쇄 광고는 지면에 잘 어울리게 배치된다. 〈보그Vogue〉 같은 잡지의 경우 사람들은 편집된 콘텐츠만큼이나 광고를 보기 위해서 잡지를 산다.

"인쇄 독자가 디지털 독자보다 가치 있는 셈이죠. 독자들은 제품(잡지나 신문)에 두터운 친밀감과 충성도를 가지고 있어요. 그게 브랜드 광고로 전이되지요." 울프슨의 말이다. 영국 잡지

출판 마케팅 대행사인 매그네틱Magnetic이 최근 실시한 조사에 따르면 잡지 독자의 90퍼센트가 광고를 보고(다른 미디어보다 월등히 높다), 그중 70퍼센트가 뭔가를 사거나 매장을 방문했다고 한다. 온라인의 경우 이 수치는 현저히 낮다. "온라인에서 브랜드를 구축하기는 어렵습니다. 클릭 한 번으로 들어왔다 나갔다 하니까요. 온라인에서 누군가와 관계를 맺기는 대단히 어려운 일입니다." 헤르의 말이다.

이 모든 것은 여러 퍼블리셔들이 광고주로부터 끌어 모을 수 있는 수입으로 치환된다. "잡지 광고가 1달러라면 그에 해당하는 디지털 광고는 여전히 20센트입니다." 2014년 텍사스주 휴스턴에 있는 사무실에서 니콜 보걸이 말했다. "디지털 광고 수입은 푼돈에 불과합니다." 보걸은 시티 매거진 〈휴스터니아Houstonia〉의 설립자이자 회장이다. 이 잡지는 보걸이 10년 전에 동생과 함께 시작한 미디어 회사인 사가 시티Saga City에 소속되어 있다. 사가 시티는 이제 미국 전역에서 50종 이상의 유료 월간 시티 매거진을 소유하고 있다. 그중에는 〈월간 포틀랜드Portland Monthly〉와 〈시애틀 메트Seattle Met〉도 있다. 이 잡지들은 모두 인쇄 부수를 늘리면서 사가 시티의 핵심 비즈니스로 자리매김했다. "인쇄물은 마케팅 경험을 전달하는 데 뛰어나죠. 방해 없이 이어지고 독자에게 선택권을 주기 때문이에요. 인쇄 광고는 보는 사람이 선택한 것이기 때문에 온라인상에서 알고리즘에 의해 움직이는 팝업 광고보다 더 많은 시간 동안 주목을 받습니다. 팝업 광고가 뜨면 우리는 곧장 광고 창을 닫아버리잖아요. 그런데 인쇄 광고가 나온다고 그 페이지를 찢어버리지는 않죠." 보걸이 말했다.

신규 디지털 매체들의 경우 벤처캐피털의 지원을 걷어내면 대개 광고 수입으로는 비용을 충당하지 못한다. 이는 퍼블리싱의 혁명적인 변화도 아니고 멈춰버린 산업을 고치는 일도 아닌, 그저 수익이 나지 않는 산업일 뿐이다. 나는 블로그, 앱, 웹사이트 등 '새로운 형태의 디지털 스토리텔링'을 한다는 편집자들로부터 기고 요청을 수없이 받았다. 내가 그들에게 원고료를 줄 수 있냐고 물으면 "지금 당장은 작가들에게 돈을 드릴 수 없지만 당신은 엄청나게 홍보될 거예요"라는 대답이 돌아왔다. 나의 한결같은 대답은 나는 충분히 홍보되고 있으며, 내가 정말 바라는 것은 돈이라는 것이었다. 런던의 한 작가는 그런 최저가 경쟁에 대해 이렇게 말했다. "인쇄물은 파운드 단위라면 디지털은 페니(1파운드는 100페니-옮긴이) 단위죠."

인쇄 미디어와 디지털 미디어의 큰 차이점은 결과물에 대해 즉각적인 지불을 요구할 수 있느냐에 있다. 대부분의 인쇄 미디어들은 몇 달러에 사야 하지만 디지털 미디어들은 공짜다. 이 차이는 광고주가 최대한 많은 독자들을 확보할 수 있다는 점에서 좋아 보일 수도 있지만 실제로는 독자 가치만 하락할 뿐이다. 새로 창간하는 독립 잡지는 잡지를 무료로 뿌리기보다는 판매하는 쪽을 택한다. 공짜 콘텐츠 모델이 심각한 문제점을 안고 있기 때문이다. 디지털에서도 마찬가지다. 미디어 저널리스트인 마이클 월프가 2015년 〈뉴욕타임스〉에 썼듯이 "온라인 미디어는 공짜의 바다에 빠져 죽어가고 있다. 전 세계적인 정보 수집 서비스인 구글이나 페이스북은 트래픽의 흐름을 좌우하면서 효과적으로 광고 요금을 설정한다. 그들의 경이로운 트래픽 성장은 광고 시장을 공급 과잉으로 만듦으로써 요금 하락을 가져왔다. 〈가디언The Guardian〉부터 버즈피드에 이르기까지 디지털 미디어들은 충성도 높은 독자가 아니라 더욱 많은 트래픽을 추구함으로써 앞으로 나아갈 수 있었다. 하지만 수백만 개의 눈동자들은 너무나 짧은 시간 동안 슬쩍만 훑고 지나가기 때문에 광고주들은 점점 돈을 쓰지 않게 된다."

스마트해지는 느낌을 팝니다

공짜에 휩쓸리지 않은 가장 뛰어난 사례는 〈이코노미스트〉다. 나는 이 잡지를 10년 동안 구독하고 있다. 런던을 방문하기 전에 나는 〈이코노미스트〉가 2006년 일주일에 100만 부였던 인쇄 발행 부수를 2015년에 160만 부 이상으로 늘렸다는 기사를 읽었다. 같은 시기에 많은 인쇄 미디어들이 발행 부수를 감소시키고 있었다. 〈이코노미스트〉는 인쇄 잡지 구독과 온라인 구독 모두에 상당한 요금을 부과하면서도 구독자를 늘려왔다. 구독료는 연 평균 150달러 정도로, 디지털 구독자에게도 인쇄 잡지 구독자와 같은 요금을 부과했다. "우리는 인쇄 광고가 소멸할 거라는 가정하에 비즈니스 모델을 세웠습니다. 광고비를 따겠다고 콘텐츠를 무료로 뿌린다면 광고비가 없어졌을 경우 콘텐츠를 만들어낼 수 없게 됩니다. 우리가 원하는 건 수익입니다!"〈이코노미스트〉의 부편집장 톰 스탠디지는 점심으로 초밥을 서둘러 먹으며 말했다. 〈이코노미스트〉의 입장은 독자가 비용을 지불하기만 한다면 인쇄든 디지털이든 상관하지 않겠다는 것이다.

스탠디지는 〈이코노미스트〉가 실제로 성장한 이유를 '완독 가능성'(그가 이름 붙였다)에서 찾는다. 그것은 독자가 잡지 한 권을 정말로 끝까지 읽는다는 의미다. 잡지는 시작, 중간, 끝이 있고 독자는 끝에 도달하면 큰 만족감을 느낀다. "우리는 독자가 잡지를 끝까지 읽고 나서 느끼는 더 스마트해지는 듯한 느낌을 팝니다. 그건 일종의 카타르시스죠." 스탠디지는 말했다. 그와는 달리 뉴스 웹사이트는 절대로 끝나지 않는다. 이야기와 업데이트와 특집 기사가 꼬리를 물고 이어진다. 그같이 끝없는 콘텐츠가 웹사이트의 매력이기도 하니까. 스탠디지가 흥미로워하는 점은 나이 든 독자들은 디지털 구독을 늘리는 반면 젊은 독자들은 인쇄 잡지를 더 좋아한다는 것이다. "우리는 젊은 독자들이 〈이코노미스트〉를 사회적 상징으로 원한다고 생각합니다. 디지털판으로는 자신이 이 잡지를 읽고 있다는 걸 남들에게 보여줄 수 없잖아요. 당신이 얼마나 스마트한지 보여주려고 아이패드를 아무 데나 놓아둘 수는 없으니까요." 스탠디지의 말이다.

아이패드에 관한 스탠디지의 말은 시사하는 바가 크다. 이 기기는 디지털 출판의 원대한 약속과 현실의 간극을 보여주기 때문이다. 애초에 출판사들은 아이패드가 재정적 문제를 해결해줄 것이라고 환영하면서 너도 나도 공들여 앱을 만들고 온갖 흥미로운 독점 콘텐츠를 풀었다. 대부분의 독자들은 웹사이트상의 기사에 대해 돈을 내려고 하지 않았음에도 출판사들은 독자들이 기꺼이 돈을 낼 거라고 착각했다. 이들 앱을 개발하는 데는 상당한 비용이 들어갔지만 독자들은 그런 것들을 원하지 않았다. 아이패드 판매의 성장세가 멈추고 하락세가 시작되면서 출판사들은 화려한 태블릿 앱을 서둘러 포기했다. "2~3년 전만 해도 우리 모두 태블릿이 급증할 거라고 믿었다. 몇몇은 태블릿이 인쇄를 대체할 거라고까지 했다. 하지만 그런 일은 일어나지 않았다." 〈마사 스튜어트 리빙Martha Stewart Living〉의 발행인 대런 마주카는 2015년 개설한 잡지 블로그 '런치 모니터Launch Monitor'에 그렇게 썼다. "종이 포맷은 여전히 (독자들이) 가장 우선적으로 다가가고 싶어 하는 매체다. 독자는 인쇄물을 들고 앉거나 눕거나 돌아다니기도 한다. 태블릿은 시장에서 사실상 성장을 멈춘 상태다."

제러미 레슬리는 내가 태블릿 얘기를 꺼내자마자 고개를 절레절레 흔들었다. "저는 아이패드와 디지털 편집을 위한 개발 미팅에 수없이 참석해봤어요. 사람들은 디자인과 사용자 경험UX에 관해 이야기했죠. 만약 누군가가 회의실에 들어와서 '내가 완벽한 포맷을 찾았습니다! A4용지를 여러 장 인쇄해 묶으면 손으로 넘기며 훑을 수도 있어요!' 하고 말하면 아마 다들 '휴, 다행이다! 드디어 정답을 발견했구나!'라고 말할 겁니다. 잡지는 무조건 디지털보다 낫습니다."

이유는 단순하다. 종이로 읽는 것은 대단히 기능적이고 우리에겐 거의 타고난 듯 자연스러운 행동이기 때문이다. 종이로 글을 읽을 때는 마리아 세브레곤디가 몰스킨 노트의 매력으로 설명했던 것처럼 오감을 사용하게 된다. 〈이코노미스트〉 인쇄판의 내용이 잡지사의 웹사이트나 앱에 올린 내용과 완전히 똑같더라도 디지털 경험에는 잉크 냄새도, 바스락바스락 책장을 넘기는 소리도, 손가락에 느껴지는 종이의 촉감도 없다. 이런 것들은 기사를 소비하는 방법과 아무런 관계도 없어 보이지만 사실은 그렇지 않다. 아이패드로 읽는다면 모든 기사가 똑같아 보이고 똑같게 느껴진다. 그러나 인쇄된 페이지에서 인쇄된 페이지로 넘어갈 때는 그런 정보의 과잉을 느끼지 못한다.

디지털 미디어들은 이 사실을 깨닫기 시작했고 그중 일부가 시범적으로 인쇄 출판을 시작했다. 지난 몇 년간 뮤직 웹사이트 '피치포크Pitchfork', 미국의 정치 블로그 '폴리티코Politico', 유대계 미국인들이 즐겨 읽는 '태블릿Tablet', 테크 문화 웹사이트 '판도 데일리Pando Daily'가 다양한 형태의 인쇄물을 발간하기 시작했다. 한정판 LP를 증정하는 월간지부터 워싱턴 DC 주변에 보급되는 타블로이드 주간지에 이르기까지 다양하다.

"실은 이 업계에서는 종이가 디지털보다 훨씬 더 가치가 있습니다." 페니 마틴이 자신의 사무실에서 말했다. 마틴은 연간 2회 발행하는 여성 패션 잡지 〈젠틀 우먼The Gentlewoman〉의 편집장이다. 이 잡지는 영국 독립 잡지 업계에서 아주 큰 성공을 거두었다. 10만 부 이상 발행한 잡지는 금세 팔려나가고 과월호는 온라인에서 원래 가격보다 몇 배나 비싸게 거래된다. 패션 블로그에서 시작했던 마틴은 저널리즘의 디지털화가 콘텐츠와 아이디어를 쥐어짜낸다는 사실을 알게 되었다(마틴 뒤의 벽에는 "인터넷 탓이다"라는 포스터 액자가 걸려 있고 바로 그 옆의 액자에는 표지 모델 앤절라 랜스버리가 사인한 〈젠틀 우먼〉 표지가 들어 있었다). "패션 광고가 온라인으로 넘어올 거란 큰 기대가 늘 있었지요." 마틴은 자신이 디지털 매체에서 일하던 때를 떠올렸다. "하지만 그렇지 않았어요." 〈젠틀 우먼〉 잡지에 광고를 싣는 샤넬 같은 럭셔리 패션 브랜드들은 이제 인쇄 광고비를 크게 늘리고 있다. 그 이유는 잘 디자인한 온라인 광고조차도 컴퓨터 스크린에서는 값싸 보이기 때문이다. 마틴이 확신하는 것처럼 인쇄는 럭셔리 아이템이 되었다. "종이가 터무니없는 낭비라고 떠든다면 그건 그만큼 종이가 럭셔리해졌다는 뜻이지요. 마치 가죽처럼요." 마틴이 말했다.

영국에서 성공한 대부분의 최신 잡지들은 럭셔리 접근법을 택해서 고급스럽게 잡지를 만들고 그에 걸맞은 가격을 매겼다. 이 분야의 유명한 선구자는 타일러 브룰레이다. 그는 런던에 살고 있는 캐나다 출신의 저널리스트로, 아프가니스탄에서 입은 총상이 회복되자 1996년에 고급 디자인 잡지인 〈월페이퍼 Wallpaper〉를 창간했다. 브룰레이는 〈월페이퍼〉를 타임 사에 팔고 나서 2007년에 〈모노클Monocle〉을 창간했다. 〈모노클〉은 글로벌 스타일, 비즈니스 등의 기사를 싣는다. 〈모노클〉은 무게 있는 종이에 아날로그 필름으로 찍은 사진을 사용하고 전 세계에 기자와 사무실을 거느린 고품격 매체다. 각 호의 두께는 2.5센티미터가 넘고 평균 20달러에 팔린다.

〈모노클〉의 편집장 앤드루 터크는 대형 출판사들이 종이 잡지를 포기하고 디지털로 전환하던 그 시점에 브룰레이가 직관에 반하는 접근법을 택한 덕분에 〈모노클〉은 창간 일 년 만에 2008년 금융 위기를 맞고도 큰 성공을 거두었다고 말했다. "금융 위기가 닥쳤던 그해가 우리에겐 최고의 해였지요." 터크가 말했다. 우리는 런던 중심부에 자리 잡은 녹음이 울창한 본사(미도리 하우스)에서 이야기를 나누었다. 그때 이후로 〈모노클〉은 해마다 약 7퍼센트씩 발행 부수를 늘렸다. 소셜 미디어에 별다른 공을 들이지 않았고 한 부도 공짜로 배포하지 않았는데도 가능한 일이었다. 〈모노클〉은 의류, 가방, 책 등에서부터 카페에 이르기까지 다양한 사업을 하고 있지만 회사 수익의 대부분은 인쇄 광고와 잡지 판매에서 나온다.

터크는 〈모노클〉이 인쇄물이기 때문에 독자와 장기적인 관계를 형성할 수 있었다고 믿는다. 한 권 한 권의 〈모노클〉은 출간 후 수년이 지나도 살아남기 때문이다. 독자들은 집에 놓인 잡지를 여러 번 보기도 하고 다른 독자에게 건네주기도 한다. 그러면 그 독자가 또 다른 독자에게 건네줄 수도 있다. 이와는 반대로 "웹사이트나 아이패드로는 기사를 한 번만 보지요." 터크가 말했다. 인쇄물은 〈모노클〉 독자에게 뜻밖의 발견을 재미로 선사하기도 한다. 종이 잡지를 순서대로 읽는 과정에서 독자는 디지털 포맷에서는 찾아보지 않았을 이야기, 이미지, 아이디어를 만난다. 그런 만남은 아주 소중하다.

마지막으로, 단지 종이 위에 인쇄되었다는 이유만으로 모든 사물이 더 좋아 보인다. 광고일 경우에는 더욱더 그렇다. 이 모든 장점들 덕분에 〈모노클〉의 비싼 가격이 독자와 광고주에게 정당화된다. "우리는 이 시장에서만큼은 인쇄 잡지에 대한 확신을 갖고 있습니다. 추는 분명히 뒤로 되돌아왔습니다. 디지털 세상에는 낭만이 없어요. 하지만 인쇄된 종이에는 낭만이 있지요. 촉감이 느껴지고 아름답지요. 페이지에서는 야망의 냄새를 맡을 수 있지요. 하지만 웹사이트에서는 야망의 냄새를 맡을 수 없어요." 터크가 말했다. 〈모노클〉이 파는 것이 바로 아날로그 낭만과 아날로그 야망이다.

완독의 즐거움

잡지가 인쇄물의 가능성을 보여주었다면 신문이 앞으로 나아갈 길은 그렇게 분명하지가 않다(책은 어떠냐고? 걱정 마시라, 다음 장에서 책에 대해 따져볼 테니까). 신문 산업은 최신의 중요한 정보를 전달하는 최고의 도구가 종이라는 결론을 바탕으로 성립되었다. 그 점에서 인쇄물은 디지털과 경쟁할 수 없다. 신문이 가치 있는 아날로그 미디어로 남으려면 신문의 개념을 다시 생각해보아야 한다. 대다수의 일간지들은 다가올 미래에 인쇄물이 차지할 적당한 자리를 찾아내기 위해 안간힘을 쓰고 있다. 영국의 보수 일간지 〈데일리 텔레그래프The Daily Telegraph〉의 수석 디자이너인 조 힐도 그런 임무를 맡고 있다. 우리가 신문사 사무실에서 만났을 당시 그는 〈데일리 텔레그래프〉의 인쇄판과 디지털판을 완전히 새롭게 디자인하는 작업을 총괄하고 있었다. 포스트 디지털 출판 사업의 새로운 발판을 마련하기 위해서 힐은 종이 신문이 럭셔리 상품으로 변신해야 한다고 생각했다. 잡지의 화려한 외관을 본떠야 한다는 것이 아니라 무절제한 공짜 정보가 어디에나 널려 있는 시대에 물리적으로 읽는, 절제되고 신비하고 퍼스널한 럭셔리 상품을 제공해야 한다는 뜻이다.

"2015년에 신문을 읽는다는 것은 기분 좋은 경험이어야 합니다." 힐은 테이블 위에 〈데일리 텔레그래프〉를 펼치면서 말했다. "이건 당신이 즐기는 것이어야 해요. 정보를 얻기 위해 아무 생각 없이 읽는 것이 아니라 스스로 선택한 것이어야 합니다." 그는 종이 신문이 요란한 트위터 피드보다 문화적으로 우월한 정신을 고양시키는 경험이라는 의미에서 도서관에 비유했다. 〈데일리 텔레그래프〉 편집진의 목소리는 물리적인 문서로 기록되어 있기 때문에 정부 기관에서 이 신문의 헤드라인을 읽을 때는 단순히 스크린에 뜨는 글자보다 훨씬 무게감 있게 느끼는 것이 당연하다. "종이 신문이라고 부끄러워할 것이 아니라 오히려 자랑스러워해야 합니다."

힐은 〈데일리 텔레그래프〉의 수입 대부분이 여전히 종이 신문에서 나온다고 말했다. 이는 (내가 디지털 신문 구독료로 연간 300달러를 지불하는) 〈뉴욕타임스〉를 포함해 거의 모든 신문들이 마찬가지다(〈뉴욕타임스〉는 사람들이 기꺼이 구독료를 내게 만든 몇 안 되는 신문이다). 2014년 〈뉴욕타임스〉는 종이 신문을 구독하는 가정을 대상으로 독자 조사를 실시해서 사람들이 신문과 관련해 매일, 매주 반복하는 행동들을 분석했다. 그 결과 (맨해튼 북서부에 거주하면서 일요일마다 자바스Zabar's에 들러 커피와 베이글을 시켜놓고 〈뉴욕타임스〉 일요판을 읽는, 나이 많은 유대인 여성과 같은) 전통적인 종이 신문의 핵심 독자층이 있는가 하면 의식적으로 종이 신문을 선택한 젊은 독자들도 있었다(상당수의 신규 구독자가 이런 젊은 독자들이었다).

응답자들은 종이 신문을 들고 한 기사씩 차례로 읽는 경험(기사의 완독 가능성)을 좋아했고, 이를 돕기 위해 편집진이 큰 맥락 안에서 이야기들을 조심스럽게 배치한 방식을 좋아했다. 조사결과 〈뉴욕타임스〉의 종이 독자들은 디지털 독자보다 신문을 더 오래 읽었다. 그들은 디지털 버전에서는 결코 읽지 않았을 이야기를 종이 신문을 넘기다가 우연히 발견하는 즐거움과 특정 시간에 특정 섹션을 읽는 등의 의식을 좋아했다. 종이 신문의 젊은 구독자들은 디지털 기기와의 연결을 끊으면서도 세상과는 단절하고 싶지 않은 욕구에 관해 이야기했다. 몇몇은 저녁 식탁에 종이 신문을 펼쳐놓음으로써 휴대전화나 태블릿에 자주 주의를 빼앗기는 자녀들과 대화의 물꼬를 튼다.

"인쇄물의 매력은 웹이 아니라는 거죠." 〈뉴욕타임스〉의 부편집장이자 CCOchief creative officer인 톰 보드킨이 말했다. 그는 종이 신문과 디지털 신문의 디자인을 총괄한다. "보세요. 저는 이런 게 너무 좋아요. 옛날 기술을 좋아해서 모터사이클과 필름 카메라 같은 것들을 수집하고 사용합니다. 하지만 그런 기술이 앞으로 눈에 띄게 성장할 거라는 환상은 없어요." 종이 신문의 수입이 꾸준히 유지되고는 있지만 〈뉴욕타임스〉의 수입을 크게 늘려주지는 않을 것이다. 보드킨은 〈뉴욕타임스〉가 다양한 연령대에 걸쳐 있는 핵심 독자 집단을 놓치지 않을 것이라고 했다. 그 독자들은 레코드판 애호자들과 비슷하게 〈뉴욕타임스〉라는 브랜드의 충성스러운 지지층을 형성할 것이다. 왜냐하면 그들은 〈뉴욕타임스〉를 담으로 둘러싸인 정원, 즉 하이퍼링크나 경쟁 신문들에 의해 주의를 빼앗기지 않는 환경에서 읽기 때문이다. "종이에 인쇄된 〈뉴욕타임스〉를 읽는 것은, 세상의 나머지 소식들을 함께 전달하는 디지털 플랫폼에서 뉴스를 읽는 것과는 다릅니다." 버즈피드나 허핑턴포스트 같은 새로운 디지털 매체가 〈뉴욕타임스〉보다 많은 독자를 확보했다고 주장하지만 이들 독자의 충성도를 〈뉴욕타임스〉 독자들의 충성도와 진지하게 비교하기는 어렵다. 한쪽은 사람들이 신문사의 브랜드와 정체성을 믿고 꾸준히 시간과 돈을 투자하는 곳이고, 다른 쪽은 사람들이 낚시성 헤드라인에 걸려서 그때그때 클릭하고 휙 훑어보는 곳이기 때문이다. 버즈피드는 몇몇 뛰어난 작가를 고용해서 가끔 고품질의 기사를 내놓기는 하지만 웃음을 주는 각종 리스트와 아홉 가지 고양이 사료의 맛 테스트에 관한 기사들로 대부분의 독자를 끌어들인다.

나 같은 디지털 구독자들 덕분에 〈뉴욕타임스〉는 안정적인 재정을 확보하여 소규모의 새로운 틈새시장에 종이 신문을 안착시켰다. 그러나 온라인 뉴스를 무료로 배포하는 다른 신문들은 현금을 벌어들이지만 점점 축소되어가는 과거의 종이 신문 시장과 성장은 하지만 돈이 줄줄 새나가는 미래의 디지털 시장 사이에서 옴짝달싹 못 하고 있다. 이런 패러독스에 가장 심각하게 직면한 신문은 〈가디언〉이다. 이 신문은 디지털 뉴스의 선두 주자로서의 위치를 자신 있게 주장해왔다. "이 조직이 어디를 향해 가고 있는지에 대해서는 어떤 이견도 없습니다." 〈가디언〉에서 발행하는 일요신문 〈옵저버The Observer〉의 편집자 로버트 예이츠가 말했다. 나는 그와 함께 킹크로스 역사 근처의 호화로운 새 사무실 아래층에 있는 펍에서 맥주 한잔을 앞에 두고 이야기를 나누고 있었다.

"우리가 종이 신문을 놓지 않는 것은 단순히 미적인 선택이 아닙니다. 잘 만든 옛날식 종이 신문에서 대부분의 수입이 발생합니다. 온라인 신문의 수입 추정액은 사실 희망 사항에 가까워요." 〈가디언〉의 종이 신문 독자들은 디지털 독자들보다 2.5배쯤 많기 때문에 광고주에게도 여전히 더 가치가 있다. 하지만 런던의 여타 신문들과 마찬가지로 〈가디언〉 종이 신문의 독자 역시 줄어들고 있다. 예이츠는 종이 신문이 미래에도 존속하려면 럭셔리 제품이 되어야 한다고 생각했다. "일요판 신문이 처음 발간되었던 1960년대에는 신문이 럭셔리 제품이었습니다. 영리한 광고 회사들이 성장하고 있는 새로운 독자층을 위해 그 흐름을 이끌었지요. 그들에게는 새롭고 창의적인 콘텐츠를 게재할 대중적인 매체가 필요했으니까요."

〈가디언〉은 신기술과 비즈니스 모델을 접목하여 미래상에 적합한 종이 신문을 만들어내기 위해 노력해왔다. 2013년 〈가디언〉은 〈롱 굿 리드The Long Good Read〉를 시작했다. 〈가디언〉 웹사이트에서 일주일 동안 가장 많이 읽히고 가장 많이 댓글이 달린 흥미로운 이야기들을 알고리즘에 따라 자동적으로 선정하여 〈롱 굿 리드〉에 실은 다음 런던 동부 〈가디언〉 커피숍에서 무료로 배포한다. 〈롱 굿 리드〉는 나중에 〈콘트리뷰토리아Contributoria〉로 바뀌었다. 이는 편집자들이 토픽을 제안하고 프리랜서 기자들이 아이디어를 내면 독자들이 읽고 싶은 기사에 직접 돈을 대는 온라인 크라우드 펀딩이다. 매월 〈콘트리뷰토리아〉에 게재된 이야기들 중에서 선정한 최고의 기사들은 신문으로 인쇄되어 〈가디언〉지 몇 부와 함께 독자에게 배달된다.

"디지털 덕분에 전 세계에 어마어마한 독자들을 확보하게 되었지만 종이에 인쇄된 것을 읽고 소화하는 경험과 디지털에서 읽는 경험은 비교할 수가 없습니다." 〈가디언〉의 신규 디지털 비즈 책임자이자 〈콘트리뷰토리아〉의 CEO인 맷 맥앨리스터의 말이다. "읽는 경험에서 진짜 가치를 찾는 사람들이 종이 신문을 그리워하고 원합니다." 맥앨리스터는 영국의 전통적인 신문사에서 근무하는 잉크쟁이들과는 거리가 멀다. 미국인인 그는 야후Yahoo! 등 실리콘밸리의 미디어 회사에서 일했었다. 여러 면에서 맥앨리스터는 〈가디언〉이 1과 0의 세계로 나아가는 일을 책임지고 있다. 종이 신문의 필요성에 대한 그의 해답은 온디맨드on demand(필요할 때 필요한 만큼-옮긴이)로 인쇄하는 신문이라는 전제에 기초하고 있다. "〈콘트리뷰토리아〉나 〈롱 굿 리드〉 같은 프로젝트 덕분에 (모든) 신문이 이들 서비스처럼 돌아가는 세상을 상상하는 일이 쉬워졌습니다." 이 말을 하고 8개월 만에 맥앨리스터는 〈콘트리뷰토리아〉 프로젝트를 중단했다.

풀뿌리와 틈새시장의 반격

〈롱 굿 리드〉와 〈콘트리뷰토리아〉의 실험을 가능하게 하고 이 같은 온디맨드의 미래를 이끌고 있는 회사는 스코틀랜드 글래스고에 본사를 두고 있는 뉴스페이퍼 클럽Newspaper Club이다. 이 클럽은 2008년 말 순전히 필요에 의해 만들어졌다. 당시 세 친구(톰 테일러, 러셀 데이비스, 그리고 벤 테렛)는 〈2008년 우리 친구들이 인터넷에 올린 것들Things Our Friends Put on the Internet in 2008〉이라는 신문을 만들었다. 그들의 사무실에서 열리는 크리스마스 파티에 참석할 50명의 손님들에게 선물로 주기 위해서였다. 제목 그대로, 이 신문은 손님들이 온라인에 포스팅했던 이야기, 이미지, 생각들을 담았다. "우리는 손으로 만질 수 있는 것에 흥미를 느꼈어요." 지금은 명함 회사인 MOO에서 소프트웨어 디자이너로 일하는 테일러의 말이다. "우리처럼 웹으로 일하는 사람들은 더 이상 디지털에 목을 매지 않아요."

〈2008년 우리 친구들이 인터넷에 올린 것들〉을 인쇄하기 위해 신문 인쇄소에서 견적을 뽑은 세 친구는 한 가지 문제에 부딪혔다. 신문 인쇄기들은 1만 부 단위의 엄청난 양을 한 번에 인쇄하게 되어 있어서 적은 양의 인쇄는 채산성이 맞지 않았다. 비록 그 인쇄소들이 신문 판매 부진으로 인쇄량이 매우 축소되었다고는 하지만 말이다. 마침내 그들은 〈2008년 우리 친구들이 인터넷에 올린 것들〉을 1000부 인쇄해주겠다는 인쇄소를 찾아냈다. 그들은 〈2008년 우리 친구들이 인터넷에 올린 것들〉한 묶음을 손님들에게 나눠준 다음 남은 것은 자기들의 블로그에서 팔았다. 놀랍게도 신문이 다 팔렸다.

세 친구는 훌륭한 비즈니스를 구성하는 두 가지 중요한 요소들을 우연히 발견했다. 바로 제품(맞춤 신문)이 팔릴 시장과 해당 산업에서 충분히 활용되고 있지 않은 생산 능력이 그것이었다. 만약 그들이 신문의 디자인과 인쇄를 손쉬운 일괄제작공급 turnkey 방식으로 제공할 수만 있다면 누구나 신문을 만들 수 있을 것이었다. 이 일의 핵심은 디지털 신문 인쇄의 등장이었다. 이는 대형 잉크젯 프린터로 신문 용지에 인쇄를 하는 비교적 새로운 기술로서 훨씬 소량의 신문 인쇄를 가능하게 했다. 레이아웃을 특정 포맷으로 표준화함으로써 한 부만 인쇄해도 수지 타산을 맞출 수 있었다. "덕분에 새로운 유형의 상품을 생산하는 것도 가능해졌습니다." 테일러가 말했다.

그들이 창업한 비즈니스는 페이퍼 레이터Paper Later라는 서비스였다. 사람들은 이 서비스를 통해 인터넷에서 기사를 저장하여 그들만의 맞춤 신문을 만들 수 있게 되었다. 곧 페이퍼 레이터는 좀 더 광범위한 일괄제작공급이 가능한 뉴스페이퍼 클럽을 탄생시켰다. 누구든 뉴스페이퍼 클럽의 웹사이트에 디자인을 업로드하고 사이즈와 스타일과 발행 부수를 선택하면 자동으로 신문을 인쇄하고 묶어서 전 세계로 보낼 수 있다. 뉴스페이퍼 클럽에서는 학생의 아트 프로젝트, 고등학교 신문, 문화 예술 저널, 동네 신문 등은 물론이고 의류 브랜드의 카탈로그, 비즈니스 프레젠테이션, 뮤직·아트·음식 페스티벌의 프로그램 소개, 결혼식 답례품에 이르기까지 아주 광범위한 인쇄물을 제작해준다. 뉴스페이퍼 클럽은 어떤 날에는 광고 대행사가 디자인한 대형 유통점의 신문을 인쇄할 수도 있고, 어떤 날에는 10대가 자기 방에서 디자인한 신문을 인쇄할 수도 있다. 여러 면에서 뉴스페이퍼 클럽은 (온라인) 블로그 플랫폼의 아날로그 버전이다. 이 서비스는 신문사들만 가능했던 신문 인쇄를 누구에게나 가능하게 했다. 회사의 모토는 "인쇄물은 죽지 않았다Print's Not Dead"다.

한때 도서관 사서였던 조용한 성격의 여행 작가 앤 워드가 뉴스페이퍼 클럽의 경영을 맡고 있다. 이 회사는 한 종류의 신문을 7만 부까지 인쇄한 적도 있지만 대부분의 프로젝트는 여전히 10부 미만이다. 워드는 나와 함께 런던에서 점심을 먹으면서 뉴스페이퍼 클럽이 곧 800만 부째 신문을 찍어낼 것이라고 말했다. "한 부, 두 부, 다섯 부들이 모여서 800만 부가 되었어요. 우리는 100만 부를 찍을 때마다 기념하는데, 그 간격이 갈수록 짧아지고 있어요." 회사는 해마다 40퍼센트 이상 성장해왔고, 2013년부터는 흑자로 돌아섰다. 영국에서 고객층이 확장되고 있으며, 북미에서도 사업이 빠르게 확장되고 있었다. "우리는 뉴스에 전혀 관여하지 않아요. (전통적인) 신문 산업은 끔찍합니다. 그들은 많은 쓰레기를 인쇄했고 결국 사람들의 신뢰를 잃었어요." 최근 영국인들의 이목을 사로잡은 타블로이드 신문의 해킹 스캔들을 이야기하는 것이었다. "하지만 뉴스 '인쇄'에는 사람들이 매력을 느껴요. 저렴하고 효과적이니까요. 인쇄업자의 일이 줄어들면서 소규모의 일을 할 기회는 늘어나죠. 그게 우리의 강점입니다."

뉴스페이퍼 클럽에 들어오는 주문의 80퍼센트가 300부 미만의 신문들이다. 이런 소규모 작업들은 런던 근교에 설치된 디지털 프린터로 이루어진다. 좀 더 수량이 많은 신문들은 런던에서 북쪽으로 한 시간쯤 떨어진 피터스보로의 전통적인 신문 인쇄소 셔먼스Sharman's에서 인쇄한다. 나는 워드를 만나기 전날 기차를 타고 피터스보로로 가서 마크 셔먼과 이야기를 나누었다. 그는 1910년에 시작된 가업을 4대째 잇고 있었다. 마크 셔먼은 덥수룩한 머리에 롤링 스톤스의 드러머 찰리 와츠Charlie Watts같이 활짝 웃는 얼굴이 인상적인 40대 초반의 남자였다. 그의 증조할아버지는 여러 도시와 마을의 동네 신문들을 인쇄하는 사업을 시작했다고 한다. 당시에는 한 번에 5만 부에서 10만 부 정도를 인쇄하는 것이 일반적이었다. 2000년대 초반 신문 재벌들이 전 세계적인 합병을 거듭하면서 지역 신문들을 사들여 사업을 통합했다. 그 결과 셔먼스의 가장 큰 고객들이 사라졌고 인쇄소 사업의 60퍼센트가 하루아침에 증발했다. 마크 셔먼은 나를 사무실 벽 앞으로 데려갔다. 거기에 걸린 지도에는 가동 중인 신문 인쇄소가 작은 점들로 표시되어 있었다. 그가 사업에 합류한 2002년 이래 지도에 찍힌 점들의 숫자는 절반 이상 줄어들었다.

셔먼스는 살아남기 위해서 다른 인쇄소가 거절한 소량 인쇄도 받았다. 이를테면 학교 신문, 지방의회 신문, 단체 회보 같은 것들 말이다. 몇 년 전 그는 뮤직 페스티벌에 갔다가 콘서트 프로그램을 인쇄한 뉴스페이퍼 클럽을 알게 되었다. 셔먼은 뉴스페이퍼 클럽의 새로운 접근법에 흥미를 느끼고 뉴스페이퍼 클럽이 받는 대량 주문을 인쇄해주기로 했다. 처음에는 뉴스페이퍼 클럽의 인쇄물을 일주일에 한두 번 인쇄했지만 지금은 일주일에 25회까지 인쇄한다. 이는 셔먼스의 전체 인쇄 물량의 20퍼센트에 해당하며, 수익에서 차지하는 비중은 그보다 훨씬 높다. 2015년 셔먼스는 뉴스페이퍼 클럽의 지분을 사들여 지배주주가 되었다. 회사의 주된 성장 부문이 되어가는 뉴스페이퍼 클럽과의 비즈니스를 지키기 위해서였다.

인쇄 공장에서는 거대한 신문 프레스기가 어마어마한 양의 종이를 빠른 속도로 풀어놓았다. 그 종이는 잉크가 찍힌 프린트판으로 빙글빙글 빠르게 움직이더니 뉴스페이퍼 클럽의 최신 뉴스가 찍혀 나왔다. 아일랜드에서 곧 열릴 음식 페스티벌의 프로그램북이었다. 1분 뒤 프레스기 끝에서 잘 접힌 신문 한 부가 나타났다. 마크 셔먼은 기계에서 30초마다 한 부씩 신문을 뽑아내더니 재빨리 페이지를 넘겨가며 색상, 명암 대비, 해상도를 확인했다. 직원이 거기에 맞춰 기계를 조정했다. "뉴스페이퍼 클럽이 없었다면 사업이 아주 힘들었을 거예요." 셔먼은 웅웅대는 프레스기의 소리 때문에 외치듯 말했다. 그동안 수천 부의 신문이 우리 뒤에 쌓여갔다. "우리는 퇴락하고 있는 신문 산업에서 일하고 있을지 모르지만 그 산업 내에서는 꾸준히 성장하는 부문에 자리 잡고 있지요."

인쇄 프레스기가 신문을 찍어내는 동안 나는 셔먼스의 창고

2부 아날로그 아이디어의 반격

를 둘러보았다. 뉴스페이퍼 클럽에서 주문한 크고 작은 묶음의 인쇄물들이 나무 운반대 위에 쌓여 있었다. 그래픽디자인 전공자의 논문부터 〈베드퍼드 클랭어The Bedford Clanger〉라는 지역 신문까지 다양했다. 〈베드퍼드 클랭어〉는 에리카 로프가 2011년 소도시 베드퍼드에서 40부로 창간한 예술 문화 신문으로 지금은 한 달에 2만 5000부를 발행한다. 로프는 내게 보낸 이메일에서 "뉴스페이퍼 클럽 덕분에 인쇄가 쉬워지면서 풀뿌리 신문 인쇄가 증가"했다고 말했다. 그리고 "전국지들이 살아남기 위해 애쓰는 동안 더 많은 틈새 신문들이 번창하고 있다"고 덧붙였다.

이처럼 끝없이 쏟아져 나오는 뉴스 인쇄물을 보다가 문득 나는 애초에 나를 런던으로 불러들였던 '왜 책을 내는가' 하는 질문으로 되돌아갔다. 사람들이 인쇄물을 선택하는 데는 분명하고 논리적인 이유가 있다. 인쇄물에 더 많은 관심을 기울이고, 광고도 인쇄물에서 더 잘 먹힌다. 보기도 좋고 수익 모델도 분명하다. 하지만 내가 깨달은 것은 그 질문에 대한 나의 대답이 정말 비이성적이었다는 점이다.

나는 인쇄된 페이지에 대한 애정으로 종이에 인쇄될 글을 썼다. 그런 애정은 내 부모님 덕분에 가능한 것이었다. 부모님은 내게 책을 읽어주시고 잡지의 정기 구독을 신청해주시고 집을 다양한 인쇄물로 가득 채우시면서 내 인생의 자양분을 마련해주셨다. 매일 밤 딸아이가 책꽂이로 달려가서 자기 전에 읽을 이야기를 골라올 때마다 내 딸에게서도 인쇄물에 대한 애정을 발견하고는 인간성에 대한 신뢰가 회복되는 느낌을 받는다. 12세기의 유대인 학자 유다 이브 티본Judah ibn Tibbon은 거의 1000년 전에 이렇게 말했다. "책을 당신의 보물로 삼고 서가를 기쁨의 정원으로 가꾸어라."

인쇄된 페이지에 대한 애정이 나를 이런 어처구니없는 아날로그 산업으로 끌고 왔다. 나는 페이지를 채우고 다른 사람들은 읽을 것이다. 이것이 내 일이다. 나는 독자이자 작가다. 하지만 내 글이 인쇄된 종이책을 사서 집으로 가져오지 않고는 출판이라는 행위가 완성되었다는 느낌이 들지 않는다. 왜 책인가? 왜 인쇄물인가? 그것은 실재하는 것이기 때문이다. 이 책이 인쇄되면 나는 책을 손으로 만져보고, 표지에 적힌 내 이름을 보면서 나의 모든 노력이 가치 있었음을 확인할 것이다. 그것은 판매 부수와는 상관없는 일이다. 그 같은 느낌이야말로 궁극의 럭셔리로서 독자이자 작가인 내가 몇 번이든 기꺼이 돈을 내고 사들일 경험이다.

"손으로 집어 들거나 어딘가에 두고 오거나 마구 흔들거나 지하철에서도 읽을 수 있는 실체가 있는 사물을 그 무엇도 당해낼 수 없습니다." 워드의 말이다. 우리는 런던에서 함께 미술 전시회를 관람했고 워드는 거기 있던 뉴스페이퍼 클럽의 인쇄물을 집어 들었다. "우리가 해낸 일로 사람들은 그런 아이디어를 실현하게 되었습니다."

6장

오프라인 매장
Retail

알고리즘이 말하지
못하는 것들

미국 사람들은 일주일의 휴가를 받으면 평균 하루 반 정도를 쇼핑에 쓴다고 한다. 소셜 미디어 플러그인을 아무리 잘 디자인하더라도, 유튜브에서 아무리 많은 언박싱 동영상을 시청하더라도 그 같은 사회적 상호작용은 온라인상에서 일어날 수 없다.

뉴욕 시 콜럼버스 거리에 있는 북컬처Book Culture 매장으로 UPS
와 페덱스 배달원들이 계속해서 박스를 배달하고 있었다. 매장 직
원들은 바닥 여기저기에 쌓이는 박스들이 더 높아지지 않도록 열
심히 내용물을 꺼내서 서가로 옮기고 있었다. 북컬처가 개장하려
면 아직 사흘이나 남았지만 매장은 벌써부터 호기심에 찾아온 동
네 사람들로 가득했다. 15분에 한 명꼴로 비를 피해 생각 없이 들
어온 사람들이 매장 내부를 보고는 화들짝 놀란다.

　"어머, 서점이네!" 비옷을 입고 들어온 여자가 충격을 받은 듯
말했다.

　"여기에 서점이 생기다니 멋지네요?" 다른 여자가 들으라는
듯 혼잣말을 했다.

　"정말 좋군." 남자 하나가 서점 입구에 얼어붙은 듯이 서서 말

했다.

"야, 진짜 기쁘다." 그 남자의 친구 역시 놀란 표정으로 말했다.

사람들은 가식 없이 진심으로 감탄하는 표정이었다. 어퍼웨스트사이드(북서쪽 맨해튼-옮긴이) 지역에서는 서점이 이미 사라졌어야 했다. 사람들이 '서점'이라는 말을 꺼내는 것은 서점이 문을 닫는다고 말할 때뿐이었다. 2014년에 다른 곳도 아닌 뉴욕 시에서 새로 문을 여는 서점이 있다는 것은 마치 인근의 자연사박물관에 전시된 매머드가 센트럴파크에서 풀을 뜯어먹는 모습을 목격하는 것만큼이나 불가능한 일이었다. 하지만 그런 일이 눈앞에서 일어나고 있었다. 맨해튼에 개장한 279제곱미터 넓이의 (세 번째) 북컬처 매장에서는 사람들이 진짜로 책을 사고 있다. 이는 서점 하나가 문을 열었다는 것 이상의 의미를 갖는다. 그것은 희망의 상징이었다. 서점 업계로서는 길고 끔찍했던 겨울을 견디고 봄의 서리까지 이겨낸 한 송이 꽃과 같았다.

1995년 제프 베저스가 시애틀의 차고에서 온라인 서점 아마존을 시작한 이후 오프라인 리테일 부문에서도 서점은 레코드점과 더불어 가장 먼저 디지털 테크놀로지의 공격을 받았다. 아마존은 덩치를 키워가면서 온라인 리테일의 힘과 속도가 얼마나 무한한지를 보여주었고 책뿐만 아니라 다른 상품들까지 집어 삼키면서 인터넷 최대의 리테일 매장이 되었다. 아마존이 시작한 전자상거래 혁명은 리테일의 모든 부문을 뒤집어놓을 태세였다. 이베이는 경매를, 크레이그스리스트는 신문 광고를, 프레시 디렉트Fresh Direct는 식품 매장을 대체할 기세였다. 온라인 매장은 어떤 상품이든 오프라인 매장보다 빠르고 저렴하게, 그것도 배송비 없이 소비자에게 배달할 수 있을 듯했다.

벤처 투자자인 마크 앤드리슨은 테크 웹사이트인 판도Pando와의 인터뷰에서 "리테일 업종은 끝나가고 있다. 이제 모두들 전자상거래로 물건을 사게 될 것이다. 대안은 없다"고 말했다. 앤드리슨이 생각하는 미래의 세상에서는 아무도 오프라인에서 물건을 사지 않을 것이다. 수치도 그의 말을 증명했다. 2000년 미국의 전자상거래 매출은 500억 달러였지만 2014년에는 그 액수가 3500억 달러로 증가했다. 앤드리슨은 "리테일은 죽음을 앞두고 있고 (온라인에서) 거대한 성장을 목도하고 있다. 1위 업체는 계속 좋아질 것"이라고 전망했다. "성공적인 대안이 있는 한, 리테일 체인들은 근본적으로 생존이 불가능한 경제적 구조를 가지고 있다."

그런 변화의 직격탄을 맞은 것이 서점인 듯했다. 아마존이 경쟁이 불가능한 가격과 누구도 따르지 못할 다양성은 물론, 사용자가 직접 작성하는 서평과 별점, 사용자에게 책을 추천하는 소프트웨어 알고리즘, 무선 기술과 엄청난 용량, 한 번의 클릭으로 구매가 가능한 이북 시장의 선두주자 킨들 e리더 등으로 대표되는 기술적 혁신을 통해 (약 50억 달러에 달하는) 출판 시장의 4분의 1을 점령하다시피 했기 때문이다.

지난 20년 동안 미국에서만 수천 개의 서점이 문을 닫았고 다른 서구 국가들의 사정도 다르지 않았다. 그렇게 문을 닫은 서점들은 도시의 작은 독립 서점들부터 월든북스나 B.달튼 그리고 보더스Borders(한때 600개의 매장을 거느렸다) 같은 주식회사 형태의 대형 체인 서점들까지 다양했다. 미국에서 살아남은 유일한 대형 서점인 반스 앤드 노블Barnes and Noble은 매장 숫자를 20퍼센트가량 줄였다. '서점'이라는 단어는 이제 '쇠퇴,' '죽음,' '종말,' '수명이 다한' 따위의 수식어와 함께 등장한다.

하지만 서점의 장례식장으로 가는 길에 이상한 일이 벌어졌다. 모든 절망적인 예측에도 불구하고 오프라인 서점이 다시 성장을 시작한 것이다. 불황기에 최저점을 찍었던 판매량이 다시 올라가기 시작했을 뿐만 아니라 더 중요하게는 서점의 숫자가 늘어나기 시작했다. 특히 영화 〈유브 갓 메일〉에서 낭만적으로 묘사된 작은 개인 서점들이 늘어났다. 미국서점연합ABA에 가입한 서점의 숫자는 2009년에 1650개로 최저점을 찍었다가 (1990년대에는 4000여 개에 달했다) 새로 가입하는 서점들이 눈에 띄게 꾸준히 증가하면서 2014년에는 2227개가 되었다. 그 성장세는 둔화될 기미를 보이지 않는다. 비록 ABA가 미국에 있는 상당수의 독립 서점들을 회원으로 보유하고 있기는 해도 독립 서점들이 전부 소속되어 있는 것은 아니라는 점을 고려하면 미국의 서점 숫자는 1만 3000개 정도로 추산된다. 2000년대 초에 조사된 1만 개에서 크게 늘어난 숫자다.

어퍼웨스트사이드의 북컬처 매장은 지난 몇 년간 뉴욕 시에 들어선 서점들 가운데 하나일 뿐이다. 벌써 몇 개의 서점이 맨해튼에 들어섰다. 만약 북컬처 매장이 세상에서 가장 땅값이 비싼 맨해튼의 까다롭고 어려운 리테일 시장에서 성공한다면 이는 오프라인 서점이 아마존을 상대할 경쟁력을 갖췄다는 의미일 뿐만 아니라 더 나아가 오프라인 리테일이 전자상거래에 비해 근본적인 이점을 가지고 있다는 의미일 것이다. 전자상거래의 리더인 애플과 와비 파커Warby Parker는 물론 아마존조차도 오프라인 매장 없이는 성공적인 리테일 비즈니스가 불가능하다는 사실을 깨닫고 있다.

유브 갓 오프라인

"이 업계에서는 오프라인 서점과 온라인 서점의 유통 경쟁보다는 오히려 브랜드 간의 경쟁이 치열하죠." 밥 그레이슨이 말했다. 우리는 뉴욕 유니온스퀘어의 마지막 대형 서점인 반스 앤드 노블 근처에 있는 그의 사무실을 나와 근처 서점을 둘러보러 가는 길이었다. "다양한 방식으로 소비자들을 찾아가는 브랜드들이 우위를 점하는 경향이 있지요." 그레이슨은 40년 이상 리테일 업계에서 일했고 그의 회사인 그레이슨 컴퍼니는 빅토리아 시크릿Victoria's Secret, 애버크롬비 앤드 피치Abercrombie and Fitch, 토미 힐피거Tommy Hilfiger, 리복Reebok, 시티즌Citizen, 룰루레몬Lululemon, 엣시Etsy 등 다양한 기업의 컨설팅을 맡고 있다. 그레이슨은 '옴니채널omnichannel 리테일 이론'의 확고한 신봉자다. 매장과 전자상거래부터 에이번Avon(미국의 화장품 제조사로 '에이번 레이디'라고 불리는 방문 판매원을 통한 판매로 유명하다-옮긴이) 식의 직판, 할인 아웃렛, 인쇄 카탈로그에 이르기까지 최대한 많은 경로로 제품을 판매해야 한다는 주의다. 그레이슨에 따르면 브랜드가 판매에 활용할 수 있는 채널은 모두 21가지나 된다.

그중에서도 전자상거래가 지난 20년 동안 가파르게 성장했다. 미국 상무부 자료에 따르면 2015년 전자상거래는 미국 리테일 구매의 7퍼센트 이상을 차지한 만큼 가장 큰 주목을 받고 있다. 경쟁이 심한 리테일 시장에서 이는 정말 급속한 성장이다. 나는 그것이 얼마나 대단한 일인지 증명할 수도 있다. 내가 지금 쓰고 있는 단어들은 델닷컴dell.com에서 구매한 모니터에 떠 있고, 이 모니터는 내가 크레이그스리스트에서 찾아낸 책상 위에 놓여 있다. 나는 뉴욕행 비행기를 힙멍크hipmunk.com에서 예약했다. 필기는 스테이플스staples.com에서 배달받은 펜으로 온라인에서 주문한 에코조트Ecojot 노트에 하고 있다. 내 신용카드 명세서에 따르면 나는 해마다 책과 전자책 등을 포함하여 아마존에서 1000달러 이상을 쓰고 있다. 내가 다른 사람에 비해 온라인 쇼핑을 많이 하는 것도 아닌데 그렇다. 내 친구들 중에 몇몇은 아예 오프라인 매장에 발을 들여놓지도 않는다. 뉴욕에 살고 있는 내 형은 아마존에서 배터리 한 개를 주문하면서 한 시간 안에 배달받기로 했다고 자랑한 적이 있었다. 5분이면 가까운 오프라인 매장에서 배터리를 사서 집으로 돌아올 수 있는데도 말이다.

"편리함과 가격은 온라인 유통의 성장을 견인한 두 가지 경쟁력입니다." 그레이슨이 말했다. 우리는 맨해튼의 유니온스퀘어 서쪽에 있는 룰루레몬 매장에 들어서는 길이었다. 웹은 서로 쉽게 만나지 못했던 소비자와 유통업자를 한데 모았고 전 세계 어디에서나 즉각적인 가격 조사를 가능하게 했다. "그런 거래들은 오프라인 거래에서 옮겨온 것들입니다. 웹이 해낸 일이죠."

경험을 전달하는 일은 오프라인 매장의 강점이자 온라인 매장의 약점이다. 그래서 그레이슨은 물리적 매장이 옴니채널 유통 전략의 중심축이 되어야 한다고 굳게 믿는다. 그레이슨은 나와 함께 매장을 돌아다니면서 룰루레몬이 쇼핑 경험을 만들어내기 위해 어떤 활동들을 했는지 설명했다. 스파용 음악을 틀어놓고, 요가 수업 시간을 칠판에 적어놓고, 룰루레몬의 유니폼을 입은 젊은이가 손님을 맞는다. 정수기를 매장에 배치하고 손님의 애완견을 위한 간식 그릇을 매장 바닥에 놓아두었다. "매장은 웹사이트에서 소통할 수 없는 고객들을 확보해줍니다." 그레이슨이 말했다.

우리는 밖으로 나와 가장 성공적인 도심 농산물 직거래 장터를 개척한 유니온스퀘어 그린마켓에 갔다. 그린마켓은 길을 사이에 두고 대형 홀푸즈마켓을 마주 보고 있었다. 홀푸즈는 그린마켓과는 비교도 되지 않을 만큼 많은 식재료, 다양한 가격대, 쾌적한 환경을 갖추고 있었다. 그런 홀푸즈 매장이 위치한 뉴욕이라는 도시는 수십 가지의 온라인 배달 서비스를 통해 세계에서 가장 신선하고 다양한 식재료와 음식이 집까지 배달되는 곳이다. 그럼에도 그린마켓은 사람들로 가득했다. 그레이슨은 미국에서 농산물 직거래 장터의 성장(1995년 2000개에서 2015년 8000개로 증가)을 이끌어낸 것과 동일한 요인이 이제는 한 블록 떨어진 스트랜드Strand를 포함한 서점의 반격을 견인하고 있다고 생각했다. 높은 서가와 삐걱대는 나무 바닥, 3층 곳곳에 흩어져 있는 독특한 직원들 덕분에 스트랜드는 뉴욕에서 가장 로맨틱하고 유명한 서점이 되었다. 그렇다고 해서 스트랜드가 다른 독립 서점들이 지난 30년간 직면해온 무수한 어려움에 영향을 받지 않은 것은 아니다.

"돌아보면 내가 처음 출판 일을 시작한 1982년 이후 10년 단위로 독립 서점이 없어질 거라는 주장에 힘을 실어주는 일들이 벌어졌어요." 도나 파즈 코프먼이 말했다. 예전에 그녀는 도서 판매 쪽에서 일했다. 그녀의 회사 파즈 앤드 어소시에이츠Paz and Associates는 미국 전역에서 창업하는 서점주 혹은 기존 서점주들에게 컨설팅을 한다. 첫 번째 어려움은 크라운Crown, 앙코어Encore, 타워Tower 같은 몰 체인이었다. 이들은 독립 서점들이 대적할 수 없을 정도로 싼 가격에 많은 책을 구비했다. 하지만 그들도 곧 대형 서점에 자리를 내주었다. 미국에서는 반스 앤드 노블이나 보더스, 캐나다에서는 인디고Indigo와 챕터스Chapters, 영국에서는 워터스톤스Waterstones와 WH스미스WHSmith 같은 곳들이 창고를 지어 책을 가득 채우고는 시장점유율을 기반으로 출판사에서 가장 좋은 조건으로 납품받아 최저 가격으로 판매했다. 제프 베저스가 아마존의 도메인명을 등록하기 한참 전에 대형 서점 체인은 코스트코Costco나 월마트 같은 다른 할인 유통업체들과 함께 독립 서점들의 수를 크게 줄여버렸다. 아마존은 소규모 독립 서점뿐만 아니라 대형 서점들에도 큰 타격을 입혔다. 대형 서점들은 한때 누구도 필적하지 못할 강점을 보였던 두 가지 영역(책의 가격과 종류)에서 아마존과 경쟁이 되지 않았다.

그레이슨은 나와 함께 매장의 좁은 엘리베이터로 들어서면서 "스트랜드 서점은 사방에서 쏟아지는 포탄을 맞고 있다"고 했다. 스트랜드 서점은 2012년에 큰 고비를 넘겼지만(건물을 소유하고 있었던 덕분이다) 1927년에 스트랜드 서점을 설립하여 현재까지 운영하고 있는 배스 일가는 그레이슨에게 도움을 청했다. 그레이슨이 배스 일가에게 제시한 방법은 유서 깊은 서점의 아날로그적 매력을 희석시키지 말고 오히려 강조하라는 것이었다. 그레이슨은 매장의 레이아웃과 홍보 활동의 변화를 제안했다. 가령 더 많은 책을 테이블에 진열해서 독자들이 쉽게 훑어보게 하고, 레코드판을 판매하는 코너를 만들고, 고객의 관심사나 원하는 색깔에 따라 (롱아일랜드의 부촌인 햄프턴 지역에서는 흰색의 책들로 꾸민 서재가 유행이다) 집 안의 서재를 꾸며주는 서비스를 시작하게 했다.

지난 몇 년간 뉴욕 등에 새로 개점한 서점들은 구텐베르크가 인쇄술을 발명한 이래 뚜렷이 바뀐 것이 없는 방식으로 책을 팔고 있다. 가장 큰 차이점은 서점들이 아날로그라는 인식상의 약점을 강점으로 변환시킴으로써 아날로그를 바람직한 라이프스타일로 고객에게 판매할 수 있게 되었다는 점이다. 이 같은 신세대 서점은 한결같이 스스로를 아마존이나 대형 서점보다 더 계몽되고 더 즐거운 대안으로 규정한다. 이들 서점은 손님들이 쉽게 들어설 수 있는 아늑하고 멋진 공간이다. 책을 잘 아는 친절한 직원과 잘 고른 책들이 있는 이들 서점들은 개성 있는 장소라는 느낌을 준다. 대부분은 지역 작가들을 후원하여 독서 모임과 북클럽과 이벤트를 주관한다. 이 서점들은 아마존이 약점(실체가 있는 부동산, 진짜 점원, 그리고 제한된 책들)이라고 여겼던 모든 것을 자산으로 바꾸었다.

"리테일은 원래 '나는 뭔가가 필요해. 가서 사야지'라는 개념에 뿌리를 두었지요." 도나 파즈 코프먼이 말했다. 그녀는 자신의 회사가 지난 24년을 통틀어 그 어느 때보다 많은 신규 서점과 일하고 있다고 말했다. 그녀의 회사는 이제 미래의 서점 주인들을 대상으로 많은 교육과정을 운영하고 있다. "오늘날의 리테일은 둘러보기 위한 외출입니다. 리테일은 상품의 구매 장소라기보다는 공간에 대한 느낌과 경험이죠. 이건 중요한 변화입니다. 독립 서점이 이런 변화에 보조를 맞추는 것은 어려운 일이 아닙니다." 코프먼의 말이다.

점원이 추천하는 책

뉴욕 여기저기에 최근 개장한 서점들은 리테일의 반격 이면에 어떤 힘이 존재하는지를 암시한다. 그런 변화의 선구자는 2004년 세라 맥낼리(그녀의 부모는 캐나다 마니토바 주의 위니펙에 있는 유명한 맥낼리 로빈슨McNally Robinson 매장을 소유하고 있다)가 맨해튼 소호 지역에 개장한 맥낼리 잭슨McNally Jackson이다. 뉴욕 브로드웨이의 가장 번화한 상가에서 두 블록 떨어진 맥낼리 잭슨은 다른 서점들과는 분명한 차별점을 갖고 있다. 이곳은 특별 제작한 지그재그 모양의 나무 서가와 커다란 카페, 부드러운 조명과

2부 아날로그 아이디어의 반격

멋진 음악 등 독서라는 행위를 멋지게 만드는 분위기를 가지고 있다.

2009년에는 맥널리 잭슨에서 이벤트를 담당했던 제시카 바뉼로가 레베카 피팅(피팅은 출판 일을 하고 있었다)과 함께 브루클린의 포트그린 인근에 그린라이트Greenlight라는 작은 서점을 열었다. 당시 그들은 은행에서 대출을 받을 수 없었기 때문에 서점에서 채권을 팔아 돈을 마련했다(그들은 후에 원금과 이자를 모두 갚았다). 바뉼로와 피팅은 아마존과 동시대에 책을 판매하는 일의 어려움에 대해 알고 있었지만, 또한 서점이 전자상거래와 구분되는 장점을 어떻게 유지해야 하는지도 알았다.

무엇보다 그들은 파는 방법을 알고 있었다.

"우리는 '핸드셀링hand-selling' 문화를 갖고 있죠." 피팅이 그린라이트에서 내게 말했다. 그곳은 아늑하고 친밀한 매장으로, 벽 전체를 감싸는 서가 때문에 매장 전체가 마치 책을 싣고 항구로 들어온 선박처럼 보였다. 핸드셀링이란 서점 업계의 용어로, 쉽게 말하면 서점 직원이 손님이 읽고 싶을 만한 책을 찾아 손님에게 건네주는 것이다. 이는 손님의 보디랭귀지를 읽고, 시선을 맞추고, 취향을 묻고, 손님이 좋아할 만한 책을 권하는, 가장 기초적인 대인관계 기술을 필요로 한다. 아마존은 핸드셀링을 하지 않는다. 아마존의 소프트웨어 알고리즘은 독자가 전에 읽었던 책들과 (그 책들을 읽었던) 다른 독자가 샀던 책들에 근거해 해당 독자가 읽고 싶어 할 가능성에 가중치를 두고 계산을 하여 책 제목을 추천한다. 대부분의 경우 아마존은 단지 비슷한 책들을 권하는 느낌이다. 대형 서점들도 핸드셀링을 제대로 하지 못한다. 그 이유는 그들이 보유한 책이 너무나 많고 직원들은 경험이 부족하기 때문이다. "핸드셀링은 독립 서점들이 가장 잘하는 일들 중 하나지요." 바늘로가 말을 이었다. "핸드셀링은 당신이 다른 사람의 손에 책을 쥐여주면서 '저는 이 책이 정말 좋아요. 아마 당신 마음에도 들 거예요'라고 말하는 순간에 일어나니까요. '딱 맞는 책'을 권하기보다는 그런 대화를 나누는 것이 핵심이죠."

바늘로는 책을 사랑하고 사람들에게 친절한 직원(항상 쉽게 찾을 수 있는 조합은 아니다)이 이상적이라고 설명했다. 직원들은 아슬아슬한 줄타기에 숙련되어 있기 때문에 핸드셀링을 통한 책 판매는 책을 사라는 강요라기보다는 자연스러운 대화의 결과물이다. 2015년 내가 구매한 가장 멋진 책 두 권은 그린라이트의 판매 직원 제스 페인이 핸드셀링해준 것이었다. 나는 내가 원하는 것을 말했고 (나는 재치 있는 신인 작가의 책과 당시 한 살 반이었던 딸아이를 위한 책을 원했다) 페인은 내게 두 권의 책을 건넸다.《죽은 물고기의 박물관The Dead Fish Museum》은 찰스 댐브로시오Charles D'Ambrosio의 다크 유머가 담긴 단편 모음집이었고《브론토리나Brontorina》는 발레리나를 꿈꾸는 브론토사우루스 공룡에 관한 그림책이었다. 지금도 딸아이는 자기 전에 그 그림책을 읽는다.

북컬처의 신규 매장 매니저 엘리자베스 보그너는 핸드셀링이 상거래의 세계에서는 독특한 상호작용 방식이라고 했다. 한번은 보그너가 읽을 만한 역사책을 찾는 손님에게 엘리 위젤Elie Wiesel

2부 아날로그 아이디어의 반격

의 짧지만 강렬한 홀로코스트 회고록《밤Night》을 추천했다고 한다. 그는 다음날 다시 와서 거의 한 시간이나 보그너를 기다렸다가《밤》을 쉴 새 없이 다 읽었다면서 다른 책을 추천해달라고 했다. 보그너는 그에게 두 권의 책을 가져다주면서 의자에 앉아 다섯 페이지 정도 읽어보라고 했다. 그는《모비 딕》을 사 갔다. "아마존은 이런 식으로 추천할 수 없어요." 보그너가 말했다. 아마존이라면 수십 권의 홀로코스트 회고록들을 쏟아냈을 것이다. "누군가와 관계를 맺는다는 것은 다른 사람의 말이 그들에게 어떤 느낌을 주는지 알아내는 일이지요. 그거야말로 궁극적으로 알고리즘으로 변환되지 않는 일이고요."

우리는 선택지가 무한하기를 바라지만 실제로 쇼핑을 하게 되면 선택지가 제한되기를 간절히 원한다.《선택의 심리학The Paradox of Choice》의 저자 배리 슈워츠Barry Schwartz에 따르면, 끝없는 선택권이 주어질 경우 사람들은 무력해지다 못해 두려움을 품게 된다고 한다. 사람들이 아마존에서 느끼는 감정도 그런 것이다. 세상에 존재하는 모든 책들 중에서 고른다는 것은 꿈같은 일처럼 보이지만 막상 좋은 책을 발견하기 위해 킨들에서 수십만 권의 책을 샅샅이 살펴보고 게다가 그 책에 달린 모든 리뷰들을 확인해야 한다면 그것은 절대 꿈같은 일만은 아닐 것이다.

"둘러보기browsing와 찾기searching의 차이죠." 소비자 행동을 연구하는 뉴욕대 스턴 비즈니스 스쿨의 부교수 애덤 앨터의 말이다. 나는 앨터를 뉴욕의 파티장에서 만나 그날 내가 북컬처에서 우연히 발견한 책에 관해 이야기를 나누고 있었다. 그 책은《고

독한 타자기The Lonely Typewriter》였다. 내가 그 책을 발견한 것은 순전히 그 책이 내 코트를 놓은 곳 바로 옆의 서가에 진열되어 있었기 때문이다. 그 책은 한 여성이 몇 년간 잊고 있던 타자기를 그녀의 아들이 숙제를 하다가 컴퓨터가 고장 나는 바람에 다시 발견하게 되는 이야기다. 궁극적으로 이 책은 어린이용 《아날로그의 반격》이다. 나는 《고독한 타자기》를 한 번 보고 곧바로 계산대로 가져갔다. 이야기를 듣던 앨터는 큰소리로 웃으면서 "온라인에서는 뜻밖의 발견이 주는 즐거움이 없죠"라고 말했다. "사람에게 가장 강력한 보상 구조는 도박 같은 가변성 강화예요. 예측이 불가능한 것이야말로 가장 중독성 강한 보상 신호죠." 충동구매는 놀라운 발견의 즐거움과 함께 커다란 즉각적 만족감을 선사한다.

전자상거래를 능가하는 오프라인 리테일 매장의 두 번째 장점은 온갖 방법으로 판매 상품을 돋보이게 하는 판매 방식이다. 이는 서가와 진열대 구성부터 조명, 음악, 장식, 심지어 향기에 이르기까지 광범위한 요소들을 활용한다. 쇼핑은 온몸으로 접촉하는 활동이기 때문에 이 모든 것이 중요하다. 리테일 컨설턴트인 파코 언더힐은 자신의 저서인 《쇼핑의 과학》에서 이렇게 말한다. "아직도 믿지 못하겠다면 향이나 촉감 같은 감각과 무관한 제품을 파는 곳, 가령 서점 같은 곳에 가보라. 서점에 가보면 손님들이 제품을 쓰다듬고 손으로 비비고 들어서 무게를 재보는 등 책이라는 제품을 즐기는 것과는 전혀 상관없는 물리적 특성들을 경험하는 모습이 눈에 들어올 것이다. 내용과 무관한데도 우리는 만지게 된다. 우리는 상상력과 개념화 능력, 지적 능력을 갖추고 있으면서도 결국 다른 동물과 다르지 않게 오감을 통해 세상을 경험하는 육체적인 존재다."

서점은 책을 읽을 수 있는 편안한 의자들과 구석진 공간들, 공들인 진열장과 엄선한 북 섹션들(예를 들면, 그린라이트에는 그 지역의 독립 출판사들을 위한 섹션이 있다), 멋진 선반과 잘 조절된 조명, 서점의 개성을 이루는 장난기 섞인 인테리어 등으로 상품을 홍보한다. 내가 북컬처의 공동 소유주 크리스 도블린에게 어린이 코너로 이어지는 계단 위에 거대한 복엽 비행기를 매다는 이유를 묻자 그는 사다리에서 몸을 돌려 스누피처럼 확신 어린 목소리로 말했다. "왜냐하면 제가 소프위드 카멜Sopwith Camel(1차 대전 중에 사용된 영국군의 단좌식 복엽기로, 만화 〈피너츠〉에서 스누피가 타곤 한다-옮긴이)을 좋아하니까요!" 북컬처에는 고객들이 편안히 편지를 쓸 수 있도록 공짜 편지지와 우표를 비치한 책상도 있다. 나중에 편지를 받으면 자신이 매장에서 보냈던 시간을 떠올릴 것이다.

전자상거래를 디자인하는 사람들은 웹사이트나 앱의 품질을 설명하기 위해서 "풍부한 웹 브라우징 경험"이라는 표현을 사용한다. 그러나 가장 단순한 구멍가게조차 어떤 웹사이트보다도 풍부한 브라우징 경험을 선사한다. "온라인 리테일을 사용해보면 거의 대부분이 엇비슷한 포맷을 갖고 있죠." 리테일 디자이너 대니얼 곤잘러스가 말한다. 온라인 상품 구성은 기본적으로 가장 일상적이고 흔한 카탈로그의 디지털 버전이다. 칸으로 혹은 줄로 늘어선 제품 이미지와 함께 가격, 간략한 설명, 상품평이 달려 있다. 목표가 효율성 극대화이기 때문에 창의성이나 개성이 개입할 여지는 없다.

곤잘러스가 매장 디자인을 맡았던 고객 중에 캘리포니아의 의류 브랜드 얼터너티브 어패럴Alternative Apparel이 있었다. 나는 전에는 그 회사에 대해 들어본 적이 없었다. 그러다 뉴욕에 머무는 동안 소호의 매장 앞을 지나가게 되었는데, 진열장에 전시된 빨강 후드 스웨터가 눈길을 끌었다. 유리창 밖에서 보았는데도 럭셔리한 부드러움을 간직한, 놀랄 만큼 편안한 스웨터라는 것을 알 수 있었다. 나는 매장으로 들어가서 다른 스웨터도 보여 달라고 했다. 두 개를 입어보고 3분 뒤에 진열대에 있던 빨강 스웨터를 사서 나왔다. 그 스웨터는 내가 가진 최고의 옷이었다(실제로 이 글을 쓰는 지금도 그 옷을 입고 있다). 그 후 나는 얼터너티브 어패럴에서 스웨터를 두 개나 더 샀고 여러 명의 친구들을 매장으로 보냈다. 모두 내가 거리에서 그 매장을 쳐다봤기 때문에 벌어진 일이다. 나는 매장에 들어서기도 전에 이미 마음이 넘어갔다. 그것이 "물리적인 쇼핑이 가진, 손으로 느낄 수 있는 강점이지요." 〈리테일Retail〉 지의 디자인 에디터 앨리슨 메디나의 말이다. "아이패드에서는 드레스를 만져볼 수가 없잖아요. 컴퓨터 화면으로 멜론의 향을 맡아보고 익었는지 알아볼 수도 없고요."

아마존 성공의 함정

전자상거래 이면에는 결국 그런 것들은 진짜로 중요한 것이 아니라는 가정이 깔려 있다. 소비자들은 지식으로 무장하고 있고 시장 자본주의 원칙은 그런 소비자들에게 항상 좋은 가격에 선택 가능한 제품을 많이 제공함으로써 보상한다는 것이다. 아름다운 공간, 판매 직원들, 판촉 활동 등과는 무관하게 말이다. 그리고 결국 소비자들이 더욱 자주 컴퓨터로 쇼핑하게 되면서 제품의 종류와 가격, 인프라 등 디지털의 장점이 승리하게 되고 구시대의 쇼핑 문화와 실제 매장은 서서히 사라진다는 것이다.

그러나 이런 가정은 틀렸다.

물건을 온라인에서 파는 것은 상대적으로 쉽다. 하지만 전자상거래를 통해 이윤을 내는 것은 엄청나게 어렵다. 온라인 리테일 회사를 하나 대보라. 그 회사가 아무리 수십억 달러의 매출을 올렸다고 해도 손실을 내고 있을 가능성이 높다. 아마존도 20년 동안 책과 다른 제품들을 온라인에서 팔았지만 최근에야 리테일 부문에서 이익을 내기 시작했고 그조차 탄탄한 것은 아니다. 2015년 2사분기에 아마존 리테일의 북미 지역 마진은 2.5퍼센트였다. 같은 기간 아마존의 가장 수익성 좋은 웹서비스는 25퍼센트의 마진율을 기록했다. 그루폰Groupon은 반짝 세일에서 벌어들이는 돈 이상을 계속 지출하고 있다. 패션 사이트 패브닷컴Fab.com은 펀딩받은 3억 3600만 달러를 펑펑 써버리고 겨우 1500만 달러에 매각되었다. 길트 그룹Gilt Groupe은 2011년에 10조 달러의 가치를 가졌다는 평가를 받았지만 지금은 자산을 매각하면서 겨우겨우 버티고 있다. 그런 회사들은 얼마든지 있다. 리테일 매장을 대체할 것으로 예견되었던 전자상거래 회사들은 규모, 수입, 비용 절감(판매원도 없고, 임대료도 없고, 재고도 없다)이라는 모든 강점에도 불구하고 기업으로서 해내야 하는 그 한 가지 일에 실패하는 이유가 뭘까?

맨 처음 신규 고객 유치부터 시작해보자. 오프라인 매장은 아주 많은 종류의 광고(온라인, 옥외, 신문, 리플렛, 전단 등)와 마케팅(카탈로그, 간판, 콘테스트, 할인 판매, 프로모션, 회원 카드)과 상품 소개(쇼윈도, 매장 디자인, 상점 위치)로 고객들을 끌어들일 수 있다. 전자상거래 리테일러는 이메일 폭탄, 검색 엔진 최적화SEO, 디지털 광고 등 온라인 마케팅을 통해서만 고객에게 도달할 수 있다. 이들 온라인 마케팅은 어마어마한 숫자의 사람들에게 메시지를 전달하는 일은 잘하지만 결국 조그만 화면 위에서 사람들의 주의를 끌기 위해 경쟁하는 다른 광고, 콘텐츠, 이미지와 경쟁하면서 쉽게 묵살되거나 차단된다. 이를 구매로 연결하는 일은 엄청나게 어렵고 비용이 많이 든다. 얼터너티브 어패럴은 디지털 마케팅으로 나를 공략했을 수도 있겠지만 그 무엇도 쇼윈도에 스웨터를 진열하는 것만큼 효과적이지는 않았을 것이다. 아날로그 고객 유치는 비용에 비해 효과가 훨씬 크다.

다음은 쇼핑 경험 자체다. 대부분의 온라인 리테일러는 고객들이 최소의 클릭만으로 들락날락하게 하는 것을 목표로 삼는다. 사람들이 온라인 쇼핑에 더 많은 시간을 들여야 한다면 온라인 쇼핑은 스트레스를 많이 받는 일이 될 테니까. 선택권은 빠르게 확장되고, 비교는 끝이 없으며, 사람들은 리뷰와 그 리뷰에 반대하는 리뷰, 그리고 순위 매기기의 웜홀에 빠져든다. 분석 마비가 시작된다. 나는 예약하려는 호텔이 천상낙원인지 아니면 지옥인지를 알아보기 위해서 수백 건의 트립 어드바이저 Trip Advisor 리뷰를 일일이 살펴보면서 행간을 읽어내려고 애쓰는 것이 세상에서 가장 싫다. 다른 사람들도 비슷할 것이다. 2014년 미국인 여행자의 18퍼센트가 전통적인 여행사를 이용했다. 2013년의 12퍼센트에서 늘어난 수치다.

이들 소비자들이 찾는 것은 다른 사람의 도움이다. 하지만 디지털 쇼핑은 사람의 도움이 전혀 개입하지 못하도록 설계되었다. 그 대신 전자상거래는 쇼핑에서 부담되는 일을 소비자에게 의도적으로 떠넘긴다. 정보를 샅샅이 뒤져보게 하고, 스타일과 가격을 비교하게 하며, 제품에 대한 리뷰를 쓰게 한다. 전자상거래에서는 물건을 파는 사람을 비롯한 모든 사람들을 극복해야 할 장애물로 여길 수도 있지만 사실 상거래에 사람들이 존재하는 이유는 쇼핑 경험을 매끄럽게 하고 더 많은 이윤을 남기기 위해서지, 적은 이윤을 남기기 위해서가 아니다. 예를 들어 슈퍼마켓 업계는 지난 10년간 광범위하게 자동 계산대를 도입했었다. 그러다 몇 년 전 앨버스톤스Albertsons와 크로거Kroger 같은 몇몇 대형 식품점 체인들이 큰돈을 들인 자동 계산대를 없애고 직원을 들이기 시작했다. 자동 계산대보다 사람들이 더 빠르게 일을 처리하고, 고객들이 자동 계산대보다 사람을 더 선호하며, 도난 사건도 더 줄어들었기 때문이다.

매장에서 쇼핑하는 사람들이 온라인 쇼핑객보다 많은 시간과 돈을 쇼핑에 쏟는다. 그들은 매장을 방문하는 횟수도 잦다. 이는 갭닷컴gap.com 같은 옴니채널 리테일 사이트뿐만 아니라 아마존 같은 전자상거래 전문 사이트에서도 마찬가지다. "하나의 채널로만 쇼핑하는 고객을 복수의 채널에서 쇼핑하게 하면 그들의 소비액이 세 배에서 다섯 배까지 증가한다. 조금이라도 조사해 본 사람들은 다 아는 사실이다." 어번 아웃피터스의 CEO였다가 지금은 리테일 투자 회사인 프론트 로 파트너스Front Row Partners를 경영하는 글렌 셍크의 말이다. 리테일러에게 열려 있는 모든 채널 중에서 "가장 수익성이 떨어지는 것이 전자상거래다".

끝으로 배송 문제가 있다.

당신이 읽고 있는 이 책을 아마존에서 샀다면 책은 창고에서 우편이나 택배로 유통 센터에 발송되고 그곳에서 트럭이나 비행기로 여러 창고에 보내졌다가 당신 집에 도착했을 것이다. 혹시라도 다른 책을 잘못 주문하기라도 했다면 오프라인 매장이 없는 회사에 책 상자를 어떻게 돌려보내야 하는지 찾아내야 한다. 대부분의 온라인 리테일러는 취소나 교환이 얼마나 쉬운지 이야기하지만 어떤 물건을 온라인 판매자에게 돌려보내는 일은 내게 늘 골칫거리였다. 운송장을 인쇄하고, 박스를 테이프로 밀봉하고, 가까운 UPS 매장까지 끌고 가는 일은 편리함과는 거리가 멀다. 반송은 매장 구매보다는 온라인 구매에서 더 빈번하게 일어난다. 고객이 상품을 실제로 쥐어본 적이 없기 때문이다. 내가 결혼식을 앞두고 자포스Zappos에서 날렵해 보이는 옥스퍼드 가죽구두를 주문했을 때도 그랬다. 상자에서 꺼내고 보니 길거리의 양아치들에게나 어울릴 신발이었다. 한편 집 근처 매장에서 구입한 부츠가 일 년 만에 밑창이 떨어지기에 나는 매장으로 가서 매니저에게 부츠를 보여주었다. 매장의 지침에 어긋나는데도 그녀는 그 자리에서 새 부츠로 교환해주었다.

배송은 전자상거래의 아킬레스건이다. 리테일 매장에서 고객은 배달 비용을 부담한다. 당신이 이 책을 북컬처와 같은 서점에서 구매했다면 책을 집어 계산대에서 돈을 내고 그 책을 집으로 가져왔을 것이다. 같은 책을 아마존에서 샀다면 '무료'로 배송받았을 것이다. 사실 '무료 배송'이란 존재하지 않는다. UPS 배송 기사나 직원들은 무료로 일하지 않는다. 그의 트럭은 공짜로 기름을 채워서 공짜로 운행하지 않는다. 모든 일에는 비용이 들어간다. 사실은 무료 배송을 제공하는 온라인 리테일러들이 배송 비용을 부담한다. 이것이 아마존 같은 온라인 리테일러가 어마어마한 수입에도 불구하고 이윤을 내기 힘든 가장 중요한 이유다. 아마존이 부담하는 배송비는 2005년에 프라임 서비스(무료 배송을 포함하는 프리미엄 서비스)를 시작한 이래 연간 25퍼센트 이상씩 증가했으며, 계속 기하급수적으로 늘어나고 있다. 2014년 크리스마스 시즌에 아마존 주문의 3분의 2가 무료로 배송되었다. 과거에 그 수치는 3분의 1이었다. 다시 말하지만, '무료'란 배송 비용을 아마존에 투자한 주주들이 부담했다는 뜻이다.

뉴욕 대학교에서 브랜드 전략과 디지털 마케팅을 강의하는 스콧 갤러웨이 교수에 따르면, 아마존은 버티기 싸움을 하고 있다고 한다. 온라인 리테일러를 운영해봤던 갤러웨이는 업계 용어를 빌려 의견을 밝혔다. "완전히 전자상거래만 하는 리테일러

중에 중기 수익을 내는 회사는 없습니다." 갤러웨이의 말이다.
바꿔 말하면, 단순히 전자상거래 사이트가 되는 것만으로는 돈
을 벌지 못한다. 아마존은 그 이유를 가장 잘 보여주는 예다. 그
회사는 책과 같은 제품을 싸게 팔고 무료로 배송한다. 충분한 시
장점유율을 차지함으로써 모든 경쟁사를 무너뜨리겠다는 각오
로 출혈 경쟁을 하는 것이다. 최종 단계는 무엇인가? 이 게임은
어떻게 끝날 것인가?

"비즈니스는 돈을 버는 일입니다." 조엘 바인스가 말했다. 그
가 일하는 알릭스파트너스AlixPartners는 이윤을 내지 못하는 피어
원 임포츠Pier 1 Imports 같은 기업들을 컨설팅해서 흑자로 돌려놓
았다. 바인스는 수백 개 리테일러들의 대차대조표를 살펴보았
다. 그 결과 온라인 판매가 항상 기업들의 수익률을 끌어내리는
것으로 드러났다. "어디에나 있다는 것은 수익률을 낮추고, 소비
자에게 모든 권한을 넘겨주며, 비용을 상승시키고, 소비자에 의
해 가격이 결정되게 하며, 브랜드에 대한 친밀감을 사라지게 합
니다. 결국 누군가는 돈을 벌어야 합니다." 바인스가 말했다.

애플 제품을 가장 비싸게 사는 곳

지난 6월 〈뉴욕타임스〉는 이마케터eMarketer의 조사 결과 미국
내의 전자상거래 성장률이 감소세를 보이면서 2013년에 비해
2015년에는 2퍼센트포인트 정도 줄었다고 보도했다. 그 조사 결
과에 따르면 온라인 쇼핑의 성장세는 앞으로도 계속 둔화할 것
이라고 한다. "그렇게 되면 미국의 전자상거래는 여전히 전체

리테일의 10퍼센트에도 미치지 못할 것이다." 기사는 밝혔다. "지난 몇 년간 사람들은 오프라인 매장의 종말을 이야기했지만 실제로 그런 일이 목격된 적은 없다."

갤러웨이는 이익을 내기 위해 안간힘을 쓰는 아마존 등 온라인 전문 리테일러에게 제시할 해법을 이미 알고 있다. 그 해법은 소프트웨어, 드론을 이용한 배달, 가상현실 등과는 관계가 없다. 해법은 매장이다. "오프라인의 반격이죠. 리테일은 새로운 유행입니다." 갤러웨이가 말했다. 이제 전자상거래 부문을 갖춘 전통적인 리테일러들이 새로운 흐름을 주도하고 있다.

통계만 보면 다음과 같은 중요한 사실이 잘 보이지 않는다. 미국 온라인 리테일 매출의 절반은 실제로는 오프라인 매장과 관련되어 있다. 대표적으로 메이시스닷컴macys.com과 홈데포닷컴homedepot.com이 그렇다. 마찬가지로 준레코드가 희귀 LP레코드판을 온라인 장터 디스코그스Discogs에 경매로 내놓는 것도 그렇다. 디스코그스는 해마다 거의 1억 달러 상당의 음반을 판매한다. 메이시스 백화점, 노드스트롬 백화점, 베스트 바이, 애플을 비롯한 수천 개 이상의 기업들은 자신들의 오프라인 매장이 온라인 리테일을 위한 최상의 자산이라는 점을 깨달았다. 그 매장들은 온라인 주문을 위한 거점 창고 역할을 하고, 배송 비용을 절감할 편리한 픽업과 반송 장소로 기능한다. "그러면 아마존에서 주문한 이후 '부재 시 방문'이라는 UPS의 노랑 스티커를 아파트 문에서 발견하는 것보다 편리하죠." 갤러웨이의 말이다.

전자상거래 업계는 생존을 위해서 매장을 열어야 한다는 사실을 어쩔 수 없이 인정하고 있다. 남성 의류 브랜드 보노보스 Bonobos와 프랭크 앤드 오크Frank & Oak, 화장품 회사 버치박스 Birchbox, 보석 회사 블루 나일Blue Nile, 구글, 알리바바 등 몇몇 온라인 리테일러는 오프라인 아웃렛을 만들었다. 지난 11월에는 아마존이 510제곱미터 넓이의 서점을 시애틀에 개장하면서 오프라인 세계에 진입했다. 아마존의 첫 오프라인 서점은 온라인 데이터를 바탕으로 책을 매장에 구비했다는 점과 혁신적인 디스플레이를 선보였다는 점이 특징이라고는 하지만 결국 아주 잘 만든 오프라인 서점일 뿐이다.

"우리는 디지털 상거래 속으로 깊이 들어갔다가 다쳤습니다." 샌프란시스코의 벤처캐피털 회사인 포어러너 벤처스Forerunner Ventures의 회장 유리 김Eurie Kim의 말이다. 이 회사는 전자상거래 브랜드들의 든든한 후원자로서 보노보스, 세레나 앤드 릴리Serena and Lily, 버치박스, 달러 셰이브 클럽Dollar Shave Club 등에 투자하고 있다. "이제 (오프라인 매출이) 돌아오고 있습니다." 김이 느끼기에 변화한 것은 소비자의 욕구였다. 처음에 소비자들은 완전한 온라인 접근성과 편의성을 원했다. 그러나 시간이 지날수록 몰입적인 쇼핑 경험을 아쉬워하게 되었다. 온라인에만 존재하는 브랜드에서는 더욱 그랬다. "소비자들은 말하죠. '우리는 커뮤니티 피드백과 신나는 경험을 원해요!' 그런데 온라인에서는 그걸 할 수가 없습니다. 그건 매장에서 하는 거죠." 김은 말했다.

언뜻 보면 사용자들을 정밀하게 겨냥한 페이스북 광고만큼 비용 대비 효과가 높은 고객 유치 전략으로 보이지 않지만 장기

2부 아날로그 아이디어의 반격

적으로는 디지털 브랜드의 매장이 불러들이는 방문자들, 브랜드 노출, 재방문 고객들, 그리고 입소문 등이 매장 매출뿐 아니라 온라인 매출도 성장시킨다. 테크 업계의 많은 기업과 투자자들은 전자상거래 회사들이 여는 오프라인 매장을 순전히 브랜드 홍보용으로 무시하면서 진짜 수익은 온라인에서 나온다고 주장한다. 김은 고개를 절레절레 흔든다. "오프라인 매장은 효과가 있어요." 그녀는 신규 오프라인 매장에 대해 이렇게 말했다. "매장에서는 물건이 팔립니다." 그것도 많이.

포어러너의 투자가 가장 성공한 케이스는 와비 파커다. 이 브랜드는 가장 적극적인 오프라인 매장 전략을 추구하는 온라인 리테일러이기도 하다. 2010년부터 사업을 시작한 이 회사는 멋진 디자인의 안경을 온라인에서 100달러도 안 되는 가격에 판다. 와비 파커가 소비자에게 세 개의 안경을 무료로 배송하면 소비자들은 무료로 반송할 수 있었다. 2013년에 일련의 팝업 매장들을 성공시킨 와비 파커는 186제곱미터 넓이의 리테일 매장을 뉴욕에 열었다. 매장에 들어가면 두 개의 거대한 벽거울 앞에 안경들이 전시되어 있었다. 고객들은 마음껏 안경을 써보고 포토부스 안에서 사진을 찍을 수도 있었다. "와비 파커는 애초에 오프라인 매장을 브랜드 홍보용으로 생각했어요. 매장에서 손해를 보더라도 손님을 끌어들일 수는 있으니까요." 앤서니 스퍼두티가 말했다. 그는 와비 파커 매장을 디자인한 브랜딩 전문 회사 파트너스 앤드 스페이드Partners & Spade에서 일한다. "하지만 매장이 너무 잘되는 바람에 와비 파커는 전략을 전환했지요."

이제 와비 파커는 미국 전역에 약 20개의 매장을 열었고 공격적으로 매장을 늘리는 중이다. 각 매장은 몰입적이고 인상적인 아날로그 상호작용에 초점을 맞추어 설계되었다. 푸른색 유니폼 차림의 젊은 점원들은 제품에 대해 잘 알았다. 서가에서는 책을 팔았고, 거대한 거울들 앞에는 안경들이 전시되었다. 공짜 연필과 지우개 그리고 인근 지역의 지도도 있었다. 조사 결과 와비 파커는 오프라인 매장의 단위 면적당 수익률이 애플과 티파니의 뒤를 이어 3위였다. 애플은 1300달러짜리 노트북을 팔고 티파니는 2만 5000달러짜리 약혼 반지를 파는 반면, 와비 파커는 100달러짜리 안경만을 판다는 사실을 감안하면 놀라운 일이다.

온라인 상거래의 성장에도 불구하고 오프라인 매장은 어느 때보다 강력한 성장세를 보이고 있다. 테크 기업들이 이 사실을 모를 리가 없다. 왜냐하면 업계를 선도하는 애플이야말로 오프라인 리테일의 상징적인 존재이기 때문이다. 스티브 잡스는 2001년에 애플 스토어를 선보였다. 업계의 애널리스트들은 애플이 다급한 모양이라며 2년 내에 철수할 것이라고 전망했다.

하지만 2년 동안 오프라인 매장은 철수하기는커녕 빠르게 이익을 냈다. 그리고 애플 스토어는 해마다 0.09제곱미터당 거의 5000달러를 벌어들이는, 지구상에서 가장 성공한 매장이 되었고 애플 스토어 직원들은 1인당 50만 달러 상당의 매출을 올렸다. 매년 수억 명의 고객이 애플 스토어를 방문한다. 전 세계에 매장이 500개가 안 된다는 점을 생각해보면 놀라운 일이다. 당장 애플 매장을 방문해보라. 매장에는 사람들이 가득하고 계산

2부 아날로그 아이디어의 반격

대 앞에는 10여 명이 줄 서 있을 것이다.

"전자 상거래가 폭발적으로 성장한 10년 동안 테크놀로지 매장은 세계에서 가장 인기 있는 매장이 되었습니다." 론 존슨이 말했다. 그는 2000년부터 2007년까지 애플의 매장을 만들고 운영했던 리테일 담당 부사장이었다. 애플은 수년 동안 온라인에서 제품을 팔았지만 애플이라는 브랜드와 제품을 사랑하는 충성도 높은 팬들과의 직접적인 연결점을 갖지 못했다. 특히 그때만 해도 시장을 지배하던 PC와 비교하면 애플 컴퓨터는 상대적으로 틈새 상품이었다. 존슨에 따르면 스티브 잡스는 베스트 바이나 서킷 시티Circuit City 같은 매장에서 애플 제품이 단순한 상품으로 팔리는 것을 봤다고 한다. 소비자의 눈에는 애플의 컴퓨터가 다른 제품들과 다를 바가 없고 별다른 가치도 없어 보였다.

"잡스는 애플이 혁신 경쟁에서 승리할 거라고 믿었어요. 소비자에게 전해야 할 혁신은 마케팅을 통해서는 전달될 수 없다고 했죠." 존슨의 말이다. "그는 알았어요. 애플이 판매 접점 POS(point of sale, 매장)을 컨트롤하지 못하면 제품에 들어간 혁신도 인정받지 못한다는 것을요. 그 수단이 오프라인 스토어여야 한다는 점에는 이견이 없었어요." 존슨은 새로운 애플 브랜드를 상징적으로 보여줄 매장들을 만들고 싶었다. 밝은 조명을 받는 매끈한 무광 알루미늄 박스와 마치 가구처럼 느껴지는, 반짝이는 검은 유리. 하지만 사람의 존재감이 분명하게 느껴지는 그런 가구. "고객들은 도움을 필요로 합니다." 존슨이 말했다. 특히 컴퓨터와 관련해서 그렇다. "그들은 인터넷을 사용할 수도 있고 우리 웹사이트에 들어올 수도 있고 친구에게 물어볼 수도 있겠지만 무엇보다 우리 매장으로 오는 편리함을 가장 좋아합니다." 그래서 그는 지니어스 바Genius Bar를 만들었다. 차세대 고객 상담 창구인 지니어스 바에서는 망가진 컴퓨터를 고치는 것만이 아니라 애플의 소프트웨어와 하드웨어에 대해 배우는 저렴한 일대일 코스를 신청할 수도 있다. 이를 통해 애플은 고객과 훨씬 깊은 관계를 구축했다. 존슨은 그때의 대인 접점 판매 방식을 지금 일하는 전자상거래 업체 인조이Enjoy에도 적용해서 고객이 물건을 구입하면 추가 비용 없이 직원이 직접 가정을 방문하게 한다. 이동식 지니어스 바인 셈이다.

더 놀라운 사실은 애플 스토어에서는 똑같은 애플 제품을 다른 곳보다 오히려 더 비싸게 판다는 것이다. "그곳은 애플 제품을 가장 비싸게 사는 곳입니다. 다른 곳에서 애플 제품을 사는 것이 더 저렴해요." 존슨이 자랑스럽게 말했다. 그러나 하드코어 팬들은 신제품이 출시되기 전에 간이의자를 가져다 매장 앞에서 잠을 자고 과자로 연명하며 며칠 동안 줄을 서서 기다린다. 단지 최신 아이폰을 제일 먼저 손에 넣기 위해서 기꺼이 더 많은 돈을 지불하는 것이다. 차가운 시장의 논리로만 들여다보면 애플 스토어에서 웃돈을 주고 제품을 구매하는 것은 이성적인 행동이 아니다. 그러나 존슨은 쇼핑이 전적으로 이성적 행동이 아니라는 점을 내게 일깨워주었다. "우리는 사람을 가장 중요시합니다." 그의 말이다.

뉴욕의 풍경에서 책을 치워보세요

뉴욕 혹은 다른 지역에서 새로 개장하는 서점들도 스스로를 그와 같은 관점에서 본다. 그래서 그들은 아마존이 표방하는 넘볼 수 없는 가격과 경쟁하지 않는다. "아마존과 경쟁할 수는 없어요." 크리스틴 오노라티가 말했다. 그는 2007년 브루클린 그린포인트에 워드WORD를 열었고 2013년 뉴저지에 2호점을 열었다. "우리가 같은 방식으로 생각한다면 매번 지겠죠. 가격이나 배송으로는 경쟁할 수 없으니까요. 우리는 완전히 다른 선택지가 되어야 합니다." 그래서 워드는 서점에 갖추어진 책의 종류로(물량보다는 품질), 개인에 맞춰진 서비스로, 기발한 이벤트로(특히 학교와 연계한 도서 축제) 승부한다. 그중 가장 중요한 승부처는 바로 (고객들의) 마음이다. 이는 워드에서 판매하는 책을 바라는 마음이기도 하지만 마음이 통하는 사람들이 있는 곳에서 책을 사고 싶은 마음이기도 하다. "누구든 저를 공익 단체로 생각하는 것을 바라지 않아요. 누구든 우리 매장에서 사야 한다고 생각해서는 안 됩니다. 저는 사람들이 우리 매장에서 사고 싶어 하기를 바랍니다." 오노라티가 말했다.

2014년 12월 어퍼웨스트사이드에 북컬처의 세 번째 매장이 문을 열었을 때 크리스 도블린의 목적은 명확했다. 키가 183센티미터가 넘는 40대 후반의 도블린은 뉴잉글랜드 어부 스타일로 낡은 코듀로이 바지에 두툼한 니트 스웨터를 입었다. 우리가 처음 만났을 당시 그는 양쪽 귀 뒤에 연필을 꽂고 서가에 책을 진열하는 신참 직원에게 지시를 내리고 있었다. 도블린의 부드러운 목소리에는 목적의식과 정의로운 분노가 담겨 있었다.

"요즘에는 책이 보이지 않아요. 이 근처 서점들은 모두 문을 닫았죠. 사람들은 뉴욕 같은 주요 대도시를 차지하고는 눈에 보이는 곳에서 책들을 치워버리지요. 뉴욕처럼 책을 많이 읽는 도시의 풍경에서 책을 치워보세요. 펑! 하고 사라지고 맙니다." 이말이 중요한 이유는 뉴욕이 세계적인 저술의 중심지이고 출판 편집자들과 경영진들 다수가 사는 도시이기 때문이다. 그들에게는 자기 직업의 지속 가치를 증명할 장소가 필요했다. 그 가치는 대중의 인식 속에서 점점 바닥으로 떨어지고 있었다. 그들은 책이 진열창에 사랑스럽게 전시되어 있는 모습을 봐야 했다. 또한 책을 좋아하는 사람들이 모일 수 있고 다른 사람들과 함께 책을 살 수 있는 공간이 필요했다. 그들에게는 아이들이 책을 발견할 수 있는 공간, 부모들이 아이들에게 책을 읽어주고 사줄 수 있는 공간이 필요했다. 아이들을 데려갈 서점이 없는 도시는 도블린에게 끔찍한 곳이었다. "우리는 진정으로 좋은 일을 하고 있어요. 우리는 그걸 알죠. 이 책들은 근본적으로 도움이 됩니다. 그게 제가 팔려는 아이디어예요." 그의 말이다.

도블린은 1980년대에 뉴욕 곳곳의 독립 서점에서 일했고 1997년에는 컬럼비아 대학교 근처에서 대학 교재 위주로 북컬처 서점을 열었다. 2009년에는 두 블록 떨어진 곳에 (좀 더 팔리는 책들 위주로) 좀 더 작은 규모의 2호점을 열었고 2010년에는 매장 매니저 애니 헤드릭을 북컬처의 공동 대표로 영입했다. 헤드릭은 도블린보다 열 살 이상 어리고 말이 엄청나게 빠르다. 내가 서점에 들를 때마다 한 살배기 아들이 헤드릭에게 아기 띠로 매달려 있었다. 북컬처 2호점은 30만 달러를 들여 개장했지만 연간 두 자릿수의 성장을 거듭하면서 금세 초기 투자 비용을 회수했다. "매출과 성장을 보세요. 우리는 가능할 줄 알았어요. 미친 짓을 하는 게 아니었다고요." 헤드릭이 말했다.

도블린은 3호점을 내기 위해 시내를 탐색하다가 81번가의 콜럼버스 거리에서 매장 전면에 커다란 진열창이 있는 공간을 찾았다. 헤드릭의 아들이 태어난 지 겨우 3주 되었을 때였다. 센트럴파크와 미국 자연사박물관에서 한 블록 떨어져 있고 두 개의 지하철 노선이 지나는 곳이었다. 월세가 3만 5000달러였지만 도블린은 그곳이 주민들과 여행객들 모두에게 최상의 장소라고 생각했다. 게다가 건물주가 같은 장소에서 엔디콧 북스Endicott Books라는 서점을 운영하다가 1990년대에 문을 닫았다는 점도 마음에 들었다. 그 서점은 영화 〈유브 갓 메일〉에서 톰 행크스가 몇 블록 떨어지지 않은 곳에 대형 체인 서점을 여는 바람에 위기에 처한 멕 라이언의 독립 서점 이야기에 소재가 되었던 곳이다.

다음 해 내내 도블린과 헤드릭은 가구점이었던 공간을 서점으로 완전히 되돌려놓았다. 이 서점은 벽돌 아치와 아늑한 코너들이 특징적이다. 커다란 지하층은 아이들 전용 공간으로 동화책, 장난감, 청소년책 등의 영역으로 구분되어 있고, 계산만 전담하는 직원이 있으며, 기저귀를 가는 방과 작은 부엌까지 갖추어서 부모들이 몇 시간이고 편안히 머물 수 있다.

시가 25만 달러 어치의 책들 외에도 서가의 절반쯤은 축하 카드나 종이 노트부터 선물, 주방용품, 모자, 장갑 등에 이르기까지 다양한 아이템들로 채워져 있다. 이 모든 비용을 감당하기 위해 도블린은 퇴직 연금을 해지하고 가족의 아파트를 담보로 대출을 받는 등 전 재산을 매장에 쏟아부었다. 그는 100명 이상의 잠재 투자자에게 손 편지를 보냈지만 단 한 명만이 답을 보냈다. 릭 맥아더는 〈하퍼스Harper's〉 지의 발행인이며, 독립 출판의 열렬한 옹호자다. 그는 매장에 상당한 투자를 했다. 콜럼버스 거리의 북컬처 매장은 2014년 추수감사절이 지나고 일주일 후에 문을 열었다.

북컬처의 새 매장이 돌아가려면 헤드릭과 도블린이 연간 300만 달러 상당의 책과 상품을 팔아야 했다. 적자가 나지 않는 선이었다. 다들 인쇄 출판은 하락세이고 디지털 출판이 주도권을 잡아간다고 말하는 상황에서 터무니없는 포부처럼 보였다. 하지만 소비자들이 오프라인 서점뿐만 아니라 종이책으로 돌아서고 있다는 희망적 신호가 나타나고 있었다. 2014년 출판 업계의 매출 데이터를 가장 광범위하게 추적 조사하는 닐슨 북스캔Nielsen BookScan은 종이책 매출이 전년 대비 2.4퍼센트 성장했다고 밝혔다. 2010년 전자책의 판매가 시작된 이래 처음으로 종이책 매출이 성장세를 보였던 것이다. 종이책 매출은 2015년에도 2.8퍼센트 성장했다. 같은 기간 킨들Kindle, 누크Nook(반스 앤드 노블이 만든 전자책 기기-옮긴이), 코보Kobo 같은 전자책 기기 판매는 정체기를 맞은 것처럼 보였다. 2015년 퓨 리서치 센터Pew Research Center 의 조사에 따르면 2014년 전자책 단말기를 소유하고 있다고 응답한 사람의 숫자는 32퍼센트 감소했다고 한다. 또한 영국의 서점 체인 워터스톤스는 2014년 크리스마스 기간에 책 판매가 전년 대비 11퍼센트나 증가했다고 밝혔다. 반면 전자책 단말기인 누크의 판매는 눈에 띄게 줄었다. 몇 개월 후에는 고군분투하던 반스 앤드 노블이 마침내 흑자로 돌아섰다. 〈퍼블리셔스 위클리 Publishers Weekly〉에 따르면 그러한 변화는 전자책과 누크, 그리고 온라인 판매에서 큰 손실을 봤음에도 종이책 판매와 오프라인 매출의 상대적인 성장세 덕분이었다. 이는 전자책이 성장을 이어가지 못하리라는 뜻이 아니다. 충분히 성장할 수 있다. 그러나 음악 업계에서 MP3가 했던 일을 출판 업계에서 전자책이 해낼 거라는 섣부른 예측은 점차 빗나가는 듯하다.

부분적으로는 독자들이 종이로 돌아오고 있기 때문에 이런 일이 벌어진 것일 수도 있다. 나는 한때 모든 유형의 서점에서 일 년에 수십 권의 책을 사들이는 서점 중독자였다. 그 뒤 아마존에서 책을 주문하기 시작하면서 나 자신이 예전만큼 책이나 독서에 빠져들지 않는다는 것을 느끼게 되었다. 독서에 대한 애정이 사라져서가 아니었다. 그보다는 책을 입수하는 경로가 온라인으로 바뀌면서 독서의 매력이 일부 사라졌던 것이다. 음악에 대해 그랬던 것처럼 말이다. 그다음으로 나는 킨들을 샀다. 초기에는 나의 애정이 되살아났다. 버튼을 두 번만 누르면 어떤 책이든 손바닥 안에서 읽을 수 있는 세상이 열렸다. 무게도 나가지 않고, 도서 목록은 무한대이며, 어디서나 연결되고, 밤에 잠자리에서도 읽을 수 있었다. 나는 킨들에서 책을 엄청나게 읽어

댔고 종이책 소비는 거의 중단되었다.

그러나 몇 년 만에 나는 종이로 되돌아왔다. 무엇이 나를 그리로 이끌었는지는 확실치 않다. 그러나 내가 앞 장에서 이야기했던 많은 것들을 포함해서 몇 가지 요인이 중요한 역할을 했다. 나는 공공 도서관에 가입했다. 그리고 그 때문에 (대개는 일과 관련된) 종이책을 읽기 시작했다. 나는 손에 책을 들고 종이를 읽어나가는 일을 내가 얼마나 그리워했는지 금세 알아차렸다. 그것은 훨씬 뛰어난 경험이었다. 나는 킨들의 기술적 장점들과는 상반되는 반직관적인 이유들 때문에 종이책으로 돌아갔다. 맞다, 책은 무거웠다. 하지만 손가락 사이로 느껴지는 책의 두께감 때문에 나는 책의 어느 부분을 읽고 있는지 느낄 수 있었다. 그건 킨들에서는 얻을 수 없는 것이었다. 종이책을 읽는 동안 클라우드에 주석을 붙일 수는 없었지만 대신 밑줄을 긋고 메모를 하고 귀퉁이를 접을 수 있었다. 잘못해서 손가락으로 페이지를 건드리는 바람에 읽던 부분을 놓칠 일도 없었다. 종이책을 읽을 때는 글자를 확대하거나 화면등을 켤 수 없었다. 하지만 배터리를 충전하지 않고도 얼마든지 책을 읽을 수 있었다. 실수로 책을 밟을 수도 있었지만 아마존에 교체 비용으로 140달러를 지불할 일은 없었다. 이제는 도서관과 서점에서 책을 구하거나 가족과 친구들에게 빌려서 침대 옆의 탁자에 쌓아놓는다. 일주일 이상 여행을 갈 때만 킨들을 사용한다. 나머지 시간에는 킨들을 서랍에 넣어둔다. 배터리가 방전된 상태로.

서점이 재기한 배후에는 (보더스의 폐점, 경기 회복 등) 수많은 경제적 요인들이 있다. 그러나 그보다 더 깊은 요인들도 작용하고 있는 것 같다. 북컬처 매니저인 엘리자베스 보그너가 내게 이것을 알려주었다. 우리는 사람들이 꾸준히 서점으로 들어와서 가까이 있는 점원에게 서점을 열어줘서 고맙다고 말하는 모습을 지켜보았다. "저는 공동체를 보고 있어요. 그들은 서점을 잃어버렸다가 되찾은 후에야 서점의 가치를 알게 되었어요. 이 공동체는 나름대로 슬픔의 5단계를 겪었어요. 그들은 말했지요. '누가 어리석게 서점을 연단 말이야?' 그런데 실제로 서점이 생겨난 겁니다." 보그너가 말했다.

북컬처 같은 서점에서 책을 사는 일에는 "장소가 갖는 프리미엄이 개입한다"는 것이 도블린의 설명이다. 그런 말을 하는 동안 우리는 쇼핑객들에 에워싸인 신간 소설 진열대를 보고 있었다. 쇼핑객들은 신간들을 둘러보고, 읽고, 넘겨보았다. "우리는 서가의 책이 아마존에서 1페니에 팔리더라도 그와는 상관없이 그 책을 팔 수 있어요. 사람들은 자기 눈에 띄는 책에 돈을 낼 테니까요." 그것은 책이 동경의 대상이 되는 소비재이기 때문에 가능한 일이다. 읽는 행위가 온라인상에서 주로 이루어지는 요즘에는 특히 그렇다. "책값으로 26달러를 쓴다면 자신의 지적 능력을 자극하고 문학과 친해지고 싶은 열망이 있는 겁니다. 지적 호기심을 추구할 여유가 있는 라이프스타일을 얻은 셈이지요. 요즘에는 최고의 독자들만 책을 사고 읽어요." 도블린은 말을 이었다. "가장 부유하고 가장 많이 교육받은 소비자들, 리테일에서 가장 탐내는 소비자들 말이에요. 그들은 황금처럼 소중하게 다루어져야 합니다. 책은 소비 피라미드의 정점이에요!"

쇼핑은 우리의 소비 욕구를 넘어선다. 제품에 대한 욕구는 사회적 상호작용을 위한 핑계일 뿐이다. 서점에서 이루어지는 대화는 서점에서 사는 물건보다 훨씬 더 중요하다. 뉴기니 외딴 마을에서 열리는 주말 장터에서든 토요일 오후 뉴욕 5번가의 대형 애플 스토어에서든 마찬가지다. 우리의 뇌는 쇼핑하도록 프로그램되어 있다. 그것은 우리 스스로가 즐거워지는 일이다. 주말에 친구들을 만나면 쇼핑몰에 가서 아이쇼핑을 하고, 제품을 살피고, 책을 훑어보고, 매장들을 둘러본다. 밥 그레이슨에 따르면 미국 사람들은 일주일의 휴가를 받으면 평균 하루 반 정도를 쇼핑에 쓴다고 한다. 소셜 미디어 플러그인을 아무리 잘 디자인하더라도, 유튜브에서 아무리 많은 언박싱unboxing(새로운 제품, 특히 전자제품을 구매한 사람들이 포장 박스를 뜯는 과정으로 이를 촬영한 동영상은 유튜브에서 인기장으로 자리 잡았다-옮긴이) 동영상을 시청하더라도 그 같은 사회적 상호작용은 온라인상에서 일어날 수 없다.

북컬처

나는 스스로를 쇼핑객이라고 생각하지 않는다. 내 아내는 의류 매장에 나와 함께 가면 마치 어깨에 젖은 담요를 걸치고 있는 기분이라고 했다. 하지만 나를 레코드점이나 서점 또는 (혹시라도!) 모던 가구점의 진열창 앞에 데려다놓으면 나는 록펠러라도 된 듯이 돈을 펑펑 쓰기 시작한다. 특히 시장에서 그렇다. 중

　　　　　　　　　　　　2부 아날로그 아이디어의 반격

동의 바자, 유럽의 음식 파는 곳, 미국 브루클린 벼룩시장 같은 곳에서 그렇다. 브루클린 벼룩시장은 지금도 내게 가장 좋았던 쇼핑 경험으로 남아 있다.

2008년 학교 운동장에서 조그맣게 시작된 브루클린 벼룩시장은 이제 기업가적 아날로그 자본주의의 모델로 부상했다. 그 시장의 전제는 간단하다. 즉 브루클린 벼룩시장은 낡은 상품(헌 옷, 가구, 장신구)과 새로운 상품(요리사가 만든 음식, 프린트된 티셔츠, 예술 작품)이 섞여 있는 도시의 젊은 시장으로, 물리적·감성적으로 연결되어 있는 커뮤니티가 모이는 장소이기도 하다.

"우리 시장은 상거래 장소라기보다는 시간을 보내는 곳이에요." 브루클린 벼룩시장을 공동 창설한 에릭 뎀비가 말했다. "야외에 있고 입장료가 없죠. 뭘 꼭 사야 하는 것도 아니고요. 아는 사람을 우연히 만날 가능성도 높아요." 나는 브루클린 벼룩시장에서 몇 가지 멋진 물건을 샀다. 하지만 내가 거기에 가는 이유는 그곳이 주말에 몇 시간을 보내기에 좋은 재미있는 장소이기 때문이다. 뎀비는 브루클린 벼룩시장의 많은 판매자들이 엣시에서도 같은 것을 판다고 말했다. 하지만 온라인 공예품 시장의 표준화된 양식 탓에 500명의 판매자가 타자기 자판으로 만든 장신구를 판매하고 있는 곳에서 자신의 제품이 눈에 띄는 것은 실질적으로 불가능하다고 말했다. "인터넷에서는 목이 좋은 곳을 찾을 수 없다"고 뎀비는 말했다.

인터넷상의 리테일러들은 소비자의 신뢰를 얻어야 한다는 면에서 오프라인 리테일러보다 훨씬 거대한 도전에 직면해 있다.

지난겨울 나는 아마존 입점 업체에 부동산 투자를 다룬, 잘 알려지지 않은 책을 주문했다. 다른 데서는 구할 수 없었기 때문이다. 몇 주 후에 판매자가 연락을 해서 자기가 토론토에 오는 길에 우리 집에 들러서 책을 전해줘도 되는지 물었다. 왜냐하면 그편이 "더 쉽고" "더 저렴하기" 때문이었다. 왜 아니겠는가?

며칠 후에 그는 다시 이메일을 보냈다. 우리가 시내 모처에서 만난다면 더 좋겠다는 것이었다. 그러면서 그 편이 "더 안전할" 것이라고 했다. 더 안전하다고? 도대체 무슨 말이지? 이건 헤로인이 아니라 책일 뿐인데. 나는 그에게 그냥 우편함에 책을 넣어달라고 했다. 그러고 나서 그가 대답이 없기에 아마존 고객 서비스에 연락을 했다. 사기를 당했다는 확신이 들었다. 그 책의 배송비는 이제 38달러로 바뀌어 등록되어 있었고 그 판매자는 판매 기록이 전혀 없었다. 나의 편집증은 커져갔다. 나는 책 판매에 나선 폭력배 일당이 나와의 거래가 실패했다는 이유로 우리집을 감시하고, 내 명의를 도용하고, 골목 어딘가에서 내게 강도짓을 하는 상상을 했다. 마닐라에 있는 아마존 고객 서비스 담당자에게 내 걱정을 한 시간 동안 설명한 후에야 아마존은 판매자에게 불만을 접수시켰다. 다음날 그 책은 우리집 우편함에 들어있었고 나는 판매자에게서 불쾌한 이메일을 받았다. 그는 나더러 무례하고 고마움도 모르는 멍청이라고 했다. 자기가 이 책을 배달하느라 출장길에서 벗어났으니 추가로 발생한 택시비를 부담해야 한다고 했다. 우리가 주고받은 모든 내용은 아마존 시스템으로 필터링되었기 때문에 판매자와 나는 서로 이름을 모르는 채였다. 커뮤니케이션이 실패로 돌아가면서 우리 사이의 얕은 신뢰마저 깨져버렸다. 우리가 직접 이야기할 수 있었다면, 혹은 매장에서 만나 이야기를 나누었다면 모든 일이 처음부터 제대로 처리되었을 것이다. 그러지 못해서 커뮤니케이션 오류가 오해로 이어졌고 둘 다 피해를 입었다고 느꼈다.

전자상거래의 판매상은 구매자와 개인으로서 깊은 관계를 맺을 수 없다. 시식을 제공할 수도 없고, 솔직한 의견을 나눌 수도 없고, 농담을 건넬 수도 없다. 전자상거래는 제품과 서비스를 전달하는 플랫폼일 뿐이다. 이베이, 엣시, 크레이그스리스트, 아마존 같은 온라인 리테일 플랫폼은 전 세계의 구매자와 판매자 그리고 제작자 사이에 대화와 상호작용을 가능하게 해주는 커뮤니티를 자처하지만 사실 그런 강점은 오프라인 리테일이 훨씬 강력하다. 렉시 비치가 2013년 뉴욕 퀸스에 아스토리아 북숍 Astoria Bookshop을 개점했을 때 지역 주민들은 펀딩을 제공하고, 무료로 벽에 페인트칠을 해주었으며, 서가를 설치해주고, 상자에서 책을 꺼내주었다. "처음 보는 사람들이 시간이 있을 때마다 찾아와서 서점을 빨리 열도록 도와줬어요. 그들이 아니었으면 그만큼 일찍 개점하지 못했겠죠. 마치 우주가 내 앞에 빨간 카펫을 펴놓으면서 '자, 이 모든 일이 이루어질 거야'라고 말하는 것 같았어요." 그녀가 말했다.

뜨개질 모임이 북컬처에서 정기 모임을 가져도 되는지 문의했을 때 도블린은 그냥 허락만 하는 데서 그치지 않고 차와 쿠키까지 제공했다. 어느 젊은 고객이 어머니에게 바르 미츠바bar mitzvah(유대인 남성의 성년식-옮긴이)를 이 서점에서 하고 싶다고 했을 때도 도블린은 그를 축하해주며 가족의 파티 준비를 무료로 도왔다. 분명히 이런 선의의 행동들은 고객들의 구매로 보상받을 수도 있다. 하지만 대부분은 그렇지 못할 것이다. 이런 선의의 행동에는 더 심오한 목적이 있다.

"작은 상점들이 대형 체인이나 아마존으로 대체되어버리면 우리는 무엇을 잃어버리게 될까요?" 안토닌 보드리가 물었다. 그는 뉴욕 주재 프랑스 문화 참사관이며, 그래픽 노블 작가이기도 하다. "우리는 특별한 것을 잃게 되죠. 도시라고 불리는 것 말이에요." 북컬처가 개점하기 몇 달 전에 보드리는 뉴욕에서 가장 호화롭고 아름다운 보석 같은 서점 앨버틴Albertine을 열었다. 서점은 센트럴파크 건너편 프랑스 대사관의 문화 서비스국 내에 자리 잡고 있다. 보드리의 정의에 따르면 도시란 서점과 같이 세금을 내면서도 시민들이 모일 장소를 제공하여 결과적으로 사업을 둘러싼 문화적, 물리적 환경 조성에 기여하는 사업들의 집합체다. "이런 것들이 모두 사라져버린 곳은 더 이상 도시가 아니에요."

뉴욕에서의 마지막 밤, 나는 북컬처 개장 파티에 참석했다. 인근 주민들, 출판계 인사들, 친구들과 가족들, 늙은 골든레트리버, 그리고 열혈 독자들이 공간을 빽빽이 채우는 바람에 다섯 시간 동안 서가에 둘러싸여 겨우겨우 몸을 움직일 수 있었다. 와인과 치즈와 케이크가 있었다. 청소년 부문의 베스트셀러 작가 팀 페덜Tim Federle이 칵테일을 섞으면서 자신의 책《히커리 다이키리

닥^{Hickory Daiquiri Dock}》에 사인을 했다. 그리고 도블린이 매장 뒤편의 강의대에 서서 연설을 시작했다. 그는 문화적 자산으로서 책의 가치에 대해 이야기하면서 출판 업계가 각성하여 북컬처처럼 출판계의 입장을 대변하는 주체들을 지원해야 한다고 역설했다.

"이런 공간에서 이익을 내야 합니다." 도블린은 자주 서점에 와서 지갑으로 투표를 하여(즉 돈을 써서-옮긴이) 원하는 서점, 이웃, 도시를 만들어달라고 호소력 있게 말했다. "우리는 여러분들이 찾아오는 한, (언제까지나) 여기에 있을 겁니다."

다음 몇 개월 동안 사람들은 그의 호소에 호응했다. 북컬처는 개점 초기를 잘 헤쳐나갔고 2015년 봄 이후에는 기대 이상으로 매출이 성장했다. 뿐만 아니라 다른 비슷한 서점들도 성장을 계속했다. 그린라이트와 맥널리 잭슨은 2015년에 2호점을 내며, 확장세를 이어갔다. 그동안 워드, 아스토리아 북숍, 앨버틴 등 미국 전역의 독립 서점들이 판매량을 늘려갔고 이런 흐름이 멈출 기미는 보이지 않는다. 최근 도블린은 4호점을 열 장소를 물색하느라 바쁘다.

7장

일
Work

로봇을 대체한
노동자들의 이야기

"테크놀로지가 더 복잡해지고 충분히 발달하게 되면 더 새롭
거나 더 효과적인 테크놀로지로 대체됩니다." 라파엘리는 내
게 창조적 파괴의 전통적 경로를 설명했다. "하지만 특이한 상
황들도 존재합니다. 죽은 테크놀로지들이 새 생명을 찾기 위해
위치를 재조정하는 거죠."

디트로이트 시 미드타운 인근의 웨스트캔필드 거리는 오래된 삶의 방식이 종말을 고했다는 무성한 소문이 거짓임을 증명하는 장소다. 고급화된 번화가에는 수제 맥주 집, 신선한 압착 주스 가게, 작은 옷 가게가 즐비하다. "웃어요, 당신은 디트로이트에 있잖아요"라는 글씨가 새겨진 머그, 티셔츠, 행주 등을 취급하는 가게도 두 곳 있다. 거리 중간에는 가장 커다란 가게가 자리 잡고 있다. 바로 시놀라Shinola의 플래그십 리테일 매장이다. 이곳에서는 강철 서까래, 아름답게 색이 바랜 벽돌 벽, 광택이 도는 콘크리트 바닥이 산업혁명 시대의 분위기를 내는 동시에 시놀라의 제품에 느낌을 불어넣는다.

내가 방문했을 당시 그곳에서는 손바느질한 가죽 야구공·농구공·축구공(40~225달러), 나무 드라이버 세트(65달러), 천으로 표지를 마감한 잡지들(12~20달러), 비치 타월(160달러) 등을 같이 팔고 있었다. 한쪽 벽면에는 강아지 모양의 쿠션, 가죽끈과 개목걸이 등 애완동물용 액세서리들이, 다른 벽면에는 가죽 지갑, 스마트폰 케이스, 손가방 등이 진열되어 있었다. 계산대 뒤에는 턱수염을 기른 남자들이 슈윈Schwinn 패밀리가 만든 수제 강철 프레임으로 자전거(1000~2995달러)를 조립하고 있었다. 멋진 음악이 흐르는 매장에는 친절하고 세심한 직원이 있고 커피를 마시는 공간도 있다. 그 공간에는 참전 용사들이 만든 미국 국기(1만 5000달러)가 액자에 걸려 있고 그 아래에는 오래된 가죽 소파가 있다. 누구든 이 소파에 파묻혀서 더치커피를 천천히 마시며, 개에 관한 독립 잡지 〈추드Chewed〉를 읽을 수도 있었다.

가장 큰 볼거리는 1.6킬로미터 떨어진 공장에서 조립된 시놀라 시계들(450~1200달러)이었다. 시계는 가죽으로 감싼 받침대 위나 유리 상자 안에 펼쳐져 있는 등 매장 곳곳에 진열되어 있었다. 시놀라 시계들은 마치 디트로이트의 자동차 산업 전성기에서 빠져나온 듯 클래식하고 실용적인 모습이었다. 특히 크롬과 유리로 이루어진 진중하고 우아한 남성미가 인상적이었다. 시놀라의 시계는 미니멀한 아라비아숫자가 새겨진 여성용 버디 Birdy부터 두툼한 블랙 블리자드Black Blizzard까지 총 여섯 개의 모델과 수십 개의 스타일을 가지고 있다. 시놀라 시계는 하나같이 완전한 아날로그다. 이 시계들은 휴대전화에 연결되지도 않고 당신이 몇 보나 걸었는지 세어주지도 않는다. 그냥 시간만 알려줄 뿐이다.

내가 디트로이트를 방문한 것은 시놀라가 첫 시계를 판매한 지 일 년 반이 지나서였다. 당시 시놀라는 그 근방에서 시계를 만든 지 채 2년이 지나지 않았었다. 회사를 세운 톰 카트소티스는 이 리테일 매장을 열면서 6개월 동안 18만 달러 상당의 시계가 팔릴 거라고 예상했다. 하지만 시놀라의 디트로이트 매장은 2013년 하반기에 300만 달러 이상의 제품을 팔았고, 2014년에는 900만 달러 이상의 제품을 팔았다. 판매된 상품은 대부분 시계였다. 지금은 뉴욕, 미니애폴리스, 시카고, 워싱턴DC, 로스앤젤레스, 런던에 부티크를 열었고, 곧 더 많은 매장이 생길 것이다. 이들 제품은 소규모 남성복 매장, 노드스트롬 백화점, 색스 피프스 애비뉴Saks Fifth Avenue 쇼핑몰, 온라인 매장 등 100개 이상의 다른 리테일러를 통해서도 판매된다. 이제 시놀라 시계는 어디에서나 볼 수 있다. 빌 클린턴도 10개 이상 갖고 있는 듯하다.

시놀라는 전통 있는 브랜드 같은 겉모습을 지녔지만 사실은 새로운 회사다. 하지만 뻔한 스타트업은 아니다. 1990년대 쇼핑몰을 주름잡았던 카트소티스는 현재 회사 가치가 약 35억 달러에 이르는 시계와 의류 회사 파슬Fossil의 설립자이자 회장이었다. 카트소티스의 개인 재산은 보수적으로 추정해도 수억 달러에 이른다. 2010년 그가 파슬에서 공식적으로 물러난 후 가장 크게 벌인 프로젝트가 바로 시놀라였다. 처음에 카트소티스(현재 텍사스 거주)는 티파니나 모바도Movado 같은 고객사들에 시계를 납품하는 PB 시계 공장을 세우기 위해 공장 입지를 물색하고 다녔다. 공장 부지와 숙련된 노동력이 비싸지 않은 디트로이트가 알맞은 후보지였다. 하지만 카트소티스는 사람들이 디트로이트에서 생산한 사치품을 구매할 것인지 확신이 서지 않았다. 그는 소비자들에게 5달러짜리 중국산 펜과 10달러짜리 미국산 펜, 15달러짜리 디트로이트산 펜 중에 어떤 것이 좋은지 설문 조사를 실시했다. 압도적으로 많은 응답자들이 가장 비싼 펜을 골랐다. 이유는 디트로이트산이라는 것이었다.

카트소티스는 디트로이트가 아직 개척되지 않은 잠재력을 품고 있음을 깨달았다. 다른 회사에 납품할 시계를 생산하는 공장보다는 '디트로이트산' 시계 브랜드가 훨씬 큰 장점을 가지고 있었다. 카트소티스는 시계 업계의 친구에게 디트로이트산 고급 시계를 만들 계획이라고 털어놓았고 친구는 "자네는 똥인지 된장인지 구분도 못 하는군You don't know shit from Shinola(똥과 비슷한 색깔을 지닌 시놀라 구두약을 구분하지 못하는 바보라는 뜻의 표현-옮긴이)"이라고 했다. 이 표현은 2차 대전 당시 군인들 사이에서 유행했던 농담으로 시놀라는 원래 구두약 브랜드였다. 시놀라라는 이름은 그렇게 붙어버렸다.

시놀라 브랜드 전체가 디트로이트라는 입지에 기초하고 있다. 시놀라의 모토는 "미국산이 만들어지는 곳"으로, 디트로이트 공장에서 만들고 조립하든 다른 주의 공급업자가 만들든 간에 모든 제품이 미국 내에서 왔음을 내세우고 있다. 시놀라의 마케팅 자료는 미국 장인의 정교한 솜씨와 독창성이라는 내러티브를 집요할 정도로 내세우고 있다. 자랑스러운 시놀라 장인의 사진과 이야기는 매장을 장식하고 회사 광고의 고정 메뉴로 등장한

2부 아날로그 아이디어의 반격

다. 시놀라 웹사이트는 시계를 조립하는 직원의 화려한 동영상을 소개한다. 햇빛이 창문으로 눈부시게 쏟아지는 가운데 직원의 강인한 목소리가 깔린다. "이 도시는 이 나라를 만들어낸 곳입니다. 이 도시의 강철과 이 도시의 기술과 이 도시의 노동으로. 그것이 우리가 여기 있는 이유입니다. 우리는 한 세대 동안 이 나라에서 찾아볼 수 없었던 산업을 재건하려고 합니다. 미국 내의 쉬고 있는 공장들을 깨워서 저희에게 부품을 공급하게 할 겁니다."

카메라가 이동하면서 시놀라 직원들로 가득한 주차장이 드러나면 동영상을 보는 사람은 "USA! USA! USA!"라는 구호를 외치고 싶어진다.

이렇게 전투적인 '할 수 있다'는 메시지에 카트소티스의 막대한 재산이 더해지면서 비판이 쏟아졌다. 〈뉴욕타임스〉는 카트소티스 소유의 베드록 제조 회사Bedrock Manufacturing가 1450만 달러에 매입한 뉴욕 트라이베카 지역의 빌딩에 개장한 수백만 달러짜리 부티크에 대해 혹평했다. 기자는 "중간 가격대의 시계 업계에서 돈을 벌어들인 갑부가 자선 사업을 가장하여 럭셔리 사업에 진출하려 한다"면서 손으로 만들었다느니, 투자를 받지 않고 직접 시작했다느니 하는 스토리로 시계를 비싸게 팔려는 카트소티스의 시도는 고객을 속이는 상술에 지나지 않는다고 비판했다. "시놀라는 좋은 일을 하고 싶어 하는 심리에서 생겨난 자칭 럭셔리 브랜드로, '디트로이트산'이란 자부심을 짜내어 돈을 번다." 한마디로 카트소티스가 순전히 돈을 벌기 위해 디트로이트를 이용한다는 것이었다.

지역 주민들도 나름의 불만이 있었다. 시놀라가 불쌍한 디트로이트를 돕자면서 도시의 어려움을 이용하는 바람에 황폐하게 버려진 건물들이 다른 지역 사람들에게는 탈공업화 시대의 포르노가 되어버렸다는 것이다. 아마도 디트로이트에 대한 더 큰 모욕은 정작 이 도시에 사는 대부분의 사람들은 시놀라가 생산한 1만 5000달러짜리 제품을 절대 손에 넣을 수 없다는 점이었을 것이다.

시놀라는 그런 비난을 면할 만큼 노력을 기울이지 않았다. 심각한 빚에 시달리던 디트로이트에서 시민들은 수돗물 없이 살았고, 부서진 소방차는 수리를 하지 못해 테이프를 붙였으며, 디트로이트 미술 대학은 유명 미술 작품을 매각했고, 수많은 시민이 난방이 되지 않는 집에서 동사했다. 디트로이트 시는 이 지경이 되도록 도시의 서비스를 축소하다가 결국 파산을 선언했다. 그리고 얼마 지나지 않아 시놀라는 트위터에 다음과 같은 메시지를 띄웠다. "파산 따위는 신경 쓰지 않습니다. 우리는 이곳 디트로이트에 많은 일자리를 마련했어요. 팀에 합류하세요!"

이런 근거로 시놀라를 비판하는 것은 타당할 수도 있다. 하지만 좀 더 깊이 들어가 보자. 결국 거물 자본가의 탐욕이 비난받는 것이다. 디트로이트에 사업 기회가 있다는 생각은 누가 했든지 간에 도저히 상상할 수도 없는 일로 여겨진다. 시놀라는 문화의 전사가 개인적 목적으로 운영하는 회사가 아니다. 톰 카트소티스는 아날로그로 가는 것이 돈을 버는 길이라고 생각한 사업가다.

시놀라가 기반으로 삼은 미국 제조업의 부흥은 환상적 이야기일 수도 있다. 하지만 시계 매출이 벌어들인 돈과 그에 따르는 일자리는 부정할 수 없는 현실이다. 시놀라 같은 아날로그 산업의 비즈니스 모델은 이런 식으로 투자자, 노동자, 공동체에 장기적 이익을 가져다준다. 이익이 훨씬 좁은 범위에만 확산되는 디지털 경제와는 크게 다른 특징이다.

디지털 경제의 창조적 '파괴'

디지털 경제는 범위가 넓고 몹시 불완전한 용어다. 아마 1995년 마지막으로 테크 붐이 일어나던 시기에 베스트셀러가 되었던 책 제목에서 나온 말일 것이다. 그 책은 인터넷이 어떻게 비즈니스를 근본적으로 변화시킬지를 다루었다. 디지털 직종은 컴퓨터 소프트웨어와 하드웨어 회사뿐만 아니라 전통적인 아날로그 회사 내의 전자상거래나 데이터베이스 같은 디지털 업무에 이르기까지 거의 모든 업종으로 확산된다. 디지털 경제와 같은 뜻으로 사용되는 용어로는 지식 경제, 정보 경제, 인터넷 경제를 비롯해서 유토피아를 연상시키는 신경제 등이 있다.

거기 담겨 있는 핵심 아이디어는 다음과 같다. 즉 디지털 기술이 훨씬 더 효율적인 제품과 서비스를 훨씬 더 저렴한 가격에 훨씬 더 편리하고 훨씬 더 널리 시공간을 넘나들며 전달한다는 것이다. 디지털 기술은 전통적인 아날로그 업종이 대적할 수 없는 방식으로 변화를 가져오는 동력이라는 것이다. 디지털 경제는 파괴적이다. 그것은 시장을 전복시키고 비즈니스에 대한 오래된 가정을 일소한다. 디지털 기술이 우세한 업종에서는 이미 이런 사실이 입증되었다. 글로벌 경제에서 디지털 기술의 파급력은 엄청나다. 그 파급력은 화력 발전, 전기, 통신 등이 글로벌 경제에 가져오는 파급력에 필적한다. 그러나 디지털 경제에는 태생적으로 내포된 가정이 있다. 아날로그 경제활동은 점차 대체되거나 아예 사라질 것이라는 가정 말이다.

디지털 경제의 가장 널리 알려진 목표는 창조적 파괴라는 경구다. 창조적 파괴는 1950년대 경제학자 조지프 슘페터Joseph Schumpeter가 낡은 프로세스와 비즈니스 운영 방식을 소멸시키는 혁명적인 산업 변화를 설명하기 위해 처음으로 사용한 말이다. 코닥에서 근무했던 수십만 명의 사람들은 그 파괴가 현실이라고 대변해줄 것이다. 디지털 경제가 침범해 들어오는 영역에서 아날로그는 변화한 상황에 힘들게 적응해왔다. 디지털 경제의 창조적 파괴라는 내러티브는 두 가지 힘이 확장 중이던 1990년대에 꽃을 피웠다. 우선 웹 브라우저를 통한 인터넷의 상업화가 대규모로 진행되었고, 그다음으로 냉전 이후 급속한 세계화를 거치면서 미국식 신자유주의가 지배적인 경제 철학과 정치 철학이 되었다. 이는 이상적 결합이었다. 미국 경제와 기술 진보에 대한 자본주의적 낙관론은 전 세계 기업가들에게 거스를 수 없는 대세였다. 이제 시민 의식보다 더 중요한 것은 교육과 연결이었다. 컴퓨터와 모뎀만 있다면 누구라도 전 세계를 무대로 경쟁할 수 있게 되었다. 집에 딸린 차고가 맨해튼이나 도쿄의 사무실만큼이나 유력한 회사 본부가 되었다.

그것이 기업가, 자유 시장 경제학자, 정치가, 언론인 등 디지털 경제 관계자들이 퍼뜨린 내러티브였다. 눈에 띄게 그런 주장을 했던 사람이 콧수염을 기른 〈뉴욕타임스〉의 칼럼니스트 토머스 프리드먼이었다. 그는 베스트셀러였던 저서 《렉서스와 올리브나무》, 《세계는 평평하다》에서도 글로벌 신경제의 미덕을 극찬했다. 프리드먼은 늘 새로운 친구와의 만남을 이야기하는 것 같았다. 이전에 가난했던 국가의 젊은 왕자가 서구의 교육을 받고 나서 인터넷을 빠르게 보급시키거나 농업 위주의 국가 경제를 (아웃소싱을 통해) 미국 회사에 소프트웨어를 납품하는 경제로 전환시킴으로써 나라를 변화시키고 있다는 식이었다. 프리드먼은 미국인들의 낡은 방식을 재고하여 이런 경제와 연결하지 않는다면 그런 국가들이 미국을 앞지를 것이라고 한결같이 결론지었다. 프리드먼이 제시하는 해법은 간단했다. 교육과 기업가정신. 상하이에 사는 셴이 자기 아파트에서 티셔츠 회사를 시작해서 10억 달러를 벌었다면 미국의 소도시 스크랜턴에 사는 수지도 왜 같은 일을 못 하겠는가? 셴이 이용한 베트남 공장에서 제품을 만들고 인도의 방갈로르에 있는 콜센터에서 고객 서비스를 제공하면 되는데 말이다.

이런 내러티브를 관통하는 것은 강력한 후기산업주의의 낭만주의였다. 디지털 기술의 도움으로 이제 우리는 우리 경제의 중심을 낡고, 망가지고, 더러운 산업과 직업(제조업, 자원 채굴, 수작업)에서 이동시켜서 정보와 창의성으로 정의되는 미래의 좋은 직업에만 집중할 수 있다. 서구에 사는 우리는 가장 뛰어난 제품과 서비스를 고안한 다음 기꺼이 저비용으로 궂은일을 하려는 다른 나라 사람들에게 제품을 만들게 하면 된다. 화상회의와 광대역 인터넷이면 충분히 가능한 일이다. 게다가 이는 양쪽 모두의 생활수준을 높이는 일이기도 하다. 삽을 내려놓자! 렌치를 던져버리자! 마우스를 집어 들고 웹사이트를 만들자!

넷스케이프, 마이크로소프트, 그리고 아웃소싱이 디지털 경제의 첫 번째 라운드를 규정했다면 현재는 페이스북, 애플, 그리고 자동화로 규정된다. 이는 20년 전의 창조적 파괴가 더욱 선진화·가속화된 버전이다. 하지만 수십억 명의 손에 훨씬 더 강력한 컴퓨팅 파워가 주어졌기 때문에 그 규모도 훨씬 더 커졌다. 특히 2008년 경기 대침체의 결과로 제조업, 부동산, 금융 같은 전통적인 지배 산업들이 약화되면서 디지털 경제는 한층 더 매력적으로 변했다. 제너럴모터스, GE 같은 오래된 대기업이 구제금융을 받는 동안 직원이 수십 명인 트위터 같은 기업들이 수십억 달러의 기업 가치를 평가받았다. 테크 스타트업에 조금만 투자해도 단기간에 부자가 될 텐데, 힘겹게 버티는 우량 기업에 투자할 이유가 있을까?

오늘날 테크놀로지의 거인들(테슬라의 일런 머스크Elon Musk, 페이스북의 마크 저커버그, 우버의 트래비스 캘러닉Travis Kalanick)은 새롭게 등장한 자본주의의 신이다. 그들의 급속한 성공 신화는 가장 잘 팔리는 전기와 할리우드 영화의 주제다. 월스트리트가 아니라 실리콘밸리가 가장 뛰어나고 똑똑한 사람들이 모여드는 곳이 되었다. 〈이코노미스트〉는 2014년 미국 경영대학원 졸업생의 5분의 1이 IT업계에서 일자리를 얻었다고 보도했다.

물론 정치인들이 이 기회를 놓칠 리 없다. 정치인들은 혁신에 관한 이야기를 연설에 섞어 넣었고 공동 와이파이 존, 디지털 스타트업 보조금, 리서치 허브, 기술 창업 보육 센터에 자금을 대는 법안들에 사인했다. 그들이 드는 이유는 일자리다. 오래된 일자리가 아니라 미래의 일자리 말이다. 전 세계적으로 경쟁력을 갖고 장차 더 많은 고용을 창출해낼 일자리. 실질적인 문제를 풀어낼 창의적인 일자리. 좋은 일자리.

하지만 현실은 그렇게 단순하지 않다. 디지털 경제의 성장이 실현되고 앞으로도 계속 이어지겠지만 그에 따르는 고용이나 공동체의 이익은 과장 광고에 미치지 못할 것이다. 다른 형태의 일자리들, 즉 정치가들과 이론가들이 이야기하지 않았던 아날로그 일자리들이 디지털 경제와 연관된 일자리들보다 여전히 훨씬 더 중요하다. 그것이 가장 분명하게 드러난 곳이 바로 디트로이트다.

상처받은 자동차의 도시

디트로이트는 미국 경제를 연구하는 사람들에게는 아주 흥미로운 대상이다. 도시의 상처가 만천하에 공개되어 있기 때문이다. 실리콘밸리에도 몇몇 문제가 벌어지고 있지만 거의 알려져 있지 않다. 가장 두드러진 것이 노숙자 문제다. 실리콘밸리에 노숙자가 많은 것은 부분적으로는 주택 공급가가 너무 비싸기 때문이다. 그와 달리 디트로이트의 문제는 도시에 들어서는 순간 눈에 보인다. 비어 있는 주차장들, 무너져가는 공장들, 텅 빈 건물들. 많은 사람들에게 디트로이트는 20세기 디지털 이전 시대 미국 자본주의의 무덤이다. 디트로이트 쇠락의 중심에는 테크놀로지가 아니라 인종차별, 글로벌 경쟁하에서 자동차 산업과 노동조합이 주도한 부실 경영, 충격적인 정치적 무능과 부패가 자리 잡고 있었다. 그러나 1990년대 많은 미국 산업에 영향을 주었던, 디지털로 인한 세계화는 그보다 몇 년 전에 디트로이트에서 먼저 등장했다.

자동차 회사들은 자동화된 로봇으로 인간의 노동을 대체해왔다. 그들은 인도에 있는 콜센터가 대세가 되기 훨씬 전부터 아웃소싱과 해외 이전을 받아들였다. 경기 대침체가 전 세계를 강타했을 때 디트로이트는 미국의 나머지 지역보다 훨씬 크게 충격을 받았다. 부동산 버블 붕괴로 집이 유일한 자산이었던 수많은 디트로이트 사람들이 얼마 안 되는 재산을 날렸다. 그에 따라 소비가 위축되고 주가가 하락하자 자동차 제조업체들은 손익분기점을 넘기기 위해 예산을 긴축했다. 자동차 공장은 문을 닫았고 근무시간을 대폭 줄였다. 부품 공급업체들도 마찬가지였다. 공장의 노동자들은 일자리, 임금, 복지 혜택을 잃었고, 더 많은 빚을 지게 되었다. 이미 빈약했던 디트로이트의 세금 수입조차 상당 부분 사라졌다. 도시 인구는 그보다 더 줄어들었다. 디트로이트의 실업률은 최고 30퍼센트까지 급상승했다.

경기 대침체의 가장 직접적인 원인은 악성 부채였다. 그러나 많은 사람들이 근본 원인을 디지털 기술로 돌렸다. 글로벌 자산 버블은 새로운 것이 아니지만(이미 여러 세기 전에 네덜란드에서는 튤립 위기가 일어났었다) 2008년의 자산 붕괴로 이어진 무리한 대출은 고성능 컴퓨터 알고리즘과 금융 시장의 결합이 직접적인 원인이었다. 소프트웨어 탓에 은행가들은 실재 자산(주택과 부동산)을 주변 환경이나 위험 요소들과 분리해서 생각하게 되었다. 주택 대출은 주택 구매를 도와주기 위한 것이었지만 대출 채권을 사서 패키지로 묶어 유가증권으로 만든 은행들은 채무를 지고 있는 집들이 어디에 있고 누가 주인이며 어떤 잠재적 위험이 있는지 알지 못했다. 과거의 데이터에 기초한 소프트웨어가 부정확한 경제적 가정(예를 들면, 주택 가격은 항상 오른다. 왜냐하면 과거 20년 동안 그래왔기 때문이다)을 이용하여 부동산 가격과 대출 금액을 설정했다. 월스트리트 사람들은 컴퓨터가 투자에서 위험 요인을 근본적으로 제거했다고 떠벌렸다.

테크놀로지에 관해 글을 쓰는 더글러스 러시코프는 이것이 수요 공급 법칙, 실제 상거래, 가치 창출과는 완전히 동떨어진 '초자본주의hypercapitalism'의 한 형태를 만들어냈다고 말했다. 디지털 테크놀로지가 만들어낸 거래의 속도와 크기는 아무도 예측하지 못한 수준으로 시장과 자산 버블의 변동성을 크게 증폭시켰다. "인간은 기억과 계산의 한계 때문에 복잡한 자기기만에 한도를 설정하곤 했다." 컴퓨터 과학자이자 철학자인 재런 래니어Jaron Lanier는 자신의 저서《당신은 기기가 아니다You Are Not a Gadget》에 이렇게 썼다. 양적 헤지펀드quantitative hedge funds(투자를 컴퓨터 알고리즘이나 시스템에 의해 결정하는 헤지펀드-옮긴이)의 증가는 자본주의를 '검색 엔진'으로 둔갑시켰다. 이것에 대해 래니어는 "사이버 클라우드의 믿음과 밀턴 프리드먼식 경제의 완벽한 융합"이라고 설명했다. 컴퓨터와 투기꾼들이 부여한 수치를 현실 세계가 떠받칠 수 없게 되자 경기 침체가 이어졌다. 알고 보니 컴퓨터의 계산이 틀렸던 것이다. 주택 가격도 떨어질 수 있었던 것이다. 전 세계가 침체에 빠졌고, 디트로이트도 그렇게 침체했다.

디트로이트의 실업률은 경기 대침체 당시 하늘 높은 줄도 모르고 치솟다가 이제야 내려왔지만 여전히 미국에서 가장 높은 수준이다. 디트로이트는 미국에서 가장 가난한 도시 중 하나다. 디트로이트는 일자리를 필요로 하고 있다. 시놀라는 일자리를 제공하겠다는 약속 위에 브랜드를 만든 것이다.

인간의 판단력을 되찾아오다

시놀라의 본부와 공장은 디트로이트의 미드타운 인근에 있는 아고넛 빌딩의 한 층을 차지하고 있다. 이곳에는 원래 제너럴모터스의 리서치 부문과 디자인 부문이 있었다. 약 500명이 시놀라에서 일한다. 그중 다수는 디트로이트 공장에서 시계를 조립한다. 처음에 시놀라는 다른 공급업체들(가죽끈은 플로리다, 시계 부품은 스위스, 태국, 타이완)로부터 사들인 부품으로 시계를 조립했다가 차츰 내부에서 부품을 제작했다. 2014년 시놀라는 시계의 숫자판과 가죽끈을 디트로이트에서 생산하기 시작했다.

2부 아날로그 아이디어의 반격

팔로마 베가는 자신이 관리하고 있는 가죽끈 제작 라인을 구경시켜주었다. 처음에 (과거에 루이뷔통에서 일했던) 베가는 자동차에 사용되는 직물을 다뤄본 적이 있는 사람들을 고용했다. 가죽 시트를 깁는 기술이 무두질한 소가죽을 시계끈으로 바꾸는 기술과 다르지 않았기 때문이다. "간단해 보이지만 그렇지 않아요." 베가가 내게 공정을 보여주면서 말했다. 그 일은 단순한 반복처럼 보였지만 일관된 품질의 시계끈을 만들려면 조정을 거듭해야 했다. 각각의 가죽 조각은 겉모양, 질감, 밀도가 완전히 달랐다. "가죽은 항상 사람의 손길이 닿아야 해요. 기계만으로는 동일한 생산 체계를 수립할 수 없어요. 훌륭한 결과물을 얻을 수도 없고요." 베가의 말이다.

가죽 부문에는 약 40명이 있었다. 그들은 널찍한 상층부 공간에 있는 다양한 기계에서 일했다. 부드러운 자연광 조명이 비쳐드는 가운데 소울과 모타운의 히트곡이 흐르고 있었다. 직원들은 주기적으로 다른 기계로 교대했다. 전체 과정을 익히기 위해서였다. 대부분의 조립공들은 자동차 공장에서 일했던 20대, 30대의 흑인들이었다. 모든 사람이 몇 종류의 디트로이트 옷을 입고 회사가 나눠준 시놀라 시계를 차고 있었다. 신입인 타레즈 프랭클린은 며칠 전에 가죽끈에 구멍을 내는 일에 투입되었다. 그는 커뮤니케이션 학위가 있었지만 감원 바람이 불기 전까지 크라이슬러 공장에서 자동차 머플러를 찍어내는 일을 했었다. "저는 이곳이 자동화되지 않았다는 점과 이곳의 움직임이 좋아요." 프랭클린은 말했다. 머플러 조립은 완전히 자동화되었던 반면 시계 제작은 더 많은 의사 결정을 요구한다. "여기에서는 모든 부문에 사람의 손이 들어가요. 사람들은 자기가 정말 회사의 일부라고 느끼게 되죠."

제조업은 독립적인 사고나 창의성이 개입하지 않기 때문에 장래성이 없는 직종이라는 평을 받아왔다. 이는 헨리 포드의 조립라인까지 거슬러 올라간다. 뒤이은 노동 관리의 혁신은 효율성을 높이기 위해 생산 과정에서 모든 인간적 요소를 제거하려고 했다. 그러나 시놀라는 '대량으로 도입이 가능한 기술'이라 불리는 접근법을 실행했다. 이는 니콜라 발디니가 FILM페라니아에서 정립하고자 했던 '산업industrial/수공artisanal' 모델과 유사했다. 공업적 효율성(가죽 라인은 하루 400개 내외의 끈을 만들었다)을 제품에 가치를 더하는 수공업의 손길과 결합하려는 시도였다. 베가에 따르면 대부분의 직원들이 전통적인 조립라인식 사고방식에 젖어 있어서 그들 스스로가 생산 공정에서 주도적이고 다이내믹한 역할을 하고 있음을 이해시키는 것이 어려웠다고 한다.

경제학자들의 용어를 빌리면 자동화된 작업 흐름의 당연한 결과로 나타나는 탈숙련화deskilling 현상을 '재숙련화reskilling'로 해결하는 것이다. 자동화의 폐해를 다룬 탁월한 저서 《유리감옥》에서 니콜라스 카는 탈숙련화를 다음과 같이 정의한다. "더 많은 기술이 기계에 적재됨에 따라 기계가 일에 대한 통제권을 더욱 많이 갖게 되며, 노동자가 일에 관여하거나 해석과 판단에 관련한 심원한 재능을 계발할 기회는 줄어든다. 자동화가 최고조에 이르고 일의 통제권을 쥐게 되면 노동자의 기술은 떨어질

292

수밖에 없다." 카는 자동조종 기능에 너무 의존한 나머지 비행기 추락 사고를 일으킨 비행사라든지 진단용 소프트웨어를 사용했다가 오진한 의사 등을 추적했다. 내가 가장 흔히 보는 탈숙련화의 사례는 내가 차창 밖으로 내 목적지가 보인다고 소리치는데도 GPS 가이드만을 맹목적으로 따르는 우버 운전기사다.

재숙련화는 자동화된 일터에 인간의 판단력을 되찾아오려고 한다. 같은 책에서 카는 이렇게 썼다. "우리의 능력은 사물을 이해하는 것이다. ……관찰과 경험에서 얻은 지식을 엮어서 세상을 유연하고 풍부하게 이해함으로써 이후 어떤 과제나 도전에도 적용할 수 있는 것이다. 의식적·무의식적 지식, 이성과 영감을 포괄하는 유연한 정신력이야말로 인간을 개념적이고 비판적이고 사색적이고 재치 있게 생각하게 하며, 인간의 논리와 상상력을 마음껏 발휘하게 한다." 이는 마치 고결한 이상같이 들리지만 시계 제조나 요리같이 장인 정신이 발휘되는 업종에만 적용되는 것은 아니다. 한때 자동화 공정의 선도자였던 도요타는 지난 몇 년간 일본 전역의 조립 공장에서 일부 로봇을 인간 노동자로 교체했다. 새로운 기술을 개발하고 제조 공정을 개선하여 궁극적으로는 더 좋은 자동차를 만들기 위해서였다.

시놀라 공장의 가죽 부문 반대편에는 숫자판 조립 부문이 자리하고 있다. 조명은 밝고 선명했으며, 음악도 말소리도 없었다. 입을 열면 침이나 다른 입자가 튀어나올 수도 있다. 점심 식사로 먹은 음식 조각이 시계의 톱니바퀴에 들어가게 할 수는 없는 노릇이다. 먼지와 불순물이 정밀한 메커니즘에 끼어들지 못하도록 모든 사람들이 파란 연구실 가운을 입었고 머리에는 보호망을 썼으며 보호 신발을 신었다. 직원들은 작업대에 몸을 숙인 채 작은 다이얼과 톱니바퀴 같은 부속들을 족집게로 조립하거나 쌀알보다 작은 나사를 돌리고 있었다.

공정을 감독하는 사람은 윌리 홀리였다. 그는 전직 빌딩 안전요원으로 생산직 경험이 없었다. 그의 사진이 회사의 첫 광고에 등장하는 바람에 그는 시놀라를 대표하는 얼굴이 되었다. 홀리가 작은 부품들을 조립하는 라인에서 일을 시작한 지는 만 2년이 되었지만 여러 차례 승진하면서 급여와 복지 혜택도 늘어났다. "저분들이 저 일만 하게 되는 것은 아니에요." 회사의 가죽부문 부사장 제니퍼 구아리노가 말했다. "저 작업을 잘하게 되면 우리 회사는 그 기술을 다른 사람들에게 가르치고 감독할 마스터가 필요하거든요. 시놀라에서는 시급 12달러밖에 주지 않는다고 비판하는 사람들도 있지만 그게 나쁜 수준도 아니고 그 다음 단계로 올라갈 기회도 주어지니까요." 시놀라 공장의 작업 구조는 독일의 성공적인 미텔슈탄트Mittelstand 도제 시스템을 바탕으로 하고 있어서 노동자들은 기업 내에서 기술을 배우고 성장할 수 있다. 카트소티스에 따르면 시놀라에 갓 들어온 수습들은 시급 12달러를 받지만 몇 달만 일하면 완전한 복지 혜택에 정기적으로 월급도 인상되기 때문에 시놀라 공장의 평균 임금은 그보다는 높다고 한다.

사람들은 시놀라가 낭만적이지 않은 일자리를 낭만적으로 묘사한다고 비판했다. 경제의 미래가 디지털 테크놀로지에 있다면 왜 손바느질한 미국 국기를 흔들면서 국내 제조업의 귀환을 앞장서 알리는가? 제조업에 대한 과도한 의존이 디트로이트를 이렇게 엉망으로 만들지 않았던가? 이 사람들에게 코딩과 웹사이트 디자인을 훈련시키는 편이 낫지 않을까? 구아리노에 따르면 그건 인식의 문제다. 사람들은 지식 노동과 디지털 경제에 대한 논의에 빠져서 육체노동에 나쁜 평판을 떠넘겼다. "미국에는 기술 격차가 없어요." 구아리노가 말했다. "가치 격차가 있는 거죠. 남들이 가치를 두지 않으면 사람들은 그 일을 하려고 하지 않습니다. 어떤 사람의 직업이 배관공이라고 하면 그가 충실한 인생을 살지 않았다는 결론을 내리려 하지요. 잘못된 가치 평가예요."

2012년 브루클린에서 이곳으로 이사한 〈크레인스 디트로이트 비즈니스Crain's Detroit Business〉의 기자 에이미 해이멀은 시놀라를 높게 평가했다. 시놀라는 물건을 만드는 기술·경험·DNA를 간직한 지역사회에서 보수가 괜찮은 좋은 일자리를 만들어내고 있다는 것이었다. 시놀라에서 일자리를 얻어낸 소수의 디트로이트 사람들에게는 시놀라에 취직한 것이 구글에 취직한 것과 마찬가지였다. "우리에겐 여전히 실재 물건이 필요하고 사람들은 그 물건들을 생산합니다." 해이멀은 지하에 허름한 레코드점을 갖춘 허름한 피제이스 라거 하우스에서 맥주를 마시면서 말했다. 해이멀은 가족 중에 유일하게 대학에 진학했고, 디트로이트 기준으로는 벌이가 나쁘지 않은 편이다. 반면 해이멀의 오빠는 무엇이든 수리할 수 있는 디젤 차량 수리공이지만 가족을 먹여

살리기 위해 코요테를 사냥하고 차에 치어 죽은 동물을 가져다 먹는다. "엿 같은 상황이죠." 해이멀은 그렇게 말하며 제이머슨 위스키를 한잔 들이켰다. "우린 테크와 관련한 일자리에 가치를 두면서 물건을 만드는 사람들을 홀대했어요. 그들을 하찮게 여겼지요. 계속 그런다면 이 나라는 망할 거예요."

승자 독식의 디지털 비즈니스

현실을 보면 해이멀의 말이 틀리지 않다. 미국을 비롯한 산업화된 나라들에서 일자리 수와 (인플레이션을 고려한) 실질 임금은 꾸준히 감소해왔다. 1인당 GDP는 감소하고 불평등은 심화되며 자본에서 노동이 차지하는 비율(GDP 중 노동자의 몫을 백분율로 나타낸 것)은 끝없이 줄어든다. 현재의 디지털 경제는 그토록 많은 부를 창출하고 이윤을 내면서도 고용과 임금에 의미 있는 성장을 가져다주지 못하고 있다. 테크놀로지가 이 모든 것에 대해 비난을 받아야 하는 것은 아니지만 상당한 역할을 하고 있는 것은 확실하다.

산업 차원에서 디지털 기술은 일자리 창출에는 상대적으로 작은 역할만을 했을 뿐이다. 수만 명이 구글, 페이스북, 아마존 같은 회사에서 일하고 있다고 해도 그 숫자는 아날로그 산업, 이를테면 포드 자동차 같은 회사의 고용자 수에 비하면 새 발의 피다. 테크놀로지 회사의 높은 노동 생산성은 비즈니스 모델의 특성이다. 이들 회사는 기숙사 방에서 한 명이 시작했다가 급속히 성장하여 수백만, 수십억의 고객을 모을 수도 있다. 그에 맞게 공장, 창고, 매장 등의 인프라를 갖추거나 월급과 복지 혜택을 제공해야 하는 직원을 두지 않고서도 말이다.

컴퓨터는 상대적으로 적은 수의 사람들만으로도 일을 가능하게 한다. 데이터 센터 건설에는 수만 제곱미터의 부지와 10억 달러가 들어가지만 필요한 직원은 몇 명뿐이다. 인스타그램 같은 회사가 북컬처와 거의 같은 숫자의 직원만으로도 단 몇 년 만에 세계적인 사진 기업이 되고 페이스북에 인수된 시점에는 10억 달러의 기업 가치를 갖는 식이다. 미국 테크놀로지 회사 중에 유일하게 미국 내의 직원 수가 상위 20위에 드는 곳은 휼렛패커드 HP다. 이 회사의 직원 수도 지난 몇 년간 대폭 축소되었다. HP는 2013년 이후 5만 명 이상의 직원을 해고했다. 이 숫자는 구글 전체 직원 수와 맞먹는다.

"모든 사람, 아니 대부분의 사람들이 기술 진보의 혜택을 자동적으로 누린다는 경제 법칙은 없다."경제학자 에릭 브린욜프슨과 앤드루 매카피는 2012년 발간한《기계와의 경쟁》이라는 획기적인 책에서 기술 진보와 일자리 창출 간에 격차가 벌어지고 있음을 강조했다. "기술 발전이 가져온 실업 위협은 현실이다." 브린욜프슨과 매카피는 기술 진보를 두려워하는 기술혐오주의자가 아니다. 그들은 이전 산업화·공업화 시대의 기술 도약기에 벌어졌던 노동의 파괴를 지적하면서 생산성 증가가 중산층의 부와 일자리 창출로 이어졌는지 밝힌다. 지금이 그때와 다른 점은 디지털 파괴의 속도와 규모가 기하급수적으로 가속화되고 있다는 것이다. 또한 그 모든 디지털 진보가 실제 생산성을 높이지는 않는다는 것이다. 테크놀로지 산업에서 그토록 인기가 있는 창조적 파괴는 일자리를 창출하는 속도보다 훨씬 빠르게 일자리를 파괴하고 있다.

브린욜프슨과 매카피는 테크 회사들의 이른바 슈퍼스타적인 성격이 그 원인이라고 지목한다. 디지털 테크 산업은 독점 기업들에 의해 좌우되며, 경쟁사가 거의 없거나 극소수에 불과하다. 디지털 제품의 소비 성향은 표준화를 선호하며, 지배적인 플랫폼을 중심으로 형성된다. 컴퓨터들끼리 효과적으로 정보를 주고받기 위해서는 서로 같은 언어로 말하고 같은 포맷을 이용해야 한다. 초기 스타트업 단계에는 이런 새로운 표준을 세우기 위해 경쟁하는 수십, 수백 개의 신생 회사들이 있을 수 있다. 하지만 시간이 지날수록 소비자들과 투자자들은 엄청난 성공을 거둔 가장 큰 회사들만 돈을 벌게 해주며, 나머지 회사들은 떨어져 나간다. 다른 검색 엔진들도 있지만 구글이 가장 신뢰 받고 가장 널리 이용되는 기본값default이다. 구글에 도전장을 내미는 비용은 천문학적이고 구글의 시장점유율은 최대치라서 새롭게 준비하고 도전에 나서는 것은 거의 불가능하다. 그런 상황에서 누가 시도하겠는가? (이렇게 말했는데도 아직도 시도를 해봐야 하는 것인지 고민된다면 빙Bing에서 검색해보라). 지배적인 마이크로소프트의 PC 운영 체제나 페이스북에 장악된 소셜 네트워킹도 마찬가지다. 인텔이 프로세서를 독점하고 폭스콘Foxconn이 기기 조립을 장악하는 등 컴퓨터 하드웨어도 독점 구조다. 오픈 플랫폼과 민주화된 기업 문화에도 불구하고 디지털 테크놀로지는 명백히 승자 독식 업종이다. 회사는 10억 달러짜리 '유니콘'(상상 속의 동물로, 실리콘밸리에서는 10억 달러의 가치를 갖는 스타트업을 가리키는 말이다-옮긴이)이 되거나 자금을 소진하고 몇 년 만에 사라지거나 둘 중 하나다.

　이 같은 독점 효과는 이들 지배적인 회사에서 일자리를 얻을 수 있는 사람들에게는 상당한 고용 기회를 만들어낸다. 그러나 더 많은 일자리를 만들어내는 경쟁 회사들이 존재할 수 있는 시장은 아니다. 아날로그 업종과 비교해보자. 제너럴모터스와 도요타는 세계 최대 자동차 회사지만 시장점유율은 10퍼센트를 약간 넘으며, 폭스바겐, 크라이슬러, 테슬라, 페라리, 기아 등 다른 제조업체들이 나머지 점유율을 나눠 갖는다. 각 회사들은 차를 만드는 사람들, 차를 파는 딜러들, 차를 수리하는 수리공들, 부품을 만들고 유통하는 공급업체 등의 일자리를 만든다.

　디지털 경제가 일자리 창출에 실패하는 가장 중요한 이유는 인간의 노동력을 최소화하는 것이 기본 목표이기 때문이다. "똑똑한 기계들의 가격이 내려가고 성능도 좋아지기 때문에 점차 인간의 노동, 특히 공장과 같이 상대적으로 구조화된 환경에서 가장 반복적이고 틀에 박힌 일들을 대체할 것이다." 브린욜프슨, 매카피, 기자 마이클 스펜스는 〈포린어페어스Foreign Affairs〉 지에 이렇게 밝혔다. "바꿔 말하면, 해외 이전은 자동화로 가는 길목의 중간 기착지일 뿐이다." 공장 내부에서 시작된 이 일(자동화)은 일반 사무실과 임원실에까지 조금씩 다가가고 있다. 로봇과 드론이 창고 노동자와 배달 기사들을 위협할 뿐만 아니라 인공지능 소프트웨어가 변호사, 방사선과 전문의, 신문 기자 등의 업무를 대신하고 있다. 몇 년 후에 당신은 자율주행차를 타고 무슨 일을 하러 가겠는가? 당신이 생각하는 그 일이 인공지능으로 해결하거나 로봇이 감당할 수 있는 일이라면 새로운 진로를 고민해야 할 것이다.

미래학자들과 테크 기업의 리더들은 낙관적인 견해를 내놓는다. 이 모든 해고 사태도 기술이 데려다줄 천국으로 가는 중간 기착지에 불과할 수 있다는 것이다. 근대 경제학의 아버지 존 메이너드 케인스John Maynard Keynes는 1930년대에 우리가 하기 싫은 일들을 기계가 모두 대신하고 사람들은 잡생각에 마음껏 빠져서 시간을 보내는 시대가 도래할 거라고 예언했다. 우리는 터미네이터를 두 팔 벌려 환영할 것이다. 그들이 우리에게 칵테일을 만들어줄 거라고 기대하면서 말이다. 하루 종일 철학적 사색을 하고 싶지 않은 사람들은 현 상태의 와해disruption가 더 많은 고용 기회를 제공할 거라고 기대한다. 디지털 테크놀로지는 시스템 엔지니어, 앱 디자이너, 엣시 공예가, 우버 기사 등 새로운 일자리를 많이 만들었다. 일의 성격은 계속 변해왔고 앞으로도 변할 것이다. 우리가 모두 충분히 창의적이라면 (개선된 테크놀로지 덕분에) 생계 비용이 낮아질 것이고, 온디맨드로 일하는 프리랜서의 노동 기회가 빠르게 확장되면 전통적인 직장 붕괴를 만회하고도 남을 것이다.

희망찬 이야기지만 함정이 있다. 테크 산업이 많은 일자리를 창출한 것은 의심할 여지 없는 사실이다. 그러나 그 일자리들은 대개 특정한 분야에 치우쳐 있다. 게다가 교육을 많이 받고 사회적 계층이 높은 (주로 남성인) 사람들을 선호한다. 우버 기사도 있긴 하지만 대부분의 일자리는 매우 특별한 기술을 요구한다. 현실적으로 그런 일자리를 얻기 위해서는 (컴퓨터) 테크놀로지와 교육, 그리고 다른 사람들이 쉽게 넘보기 힘든 기술적인 능력이 있어야 한다. 모든 사람이 디지털 테크 기업에서 일하고 싶어 하고 일자리도 거기에 있지만 그냥 구글의 문을 두드리고는 "저는 똑똑하고, 강인하고, 무슨 일이든 해낼 준비가 되어 있습니다"라고 말한다고 해서 일자리가 주어지는 것은 아니다. 테크 업종에서 보수가 좋은 일자리는 먹이사슬의 정점에 있기 때문에 현실적으로는 가장 뛰어나고 가장 똑똑하며 이미 최고의 직장에 다녔던 사람들, 즉 극소수만이 접근 가능하다.

"모든 사람들이 컴퓨터 프로그래머의 기술을 갖고 있는 것은 아닙니다." 미시간 주립대학 경제학과 찰스 발라드 교수의 말이다. 그는 디트로이트에서 자랐다. "제가 알기로는 지난 10년간 미시간에서 50만 개의 일자리가 없어졌어요. 57세 남성이 자동차 공장에서 해고되면 어떤 일이 일어나죠? 그가 웹 엔지니어가 될 수 있다고 말할 건가요? 그건 그가 우주비행사가 될 수 있다고 말하는 것과 마찬가지입니다."

디지털 테크놀로지는 두 가지 유형의 일자리 창출에 능한 것으로 밝혀졌다. (소프트웨어 디자이너나 CEO 같은) 꼭대기에 있는 몹시 특화된 직업과 (폭스콘의 휴대전화 조립 기술자와 아마존의 창고 지기 같은) 바닥에 있는 보수도 낮고 기술 숙련도도 낮은 일자리.

그 결과 경제적 불평등이 심화되었다. 1992년부터 2010년 사이 서방 세계에서 고숙련과 저숙련 일자리는 증가했지만 중간 숙련도의 노동자 고용 비율은 급격하게 떨어졌다. "2차 대전 종반부터 1970년대까지는 대학 교육을 요구하지 않는 고소득 일자리가 많았습니다." MIT 경제학과 교수 데이비드 오터의 말이다. "그런 일자리들이 많이 줄어들었습니다. 일자리들은 자동화되고 해외로 이전되었지요. 대학 교육을 받지 않은 사람들이 할 수 있는 일이 질적으로 저하되었다는 뜻입니다." 억대 연봉을 받으면서 페이스북의 프로그래머로 일하거나 아주 적은 금액만 받으면서 화장실 청소를 하거나. 그 사이에 있는 일자리는 많지 않다.

우리는 페이스북 같은 거대 테크 기업들의 성공을 예외가 아닌 일반적인 것으로 보는 경향이 있다. 이는 고용 문제의 해결책이 단순히 기업가 정신의 문제라는 생각에 반영된다. 모든 사람이 자신의 테크 스타트업을 만든다면 우리 사회가 필요로 하는 일자리들이 만들어질 것이다. "토머스 프리드먼의 주장에 담긴 한 가지 오류는 모든 사람이 자기만의 방식으로 뛰어나고 창의적이라는 느긋한 견해입니다." 프린스턴 대학교의 경제학 교수 앨런 블린더의 말이다. 그는 클린턴 대통령의 보좌관이었고 아웃소싱 전문가다. "특정 경제 체계 내에서 그런 일자리는 몇 개 안 됩니다. 어떤 경제라도 틀에 박힌 일을 반복하는 일자리는 많지요. 하지만 이런 일자리는 대개 급여 수준도 낮습니다." 불행하게도 (앞서 말한) 스크랜턴의 수지가 수십억 달러를 벌어들일

2부 아날로그 아이디어의 반격

앱을 만들고 싶어 할 수도 있지만 그녀에게는 그럴 능력이나 욕망이 없는 것이 현실이다. 대부분의 사람들은 그저 먹고살 수 있기를 바란다. 가장 최선의 시나리오를 상정하더라도 시장은 새로운 테크 기업을 제한된 숫자로만 지탱할 수 있다. 태생적으로 소수만을 포용할 수 있는 소수의 일자리만을 만들어낼 것이다.

　디지털로 무장하고 성장 중인 온디맨드 경제는 약간의 단편적인 일자리를 제공한다. 그러나 규모나 범위는 제한적이다. 항상 프리랜서로 일해왔던 나는 프리랜서 일이 대다수 노동자들에게 적합한 고용 형태가 아니라는 것을 알고 있다. 사람들은 월급이 많고 안정적인 고용을 필요로 하고 또 원한다. 사람들은 임금과 노동조건이 개선되기를 바란다. 온디맨드 경제가 성장하면서 프리랜서들 간의 경쟁은 심화될 것이고 우버 운전기사나 인스타카트Instacart 식품 배달원의 임금은 낮아질 것이다. 비즈니스 블로그 '쿼츠Quartz'에 글을 쓰는 한 기자는 스마트폰 덕분에 가능해진 새로운 온디맨드 일을 인도 뭄바이에서 빨래를 하고 점심을 배달하고 부자의 차를 운전하는 등의 하찮은 일에 비유했다. 그런 세상을 만들기 위해서 필요한 것은 테크놀로지가 아니라 가난과 불평등 속에서 푼돈이라도 벌기 위해 기꺼이 일하려는, 많은 노동자들이다.

　많은 사람들이 미국 등 선진국에서 일어나는 중산층 공동화의 주요 원인으로 기술적 불평등을 꼽는다. "1990년대에 시작된 기술적 불평등은 금융 산업의 불평등보다 더욱 심각합니다." 조지 메이슨 대학교의 경제학 교수 타일러 카우언의 말이다. 그는 기술 쪽의 일자리는 본래부터 불평등했다고 믿는다. "트렌드는 지속될 것입니다. 주요 테크 회사들은 많은 사람을 고용하지 않지요. 그들은 간접적으로 일자리를 창출하긴 하지만 그 일자리는 저임금 서비스직에 국한됩니다. 테크놀로지를 통해 일을 하기 위해서는 너무나 높은 지적 능력이 요구됩니다. 이것은 평등주의에 반하죠. 이 모든 결과를 종합해보면, 디지털 경제는 불평등한 경제입니다."

실리콘밸리는 호황일 수도 있다. 하지만 그런 호황은 몇 킬로미터밖에 떨어지지 않은 노숙자 쉼터에서 살고 있는 수백 명의 노숙자에게는 도움이 되지 않는다. 브루킹스 연구소Brookings Institution의 조사에 따르면 2007년부터 2012년까지 미국의 어느 도시보다 샌프란시스코에서 불평등이 특히 심화되었다고 한다. 불평등 문제는 이따금 크게 대두되곤 한다. 2013년이 그랬다. 샌프란시스코에서는 시위대가 실리콘밸리 소재 테크 회사의 통근 버스를 가로막았다. 표면적인 시위의 이유는 이른바 럭셔리 통근 버스가 세금으로 운영되는 인프라를 함부로 이용한다는 것이었다. 그러나 시위의 근본 원인은 테크 부자들과 가난한 비테크인들 사이에서 커져가는 격차였다.

1루타와 2루타로 득점하는 게임

자신만만한 시놀라 회장 자크 파니스는 그 모두를 알고 있었다. 시놀라에 오기 전에 파니스는 아이들을 위한 온라인 커뮤니티와 나중에 카트소티스가 사들인 시각 효과 회사를 운영했다.

나는 그에게 아날로그 회사 경영은 디지털 회사 경영과 어떻게 다른지 물었다. 파니스는 자신의 손목을 들어 보였다. "제품은……." 그는 손목의 런웰Runwell 시계를 들여다 보더니 말을 이었다. "이 시계는 어디에 있는지도 모르는 서버에 존재하지 않아요. 이건 컴퓨터 코드로 만들어진 것이 아닙니다. 매일 아침 잠에서 깨면 이걸 들여다봅니다. 시계는 이렇게 말합니다. '7시 반이야. 일하러 가야지!' 이게 훨씬 더 보람 있는 사업입니다. 제가 공정의 모든 단계 이면에 존재하는 사람들을 알고 있으니까요."

그렇다. 대다수 디트로이트 사람들은 시놀라의 시계를 절대로 사지 못할 것이다. 하지만 그들은 과거에도 캐딜락이나 콜벳 Corvettes 자동차를 살 수 없었다. 회사가 작동하는 방식은 이례적이었다. 선견지명이 있는 백만장자가 회사를 세우고 자금을 댔다. 그 갑부는 (다른 투자를 받지 않았기 때문에) 단기 목표를 달성하라는 투자자나 주식 시장의 요구에 따를 필요가 없었다. 중요한 것은 일이었다. 국내 공급 사슬에 매력적으로 보일 만큼 충분한 물량의 시계를 생산하는 수준까지 공급을 증가시키는 것 말이다. 결과적으로 이것은 더 많은 미국인을 고용하는 것이기도 했다. "가장 근본적인 아이디어는 미국에서 일자리를 만들어 우리의 근육과 힘, 피와 땀, 그리고 눈물로 제품을 제작하는 겁니다. 우리가 바라는 것은 시간이 지나면 '이봐요, 제가 시계 몸체를 만들 수 있어요. 제가 (시계의) 용두와 (시계끈의) 걸쇠를 만들 수 있어요'라고 말하는 사람이 생기는 겁니다." 파니스의 말이다.

훈훈한 이야기이기는 하지만 과연 이윤이 남는 사업인가? 사업의 목적이 이윤 극대화에 있다면 대부분의 기업에서 가장 많은 비용을 차지하는 인건비를 절감하여 더 많은 이윤을 얻을 수 있을 것이다. 태국 노동자가 디트로이트 사람들보다 시놀라의 시계를 더 저렴하게 조립할 수 있다면 왜 그 길로 가지 않을까? 카트소티스가 제시한 미국인 노동자에 관한 가슴 찡한 이야기를 모두 잊고 투자자의 입장에서 순전히 합리성에 근거하여 시놀라를 바라본다면 자동화를 실현하고 공장을 해외로 이전하는 편이 이윤이 많지 않을까?

단기적으로는 그렇다. 그것이 맞는 답일 수도 있다. 하지만 카트소티스의 투자 핵심은 시놀라에 미국인 고용을 꾸준히 증가시키는 것이다. 이는 다음 두 가지 요인에 근거한다.

첫 번째는 정서적인 부분이다. 시놀라 시계는 럭셔리 시계 가운데 저가 제품에 속한다(200달러짜리 파슬 시계보다는 비싸지만 3000달러짜리 롤렉스 시계보다는 싸다). 브랜드가 가장 내세우는 것은 디자인이나 전통, 가격이 아니라 브랜드에 담긴 스토리다. 그리고 그 스토리는 디트로이트에서 시계를 만드는 시놀라의 노동자들에 관한 것이다. 생산을 해외 이전하거나 자동화한다면 시놀라 시계의 가치는 곤두박질할 것이다.

사람들이 구매하는 것은 시계가 아니라 스토리다. 테크놀로지에 붕괴된 럭셔리 시계 업종이 이제야 비로소 발굴해낸 스토리 말이다. 스위스는 오래전부터 시계 제조를 장악했지만 1970년대에 쿼츠 무브먼트가, 그 뒤에 디지털시계가 도입되면서 스위스의 시계 제조업은 급전직하했다. 그사이 일본의 경쟁자들은 더 정밀한 시계를 더 싸게 만들어냈다. 스위스는 거의 30년 동안 생존을 위해 싸웠고 2008년경에는 다시 한 번 금액을 기준으로 세계에서 가장 앞선 시계 제조국이 되었다. 스위스 시계 메이커의 반격을 다룬 포괄적 연구 보고서에서 하버드 비즈니스 스쿨의 라이언 라파엘리 교수는 스위스가 다시 한 번 부상한 이유는 '테크놀로지의 재출현' 덕분이라고 주장했다. "테크놀로지가 더 복잡해지고 충분히 발달하게 되면 더 새롭거나 더 효과적인 테크놀로지로 대체됩니다." 라파엘리는 내게 창조적 파괴의 전통적 경로를 설명했다. "하지만 특이한 상황들도 존재합니다. 죽은 테크놀로지들이 새 생명을 찾기 위해 위치를 재조정하는 거죠."

스위스의 경우 자기들의 테크놀로지를 새롭게 포장했다. 첫째, 그들은 적당한 가격에 패션 감각을 갖춘 스와치Swatch 브랜드를 만듦으로써 자신들도 정밀함보다는 감성으로 경쟁할 수 있음을 보여주었다. 둘째, 수공의 개념을 쇄신함으로써 파텍 필립Patek Philippe 같은 브랜드에 고가의 럭셔리 지위를 부여했다. "사람들은 테크놀로지나 시계의 가치를 경험하는 것이 아니라 여러 세대에 걸쳐 전승된 기술을 경험하는 것이지요. 사람들은 애초에 그 형태를 만들고 구조를 짰던 사람의 손을 연상합니다." 그런 것들이야말로 사람들이 5만 달러나 10만 달러를 지불하는 럭셔리다. 그것은 시계 부품이 지닌 물질적 가치 혹은 정밀함의 가치보다 훨씬 중요하다. 정확한 시간을 원한다면 휴대전화를 보면 되니까.

라파엘리에 따르면 시놀라가 자사 노동자를 중심으로 만들어낸 감성적 브랜드는 누가 만드는지도 모르는 스와치나 파슬 브랜드와의 차별화를 가져다주어 시계 가격에 대한 민감도를 낮춘다고 한다. 시놀라의 노동자들은 단순히 제품을 조립하는 사람이 아니다. 노동자들이 곧 제품이다. 이런 사실 때문에 시놀라는 성공의 주요인이 가격에 달린 일상용품에 속하지 않게 된다.

카트소티스의 나머지 투자 원칙은 산업 차원의 재숙련화라는 개념으로 거슬러 올라간다. 시놀라의 가죽 시계끈 제조 부문은 공급업체가 수요를 맞추지 못해서 생겨난 것이다. 베가 등이 시놀라의 노동자들에게 고급 가죽 수공 과정을 훈련시키자 다른 가죽 제품을 만들어낼 능력도 갖추어졌다. 그래서 시놀라는 공장에서 같은 노동자와 기계로 가죽 가방, 지갑, 액세서리를 만들기 시작했다. 그 덕분에 시놀라는 시계보다 많은 고용을 창출하는 구두 같은 제품을 마음만 먹으면 시작할 수 있게 되었다. 시놀라 노동자에게 습득시킨 새로운 기술은 더 많은 제품군의 출시로 이어질 것이고, 그것은 더 많은 새로운 기술들로, 더 많은 새로운 제품들로 이어질 것이다. 이것이 카트소티스가 구상하는 시놀라의 미래다. 작은 틈새시장에서 벗어나 훨씬 더 대중적인 시장으로 성장하는 것이다.

나와의 전화 통화에서 카트소티스는 시놀라 공장이 연간 50만 개의 시계를 조립할 수 있는 생산 능력을 지녔으며, 머지않아 그만큼의 시계를 실제로 생산할 것이라고 말했다(그는 자기 말이 직접 인용되는 것을 원하지 않았기 때문에 나는 그의 견해를 다른 말로 바꿔 쓴다). 그 숫자는 배로 증가해서 연간 100만 개도 가능할 것이다. 그렇게 되면 다른 제품 라인까지 합쳐 디트로이트에 수천 개의 일자리가 생기게 된다. 고용 측면에서 보면 일일 3교대로 가동되었던 자동차 부품 공장에 비해 새 발의 피일지도 모른다. 그러나 주식 시장에 시놀라를 상장하고자 하는 카트소티스에게는 특정 제품보다는 정서적 브랜드에 대한 투자가 옳았음을 보여주는 근거가 될 것이다(시놀라는 2014년에 6000만 달러의 매출을 기록했지만 아직 이익을 내지는 못했다). 이 성공은 카트소티스, 시놀라의 주주와 직원들뿐만 아니라 디트로이트와 그 외 지역에 있는 더 많은 사업가와 투자자들에게 중요하다. 그들은 시놀라의 성공을 아날로그 비즈니스 모델로서 따라할 수도 있을 것이다.

제조업과 유통업 등 아날로그 산업은 이익을 내는 성공 스토리를 필요로 한다. 디지털 경제가 전면에 내세우는 내러티브가 디지털이야말로 부자가 되기에 최적의 조건이라는 점이기 때문이다. 페이스북, 아마존 등의 어마어마한 주식 평가액은 그러한 내러티브를 충족시킨다. 수입이 전혀 없던 스타트업이 수십억 달러에 인수된다는 소식도 마찬가지다. 누군들 인스타그램 같은 회사에 초기 투자하고 화려하게 은퇴하고 싶지 않겠는가? 신속한 확장 가능성 덕분에 디지털 비즈니스는 몇 년 만에 그 가치를 10배, 20배, 100배로 확장할 수 있다. 아날로그 비즈니스에서는 거의 불가능한 일이다. 사업의 성장은 현실 세계의 법칙에 의해 제약을 받는다. 사람들을 고용해야 하고, 창고를 지어야 하고, 공급망을 확보해야 한다. 모든 것에 시간과 비용이 들기 때문에 간신히 두 자릿수 성장률을 넘기기만 해도 아날로그 비즈니스에서는 정말 성공한 것으로 받아들여진다.

물론 다른 면도 존재한다. 디지털 비즈니스는 승자 독식 산업이기 때문에 그에 투자하는 것은 아날로그 비즈니스에 투자하는 것보다 훨씬 위험성이 크다. 벤처 투자자들은 돈을 쓸어 담는 것처럼 보일지 모르지만 사실 대부분의 성공은 수많은 스타트업에 투자한 결과물이다. 벤처 투자자들은 수많은 투자 가운데 하나가 엄청난 성공을 거두어 투자 금액의 100배를 되돌려줌으로써 한 푼도 벌어들이지 못한 다른 스타트업의 손실을 메워줄 거라는 희망을 품는다. 반면 사모 투자 전문 회사와 같은 아날로그 비즈니스의 투자 주체는 적은 수의 사업체에 투자한 다음 시간을 두고 사업을 키운다.

아날로그 비즈니스 투자는 1루타와 2루타로 득점해나가는 긴 시간과 인내심을 요하는 게임이다. 디지털 비즈니스 투자는 홈런을 기다린다. 99개의 공을 놓치더라도 100번째 공을 때려서 장외 홈런을 낸다면 상관없다. 실은 대부분의 테크놀로지 스타트업은 실패할 것이며, 마지막엔 아무것도 남지 않을 것이다. 그들에게는 실체가 있는 자산이 거의 없기 때문이다. 주택단지 개발 사업은 파산해도 남아 있는 땅을 팔거나 보유할 수 있다. 투자한 테크놀로지 회사가 도산하면 기껏해야 사무용 가구밖에 건질 것이 없다. 코딩에는 장기적 가치가 없다. 코딩은 자산이 아니다.

지역 공동체를 위한 투자

큰 그림으로 보면 이것은 중요하다. 테크놀로지에 대한 투자가 가정, 기관, 지역사회가 나아갈 방향이라는 생각은 실물 경제에 관한 이야기에 비하면 그저 재미있는 여담에 가깝기 때문이다. 왓츠앱이나 우버 같은 회사들이 수십억 달러의 가치를 지닌 것으로 평가받으면서 현실이 왜곡된다. 그런 가치 평가는 일반적인 것이 아니라 예외적인 것이다. "새로운 테크놀로지들은 멋진 헤드라인을 만들어주긴 하지만 경제적 결과는 대단치 않다. 테크놀로지가 모든 것을 바꿀 거라고 호들갑을 떤다고 해서 뭐가 해롭냐고 말하는 사람들이 있다. 하지만 그런 호들갑은 좀 더 일상적인 일들로부터 주의를 빼앗으며, 그런 문제들을 대충 다룰 핑계를 제공한다." 노벨상을 받은 경제학자이자 칼럼니스트 폴 크루그먼Paul Krugman이 2015년 〈뉴욕타임스〉에 이렇게 썼다.

또한 어떤 투자가 지역사회에 가장 도움이 될 것인가라는 문제가 있다. 디트로이트가 필요로 하는 것 그리고 가지고 있는 기초 자산은 아날로그가 압도적이다. "디트로이트 성인의 47퍼센트가 기능상 문맹입니다." 개리 샌즈가 말했다. 웨인 주립대학의 교수였던 그는 한때 디트로이트의 도시 설계사로 일했다. 우리는 시놀라 매장 근처에서 점심을 먹었다. "컴퓨웨어Compuware(디트로이트의 소프트웨어 회사), 트위터, 구글은 이 도시 사람들에게 아무런 도움도 주지 않을 겁니다. 이 사람들은 아날로그 인구거든요."

문제는 아날로그 일자리가 테크 일자리만큼 정치가, 투자자,

독지가, 미디어에 매력적으로 비춰지지 않는다는 점이다.

"트위터가 시내 사무실에 직원을 한 명 고용했을 때 시놀라가 이곳에 공장을 열었을 때와 같은 헤드라인이 나왔지요." 부동산 개발 회사 타운파트너스Town Partners의 카일 폴크가 말했다. 그는 디트로이트 미래 도시 프로젝트의 자문위원으로서 도시의 경제 관련 데이터를 수집하고 분석한다. 디트로이트에서 자란 폴크는 투자 은행과 뉴욕 연방준비은행에서 일하다가 고향으로 돌아왔다. 그는 할머니가 살았던 오래된 집에 살고 있었다. 그는 지역사회의 필요를 충족시키는 일에 대해, 그리고 디지털 테크놀로지 회사들이 지역사회를 개선하리라는 주장에 대해 아무런 환상도 없었다.

"사람들은 홀푸즈를 유치해서 생활-일-놀이가 조화로운 지역사회를 만들어야겠다고 생각합니다." 폴크가 말했다. 그는 디트로이트의 문제를 해결할 솔루션으로 제시되는 도시 재개발과 발전 계획들에 대해 말했다. "하지만 배고픈 실업자들에게는 생활-일-놀이의 균형이 중요하지 않아요. 그들은 홀푸즈 주차장에서 강도짓을 벌일 겁니다. 누군가 비싼 식료품을 사는 모습을 보면 더욱 화가 치밀 테니까요……. 실직 상태인 대다수의 디트로이트 사람들은 대학 학위가 없습니다. 지역사회에 일자리를 만들고 싶다면서 도대체 왜 대졸 일자리만 가져오는 겁니까? 아날로그는 성장 트렌드가 아니지만 현명한 비즈니스예요. 이 도시에 유통 창고와 야후 중 하나를 유치할 수 있다면 인력 풀에 도움이 되는 쪽을 택해야 하지 않겠어요?" 폴크가 말했다.

2부 아날로그 아이디어의 반격

폴크는 시놀라가 이 도시에 좀 더 적합한 모델이라고 생각한다. 폴크는 확장 가능한 틈새는 제조업과 서비스업이라고 주장했다. 이미 디트로이트에 존재하는 사람들과 물리적인 자산을 이용할 수 있기 때문에 투자자들에게도 매력적이고 경쟁력도 있어 보인다는 것이다. 폴크의 회사는 최근 시놀라 공장(디트로이트의 가장 큰 디자인 대학 내에 자리 잡고 있다) 근처의 건물을 몇 채 사들여서 제조업 지구를 개발 중이다. 이 제조업 지구는 노동 집약적인 고급 소비재를 만드는 중소 규모의 공장으로 채워질 것이다. 이런 맥락 속에서 많은 신규 제조업 회사들이 디트로이트에 자리를 잡고 애완동물용 액세서리부터 청바지, 자전거, 턱수염용 밤balm, 주방 조리대, 냉동식품, 고급 가구에 이르기까지 다양한 물건들을 만든다. 그중 몇몇은 정말 작지만(몇 사람이 모여서 취미생활로 하는 정도) 어떤 회사들은 거대한 시설물을 차지하고 수백 명을 고용하고 있다. 제조업은 여전히 디트로이트의 가장 큰 자산이다.

"아날로그도 매력적일 수 있어요." 폴크가 말했다. "그리고 아날로그 공간에 더 많은 사람을 오게 하려면 매력적이어야만 하고요."

시놀라는 이런 개념에 사운을 걸었다. 내가 공장을 방문하고 몇 달 뒤에 시놀라는 전기 코드와 조명 액세서리의 생산 라인을 가동하기 시작했고 곧 턴테이블과 헤드폰 등 오디오 장비도 제조할 것이라고 발표했다. 이와 동시에 시놀라는 서드맨 레코즈와의 제휴를 발표했다. 이 제휴에는 디트로이트의 시놀라 매장 옆에 서드맨 매장을 여는 것과 서드맨 LP레코드 공장을 세우는 것도 포함되었다. 그것은 그 동네에서 음악 활동을 시작한 (서드맨 레코즈 직원) 잭 화이트와 벤 블랙웰에게 어울리는 귀향이었다.

나와의 전화 통화에서 카트소티스는 서드맨 공장이 연간 1000만 장의 앨범을 찍어낼 거라고 예상했다. 거의 URP의 생산량 수준이다. 이 모든 것이 더 많은 일자리, 더 많은 월급으로 이어져서 디트로이트 사람들에게 더 많은 돈을 쥐여줄 것이다. 도시는 파산했고 주민들은 범죄, 불평등, 가난, 실업 등에 시달릴지 몰라도 디트로이트의 이 조그만 모퉁이에서만큼은 비즈니스가 성업 중이었다.

8장

학교
School

아이패드가 교사를
대신할 수 있을까?

"우리는 노출과 토론을 통해 배움을 얻죠." 이 과정에서 가장
중요한 것은 교실 공간이었다. 시왁의 교실 벽에는 메모, 그림,
개념, 표어 등 통합사고나 디자인 사고의 여러 요소들로 채워
진 종이들이 도배되어 있었다. 학생들은 학기 내내 그것들을
보고 배웠다.

디지털로 인한 일자리 시장의 붕괴를 해결해줄 간단한 해결
책은 거의 존재하지 않는다. 어떤 이들은 최저임금을 제안하고
어떤 이들은 정부의 과감한 인프라 투자와 노동집약적 산업(에
너지와 제조업 등)에 대한 보조금 지급을 역설한다. 거의 이견 없
이 받아들여지는 한 가지 해결책이 있다면 더욱 나은 교육이 필
요하다는 것이다. 교육의 미래를 만들어내는 일은 전 세계의 지
도자들, 경제학자들, 테크 산업의 구루들, 열성적인 젊은 교사들
등 거의 모든 사람의 반향을 불러일으키는 사명이다.

　하지만 교육의 미래가 학생들에게 어떻게 전달될 것인가는
전적으로 다른 이야기다. 매섭게 추웠던 어느 2월의 아침 크리
스토퍼 페데리코와 캐런 울프가 토론토 대학교 로트먼 경영대
학원 강의실에서 교사들에게 하던 이야기도 그것이었다. 페데리

코와 울프는 교사다. 페데리코는 토론토 대학교 부설 영재 고등학교에서 문제 기반 학습법을 가르치고, 울프는 토론토 북부의 공립고등학교에서 영어를 가르친다. 그들 앞에는 유치원 교사부터 지역 전문대학(커뮤니티 칼리지) 교수에 이르기까지 다양한 배경의 교사 20여 명이 앉아 있었다. 그들은 로트먼 경영대학원이 교육자들에게 제공하는 이틀짜리 통합사고integrative thinking 과정을 듣기 위해 여기 모였다. 통합사고는 경영 컨설턴트들이 이용하는 복잡한 문제 해결 방법론이다. 로트먼 경영대학원은 학생들에게 이 과정을 가르쳤다. 몇 년 전에 로트먼 경영대학원은 교육자를 위한 단기 통합사고 과정을 개설했다. 이어 대학원생들에게도 통합사고를 가르쳤고 문제 해결 기술을 정규과목으로 편성했다.

통합사고 과정이 시작되면 울프와 페데리코는 우선 모든 수강생들에게 옆 사람의 초상화를 빠르게 그려보라고 한다. 1분 후 모두가 초상화를 공개하고 나면 교실에 웃음이 번진다. 내가 인근 궬프 시의 5학년 담임 교사 제프를 그린 초상화는 거식증에 걸린 로봇을 닮았다. 공평하게도 그는 나를 머리 위가 납작한 프랑켄슈타인으로 만들었다. "이 일은 우리가 편안하게 생각하는 공간에서 조금이나마 벗어나야 가능합니다." 페데리코는 이 활동의 중요성을 설명했다. "무엇을 그렸는지보다는 어떻게 그렸는지에 주목해보세요. 이건 알고리즘이 아닙니다. 우리는 문제를 차트로 분류하여 단 하나의 정답을 도출하기보다는 좀 더 환원적으로 세상에 접근하는 방법을 찾고 있습니다." 목표는 가

2부 아날로그 아이디어의 반격

능한 선택지 사이에서 절충안을 찾거나 '고정관념에서 벗어나' 떠오르는 대로 사고하는 것이 아니었다. 주어진 선택지들 가운데 가장 좋은 것을 선택해서 혁신적이고 새로운 해결 방안을 만드는 것이 목표였다.

페데리코는 화이트보드 중앙에 선을 하나 그었다. "미래의 학교는 어떤 모습일까요?" 그가 교사들에게 물었다.

이것은 수사학적 질문이 아니다. 오늘날 이 교사들이 씨름하고 있는 질문이다. 교사들은 학교에 대한 새로운 접근법을 만들어내기 위해 우선 두 가지 상반되는 교육 모델을 비교 평가하고 그다음에는 데이터를 활용함으로써 답을 찾아내고 있다. 첫 번째 모델은 오프라인 학교, 즉 세계 어디에나 있는 교육의 아날로그적 기반이자 모든 교사들의 일터다. 두 번째 모델은 온라인으로만 존재하는 가상 학교, 즉 페데리코의 말대로 미래의 교육 방식처럼 보이는 디지털 대안이다.

다음으로 울프는 교사들에게 각 모델의 긍정적인 속성을 나열해달라고 했다. 그들은 이것을 장점-장점 도표라고 부른다. "부정적인 것이 아니라 긍정적인 것만 말해주세요." 울프가 말했다. 교사들은 각자의 생각을 크게 말했다. '온라인 학교는 학생과 교사를 언제 어디서든 연결할 수 있을 것이다.' '온라인 학교는 비용 대비 효과가 높을 것이다.' '또한 거의 모든 경험이 학생 개개인의 필요에 맞추어질 것이다.' '교사들은 집에서 잠옷차림으로 일할 수도 있을 것이다…….' 이 대목에서 와 하는 함성이 터져 나왔다.

반면 오프라인 학교의 장점은 다음과 같다. 오프라인 학교는 특정 커뮤니티에 위치하고 있기 때문에 학생들은 그곳에서 교사나 또래들과 깊은 사회적 유대를 형성할 수 있다. 페데리코는 이것을 사회화의 '숨겨진 커리큘럼'이라고 불렀다. 전통적인 학교의 교육자들은 일자리와 소속감과 목표 의식을 가질 수 있고, 학생들의 배움을 직접 확인하는 보람도 누릴 수 있다.

여기에서는 최대한 밝은 면만 제시되었기 때문에 대면 교육이든 온라인 교육이든 모두 학교교육의 조화롭고 긍정적인 미래를 보여주었다. 그러나 현실 세계에서는 학교의 미래와 디지털 테크놀로지의 역할이 가장 뜨거운 이슈가 되어왔다. 특히 미국에서 교육은 '붕괴'했다거나 '실패'하고 있다는 평가를 받았다. 전 세계에서 실시되는 평가와 시험에서 미국 학생들은 선진국 가운데 가장 낮은 점수를 기록했다. 몇몇 개발도상국보다도 낮은 점수였다. 교육 개혁이 미국에서 가장 중요한 의제가 되면서 다양한 이해관계자들이 여러 가지 해법들을 옹호하고 나섰다.

테크놀로지 업계만큼 열정과 열의, 그리고 책임감을 갖고 급진적인 교육 개혁을 추진하는 분야도 없을 것이다. 거기에는 두 가지 중요한 이유가 있다. 첫째, 교육은 테크 업계가 디지털을 활용하여 완전히 뜯어고치려 하는 대상이다. 오늘날 교육 테크놀로지에 들어가는 총비용은 미국 교육 예산의 약 5퍼센트로 여전히 낮다(전 세계적으로도 2퍼센트 미만이다). 그러나 2019년에는 유치원에서 고등학교까지 교실의 하드웨어 테크놀로지에 들어가는 비용만 전 세계적으로 190억 달러에 이를 것이다. 2014년

2부 아날로그 아이디어의 반격

교육 테크놀로지 회사에 대한 벤처캐피털의 투자 금액은 50퍼센트 이상 증가했다. 그것은 누구나 참여하고 싶을 만큼 돈벌이가 되는 시장이다.

둘째, 교육은 하이테크 세상을 만들어가는 원동력이다. 하이테크 비즈니스는 고학력자들이 만들어가고 가끔 대학교에서 만들어지기도 한다. 많은 제품과 서비스가 고학력자들을 주요 고객으로 한다. 교육은 디지털 비즈니스 리더들이 좋아하는 의제가 되었다. 빌 게이츠와 멜린다 게이츠, 마크 저커버그, 벤처 투자자 짐 브라이어Jim Breyer는 대학교의 장학금에서부터 학교 개혁을 위한 연구비까지 교육 분야에 가장 많은 기부금을 내고 있다. 그들의 지원 대상은 뉴저지 주 뉴어크의 도심에 있는 학교에서부터 아프리카의 마을 학교까지 다양하다.

여기에는 디지털 테크놀로지가 비즈니스, 미디어, 커뮤니케이션을 바꿔놓은 방식으로 교육도 변혁시킬 거라는 믿음이 깔려 있다. 그렇게 해서 급진적 교육 개혁을 약속하는 수십억 달러 규모의 활발한 (흔히 '에드 테크ed tech'라고 불리는) 교육 테크놀로지 시장이 탄생했다. 이곳은 유토피아적 세계관과 실리콘밸리의 '명백한 사명manifest destiny'(미국은 북미 대륙 전체를 차지해야 할 운명이라는 주장-옮긴이)이 초등학교와 만나는 지점이자 교육학과 철학이 정치 및 비즈니스와 교차하는 지점이다. 교육 테크놀로지 회사의 프레젠테이션을 들어보거나 교육에 관한 TED 강연을 시청하거나 자녀가 다니는 학교의 교장이 학교에서 방금 구매한 새로운 VR고글에 대해 신나게 설명하는 것을 들어보면 미래는 정말 밝다.

그런 미래에 모든 아이들은 가장 좋은 장소와 시간에 각자의 속도에 따라 가장 흥미로운 방식으로 배우게 된다. 적은 비용으로 확실한 결과가 보장된다. 학교는 역동적으로 움직일 것이고, 교사들은 진정한 창의적 잠재력을 발휘할 것이며, 도심 지역의 10대들은 부유한 교외에 사는 10대들과 동일한 혜택을 누릴 것이고, 전 세계에서 가장 좋은 대학들은 아이비로 뒤덮인 캠퍼스가 아니라 개인의 기기에 신호가 잡히는 어느 곳에든 자리 잡을 것이다. 책상에 줄 맞춰 앉아서 교사가 읽어주는 정보에 귀를 기울이는, 낡고 비효율적인 시스템은 뒤집힐 것이다. 우리는 그들의 교육을 필요로 하지 않을 것이며, 그들의 사상 통제를 필요로 하지 않을 것이다. 장벽은 무너질 것이고, 밝은 앞날이 펼쳐질 것이다.

적어도 약속은 그렇다.

지난 30년 동안 이 같은 미래를 실현하기 위해 노력해왔던 디지털 교육 테크놀로지의 현실은 엄청난 가능성에도 불구하고 계속 D학점을 받는 문제 학생들의 현실이기도 하다. 학교와 지역사회, 교육자들이 아날로그 교육의 이점을 입증하는 증거와 조사 결과를 무시하고 디지털 혁신에 맹목적인 믿음을 가질 경우 무슨 일이 일어나는가를 보여주는 경고이기도 하다. 아날로그 학교와 교사들은 학생들을 가르치는 면에서만 더 나은 것이 아니라 교육의 미래와 관련해서도 더욱 혁신적인 해결책을 제시할 수 있다. 내가 토론토 근방의 여러 학교에서 목격했던 것처럼 말이다.

즐거움과 교육 효과의 차이

이 이야기는 디지털 시대에 국한된 것이 아니다. 라디오·통신 강좌·텔레비전·VCR·인쇄기의 발명가와 제조업자 그리고 전파자들 모두 자신들의 테크놀로지가 전통적인 학교를 변형시키거나 완전히 없앨 거라고 거창한 예측을 했다. 토머스 에디슨은 자신이 발명에 일조한 영화를 통해 학생들이 배울 수 있기 때문에 교실에서 책과 교사가 사라질 거라고 선언했다. 컴퓨터의 탄생은 이런 기다란 역사에 더 많은 주장을 보탤 뿐이었다. 최신 교육 소프트웨어 또는 디바이스가 모습을 드러낼 때마다 테크놀로지가 학교를 붕괴시킬 가능성에 대한 열정적인 믿음이 함께했다.

"학교교육을 변혁하자는 지나친 기대에는 패턴이 있습니다. 파국을 낳는 (학교교육에 대한) 학술적인 연구가 나오고 교사들에 대한 비난으로 끝이 납니다." 스탠퍼드 대학교 교육학 교수 래리 큐번의 말이다. "이런 패턴은 한 세기 전으로 거슬러 올라갑니다." 실리콘밸리 중심부에서 거주하고 일하는 큐번도 처음에는 교육 테크놀로지에 대해 희망차게 이야기하고 다녔지만 교육 테크놀로지가 약속을 지키지 못하는 것을 거듭거듭 목격하면서 회의주의자로 변해갔다. 그는 그것을 '하이프 사이클hype cycle'(지나친 기대의 순환 반복-옮긴이)이라고 불렀다. "(교육) 변혁에 대한 극단적인 주장이 반복되다가 그 방법이 현실에서 작동하지 않는다는 것을 깨닫고 실망하는 거죠."

이런 일이 되풀이되는데도 왜 테크놀로지 산업과 교육기관 그리고 교육 관계자들은 같은 실수에서 배우지 못할까? 증거가 부족하거나 업계 리더들이 실수에서 배울 능력이 부족한 것 같지는 않다. 오히려 큐번은 테크놀로지와 혁신에 대한 오래된 가치 부여가 교육 테크놀로지에 대한 끈질긴 하이프 사이클을 야기하는 것으로 여긴다. "다른 선진국처럼 우리 문화권에서도 테크놀로지는 그 자체로 절대선입니다. 어떤 분야에서는 테크놀로지가 인간의 삶을 향상시킬 거라는 생각이 팽배해 있지요." 그가 말했다. 종종 교육 관계자들은 테크놀로지의 진보가 궁극적인 선이라고 맹목적으로 생각하느라 실제 성과를 비판적으로 보지 못한다.

"과장된 주장들에 대해 통상 제기되는 의심이 기술 혁신에 관해서는 대단히 늦게 나타납니다. (학교교육용) 전자 기기를 구입 배포하는 의사결정에 대한 합리적 의심은 대개 아주 짧게 서둘러 끝나며, 결국 많은 돈이 지출됩니다. 왜일까요? 조사 연구에서 무엇이 드러났든 의혹을 품은 사람이 뭐라고 말하든 중요하지 않아요. 의심하는 사람이 있으면 다들 러다이트라고 부르죠. (신기술을) 서둘러 교실에 들여놓으려고 하는 탓에 모든 필요한 절차가 생략됩니다. 학교 문제에 결정권을 가진 사람들은 유권자와 납세자에게 심하게 의존하고 있습니다. 역사적으로 학교는 민간 부문에 비해 뒤처지고 현대화도 느리다는 인식이 있습니다. 테크놀로지와 관련해서 학교 이사회가 '우리 학교는 최첨단이에요. 유치원생들을 위해 이 아이패드들을 샀거든요!'라고 말합니다. 교사들은 이런 의사결정에 거의 참여하지 않는데도 이들 기기가 교실에 등장합니다." 큐번이 말했다.

큐번은 학교의 정책 담당자가 새로운 테크놀로지 구매를 정당화하기 위해 대는 세 가지 이유를 들려주었다. 첫째, 테크놀로지는 학생의 학업 성취도와 성적을 올릴 것이다. 둘째, 테크놀로지는 전통적인 수업 방식을 비전통적인 수업 방식으로 변화시킬 것이다. 셋째, 테크놀로지는 학생들을 현대의 직업에 준비시킬 것이다. 큐번에 따르면 아무리 낙관적으로 보더라도 세 번째 이유는 틀렸다는 증거가 있고, 두 번째 이유에는 맞다는 증거가 거의 없으며, 첫 번째 이유는 뒷받침해줄 아무런 증거가 없다.

아이들에게 노트북을 한 대씩 주자

교육 테크놀로지가 그렇게 빈번하게 실패하는 이유를 이해하려면 우리 인생에서 학습이 시작되는 출발점부터 살펴보는 것이 좋다. 교육 일선에서 흔히 유아교육ECE(early childhood education)이라고 불리는 이 시기는 돌봄교실, 어린이집, 유치원 등을 망라한다. 이 기간의 많은 활동들은 목적 없이 놀고, 낮잠을 자고, 감기에 걸리고, 기저귀를 가는 일 등으로 채워져 있는 것처럼 보이지만 사실은 우리 인생에서 가장 중요한 교육적 경험이다. 이 경험은 이후에 이어질 모든 학습의 기초를 제공하기 때문이다. 아이들은 움켜쥐고, 만지고, 냄새 맡고, 듣고, 보고, 핥는 신체적인 감각을 통해 세상을 배운다. 전 세계의 소아과 의사들은 두 살

미만의 아이들을 스크린에 노출시키지 말라고 권고한다. 스크린 상의 콘텐츠가 아이들의 뇌에 해로울 거라고 걱정해서가 아니라 더 소중한 감각 활동들, 이를테면 모래 상자에 손을 집어넣고 플레이도Play-Doh(유아들에게 안전한 인조 찰흙의 상표명-옮긴이)를 입에 넣는 등의 활동이 뒤로 밀려날 것을 걱정해서다.

"우리가 관계를 형성하는 근본에는 그 같은 신체적 경험이 있습니다. ECE 이론가들은 신체적 경험이 학습은 물론 사회적, 정서적, 인지적 발달의 기초라고 주장합니다." 매사추세츠 주 휠록 대학교의 유아교육학과 교수 다이앤 레빈의 말이다. 레빈은 그 무렵 어린이집에서 있었던 우리 딸아이의 경험을 예로 들었다. 당시 한 살 반이었던 아이는 자기 반에서 손가락 그림을 그렸었다. 그 활동은 종이에 이미지를 만들어내는 능력을 키워줄 뿐만 아니라 젖은 물감이 팔에 떨어지는 것을 감각적으로 느끼고, 손가락으로 물감을 문질러서 색깔이 섞이는 것을 시각적으로 학습하게 해준다. 또한 물감이 바닥으로 떨어지는 것을 보며 공간 지각력도 배우게 된다. 만약 물감을 다른 아이에게 던져서 그 아이가 운다면 선생님은 왜 그게 좋지 않은 행동이고 왜 사과해야 하는지를 일러줌으로써 사회화를 학습시킬 것이다. 손가락 그림은 몸 전체, 마음 전체를 쓰는 경험이었다. 이것을 태블릿에서 실행 가능한 손가락 그림 앱과 비교해보면 감각적 학습 경험은 (태블릿의) 유리 표면에 손가락 끝만 갖다 대는 것으로 축소된다. 감촉, 냄새, 맛을 비롯한 어떤 신체적 결과, 사회적 결과도 없다. "그 모든 것들이 손가락으로 버튼을 누르는 것으로 축소 치환됩

2부 아날로그 아이디어의 반격

니다. 학습은 일어나지 않아요." 레빈이 말했다.

　최고의 교육자들에게 도움을 받은 가장 교육적인 컴퓨터 프로그램과 게임조차 한 아이가 크레파스와 종이로 거둘 수 있는 성과의 아주 작은 일부분만 담고 있다. 아이는 무한한 상상력을 갖고 있지만 컴퓨터가 허락하는 것만을 할 수 있다. 그 이상은 안 된다. 그와는 달리 물감, 마분지, 모래 등 장난감의 역할은 10퍼센트이고 아이의 역할이 90퍼센트인 장난감이 좋은 장난감이다. 아이의 뇌는 많은 일을 해내며, 아이는 그 과정을 통해 학습한다.

　유아교육의 주요한 요소는 놀이 기반 학습이다. 이것은 (교사의) 유도에 따라 자유 놀이를 하는 것이다. 아이들은 놀이를 통해 허용되는 행동의 범위와 그에 따르는 신체적 결과, 그리고 사회적 결과를 탐색해야 한다. 예일 대학교 아동심리학과의 은퇴 교수이자 놀이 기반 학습의 권위자인 도러시 싱어는 몇 년 전에 블록으로 집짓기를 하는 두 아이를 관찰했던 이야기를 해주었다. 다른 네 아이들이 집을 발로 걷어차자 집을 지었던 두 아이는 울면서 선생님에게 달려갔다. 그러나 몇 분 후에 두 아이가 집을 부순 아이들과 어떻게 그 집을 다시 지을지 의논하기 시작했다. 어떤 크기의 문을 몇 개나 달고 누가 어떤 일을 맡을지. "내러티브가 아이들의 놀이 과정을 따라가면서 아이들의 마음에 영향을 미치고 아이들은 어떤 일을 하는 방법, 다른 사람과 더불어 사는 방법, 대립을 피하는 방법 등등 사회 규범을 배웁니다. 아이가 컴퓨터로 놀 때는 볼 수 없는 일이지요." 싱어의 말이다.

이 모든 것은 필수적이다. 설령 아이들이 자라나 학교나 직장에서 불가피하게 컴퓨터를 이용해야 하더라도 말이다. 교육은 매우 기본적인 기술을 기반으로 매년 그 복잡성과 추상성을 확대해가면서 평생 쌓아가는 과정이다. 노트북컴퓨터로 이 글을 타이핑하고 있는 이 순간 나는 세 살 때 레고 블록으로 배웠던 공간 지각과 사회적 추론을 활용하고 있다. "부모들은 우리가 디지털 시대를 살고 있으니 아이들이 테크놀로지를 일찍 접하게 해주는 것이 좋다는 믿음이 있죠." 유아교육 분야의 저자이자 우이구이Ooey Gooey라는 기업의 파트너인 제프 존슨의 말이다. 우이구이는 미취학 아동을 위한 모래 등 학습용 장난감을 만든다. "하지만 아이들이 자라서 테크놀로지를 사용하게 된다고 해서 당장 그 아이들에게 테크놀로지를 안겨야 하는 것은 아니지요. 두 살짜리 아이에게 전기톱을 주면서 '여기 있다!'라고 하진 않잖아요."

문제는 아이들이 테크놀로지로부터 얻는 즐거움과 그 교육적 효과를 혼동한다는 점이다. 한 살배기가 휴대전화를 잠금 해제해서 음악 앱을 열고 노래를 고른다고 치자. 어른 수준의 총명한 행동처럼 보이지만 사실은 그렇지 않다. 휴대전화는 등에 끈이 달린 말하는 인형이나 밝은 버튼이 부착되고 배터리로 작동하는 장난감(영장류들도 쉽게 다룬다)보다 약간 고급스러운 수준이다. 물론 회사들은 아이패드로 작동하는 인형, 유아용 침대, 유아용 변기를 끊임없이 고안하고 판매할 것이다. 하지만 우리는 실제 우리가 이 테크놀로지들을 이용해서 아이들에게 뭔가를

2부 아날로그 아이디어의 반격

가르치고 있는지, 아니면 아이들이 그냥 그것들을 즐기고만 있는지 물어봐야 한다.

한 가지 분명히 해둘 것이 있다. 나는 교육에 디지털 테크놀로지를 활용하는 것을 싸잡아 비판하는 것이 아니다. 디지털 테크놀로지는 적절히 활용된다면 보다 효과적인 교육을 가능하게 한다. 학교는 성적표부터 예산에 이르기까지 모든 것을 관리하는 컴퓨터 시스템 덕분에 더 효율적으로 운영된다. 교사들과 학생들은 컴퓨터를 이용해서 조사하고, 쓰고, 만들고, 평가하고, 바로잡으며 자신들의 교육 환경을 관리한다. 전 세계의 학자들이 훨씬 많은 데이터를 훨씬 빠르게 분석하여 공동 연구를 해낼 수도 있다. 또한 (자폐증, ADHD, 난독증 등으로) 특별한 도움을 필요로 하는 아이들은 많은 경우 디지털 학습도구와 환경에 효과적으로 반응했다. 교육 테크놀로지에 대한 비판은 컴퓨터 테크놀로지 학습 자체에 대한 것이 아니다. 컴퓨터 프로그래밍, 코딩 캠프, 메이커 클럽, 로보틱스 대회 등은 모두 디지털 기술을 배우려는 이들에게 배움을 주는 가치 있고 필요한 일이다. 점점 성장 중이며 점점 중요해지는 분야다.

그러나 교육 테크놀로지를 신봉하는 대다수 사람들이 바라는 것은 컴퓨터 프로그래밍을 필수 과목에 포함시키는 것이 아니다. 그들은 모든 학교와 모든 과목을 총망라하는 디지털 테크놀로지의 통합을 원한다. 그것은 큐번이 말한 '기술이 곧 진보'라는 아이디어에 기초를 두고 있으며, 학교를 통해 디지털 테크놀로지가 더욱 짜임새 있게 통합될수록 학생들의 형편이 나아질 것이라는 생각에 바탕을 두고 있다. 하지만 가장 낙관적이고 위험한 교육 테크놀로지가 교육을 바로잡겠다며 교실에 들어갔다가 결국 실망과 실패만을 남기고 떠날 것이다. 증거는 계속 쌓여가고 있다. 계속 등장하는 연구 결과 교육 테크놀로지는 학생들의 성적에 순이익을 제공하지 못하는 것으로 드러났다. 많은 경우 오히려 사태가 악화된다. 여기에 인용된 사례는 이미 진행되었거나 진행 중인 연구의 극히 일부일 뿐이지만 교육 테크놀로지가 성공하지 못하고 있다는 것을 다각적으로 보여준다.

교육 테크놀로지 운동과 관련해서 컴퓨터에 접속하는 사람들과 접속하지 못하는 사람들 사이의 이른바 디지털 격차를 해소해야 한다는 믿음이 널리 퍼져 있다. 이 이론은 컴퓨터가 있는 부유한 학생들이 컴퓨터가 없는 가난한 학생들보다 공부를 더 잘한다는 믿음에 기초한다. 그 주장대로라면 학교에서든 집에서든 컴퓨터와 인터넷의 접근성을 확대하면 불평등 감소가 눈으로 확인될 것이다. 이는 정치인들, 학부모들, 학교 관리자들, (교육에 기부하는) 독지가들, 그리고 미디어가 엄청나게 열정적으로 추진하는 프로젝트다. 해결하기 어려운 교육 불평등 문제에 대해 아주 간단한 해결책을 제시하기 때문이다.

2010년 듀크 대학교 연구팀은 노스캐롤라이나 공립학교 학생들에게 노트북컴퓨터를 무료로 지급한 후 관찰을 통해 이 이론을 확인해보았다. 연구 결과는 기대했던 것과 180도 달랐다. 연구 논문에는 다음과 같이 쓰여 있다. "가정 내의 컴퓨터 테크놀로지 도입은 학생의 수학과 읽기 성적에 심각하지는 않지만 통

　　　　　2부 아날로그 아이디어의 반격

계적으로 유의미한 수준의 부정적 영향을 지속적으로 미쳤다. 추가 증거들을 보면 가정에서 쉽게 고속 인터넷에 접속하는 것이 가능해지면 수학과 읽기 성적의 격차가 좁혀지기보다는 오히려 벌어지는 것으로 나타났다. ……학교 관리자들은 학업 평가 성적을 최대한 높이거나 인종 간, 사회 계층 간의 성적 격차를 줄이는 일에 관심이 있지만 모든 증거 자료를 보면 가정 내의 컴퓨터 보급은 역효과를 낳을 것으로 보인다."

대단히 야심차게 추진되었던 '아이들에게 노트북컴퓨터를 한 대씩 주자OLPC(One Laptop per Child)'라는 비영리 운동에도 디지털 격차를 해소한다는 동일한 논리가 깔려 있다. OLPC는 MIT 미디어랩 설립자인 니컬러스 네그로폰테Nicholas Negroponte의 진두지휘하에 독지가들과 테크 회사들의 지원으로 2005년에 시작되었다. OLPC의 목표는 태양열 전지판이나 수동 발전장치 같은 혁신적이고 튼튼하고 저렴하고 인터넷이 가능한 노트북을 제작해서 전 세계의 가난한 사람들에게 보급하는 것이었다. OLPC는 이 목표에 부합하는 몇 가지 기기를 만들어내기도 했다. 그러나 그 외의 모든 점에서 OLPC는 테크 중심의 교육적 유토피아를 과신하다 엄청난 실패를 맛보았다.

그 운동이 시작될 때부터 교육 관료들과 개발 전문가들은 파키스탄이나 르완다의 시골 지역 아이들이 가장 필요로 하는 것은 컴퓨터가 아니라 안전한 학교, 깨끗한 물, 교육받은 교사들이라고 지적했다. 그럼에도 OLPC는 계획을 강행하여 거의 300만 대의 맞춤형 노트북을 전 세계 학교에 판매했다. 네그로폰테는 OLPC가 학교도 없는 에티오피아의 외딴 마을에까지 태블릿 컴퓨터를 보급하여 아이들 스스로 학습하게 할 거라는 이야기를 즐겨 했다. 시간이 지나면서 결과가 나타났다. 페루, 우루과이, 네팔에 이르기까지 전 대륙과 전 국가에서 진행된 연구 결과 OLPC 프로그램에 참가한 학생이나 참가하지 않은 학생이나 학습 성과에 별다른 차이가 없었다. 이런 결과는 이스라엘이나 루마니아 같은 국가에서 노트북컴퓨터나 데스크톱컴퓨터를 배포하는 다른 프로그램들에서도 똑같이 나타났다. 이 나라들에서도 컴퓨터의 도입은 학업 성취도에 아무런 도움이 되지 않았다. 2015년 발표된 OECD 보고서는 "학교에서 너무 자주 컴퓨터를 이용하는 학생들은 대부분 학업 성취도가 훨씬 나빴다"고 결론 내렸다. 또한 테크놀로지는 전 과목에서 성적을 향상시키지 못했고 부유한 학생과 가난한 학생의 격차를 줄이지 못했다. 2014년에 OLPC는 보스턴 본부를 폐쇄하고 직원과 신규 프로그램을 크게 줄였다.

OLPC의 큰 실수는 관련자들의 권고에도 불구하고 반짝이는 테크놀로지 수업이 전 세계 어디에서나 중요할 거라고 생각해버린 것이었다. 이 문제는 국제 개발에 국한된 것이 아니다. 나는 디트로이트에서 보그스 스쿨Boggs School의 공동 설립자이자 상임 이사인 어맨다 로스먼과 이야기를 나누었다. 그 학교는 가난한 동네에 자리 잡은 혁신적인 차터 스쿨(공적 자금을 받아 지역 단체가 설립한 학교-옮긴이)이다. 로스먼에 따르면 성적이 나쁜 도심 학교들에 대한 해결책으로 테크놀로지를 사용하는 것은 다

　2부 아날로그 아이디어의 반격

른 잘못된 교육 정책들과 마찬가지로 인종주의적인 태도에 기초한 것이라고 한다. 그런데도 이런 해결책이 광범위하게 남용되고 있다. 학생 수에 따라 주정부로부터 지원금을 받는 디트로이트의 차터 스쿨들은 학생 모집에 테크놀로지를 활용한다. "차터 스쿨 등록 마감일 직전에 차를 몰고 거리를 달려보면 '모든 아이에게 아이패드를 지급합니다!'라고 적힌 학교들의 광고가 걸려 있지요. 그게 유인책이에요. 경품입니다." 로스먼이 말했다.

놀랍게도 교육 정책을 책임진 사람들은 자신들의 실수에서 배우지 못하고 있다. 2001년 로스앤젤레스 통합 교육구는 5000만 달러를 들여서 워터퍼드 조기 독서 프로그램이라는 컴퓨터 시스템을 도입했다. 유치원생과 초등 1학년생의 언어 교육을 향상시키기 위해 교육출판사 피어슨Pearson 사가 제작한 시스템이다. 곧이어 교육구에서 조사를 실시한 결과 이 프로그램을 이용한 학생들의 학업 성취도는 향상되지 않았거나 아예 떨어졌다. 워터퍼드 프로그램은 2005년에 중단되었다. 당시 LA학교이사회 이사장이었던 호세 후이자르는 〈로스앤젤레스 타임스Los Angeles Times〉와의 인터뷰에서 이렇게 말했다. "프로그램이 작동하지 않는데도 어떻게 작동하고 있다는 주장을 계속하는 걸까요? 프로그램은 활용도가 떨어지고 효과도 없습니다."

9년 후 LA학교이사회는 65만 명의 학생 모두에게 아이패드를 지급하는 계획을 발표했다. 아이패드에는 피어슨 사의 교육용 소프트웨어가 설치되었고 곧이어 LA학교들의 인터넷 접속을 개선하라는 압박이 이어졌다. 총비용은 13억 달러로, 전 세계에서 단일 프로그램으로는 최대 규모의 교육 테크놀로지 투자였다. 그러나 1차분 아이패드를 배포하고 나서 그 사업이 성급하고 무분별한 일이었음이 드러났다.

아이패드는 자판이 없어서 학생들이 숙제를 하는 데는 쓸모가 없다. 또한 학생들이 아이패드로 게임이나 소셜 미디어에 접속하는 것을 막는 소프트웨어는 쉽게 해킹당했다. 아이패드는 자주 고장이 났고 분실이나 도난도 잦았다. 소프트웨어는 학습과 평가에 부적절했다. 설상가상으로, FBI는 애플과 피어슨 사가 더 낮은 가격을 제시한 다른 경쟁자들에 비해 특혜를 받았는지 조사에 들어갔다. 일 년 만에 LA의 아이패드 프로그램은 취소되었고 LA교육청장은 불명예 퇴진했다.

뉴저지 주 호보컨에서는 노트북을 활용하려는 프로그램이 실패했고 뉴스 코프News Corp 사가 추진한 앰플리파이Amplify 프로그램은 태블릿의 스크린이 깨지고 충전기가 녹아내리면서 거대한 재정 손실을 가져오는 등 새로운 교육 테크놀로지 기기를 학교에 대량 '투하'하려는 계획은 몇 번이나 완전히 실패했다. 그런데도 정치가들과 정책 입안자들이 교육 테크놀로지의 매력에 끌리는 데는 거부하기 어려운 몇 가지 이유가 있다.

하나는 정치적 이유다. 지역사회의 모든 어린이에게 아이패드를 나눠주겠다는 발표는 미래에 투자하는 동시에 학교를 전 세계에서 가장 크고 혁신적인 회사의 수준에 맞추겠다는 대담하고 명확한 신호다. 이것은 영향력 있는 교원 단체의 불쾌한 문제 제기를 피하면서도 멋진 사진을 찍을 기회와 뉴스거리를 제공

2부 아날로그 아이디어의 반격

한다.

테크놀로지를 열렬히 수용하는 또 다른 이유는 비용 절감 가능성이다. 이는 특히 공립학교이사회에 매력적으로 느껴질 것이다. 컴퓨터로 채점하는 표준 교재와 시험 등으로 학교이사회는 이론적으로는 규모의 경제에 도달할 수 있다. 또한 학교이사회는 기기의 도움으로 효과적 학습이 가능해지면 고액 연봉 교사와 교수가 덜 필요할 거라는 바람도 품고 있다. 고액 연봉 교사와 교수는 디지털 학습과 시험을 도와주는 수업 진행자나 보조 교사로 대체될 것이고, 귀찮은 일은 모두 컴퓨터가 처리해줄 것이다.

궁극적으로 비용이 절감될 것이라는 유혹은 강력하지만 학교에 테크놀로지를 도입하려면 재정적 부담이 따른다. 테크놀로지를 도입하는 초기 비용뿐만 아니라 유지하고 보수하고 대체하고 갱신하는 데도 계속 비용이 들어간다. 학교 체육관은 수십 년간 변치 않으며, 좋은 교과서는 때로 15년 이상 간다(대부분의 미국 학교에서는 학생들이 교과서를 학교에서 빌려서 사용하기 때문에 교과서는 다음 학년도 학생들에게 대물림된다-옮긴이). 내가 다닌 대학교의 책상들 중에는 100년 가까이 된 것도 있었다. 하지만 디지털 기기는 아무리 잘 디자인되더라도 몇 년만 지나면 쓸모가 없어지고, 반드시 작동을 멈추게 되어 있다. 학교 컴퓨터에 관한 유일한 기억은 구석에서 먼지를 뒤집어쓰고 방치되어 있던 모습이다.

디지털 교육 테크놀로지에 들어간 예산은 교사, 학교 건물 보수, 교재 등에 투자되었을 예산이다. 아니면 미술, 스포츠, 음악, 드라마 과목에 배정되었을 예산이다. 연구 결과 학생들의 읽기 능력 향상에는 학교 도서관이 중요한 역할을 하는 것으로 밝혀졌지만 미국에서 학교 도서관의 수는 현저히 감소해왔다. 구글과 전자책의 시대가 열리면서 도서관은 의미가 없어졌고, 따라서 그 비용으로 태블릿이나 드론을 구매하는 것이 낫다는 논리다.

흥미로운 책 《깜빡이는 정신The Flickering Mind》에서 저자 토드 오펜하이머Todd Oppenheimer는 미국에서 실패한 다양한 교육 테크놀로지의 사례와 그에 따른 학교들의 피해를 기록했다. "교실에 무엇이 필요한지에 관한 논쟁에서 테크놀로지 전문가들은 교실의 근본적인 요소들을 밀어내려는 것이 아니라고 항변한다. 테크는 대체가 아니라 보완이라는 것이다. 그러나 그들의 말은 테크에 대한 공허한 환상에 지나지 않는다. 테크놀로지 계획을 전부 지원하려면 엄청난 비용이 든다. 비용 외에도 컴퓨터는 학교의 시간과 에너지를 빼앗는다. ……이들은 한정된 자원이다. 모든 지역사회는 각 학교에 일정한 시간과 에너지만 제공할 수 있다. 따라서 일정량의 시간과 에너지를 테크놀로지에 쏟고 나면 다른 활동들에 쏟을 자원은 줄어들 수밖에 없다. 따라서 테크놀로지 전문가들이 테크는 보완적인 것이라고 말한다면 그들은 바보이거나 거짓말쟁이다." 오펜하이머는 썼다.

교육 혁신: 교사와 학생이 빠진

어느 겨울 아침, 나는 토론토 대학교 부설 초등학교인 잭먼 스쿨의 5학년 교실에 앉아 있었다. 그곳에서는 새로운 이론과 테크놀로지를 실험 중이었다. 벤저민 피블스 선생은 세 명의 학생에게 오늘 아침 인쇄한 인터넷 신문 기사를 큰 소리로 읽게 했다. 그러고 나서 학생들의 토론이 이어졌다. 나는 학교가 노트북과 아이패드를 모든 학생들에게 나누어주었는데도 아이들에게 종이로 기사를 읽게 하는 이유가 무엇인지 물었다. 피블스는 전자 기기로 기사를 읽을 수도 있음을 알려주었는데도 학생들 스스로 종이를 선택했다고 대답했다. 이 기사들도 결국 웹사이트를 출력한 것이었기 때문에 나는 학생들에게 굳이 기사를 출력해서 읽는 이유를 물었다.

"종이에 글이 쓰여 있어야 제대로 된 느낌이에요."케이티 페리 티셔츠를 입은 여자아이가 말했다.

다른 학생은 태블릿에는 형광펜을 칠하거나 밑줄을 그을 수가 없다고 말했다. 까불거리는 남자아이는 이렇게 말했다. "뭔가를 손에 들면 완결된 느낌을 주거든요." 곧 나는 종이가 더 좋다고 아우성치는 아홉 살짜리 아이들에게 에워싸였다. "다른 사람들과 돌려보기 좋아요." "아이패드보다 더 진짜 같아요." "유리판 위에 손가락을 대는 것보다 종이에 닿는 느낌이 더 좋아요." "집중하기가 쉬워요." 한 여자아이는 종이에 글을 쓰는 것에 대해 말했다. 컴퓨터 프로그램 때문에 창의성에 제약을 받기보다는 종이의 공간적 제약이 낫다는 것이었다.

계속 등장하는 연구 결과들은 대다수 학생들이 디지털 포맷보다 종이 학습을 좋아한다는 사실을 보여줌으로써 내가 현장에서 경험한 아이들의 종이 사랑을 뒷받침한다. 이런 연구들에서 학생들이 종이가 좋은 이유로 주로 드는 것들은 잭먼 스쿨의 아이들이 말했던 것들과 똑같다. 즉 종이책이 내용을 탐색하기 쉽고 메모나 표시를 남기기도 쉬우며 더 믿을 만하다(교과서는 고장 나거나 작동을 멈추거나 본문을 삭제하지 않는다)는 것이다. 비용이 적게 들고 훨씬 다양하게 쓰인다(책은 돌려볼 수도 있고, 도서관에서 빌릴 수도 있고, 중고로 살고팔 수도 있다). 한마디로 학습에 더 적합하다. 종이책을 읽고, 종이에 메모를 하고, 수업 시간에 노트북을 금지하는 것……. 이 모두가 실제로 학생들의 성적과 기억력을 향상시키는 것으로 입증되었다. 그러니 왜 책을 포기하겠는가?

이들 연구에 참여한 학자 중에 토론토 라이어슨 대학교의 마케팅 부교수 조앤 맥네이시 박사가 있다. 맥네이시는 대부분의 학부 학생들이 종이로 읽고 쓰는데도 동료 교수들은 항상 "이 애들은 하나같이 전자책만 좋아한다"고 말하는 것을 들으면서 현실과 이론 사이의 불일치를 깨닫게 되었다. 게다가 맥네이시는 이미 몇 년 전부터 학생들의 독서 습관에 관심을 갖고 있었다. 캐나다와 이스라엘의 학생들을 연구한 결과 맥네이시는 그들을 관통하는 흥미로운 사실을 발견했다. 즉 학생들은 옛것에 대한 향수나 신기술에 대한 저항 때문이 아니라 종이 교재로 공부가 더 잘되기 때문에 압도적으로 종이를 선호하고 있었다. "이러닝e-learning 시스템을 사용하려면 일이 많지요. 종이 교재로 배우는 것이 훨씬 간단해요. 이 아이들은 테크놀로지로 오락을

2부 아날로그 아이디어의 반격

즐기는 데는 익숙하지만 학습용 테크놀로지에는 능숙하지 않아요."맥네이시가 말했다.

맥네이시는 디지털 교재 같은 전자 교육 테크놀로지를 강조하는 것은 학생들이 아니라 젊은 학생들에 관해 잘못된 가정을 세운 교사들과 학교의 운영진이라고 생각한다. "베이비붐 세대의 치명적 약점은 자신이 '힙'하거나 '쿨'하지 않을까 봐 걱정하는 거예요." 맥네이시 교수 자신도 베이비붐 세대였다. 맥네이시에 따르면 학생들과 학교들은 변화를 필요로 하는 만큼이나 안정성 또한 필요로 한다. 모든 사람이 항상 모든 것을 파괴하고 재창조한다면 누가 앞으로 나아갈 수 있겠는가?

디지털 테크놀로지가 교육 혁신에 관한 모든 헤드라인을 장악할 수도 있지만 실제로는 아날로그적 사고와 도구들이 변화를 가져올 가능성이 훨씬 크다. "교육 개혁에서 가장 중요한 개념들은 모두 교육 테크놀로지와 아무런 관련이 없습니다. 중요한 것은 더욱 많이 협력하는 교사들, 수업 일수의 확대, 주 예산으로 운영되는 유치원, 방과 후 프로그램을 위한 예산 등입니다. 이것들은 효과가 확인된 해결책들입니다. 테크놀로지가 이끄는 개혁이 아니고요. 테크놀로지는 개혁의 중심이 아닙니다." 뉴욕시의 차터 스쿨인 석세스 아카데미Success Academy의 데이비드 노아 교장이 말했다.

노아는 대부분의 교육 테크놀로지 도구들은 기존의 아날로그 도구들을 디지털적으로 흉내 낸 것에 불과하다고 말한다. 전자 교재는 종이 교재와 같은 내용을 담고 있다. 전자 교재의 모든 특징들(라이브 토론, 하이퍼텍스트 링크, 삽입된 동영상 등)은 멋지게 보일 수도 있지만 학습 능력 향상에는 전혀 도움이 되지 않고 오히려 집중력을 분산시키거나 기술적 문제들을 일으킨다. "사람들이 교육에서 '테크 혁명'을 한다고 할 때는 그저 달달 암기할 수 있는 내용들을 디지털 버전으로 옮겨놓은 것"이라고 노아는 말했다. 가장 널리 활용되는 수학 소프트웨어는 표준 수학 교재와 똑같은 문제를 화면으로 보여주며 더 빠르게 채점한다. "그건 가르치는 행위를 본뜬 것이 아니라 가르치는 행위가 무엇인지에 대한 최악의 정의를 본뜬 겁니다. 교사는 '1번부터 20번 문제까지 풀어봅시다'라고 말하고는 자리를 비웁니다. 훌륭한 교수법이 아니지요."

교육 테크놀로지가 지속적인 교육 혁신을 가져오지 못하는 큰 이유는 실제 사용자인 교사와 학생의 조언을 거의 반영하지 않기 때문이다. 교사들은 지역사회별로 학교별로 매우 다르다. 교육 테크놀로지 해법들은 대개 다양한 스펙트럼의 학교와 학급을 대상으로 만들어진다. 모든 상황에 두루 적용되는 하나의 해법인 셈이다. 그런 테크놀로지를 만드는 회사에는 간혹 설립자 중에 교사가 끼어 있기도 하다. 하지만 대개 교사들이 회사를 주도하지는 않는다. 하지만 (교육) 혁신에 접근하는 기술의 기저에는 아주 잘못된 생각이 깔려 있다. 바로 교사라는 존재는 넘어서야 할 장애물이라는 생각이다.

'교사들, 특히 공립학교 교사들은 게으르고, 권리만 주장하며, 노동조합 소속으로서 진보에 저항하는 공룡들이다.' 오늘날 교육 개혁에 대한 가장 흔한 생각들은 대개 이런 편견을 담고 있다. 시험 성적과 연계된 코먼코어Common Core(각 주에서 따라야 하는 필수 교과과정-옮긴이)의 교사에 대한 보상 체계로부터 시작하여 전도유망한 대학생을 선발하여 학교를 그만두고 스타트업을 시작하도록 지원하는 페이팔PayPal 공동 설립자 피터 틸Peter Thiel 의 틸장학금Thiel Fellowship에 이르기까지 다양한 프로그램에 이런 편견이 담겨 있다. 교육 테크놀로지가 실패할 경우 교사가 정확하게 실행하지 않았거나 열정이 없어서라고 가정한다. 이런 가정은 가난한 아이들에게 노트북을 나눠주고 아이들의 삶이 바뀔 거라고 기대하는 것만큼이나 무례하고 잘못되었다. 현실을 무시한 처사다.

사실 교사들은 자기 교실에서 무엇이 효과적인지 알고 있고, 교수 방식을 개선하기 위해 무엇이 필요한지도 알고 있다. 숀 콜린스가 이 사실을 깨닫기까지는 몇 년이 걸렸다. 콜린스는 매사추세츠 주 출신의 전직 교사로 지금은 스틸케이스Steelcase 사의 디지털 화이트보드 생산 부문인 폴리비전PolyVision 사업개발부의 책임자로 일하고 있다. 그는 1990년대에 마이크로터치Microtouch 라는 회사에 합류했다. 이 회사는 초창기 스마트보드를 생산했다. 스마트보드는 컴퓨터에 연결하는 디지털 화이트보드로서 도중에 컴퓨터의 그림이나 다른 파일에도 접근이 가능했다. 당시 스마트보드는 교육 테크놀로지의 가장 위대한 혁신으로 꼽혔다.

"저는 8년간 교실에는 아날로그 화이트보드가 필요 없다는 말을 하러 다녔어요. 교사들은 반발했지요. 우리는 교사 연수를 통해 반발을 해결해야 한다고 생각했습니다. 교사들이 제대로 연수를 받는다면 화이트보드를 쓰지 않을 거라고요. 그런데 그런 문제가 아니었어요. ······사용상의 문제였죠. 교사들은 그냥 마커펜을 집어서 화이트보드에 쓰고 싶어 했습니다. 테크놀로지로는 그런 것이 불가능했죠."콜린스의 말이다. 이 교사들이 완고하거나 테크놀로지를 거부하는 것은 아니었다. 그들은 새로운 도구와 아이디어에 개방적이었지만 자신들의 필요에 부합하는 테크놀로지를 원했다.

결국 콜린스는 그들의 말에 귀를 기울였고 폴리비전은 가로 1.8미터, 세로 1.2미터 크기의 표준 화이트보드 측면에 좀 더 작은 스마트보드를 부착한 신제품을 만들어냈다. 신제품은 두 가지 필요를 모두 충족시켰다. 즉 교사들은 중앙의 스크린에 새로운 시각 자료를 보여줄 수 있었고, 또한 화이트보드에 많은 내용을 쓸 수도 있었다. 후속 연구들을 통해 교실 내의 화이트보드 공간이 클수록 학생들이 '정보 지속성information persistence'을 통해 정보를 오래 기억하는 것으로 밝혀졌다. 어떤 정보를 며칠 혹은 몇 주 동안 지속적으로 보게 되면 몇 초 동안 스크린을 통해 보는 것보다 훨씬 쉽게 기억하게 된다.

화이트보드와 아이디어페인트IdeaPaint(인기 있는 화이트보드 페인트) 같은 제품은 기부용 크라우드 펀딩 사이트인 도너스 추즈Donors Choose에서 교사들이 가장 자주 요구하는 품목들이다. 2014년 이후 이 사이트에서는 아날로그 교습 도구에 대한 요청이 전반적으로 증가세를 보인 반면 디지털 테크놀로지에 대한

2부 아날로그 아이디어의 반격

요청은 비슷한 정도로 감소했다. 사이트에서 교사들이 가장 많이 요청하는 카테고리는 책이고 가장 많이 요청하는 아이템은 화이트보드용 검정 마커펜이다. "많은 교사들이 교실에 아날로그 또는 물리적 자원이 부족하다고 느꼈기 때문에 이 사이트가 만들어진 겁니다." 도너스 추즈의 CEO 찰스 베스트의 말이다. 그는 브롱크스의 공립 고등학교에서 역사를 가르치면서 2001년에 비영리 단체를 설립했다. "예산은 항상 최신 테크놀로지에만 몰렸고" 베스트와 그의 동료들에게는 펜, 종이, 최신 교과서 등 기본 물품이 항상 부족했다.

하드웨어나 소프트웨어로는 지속적인 교육 혁신을 이루지 못한다. 실제로 지속적인 효과를 내는 것은 학생들의 학습 방식을 형성하는 교사의 새로운 교수법이다. 현재 이 분야에서 가장 관심이 높은 주제는 이른바 21세기 교육 기술이다. 21세기 기술들에는 혁신을 위한 요소로서 창의성, 협력, 비판적 사고, 커뮤니케이션, 공감, 실패 같은 유행어들이 담겨 있다. 이들은 읽기, 쓰기, 수학, 과학 등 서양의 고전적 기초 교육과는 상당히 다르다. 소프트 스킬soft skills이라고 불리는 21세기 교육 기술은 특정 사실에 대한 지식보다는 일련의 행동들에 가깝다.

21세기 교육 기술들은 특히 테크놀로지 산업에서 수요가 많은 기술과 많은 부분 일치한다. 전미경제연구소National Bureau of Economic Research의 2015년 조사 보고서에 따르면 사회적인 능력을 요구하는 일자리들이 고용률과 임금 측면에서 큰 증가를 보였다고 한다. 동종 산업의 압력으로 인하여 전체 교육 예산이 인문계(쓰기, 예술, 드라마, 사회과학)에서 과학, 테크놀로지, 엔지니어링, 수학STEM 등으로 이전되어왔다는 점에서 이는 역설적이다. 인문계 전공을 택하면 막다른 길을 골랐다고 노골적으로 바보 취급을 당해왔다. 심지어 오바마 대통령조차도(컬럼비아 대학교에서 인문학 학사 학위를 받았다) 그랬다. 하지만 이 기업들이 실감한 사실은 숙련된 엔지니어들과 수학자들의 나라는 문제 해결 능력이 있는 창의적인 사람들이 없을 경우 한계에 봉착한다는 점이다. 창의적 능력이 없다면 독창적 사고를 억압하게 되고, 결국 개인의 일자리와 경제가 훨씬 쉽게 아웃소싱되거나 자동화되어 버린다.

공감 능력은 어떻게 길러지는가

교육 분야의 아날로그적 해결책과 관련해서 가장 혁신적인 회사는 트웬티 원 토이스Twenty One Toys다. 토론토의 보드게임 카페 스네이크 앤드 라테스에서 길모퉁이를 돌면 이 회사의 본사가 나온다. 트웬티 원 토이스는 일라나 벤-아리라는 젊은 디자이너가 만든 작은 스타트업 기업이다. 벤-아리의 사업 파트너는 전직 고등학교 교사인 라이언 버웰이다. 벤-아리는 대학교 졸업 작품으로 시각장애인 학생을 위한 길 찾기 도구를 만들었다. "저는 버튼을 크게 만든 블랙베리를 디자인할 수도 있었죠. 하지만 전화를 잃어버리거나 배터리가 방전되면 어쩌죠?"

디자인을 전공한 벤-아리는 디자인 사고design thinking라는 과정으로 문제에 접근했다. 디자인 사고는 스탠퍼드 대학교와 디자인 회사 아이데오IDEO가 개발한 과정이다. 처음에 디자이너들은 고객을 위한 솔루션을 만들기 위해 디자인 사고를 활용했다. 이후 다른 업종과 교육기관들에서 이 방법론이 인기를 끌며 빠르게 확산되었다. 디자인 사고의 첫 단계인 공감은 최종 사용자의 입장에서 생각하는 것이다. 벤-아리의 경우 사용자는 시각장애인 학교에 갓 입학한 아홉 살짜리 소녀였다. 다른 사람의 감정을 이해하고 공유하는 능력인 공감은 최근 테크놀로지와 관련하여 큰 관심을 끄는 주제가 되었다. 연구 결과를 보면 오늘날 젊은이들 사이에서 공감 능력이 두드러지게 감소했다고 한다(미시간 대학교의 연구에 따르면 10년 동안 40퍼센트가 감소했다고 한다). 디지털 테크놀로지의 탈감각화 효과desensitizing effect가 주요 원인으로 꼽혔다. 공감 능력이 떨어지는 사람들은 자기애와 이기심이 늘어나고, 협력성은 줄어들며, 잠재적 폭력성은 증가한다.

졸업 작품을 완성하기 위해 벤-아리는 시각장애인 기관에서 적응 훈련을 받았다. 벤-아리는 시각장애인들이 공간을 배우는 핵심 도구가 언어라는 것을 알게 되었다. 그녀는 장난감을 고안하여 시각장애인 학생이 앞을 볼 수 있는 친구와 함께 길안내를 위한 공용어를 개발하도록 도왔다. 그 장난감은 벌집 모양 두 조각과 화살 모양 세 조각 등 모두 다섯 조각으로 구성된 나무 퍼즐이었다. 각 조각은 서로 다르게 홈이 파여 있어서 거의 무제한적인 조합으로 맞춰지고, 표면에는 점이나 주름무늬가 우둘투둘하게 돋아 있다. 각각의 장난감 상자에는 똑같은 두 세트의 조각이 담겨 있다. 게임의 목표는 한 세트를 조립한 후에 상대방이 똑같이 조립할 수 있도록 말로 설명하는 것이다. 게임 세트에는 두 개의 눈가리개가 들어 있어서 앞을 볼 수 있는 이용자들도 시각장애인과 동일한 감각으로 놀이를 할 수 있다.

벤-아리의 장난감은 시각장애가 없는 사람들에게도 인기가 있었다. 사람들에게 공감이라는 무형의 개념을 효과적으로 가르쳐주었기 때문이다. 이는 시각장애인을 돕는 일 이상으로 교육적 활용도가 높았다. 벤-아리는 트웬티 원 토이스라는 회사명으로 공감 장난감Empathy Toy이라는 별명이 붙은 이 제품의 마케팅을 시작했다. "본질적으로는 좀 더 인간 중심으로 교육에 접근하는 거죠." 벤-아리가 말했다. 21세기 기술은 연마하기도 힘들고 공식 교과목을 고안해내기도 어려웠다. 하지만 19세기에 프뢰벨이 유치원을 창시한 이래 이런 추상적인 개념을 가르치는 데에는 장난감이 효과적이었다. 유아교육의 아버지 프뢰벨은 20가지의 '은물' 혹은 학습 장난감을 놀이 기반 교육법에 포함시켰다. 벤-아리의 회사 이름은 이것을 살짝 비튼 것으로, 프뢰벨의 유산을 잇는 차세대 장난감으로 21세기 기술을 배우는 것에 중점을 두었다.

벤-아리와 버웰은 공감 장난감이 아날로그였기 때문에 성공했다고 확신한다. "공감이 요구하는 복잡한 특징들은 테크놀로지에 의해 간소화됩니다. 우리는 한때 학생들이 풀었던 복잡한 문제들을 쉽게 풀이해줄 테크 솔루션을 고안했습니다." 버웰의 말이다. 구글 검색이나 계산기 같은 것들이 더 쉽게 해답에 이르게 해준다. 그러나 이처럼 과정이 단순해지면서 어려운 문제를 풀어나가는 동안 이루어졌던 깊이 있는 학습(버웰은 이것이 교육의 핵심이라고 생각한다)은 정량화·표준화된 답을 위해 희생되었다. 그는 공감 장난감을 들고 말을 이었다. "이 장난감은 불편함을 디자인했습니다. 다른 분야에서는 이용이 쉬운 기기가 이상적이지만 교육에서만은 그렇지 않습니다." 이 장난감은 이용자들이 커져가는 불확실성에 협력적인 방식으로 대처하게 한다. 즉 공감을 통해 상대방의 필요를 이해하고 공통 언어를 만들어내서 임무를 완수하게 하는 것이다.

처음 6개월 만에 트웬티 원 토이스는 기업과 기관들에, 또 35개국 800개 학교에 1000개의 공감 장난감을 팔았다. 공감 장난감의 매력은 공립 초등학교부터 대학교, NGO단체, 경영 컨설턴트에 이르기까지 나이, 소득, 분야에 상관없이 보편적으로 유익한 기술(이것은 사실 마음 상태다)을 가르쳐준다는 점이다. 공감 장난감은 교사들을 위해 학습 가이드, 게임 샘플, 사례 연구집을 제공하지만 결국 누구나 자기 필요에 따라 이 장난감을 사용한다. 어느 2학년 교사는 이 장난감으로 학생들에게 STEM을 가르쳤고, 어느 상담 교사는 이 장난감으로 문제 학생들과 감정에 관해 토론했으며, 어느 경영대학원 교수는 이 장난감으로 리더십을 가르쳤다. 컴퓨터 코딩, 웹사이트 UX디자인, 언어, 읽기, 외국어 교육, 직장 치료, 국제적인 질병 관리 등 공감 장난감을 교육에 적용한 사례는 계속해서 늘어나고 있다. 어떤 4학년 교사는 이 장난감으로 유럽의 정착민과 아메리카 원주민이 초창기에 공통의 언어 없이 커뮤니케이션을 시도했을 때 어떤 일이 벌어졌을지를 가르쳤다.

하루는 토론토 근처의 지역 전문대학인 셰리든 대학의 현대식 캠퍼스에서 벤-아리와 버웰을 만났다. 그들은 20명의 셰리든 대학 교직원들을 상대로 공감 장난감에 대해 강의하고 있었다. "이건 놀이 기반 워크숍입니다. 그러니까 말로만 하면 안 됩니다. 오늘의 주제는 '손으로 만질 수 있는tangible'입니다. 우리는 이것을 장난감이라고 부르지만 사실은 토의 도구입니다. 우리가 협업하는 방식을 촉각적인 경험으로 바꾸어서 나중에 이야기를 나눌 수 있게 해주죠." 버웰이 방을 둘러보며 말했다.

공감 장난감을 이용한 학습에는 세 단계가 있다. 첫째는 창의적인 커뮤니케이션으로, 어떻게 우리가 서로 이야기할지, 그때 우리의 가정은 무엇인지를 형성하는 단계다. 둘째는 놀이로, 촉각적인 경험을 앞서 정해놓은 가정에 적용하는 단계다. 셋째는 가장 중요한 단계로, 어떤 일이 왜 벌어졌는지를 토의하는 단계다. 이것은 상대적으로 단순한 게임 경험이었지만 거기에서 얻어지는 경험들은 모두 교사들이 겪고 있는 문제에 적용 가능했다.

게임의 조합 방식은 끝도 없다. 하지만 버웰은 가장 기본적인 조합에서 출발한다. 바로 두 명의 참가자와 세 조각의 장난감이다. "자원하실 분 계세요?" 그가 물었다. 아무도 손을 들지 않았다. "음, 이렇게 서로 양보만 하는 것을 보니 진짜 캐나다 사람들만 모였나 보군요." 모두 웃고 나서 두 명의 교사가 앞으로 나와 눈가리개를 썼다.

"마이클, 좋아요. 길고 좁은 조각을 집어서 끝이 가슴 쪽을 향하게 하세요." 한 참가자가 다른 참가자에게 설명했다.

"알았어요."

"다음으로는 톱니바퀴……. 아, 이런, 다 빠지고 있어요…….
좋아요, 됐어요."

"잡았어요."

"좋아요. 이제 짧은 화살을 밀어서 톱니바퀴에 2시 방향으로
놓으세요."

"저에게서 2시 방향인가요, 아니면 당신에게서? 잠깐만
요……. 된 것 같아요."

"그럼 표면이 울퉁불퉁한 톱니바퀴를 짧은 화살표에 끼우세
요……."

"화살표 위쪽에요?"

이 과정이 5분간 지속되었다. 많은 우여곡절과 잘못된 인도,
그리고 재조립 끝에 그들이 마침내 같은 모양을 만들고 눈가리
개를 벗자 모든 사람이 안도의 한숨을 크게 내쉬었다. 교사들은
각자의 자리로 돌아갔고 세 가지 변형된 게임이 진행되었다. 첫
번째 게임은 두 명의 참가자가 눈을 가린 가운데 또 다른 참가
자의 지시를 받아 장난감을 조립하는 것이었고, 두 번째 게임은
참가자들이 질문을 통해 조립 방법을 알아내는 것이었다. 세 번
째 게임은 두 명의 참가자가 눈을 가린 가운데 세 번째 참가자
가 다른 참가자에게서 문자 메시지로 받은 지시를 읽어주면 장
난감을 조립하는 것이었다.

디자인 사고

교사인 하이디 시왁은 공감 장난감으로 성과를 올렸다. 그녀는 토론토에서 40분 정도 떨어진 던더스 센트럴 공립학교에서 6학년을 가르친다. 던더스 센트럴은 평범한 중산층 거주 지역에 자리한 공립 초등학교다. 낡은 건물과 새 건물이 섞여 있는 학교는 곳곳에서 관리가 잘되지 않는 듯한 느낌을 주었다. 학교 식당은 몇 년 전에 교실로 개조되었다. 시왁은 이 학교에서 15년 동안 가르치면서 테크놀로지에 능숙한 혁신적인 교사로 명성을 얻었다. 그녀의 학생들은 트위터로 프로젝트를 진행했고, 뉴질랜드의 어느 학급과 공동으로 앱을 만들었으며, 과목별 블로그를 운영했다. "아이들은 수업에 대한 열정과 참여도, 흥미가 커졌어요. 놀라운 일이었지요." 그녀는 디지털 학습법을 정착시키기 위해 자신이 어떤 노력들을 했는지 말했다. 이 모든 일들이 컴퓨터 자원이 부족했던 학교에서 일어났다. 내가 방문했을 당시 시왁의 학급에 있는 세 대의 컴퓨터는 거의 10년 정도 되었고 그중 한 대만 제대로 작동했다.

몇 년 전부터 시왁은 테크놀로지를 활용한 자신의 교육 방식을 비판적으로 바라보게 되었다. "저는 교육법에 격차가 있다는 걸 깨달았어요. 독서로 학생들의 수준을 높이지 않고도 프로젝트를 끝낼 수는 있었거든요." 2012년 시왁이 토론토 로트먼 경영대학원의 통합사고 세미나에 참석하면서 커다란 변화가 일어났다. 이 장의 맨 처음에 언급했던 그 세미나 말이다. 집단적인 문제 해결과 계속되는 토론, 그리고 구체적인 작업을 강조하는

2부 아날로그 아이디어의 반격

과정에서 시왁은 통합사고와 디자인 사고(이것도 로트먼에서 배웠다)가 스크린을 활용한 활동보다도 훨씬 혁신적인 교수법이라는 것을 알게 되었다. 학생들에게 분석적 기술을 가르치는 데는 통합사고와 디자인 사고를 따라올 만한 것이 없었다.

"우리는 노출과 토론을 통해 배움을 얻죠." 이 과정에서 가장 중요한 것은 교실 공간이었다. 시왁의 교실 벽에는 메모, 그림, 개념, 표어 등 통합사고나 디자인 사고의 여러 요소들로 채워진 종이들이 도배되어 있었다. 학생들은 학기 내내 그것들을 보고 배웠다.

내가 방문하던 날 시왁은 그 주일에 해결해야 할 디자인의 난제들을 학생들에게 제시했다. 그 문제는 복잡하고 유명한 디자인 사고 사례연구였다. 소아과에서 MRI 스캔을 하는 경우 환자에게 진정제를 투약하고 마취를 한다면 환자가 부담해야 할 비용이 올라간다. 학생들은 이 비용을 어떻게 줄일 수 있을지 생각해내야 했다. 시왁은 학생들에게 유튜브 동영상으로 MRI 기계를 보여주고 어떻게 작동하는지 설명했다. 그러고 나서 학생들에게 간단한 모델을 만들어보게 했다. 그 모델은 단어 지도word map로, 문제의 근본에 있는 다양한 사실들을 확인하는 것이었다. 아이들은 커다란 종이와 매직과 펜을 가운데 두고 여러 그룹으로 모였다. 시왁은 교실 여기저기를 오가면서 아이들에게 도움이 될 만한 질문들을 던졌다.

"그렇게 많은 환자들이 마취를 하거나 진정제를 맞아야 하는 이유가 뭘까?" 시왁이 말했다.

"정말 무서우니까요." 여자아이가 말했다.

"왜지?"

"소음이 너무 커요." 남자아이가 말했다.

"무슨 일이 일어날지 모르니까요." 또 다른 아이가 말했다.

"밀실공포증이 있으면 어쩌죠?" 여자아이가 말했다.

"검사를 하고 나면 병이 발견될지도 모르니까요." 다른 아이가 말했다.

"이런 어둡고 비좁고 무서운 기계에 들어갔다고 상상해봐." 한 남자아이가 극적인 분위기로 말을 했다. 시왁은 아이들이 문제를 조사하는 과정에서 드러내는 뛰어난 공감 능력에 주목했다. 그들이 몇 주 전에 공감 장난감으로 배웠던 바로 그 개념이었다.

학생들은 문제의 원인을 질문들로 바꾸어나가기 시작했다. 이 질문들은 그들을 디자인 해법으로 이끌 것이었다. 어떻게 하면 진정제를 맞지 않고도 아이들을 가만히 누워 있게 할까? 어떻게 하면 약 가격을 낮추어서 진정제 비용을 줄일 수 있을까? 어떻게 하면 대기실이나 MRI 자체가 가족과 환자들에게 주는 스트레스를 줄일 수 있을까? 시왁의 학생들은 일주일 내내 MRI 기계 안에 다는 커튼이나 아이들 스스로 꾸미는 MRI 헬멧 등 온갖 창의적인 해결책들을 만들어냈다. 학생들은 마분지, 종이, 스티로폼, 풀 등으로 프로토타입을 만들었다. 그러고 나서 각 그룹의 발명품을 분석하고 비판했다. 유일하게 디지털적인 요소는 시왁이 학생들에게 보여준 짧은 MRI 동영상뿐이었다.

"우리는 디지털 경험으로는 결코 얻지 못할 것들을 얻죠. 학생들이 수업에 참여하는 동안 협력하고 질문하고 답을 생각해내는 능력은 놀랍습니다. 학생들은 다른 학생의 아이디어를 토대로 자신의 아이디어를 만들어갑니다." 수업이 끝났을 때 시왁이 내게 말했다. 학습 관점에서 최종 결과물은 글쓰기와 커뮤니케이션 기술로 수렴한다는 것이 시왁의 생각이다. 학생들이 MRI 기계에 대해서 아무것도 기억하지 못할지라도 자신의 사고를 표현하고 다른 사람들과 협동하는 능력은 남을 것이다.

물론 디자인 사고를 실행하는 과정에서 디지털 도구를 사용할 수도 있다. 하지만 가장 좋은 것은 전적으로 아날로그다. 포스트잇이나 종이, 레고나 플레이도를 비롯해서 유연하고 창의적인 교재들 말이다. 토론토에서 가장 학비가 비싼 그린우드 칼리지 스쿨은 최신 교육용 테크놀로지를 모두 갖추었다. 이곳 학생들은 구글 독스Google Docs에서 과제를 하고 온라인상으로 교사의 즉각적인 피드백과 평가를 받았다. 그린우드에서 녹색 산업 수업을 이끄는 교사 레슬리 맥베스는 이것을 테크놀로지의 장점으로 생각한다. 교실에서 행정 업무에 소모되는 시간을 아낀 덕분에 손으로 직접 실행해보는 작업에 수업 시간을 오롯이 쓸 수 있었다.

맥베스는 현대 경제와 세계 속에서 살아야 하는 학생들을 교육하는 데는 디자인 사고가 특히 효과적이라고 생각했다. "19세기와 20세기의 교육 모델은 노동자들에게 일자리를 얻고 지시를 따를 준비를 시키는 것이었습니다." 맥베스의 말이다. 그녀가 자란 중소 산업 도시에서는 전통적인 교육 모델(연습을 하고, 시험을 보고, 채점을 한다)이 그녀의 친구와 가족이 여전히 일하고 있는 공장의 일자리에 정확히 들어맞았다. "세상이 변했잖아요. 오늘날엔 혼자 힘으로 생각해야 합니다. 그게 성공을 발견하는 방법이죠. 제겐 사회적 이동이 교육의 목표입니다. 비판적으로 사고하는 사람, 비판적으로 문제를 해결하는 사람을 키우는 거죠." 맥베스에 따르면 지시를 따르는 일자리를 잡는 것이 성공적인 미래를 보장하던 시대는 대체로 사라졌다고 한다. 바로 테크놀로지 때문에.

나는 맥베스의 11학년, 12학년 수업을 참관했다. 둘 다 디자인 사고에 입각한 프로젝트로 수업을 진행했다. 하나는 토론토 해안가의 활성화 방안이었고, 다른 하나는 실내 농업 시스템 구축이었다. 학생들은 정교한 해안가 개발 모델부터 물고기 양식장(물고기의 배설물이 물을 깨끗하게 하는 식물들에게 영양분을 제공한다)에 이르기까지 온갖 창의적인 해결책을 내놓았다. 그것은 시끄럽고 혼란스러운 작업이었다. 어느 순간에는 여자아이 셋이서 두 개의 책상 사이에 걸쳐진 목재를 소형 톱으로 자르고 있었다. 톱밥이 아이들의 말쑥한 교복과 머리카락을 뒤덮었다.

몇몇 예외가 있긴 했지만 모든 학생들은 컴퓨터 없이 작업하는 것을 선호했다. 학생들은 창의성을 더 자유롭게 발휘하고, 덜 산만해지며, 자기 비전을 더 명확히 펼칠 수 있을 뿐만 아니라 작업의 규모와 재료에 대해 더 잘 이해하게 되었다고 느꼈다. 또한 더 재미있기도 했다. 각 그룹들은 교실 곳곳에서 재료를 풀이나 테이프로 붙이면서 혹은 자르거나 부러뜨리면서 농담을 주고받거나 웃고 있었다. 두 명의 여자아이만이 다른 그룹처럼 모델이나 장치를 만드는 대신 앱을 만들기로 했다. 그들은 컴퓨터 앞에 나란히 앉아서 앱을 만드는 다양한 웹사이트의 가격 조건을 조용히 확인하다가 맥베스가 보이지 않을 때마다 페이스북 페이지에 들어갔다.

의심하는 연습

통합사고 혹은 디자인 사고와 같은 아날로그적 문제 해결법을 가르치는 경우 주요한 장점은 학생들에게 자신의 가설과 아이디어를 의심해보게 한다는 점이다. 학생들은 최종 결과물에 대해 점수를 받는 것이 아니라 문제에 접근하고 그룹으로 협동하고 과정에 적응해나가는 방식에 대해 점수를 받는다. 나는 토론토 대학교 로트먼 경영대학원에서 그런 방법론이 효과를 발휘하는 것을 보았다. 학부 3학년생들을 대상으로 하는 비즈니스 디자인 실습 수업에서는 캐나다에서 상위권이지만 전 세계적으로는 뒤처져 있는 이 학교의 MBA 프로그램을 쇄신할 새로운 모델을 만들어야 했다. 2024년에 로트먼 MBA는 어떤 모습이어야 할까?

로트먼의 디자인 프로그램을 운영하는 스테파니 쉬람은 학생들에게 데이터가 전부는 아니라면서 고객, 즉 장차 로트먼 경영대학원의 학생들이 가질 필요에 집중하라고 말했다. "경영학은 데이터를 너무 사랑한 나머지 데이터가 진실의 전부라고 믿는 경향이 있습니다. 특히나 오늘날 같은 빅데이터 시대에는요. 하지만 정량 데이터는 세상을 보여주는 것이 고작이에요. 데이터는 과거를 보여줄 뿐이니까요."

시왁과 맥베스의 초등학교와 고등학교 교실에서와 마찬가지로 대학생들도 자기의 아이디어에 대해 실체가 있는 모델, 만화로 그린 설명 등 프로토타입을 만들었다. 그들은 위층으로 올라가서 현재 로트먼 MBA 학생들에게 자신의 프로토타입을 설명하고 피드백을 받았다. 쉬람은 기발하고 창의적인 아이디어를 내라고 격려했다. 아이디어 중에는 인턴십과 온라인 수업으로만 구성된 MBA, 국제 MBA 올림피아드, 24시간 온라인 온디맨드 교수진도 있었고 '불의 검'이라는 컴퓨터 게임도 있었다. 게임을 하고 나면 학생의 수강 과목을 자동으로 선택해준다는 것이다.

모든 제안은 강의실, 교수, 주 5일 수업 체제 등의 실체를 갖춘 학교로서 로트먼의 전통적 프레임에서 벗어났다. "우리는 강의로 학생의 시간을 낭비하지 않을 겁니다. 그건 칸 아카데미Khan Academy 같은 것이지요." 디자인드 실드 딜리버드Designed Sealed Delivered라는 그룹에 소속된 학생이 말했다. 그 학생은 인기 있는 온라인 수학 강좌 시리즈를 예로 들었다. 결국 그들은 미래의 학교를 짓고 있었다. 지난번 바로 이 건물에서 크리스토퍼 페데리코가 말했던 것처럼 가상 학교가 그 미래인 듯했다.

그러나 그 그룹이 현재의 MBA 학생들에게 프로토타입을 설명하는 순간 그 미래는 그다지 분명해 보이지 않았다.

"학생들이 수업에 참여하지 않는다면 어떻게 독려할 건가요?" 이전에 은행에서 근무했다는 여성이 질문했다.

"학생들이 형성하는 동료 의식과 네트워크가 MBA를 신청하는 중요한 이유라는 걸 모르나요?" 인도에서 온 학생이 물었다.

"저는 이러닝이 싫어요. 게다가 저는 비즈니스 경험이 없습니다. 만약 이게 온라인이었다면 4분의 3도 마치지 못했을 거예요. 강의실에 가서 다른 학생들과 교수님들에게 질문하면서 배우니까요." 한 여성이 말했다.

미래의 학교를 만들던 경영학과 학부 학생들은 어려운 현실에 맞닥뜨렸다. 어떤 것이 명백히 나아갈 방향처럼 보인다는 이유만으로 반드시 그것이 정답이라고는 할 수 없다. 학생들은 원격 디지털 학습이 '가능하다'는 사실을 토대로 가설을 세웠다. 하지만 그 모델이 실제로 얼마나 잘 작동할지, 혹은 로트먼의 MBA 프로그램에 정말로 바람직할지는 가늠하지 못했다. 최근의 사례를 보면 그 대답은 확실히 '노no'였다.

교사들이 해왔던 일

교육 테크놀로지 운동의 가장 큰 가능성과 실패 가운데 거대한 온라인 공개 강좌 무크MOOC(massive open online course)가 자리하고 있다. 기본적으로는 과거의 우편 통신 학습, 녹음 파일, 비디오테이프 강의 같은 원거리 학습 프로젝트들과 그리 다르지 않지만 동영상 스트리밍 테크놀로지와 클라우드 컴퓨팅의 발전으로 실시간 온라인 강의가 가능해지면서 2008년 MOOC는 새로운 개념으로 부상했다. 앞서 많은 대학과 기관들이 몇몇 과정과 강연과 학위를 온라인에 구현하는 실험을 했다. MOOC의 열기는 2012년을 강타했다.

그해 인공지능 연구자 세바스찬 스런Sebastian Thrun(구글의 자율주행차 제작자)과 그의 파트너 피터 노빅Peter Norvig(구글의 연구 책임자)이 자신들의 인공지능 입문 강의를 온라인 스탠퍼드 대학교에 올렸고 놀랍게도 10만명 이상의 시청자를 끌어들였다. 두 사람은 MOOC 회사인 유대시티Udacity를 출범시키면서 경쟁사인 코세라Coursera 등과 마찬가지로 전 세계의 학습 방식에 변혁을 가져올 거라고 장담했다. 스런은 MOOC가 너무나 와해적이기 때문에 50년 뒤에는 전 세계의 10개 기관 정도만이 고급 교육을 제공할 것이고 그중 하나가 유대시티일 거라고 예측했다. 이카루스의 비행 강의는 유대시티의 강의 요강에 포함되어 있지 않았던 모양이다(야심이 지나쳐서 무리를 한다는 뜻-옮긴이).

수십만 명의 학생들이 유대시티에 등록했다. 대학교들은 재빨리 MOOC 대열에 합류하여 교과목을 온라인에 올리고 가상 학위를 제공했다. 2013년 초 유대시티는 새너제이 주립대학교와 계약을 맺고 학점을 인정해주는 강의들을 개설하기로 했다. 양측은 이 과정들이 성공을 거둔다면 캘리포니아 주립대학교 시스템 전반에 온라인 학위가 폭넓게 개설될 것이라고 주장했다. 이 계약은 캘리포니아 주지사 제리 브라운Jerry Brown의 지시에 따라 성사되었다. 브라운 주지사는 많은 학생들이 적절한 조건을 갖추지 않고 대학에 입학하는 문제가 심각하다고 했다.

이 시도는 크게 실패했다. 6개월 만에 이 대학교는 MOOC 실험을 중단했다. 강좌에 등록한 사람들의 저조한 수료율, 간신히 과정을 끝마친 소수 수강생의 그저 그런 학업 성취율 등이 이유였다. 이 결과를 지켜본 스런은 유대시티의 많은 과정이 질이 떨어졌다고 했다. 사실 그리 놀랄 이유는 없다. 온라인 과정은 사용자를 수업에 적극적으로 참여시키는 데는 계속 실패했기 때문이다. 새너제이 주립대학교와 계약을 맺을 당시 스런 자신도 이 사실을 알았다. 그는 온라인 과정에 등록한 사람들의 90퍼센트가 습관적으로 중도 포기한다는 사실에 주목하고 이를 바꾸기 위해 노렸했지만 결국 실패했다. 온라인 강의에 대한 연구 결과 오프라인 대학교와 제휴한 고급 과정이든 초등학교부터 고등학교에 이르는 차터 스쿨의 실험이든 예외 없이 형편없는 실패를 거듭했다. 학생이 어느 때든 집에서 잠옷 차림으로도 멋진 강의를 들을 수 있는 것은 사실이다. 하지만 또래 친구들과 함께 칠판 앞에 앉아서 선생님의 이야기를 듣는 경우에 비해 중도에 수업을 포기하는 비율이 높고, 학업 성취도가 낮으며, 배우는 내용이 부실할 가능성이 높다.

하버드 대학교, 토론토 대학교, 그리고 내가 다녔던 오래된 고등학교가 여전히 학생들로 가득한 데는 이유가 있다. 나랑 같이 학교에 다녔던 친구들 중 아무도 학창 시절을 통신 강좌와 맞바꾸지 않을 것이다. MOOC나 온라인 학위도 다르지 않다. 그 이유는 선생님들에게 있다.

교사와 학생의 관계

교사는 아날로그 교육의 과거, 현재, 미래의 열쇠다. 어떤 테크놀로지도 교사를 대신할 수 없고 또 대신해서도 안 된다. 그들이 가장 많은 지식을 가져서가 아니라 그들이 없는 교육은 단순히 사실을 전달하는 과정에 불과하기 때문이다. 사실을 알고 싶다면 책을 읽으면 된다. 하지만 배우고 싶다면 교사를 찾아야 한다.

"가르침과 배움은 교사와 학생 사이의 관계입니다." 스탠퍼드 대학교의 교육학 교수인 래리 큐번의 말이다. 그는 자기 학교에서 MOOC의 대실패를 목격했다. "관계는 아날로그입니다. 테크놀로지를 밀어붙이는 사람들은 가르침과 배움을 관계가 아니라 지식의 전수로 여깁니다. 교육을 관계라는 측면에서 보지 않습니다. 그저 정보에 더 많이 접근하고 전에는 불가능했던 방식으로 커뮤니케이션하는 방법으로만 여깁니다. 그런 건 관계가 아니지요. 저는 고등학교 교사, 대학교 교수, 교육감으로 일했습니다. 그러면서 배움의 기반은 관계와 연결되어 있다는 사실을 명확히 알게 되었습니다. 한 명의 교사가 한 그룹의 학생들과 관계를 맺습니다. 배움의 기초는 그런 독립적인 관계들이며, 다른 설명은 필요 없습니다."

교실에서 교사와 학생 사이에서, 학생과 학생 사이에서 벌어지는 아날로그 교육은 단순한 데이터의 이전 그 이상이다. 그것이 기본이다. 하지만 교사들이 기계가 아닌 사람으로서 대면하는 환경, 즉 우리가 학교라고 부르는 곳에서 교사들이 해왔던 일은 날것의 정보로 지식을 만드는 일이었다.

20년에 걸친 학창 시절을 되돌아보면 내 머릿속에 남은 것은 특정한 과목, 학습 도구, 교실 등이 아니다. 내가 받은 교육에 생기를 불어넣고 나의 흥미를 불러일으킨 것은 선생님들이었다. 그 덕분에 오랜 기간 딱딱한 의자와 어려운 문제들에 직면해서도 배움에 대한 나의 열정은 지속되었다. 나를 가르친 선생님들은 진정으로 위대했다. 그분들은 적은 월급에 말도 안 되는 대우를 받으면서도 그분들이 내게 전달해준 지식들을 합친 것만으로는 도저히 완성되지 않았을 현재의 나를 만들어주셨다. 그런 관계는 디지털 교육 테크놀로지가 절대로 모사하거나 대체할 수 없는 것이다. 그런 이유로 한 명의 위대한 교사가 가장 복잡한 전자 기기, 소프트웨어, 플랫폼보다 더 혁신적인 미래의 교육 모델을 제공할 것이다.

"7년 동안 저는 여기에서 5학년과 6학년을 가르쳤습니다." 내가 잭먼 스쿨의 교실을 찾아갔던 아침에 벤저민 피블스 선생이 말했다. 학생들이 줄지어 교실로 들어오고 있었다. 그 7년 동안 피블스는 토론토 대학교에서 실험 중이던 새로운 디지털 학습 테크놀로지 연구에 깊이 관여했다. "그 경험에서 제가 깨달은 사실은 이것입니다. 어떤 테크놀로지가 활용되든 성공과 실패는 학생과 교사, 그리고 교사가 그들의 관계를 이끌어가는 방법으로 설명됩니다. 교사가 문제들을 제기하는 방법, 교사와 학생들이 학급을 조직하는 방법, 교사와 학생들이 학습 과정을 따라 대화를 끌어가는 방법이 그것이죠. 디지털 테크놀로지는 아이들을

A지점에서 B지점으로 데려가는 일을 하지 못합니다." 피블스는 학생들에게 일일이 아침 인사를 건네기 위해 잠깐씩 걸음을 멈췄다. "그것은 여전히 교사의 일이지요."

9장

실리콘밸리
Silicon Valley

낮에는 코딩,
밤에는 수제 맥주

낮에는 코딩을 하지만 밤에는 LP레코드판을 모으고 수제 맥주를 만들고 보드게임을 하고 낡은 오토바이를 수리했다. 더욱 흥미롭게도 아날로그에 대한 그들의 견해는 그들의 디지털 업무와 딱 맞아떨어졌다. 나는 아날로그 도구와 프로세스를 활용하여 디지털 소프트웨어와 하드웨어를 제작하는 개인과 회사를 점점 더 많이 만나게 되었다.

어느 화요일 오후 샌프란시스코 어도비 사의 스콧 언터버그는 창문이 없는 작은 방으로 들어와서 불을 켰다. 언터버그가 천장에 걸린 티베트 기도깃발을 바로하고 둥근 바닥 쿠션과 어도비 메디테이션Adobe Meditation 담요를 준비하자 사내의 다양한 부서에서 찾아온 30명의 동료 직원들이 신발과 휴대전화와 노트북을 바깥에 가지런히 내려놓고 방으로 들어섰다. 벽면은 숲을 닮은 벽지와 연꽃 자세로 앉은 사람들의 사진들로 덮여 있었다. 방의 중앙에는 일곱 개의 매끈한 돌이 탑처럼 가지런히 쌓여 있었다.

　언터버그는 포토숍이나 일러스트레이터 같은 제품들이 포함된 어도비의 크리에이티브 클라우드Creative Cloud 제품군을 이끄는 프로젝트 매니저다. 하지만 매일 오후 3시에 그는 이 방의 문을 열고 숨쉬기 프로젝트Project Breathe라는 명상 시간을 이끈다. 언터버그는 평생 소프트웨어와 관련된 일을 직업으로 삼았지만, 또한 전통적인 불교 명상 수련을 했고 자주 인도나 티베트를 여행하면서 명상 수련을 해왔다. 2008년 어도비의 플래시Flash 소프트웨어 부문에서 근무하는 몇몇 동료들이 언터버그에게 명상을 가르쳐줄 수 있는지 물었다. 언터버그와 플래시 팀의 직원들은 일주일에 한 번씩 비어 있는 회의실에서 15분 동안 명상했다.

"입소문이 빠르게 퍼졌지요." 언터버그의 말이다. 12명의 초기 멤버들은 70명까지 늘어났다. 그들은 공간이 있다면 어디서든 모였다. 그중에는 은행의 귀중품 보관소였다가 지금은 회의실로 바뀐 곳도 있었다. 숨쉬기 프로젝트는 여기서 진화해왔다. 지금은 공식적인 명칭을 갖고 회사의 지원을 받게 되었다. 가장 구체적인 지원으로는 매일의 명상을 위해 상설 공간이 마련되었다는 점을 꼽을 수 있다.

"안녕하세요, 여러분." 누군가 조명의 밝기를 낮추자 언터버그가 책상다리로 앉아 부드럽게 말했다. "브라이언, 시간을 재주겠어요?" 언터버그는 작은 놋그릇을 들어 올리더니 나무 채로 때려서 "공" 하는 소리를 냈다. 브라이언은 휴대전화의 타이머를 켰다. 그의 휴대전화가 그 방에서 유일하게 허락된 전자 기기였다. 그러고 나서 우리는 가만히 앉아 있었다. 5분 후에 브라이언의 타이머가 정적을 깨뜨렸다. 모두 몸을 쭉 뻗고, 목을 돌리고, 큰 소리로 숨을 내쉬었다. "좋아요." 언터버그는 30초 후에 꼿꼿하게 앉은 채로 다시 "공" 소리를 냈다. 브라이언은 타이머

2부 아날로그 아이디어의 반격

를 재설정했다. 고요와 정적. 10분 후에 타이머가 울렸고 언터버그가 마지막으로 놋그릇을 쳤다. "수고했어요, 여러분. 내일 봅시다."

지난 몇 년간 언터버그의 숨쉬기 프로젝트는 이곳 샌프란시스코 사무실에서 전 세계 어도비 사무실로 서서히 확대되었다. 하지만 이는 어도비만의 특징이 아니다. 명상과 명상의 상위 개념인 마음챙김mindfulness이 실리콘밸리의 선도 기업들을 사실상 강타했다. 구글의 내면 탐구Search Inside Yourself 프로그램은 정기적인 명상 수업을 특징으로 한다. 구글은 걸으면서 명상할 수 있는 미로를 만들기도 했다. 페이스북과 트위터는 본사 건물에 명상 공간을 두었고, 이제는 헤지펀드투자사나 은행에서도 그런 곳을 찾아볼 수 있다. 실리콘밸리에서는 선 전문가들, 수도승들, 마음챙김 구루들이 개인 트레이너나 자바 스크립트를 코딩하는 프로그래머만큼 수요가 많다. 언터버그 자신도 야후, 마이크로소프트, 세일즈포스Salesforce 등의 회사에 (불교 가르침에 따라 돈을 전혀 받지 않고) 컨설팅을 했다. 하지만 새로운 일은 아니다. 사실 우리 세대의 가장 위대한 테크 구루인 스티브 잡스도 정기적으로 명상을 실천했고, 실리콘밸리의 기원은 북캘리포니아의 반문화와 깊이 결부되어 있다. 요가 지도자, 아쉬람, 유기농 음식 등은 소프트웨어 디자인과 분리되기 힘들다.

마음챙김과 관련된 모든 이야기를 거대 상장기업이 좀 더 인간적으로 보이기 위해 만들어낸 PR용 연기로 치부해버리거나, 혹은 저온 압착 주스처럼 곧 유행이 지날 트렌드로, 더 나쁘게는 샌프란시스코 인근의 베이비붐 세대(히피 성향이 강했다-옮긴이)가 젊은 시절의 신념을 저버렸다는 죄책감을 상쇄하기 위해 만들어낸 히피들의 무의미한 헛소리로 여길 수도 있다. 하지만 명상인들이 내는 "옴" 하는 소리와 검은색의 터틀넥 스웨터, 그리고 숨쉬기 프로젝트와 같은 프로그램의 내면을 깊이 들여다보면 디지털 테크놀로지 산업과 거기서 일하는 사람들에 대해 진실을 발견할 수 있다.

디지털 업계는 누구보다도 아날로그를 소중히 여긴다.

나는 처음 이 책을 쓰면서 이 사실을 발견했다. 저널리스트로서 나의 관심은 아날로그에 집중되었음에도 지난 몇 년간 디지털 테크놀로지 회사에 상당 시간을 썼다. 내가 방문했던 회사는 이곳 캐나다의 작은 스타트업부터 실리콘밸리의 벤처캐피털 회사에 이르기까지 다양했다. 그 시간 동안 나는 기업용 소프트웨어를 만드는 60세의 노장, 세상에서 요구하지 않는 또 다른 앱을 만들 아이디어가 있는 20세의 젊은이 등 수십 명의 다양한 사람들과 만났다. 내가 그들에게 '아날로그의 반격'에 대해 이야기하면 그들은 곧바로 아날로그가 얼마나 매력적인지 이야기를 시작했다. 대개 그들은 아날로그 사물에 대한 개인적인 열정을 품고 있었다. 낮에는 코딩을 하지만 밤에는 LP레코드판을 모으고 수제 맥주를 만들고 보드게임을 하고 낡은 오토바이를 수리했다.

더욱 흥미롭게도 아날로그에 대한 그들의 견해는 그들의 디지털 업무와 딱 맞아떨어졌다. 나는 아날로그 도구와 프로세스를 활용하여 디지털 소프트웨어와 하드웨어를 제작하는 개인과 회사를 점점 더 많이 만나게 되었다. 몇몇 경우 이것은 개인의 취미로 설명되었다. 내가 만난 거의 모든 스타트업 창업자, 투자자, 프로그래머는 메모를 하거나 디자인을 구상하는 낡아빠진 종이 수첩을 들고 있었다. 그것들을 대체할 디지털 대안이 있었는데도 말이다. "이 수첩이 바로 제 회사입니다!" 어떤 스타트업 창업자는 이렇게 말하면서 손에 든 검정 몰스킨을 흔들었다.

조사가 계속될수록 나는 깊이 빠져들었다. 내가 읽은 기사들에는 가족들이 디지털 기기를 사용하는 것이 싫다고 말한 테크놀로지 업계 리더들의 일상이 담겨 있었다. 스티브 잡스는 자기가 만든 아이패드를 자녀들이 갖고 놀지 못하게 했다. 〈와이어드〉와 《롱테일 경제학》의 크리스 앤더슨은 아이들의 테크놀로지 이용 시간에 제한을 두었다. 심지어 온라인 플랫폼인 트위터와 블로거, 미디엄Medium을 공동 창업한 에번 윌리엄스Evan Williams는 커다란 서재를 갖추고 테크놀로지가 없는 집에서 산다. 교육 테크놀로지의 메카인 실리콘밸리와 샌프란시스코는 세상에서 가장 아날로그적인 대안 학교의 본고장이다. 전자 화면이 없는 월도프Waldorf와 몬테소리 학교, 각종 야외 유치원과 온갖 물건들이 보관된 창고 같은 브라이트웍스 스쿨Brightworks School에서는 디지털 업계 유명 인사들의 자녀들이 톱과 드릴로 자기들의 교실을 지었다.

이 책을 위한 조사가 진행됨에 따라 나도 아날로그를 파괴한 디지털 테크놀로지 업계에서 아날로그가 갖는 역할에 깊이 매혹되었다. 나는 온라인 리테일러가 매장을 열면서 어떤 이점을 얻는지 보았고 온라인 매체들의 인쇄 발행물에 대한 관심이 커져가고 있다는 이야기를 들었다. 내가 아날로그에 대해 나눈 가장 의미심장한 대화는 주로 디지털 테크놀로지 업계 사람들과의 대화였다. 그들은 이런 질문들과 매일 씨름하고 있었기 때문이다. 점점 커져만 가는 디지털 일상에서 아날로그의 미래가 있다면 아마도 디지털 세상을 공들여 만든 사람들이 더욱 잘 알고 있을 것이다. 그들은 포스트디지털 경제에서 아날로그의 역할이 어떠해야 하는지를 이미 고민했을 것이다. 실리콘밸리는 수많은 디지털적 사물을 만들어내고 있지만 내가 생각지도 못한 온갖 방법으로 아날로그의 잠재력을 보여줄 것이다.

언플러깅

스콧 언터버그의 숨쉬기 프로젝트가 즉흥적인 모임에서 시작하여 회사 차원의 운동으로 커진 것은 어도비 킥박스Adobe Kickbox라고 불리는 아날로그 혁신 덕분이었다. 그것은 화재경보기 사진 아래 '아이디어 구상 키트Idea Construction Kit'라는 이름과 함께 "아이디어가 떠오를 경우 꺼내 쓰세요"라는 글씨가 굵게 적혀 있는 종이 상자다. 상자 안에는 포스트잇, 순간적으로 떠오른 아이디어를 구현하기 위한 단계별 지침이 적혀 있는 지시 카드, 커피, 초콜릿, 펜과 연필, 종이 노트, 1000달러짜리 선불카드가 들어 있다. "(이 키트는) 손으로 직접 만질 수 있게 디지털이 아닌 물건들로 만들었지요." 쿠시 아메라싱헤의 말이다. 그는 어도비의 컴퓨터 과학자이자 전략 이사로 킥박스의 탄생에 일조했으며, 숨쉬기 프로젝트에 고정적으로 참석한다. "아이디어에 집중해야 하니까요. 테크놀로지 프로그래머들에게는 아이디어가 떠오르면 곧바로 코딩으로 뛰어드는 나쁜 버릇이 있어요. 일단 만들고 나면 거기에만 집중하게 되니까 시야가 좁아져버리거든요." 그가 말했다.

언터버그는 킥박스를 통해 명상의 잠재력을 더욱 깊이 확장시켰다. "저는 이렇게 생각했어요. '가만, 우리가 소프트웨어를 만들어내는 방식을 바꿔보면 어떨까?'" 어도비처럼 수많은 단계를 거쳐 의사결정이 이루어지는 큰 회사에서는 팀 중심의 사고 때문에 소프트웨어를 만드는 개인의 접근 방식이 어느 정도 제약을 받는다는 것이 그의 생각이었다. 사람들이 매일 단 15분만이라도 언플러깅 상태로 명상할 수만 있다면 아마도 더욱 나은 아이디어들이 나올 것이다. 이런 것을 내세우는 명상 앱들도 있었지만 언터버그는 언플러깅이야말로 전체 프로젝트의 초석이라고 생각했다. 언플러깅은 끝없이 이어지는 디지털 커뮤니케이션의 쳇바퀴에서 벗어나 사고를 진전시킬 정신적 공간을 확보하는 유일한 방법이었다. "이제 사람들은 무슨 일을 해도 늘 플러깅 상태죠." 언터버그의 말이다. 회사가 대부분의 제품을 (소프트웨어가 담긴 디스크를 박스에 넣어 팔던 때와 비교해서) 클라우드로 바꾼 이래 제품 혁신과 발매 사이클은 2년에서 몇 달로, 몇 주로 당겨졌다. 어도비 직원들에게 하루 15분의 침묵은 거센 격랑처럼 끝없이 밀려드는 마감 시간, 반복적 업무, 요구 사항의

망망대해에 놓인 구명보트인 셈이다.

명상이 끝난 후에 나는 사람들에게 숨쉬기 프로젝트에 참가하는 이유를 물었다. 그들이 맡은 업무나 책임은 다 달랐지만 대다수가 같은 이유를 댔다. 그들은 명상을 통해 하루 중 가장 필요한 시간에 정신적 리셋을 경험했다. 명상을 통해 사고의 흐름에서 한 발짝 떨어질 수 있다. 정보에 대한 신경질적 반응에서 벗어나 조용히 정보를 처리하거나 마음속에서 그것을 완전히 지우는 것이다. 한 여성은 이 15분을 '머리에 가득한 생각을 비워내는 시간'이라고 불렀다. 볼륨을 잔뜩 키운 TV의 시끄러운 소음으로부터 떨어져 나온 느낌이라고 했다. 신디라는 이름의 아트 디렉터는 숨쉬기 프로젝트에 참가하면 좋은 아이디어가 떠오른다고 했다. "샤워 중에 아이디어를 얻어본 적이 있는 사람이라면 알 거예요. 한 가지 일에 집중할 때가 아니라 집중을 멈출 때 비로소 아이디어가 떠오른다는 것을요."

회사에서 그럴 수 있다니 감동적이다. 하지만 어도비는 소프트웨어 회사이고 정량 데이터에 기초한 업계에서는 숫자가 모든 것을 말해준다. 그래서 언터버그는 숨쉬기 프로젝트의 효과를 연구할 자금을 확보했다. 참가자들은 여러 차례 조사에 응했고 매주 간호사들이 명상에 참가한 사람들의 혈압과 심박수를 확인했다. 조사 결과 참가자들은 건강이 좋아지고 스트레스가 줄어드는 등 다른 정량적 요소들도 개선되었다. 어도비는 이제 숨쉬기 프로젝트를 전 세계 모든 사무실로 확대하고 있다.

인도 출신의 임원 말라 샤마는 언터버그의 상사로서 평생 명상을 실천해왔다. 샤마는 이 단순한 프로그램이 어도비의 기업 문화에 깊은 변화를 가져왔다고 믿는다. "이곳의 모든 사람은 우리가 기술과 더불어 생활해야 한다고 인식합니다." 샤마가 말했다. 명상 시간이 끝난 후에 나와 언터버그와 샤마는 함께 이야기를 나누었다. "숨쉬기 프로젝트는 테크놀로지를 와해시킵니다. 모든 결과물이 그렇게 눈에 보이는 것은 아니에요. 궁극적인 명상은 개인을 성장시키는 활동이니까요. 하지만 힘든 대화에도 잘 참여하고 잘 이해하는 능력을 갖춘다면 더 객관적으로 업무에 임할 수 있지요." 샤마는 사람들이 명상에 참여함으로써 서로 다른 관점을 좀 더 쉽게 수용하게 되었다고 느꼈다. 또한 데이터를 소비하기보다는 소화시킴으로써 피드백도 원활하게 주고받게 되었다고 느꼈다.

샤마에 따르면 어도비에는 숨쉬기 프로젝트 외에도 인간 중심적인 아날로그 접근 방법이 많다고 한다. 몇몇 임원들은 회의에서 파워포인트 프레젠테이션을 금지했고, 회신에 회신을 거듭하는 이메일 사슬에 제한을 두었으며, 사무실의 자리를 개방형으로 배치했다. 이 모든 것이 직원과 경영진 간의 실시간 대화를 늘리려는 노력이었다. 그들은 디지털 커뮤니케이션에 너무나 익숙해진 나머지 직접 마주 보고 이야기하는 것을 거의 불경스럽게 느낄 정도였다. 이는 제품 출시 같은 일들의 생산성에 직접적인 영향을 미쳤다. 팀들이 며칠간 메시지와 문서를 주고받다가 몇 주 후에 화상 회의를 열기보다는 그냥 한 시간 동안 같은 공간에 앉아서 그 문제를 정리하라고 권장하는 덕분이었다.

"엄청난 변화예요. 사람들은 그동안 쌓아왔던 인공의 장벽을 허물고 그동안 잊고 있던 것을 다시 배우고 있습니다." 샤마가 말했다.

리노베이션 디지털

실리콘밸리에서 명상은 상당히 신비로운 방식의 아날로그 사고처럼 느껴질 수 있다. 하지만 아날로그에 대한 투자는 직장이라는 물리적 공간에서 가장 가시적으로 드러난다. 사람들은 테크 회사 사무실, 특히 스타트업 사무실의 기이하고 유치원 같은 분위기를 보고 웃는다. 남자 프로그래머들이 세그웨이를 타고 돌아다니고, 테이블 축구를 즐기며, 회사에서 제공하는 공짜 케일 스무디를 들고 공짜 자전거 수리 수업을 들으러 가는 상투적 장면은 지겹게 들었을 수도 있다. 하지만 실제로 그런 장면을 보면 훨씬 더 초현실적으로 느껴진다. 내가 샌프란시스코와 실리콘밸리에서 일주일 동안 방문했던 많은 사무실들은 말하는 의자만 없을 뿐, 〈피위의 플레이하우스Pee-wee's Playhouse〉(온갖 환상적인 물건이 가득한 방이 나오는 미국의 어린이 프로그램으로, 말하는 의자가 등장한다-옮긴이)를 그대로 재현한 듯했다. 이것은 하이테크 회사의 어린애 같고 너드 같은 임원과 창업자들의 취향을 반영한 것처럼 보일 수도 있지만(25세의 '긱'에게 수억 달러와 건축가가 주어진다면 무엇을 기대하겠는가?) 핵심에는 더욱 깊은 의도가 담겨 있다. 덕분에 직장은 아날로그의 장점을 되찾게 된다.

이를 설명하기 위해 나는 최근 옐프Yelp 본사의 리노베이션을

2부 아날로그 아이디어의 반격

담당한 건축 디자인 사무소 O+A의 공동 창업자 프리모 오필라를 만났다. 옐프 본사는 샌프란시스코 시내의 유서 깊은 12층짜리 건물에 자리 잡고 있다. 오필라는 PC시대 초창기부터 지금까지 30년 이상 디지털 테크놀로지 회사의 사무실을 디자인했다. 고객사 중에는 시스코Cisco, 마이크로소프트, 페이스북, 우버, 페이팔 등이 있다. 고객사들의 위치와 규모는 많이 다르지만 O+A 사무실들은 특징적인 외관과 느낌을 간직하고 있다. 대략 설명하자면 색상이 강렬한 20세기 중반의 모던한 스키 산장 같다. 그런 사무실에는 대개 장난스럽고 인상적인 조명, 선명한 그래픽 이미지, 기하학적 가구, 길게 펼쳐진 원목이 설치되어 있다. 마감 처리하지 않은 건축 양식에 창문도 많다. 어떤 사무실에는 난로가 있고 어떤 사무실에는 실내 정원이 있다. 또한 모든 사무실은 커다란 주방을 갖추고 있다.

　O+A가 디자인한 사무실에서는 첨단 기기가 많이 보이지 않는다. 나는 로봇 바리스타와 사방을 뒤덮은 터치스크린 등 미래의 사무실 모습을 기대했지만 옐프를 비롯한 디지털 테크놀로지 회사들은 아날로그적인 사무 공간으로 채워져 있었다. "우리는 너무 많은 테크놀로지를 들이지 말라고 제안합니다. 그건 어디에나 있잖아요." 오필라가 나와 함께 옐프의 로비로 들어서면서 말했다. 회사의 고객인 상인들을 연상시키는 오래된 구멍가게 모양의 로비에는 옐프 연필을 가득 담은 유리병과 반짝거리는 청동 금전등록기가 구비되어 있었다. "테크놀로지로 가득한 환경이라면 괴롭죠." 그는 그런 공간은 차갑다고 했다. "우리는

사무실이 너무 매끄러운 대신 더욱 촉감을 갖길 바랍니다. 진짜 건물과 진짜 재료로 말이에요." 그의 말이다. 사실 오필라는 테크놀로지 회사가 아닌 은행, 법률사무소, 리테일러 사무실들이 오히려 최신 테크놀로지를 잔뜩 들여놓는 경우가 많다는 것을 알았다. 그 회사들은 최첨단 회사로 보이고 싶어 한다.

모든 O+A 사무실들은 몇 가지 특징적인 공간들을 갖추고 있다. 직접 만나 대화를 나누도록 오필라와 그의 팀이 특별히 디자인한 공간들이다. 엔지니어와 영업사원이 매일 카페테리아에서 공짜 뷔페를 먹기 위해 줄을 서면서 서로 마주치게 하거나(여기를 타운홀이라 부른다) 임직원들이 누에고치 같은 작은 돔에서 일대일로 문제 해결 모임을 갖게 하거나(안식처) 임원들이 공식적인 위기 대응 회의를 열게(상황실) 한다. "사람들이 기기를 내려놓고 서로의 말투나 보디랭귀지를 읽어가며 의미 있는 대화를 나누도록 이런 공간들을 만들었습니다." 오필라가 말했다. 우리는 '전 직원 층'이라고 불리는 곳으로 들어가던 중이었다. 반들거리는 콘크리트 바닥과 벽돌 벽이 인상적인 그곳은 공짜 스낵과 시리얼이 담긴 진열대와 목재 커피 바가 있는 커다란 카페테리아였다. 커피 바 중앙에는 로봇이 아니라 옐프 소속의 바리스타가 있었다. 카페테리아 곳곳에는 공용 테이블과 사적인 대화가 가능한 부스들이 있었다. 대부분 회사 티셔츠와 후드 티를 입은 옐프 직원들이 함께 앉아서 이야기를 나누고 일을 하고 있었다. 그런 장소에 빠지지 않는 테이블축구대도 근처에 있었다. 오필라는 각층에 있는 휴게실보다 이곳에 더 맛있고 더 많은 음식을 가져다놓음으로써 서로 다른 부서의 사람들이 모이게 했다. 오필라는 이곳에서 새로운 아이디어가 많이 나오기를 바란다고 했다.

사람들이 서로 부딪히는 이런 개방 공간과는 반대로 사람들이 조용하게, 대개는 혼자 사색할 공간들도 있다. 워크숍이란 이름의 작업실, 자전거 수리소처럼 도구와 손을 활용한 활동이 가능한 공간들, 싱크탱크란 이름의 작은 방들(의자가 두 개뿐이다), 도서관이란 이름의 조용한 방들. 어떤 회사들은 도서관에 실제 책과 잡지가 꽂힌 서가를 갖추었지만 옐프 같은 회사들은 그냥 책꽂이 무늬의 벽지를 붙였을 뿐이다(나는 책꽂이 벽지를 보면 우울해진다). 어떤 회사들은 보드게임용 방을 두기도 했지만 옐프에는 한구석의 커다란 커피 테이블 위에 대형 데스스타Death Star 퍼즐이 놓여 있을 뿐이다.

우리는 건물과 시설 관리자인 존 리우와 함께 옐프의 엔지니어링 층을 계속해서 둘러보았다. 옐프의 실제 업무 공간은 개방형 사무실에 익숙한 사람이라면 누구나 쉽게 떠올릴 만한 구조였다. 여러 줄의 책상에서 직원들이 컴퓨터를 앞에 두고 일했다. 인상적이었던 것은 엄청나게 많은 화이트보드였다. 벽면 화이트보드, 바퀴가 달린 이동식 화이트보드, 노트북스크린 뒤편의 화이트보드, 심지어 몇몇 가구들 위에도 색칠한 화이트보드가 있었다. 전 세계에서 가장 앞서가는 테크놀로지 회사이니 최신 디지털 스마트보드나 다른 협업용 테크놀로지를 적용하는 것이 어려울 리는 없었다. 리우가 사무실을 디자인하면서 기대했던 것도 그런 것들이었다. 실제로 현재의 화이트보드 자리에 거대한 디지털 디스플레이들이 설치되었다고 한다.

리우에 따르면 디지털 디스플레이들에 "엔지니어들이 엄청나게 반발"했다고 한다. 전 부서가 화이트보드를 다시 설치해주지 않으면 회사를 그만두겠다고 위협했다. 리우는 마지못해 화이트보드를 되돌려놓았다. 그는 화이트보드가 엔지니어들의 업무 방식에 직접 영향을 끼친다는 것을 깨달았다. 화이트보드에 쓰는 동안 엔지니어들은 스크린 뒤에서 빠져나와 위험을 감수하고 다른 사람들과 아이디어를 나누게 된다. "모든 것이 컴퓨터로만 이루어진다면 정말로 협업하는 것이 맞나요? 정서적이고 신체적인 협업이 이루어지는 것이 맞느냐는 말입니다." 그가 말했다.

오필라에 따르면 디지털 테크놀로지가 생활 속에 더욱 퍼지면서 모든 사무실 디자인은 개인 간의 협업을 장려하거나 심지어 강제하기 위해 아날로그 공간과 특징을 첨가하는 방향으로 바뀔 것이라고 한다. 그것이 직원과 조직의 성공을 위한 필수 요소로 여겨질 것이다. 실리콘밸리의 회사들이 이런 움직임을 주도하고 있다. 그들은 디지털 테크놀로지에 가장 많이 묶여 있었기 때문에 다른 누구보다도 아날로그 직장의 장점을 절실히 느끼고 있다.

"저는 그게 퇴보라고는 생각지 않아요." 디지털 출판 플랫폼인 미디엄의 크리에이티브 팀을 이끄는 데이비드 페스코비츠의 말이다. 미디엄의 사무실은 샌프란시스코 유니온스퀘어의 다리미 모양 건물에 자리 잡고 있다. 미디엄의 사무실은 낮잠용 캡술, 고급 에스프레소 머신, 매주 유명 연사를 초청한 와인 파티, 매일 제공되는 공짜 식사(페스코비츠와 나도 미디엄의 제품 마케팅 수장 게이브 클라인먼을 따라가서 점심을 먹었다)가 특징이다. 미디엄에 합류하기 전에 페스코비츠는 가상으로 운영되는 대규모 테크놀로지 블로그 보잉 보잉Boing Boing의 파트너였다. 모두가 원격으로 일하는 회사였다. 보잉 보잉 팀은 일 년에 단 한 번만 직접 만났다. "현실은 행동이 있는 곳에 존재하는 겁니다." 페스코비츠는 모로코식 치킨 스튜를 먹은 다음 퀴노아 샐러드가 나오는 동안 말을 이었다. "제 생각엔 이 업계 사람들은 아날로그 해법으로 순조롭게 해결될 문제들에조차 테크놀로지 해법을 추구합니다. 너무 엔지니어링에만 집중하기 때문이죠."

클라인먼은 직원이 개발한 앱에 대해 이야기해주었다. 동료가 일을 잘해냈을 때 하이파이브 애니메이션을 보내는 앱이었다. 애니메이션은 귀여웠지만 어떤 면에서는 격려하려던 사람들에게 해가 되었다. "디지털상에서 박수를 치고 하이파이브를 하는 것이 실제 업무 환경에서 누군가를 응원하는 것과 똑같지는 않습니다."

아날로그로 꾸민 업무 공간은 두 가지 이유로 인해 디지털 테크놀로지 회사에 더욱 중요하다. 첫째, 내가 옐프나 미디엄에서 봤듯이 업무의 성격과 업무상의 도구들이 자연스럽게 사람들을 고립으로 이끄는 업계에서 진짜 관계로 맺어진 강력하고 인간적인 기업 문화를 만들 수 있다. 얼핏 보면 성인용 유치원 같을 수도 있지만 실제로는 기업의 혁신 문화를 발전시키고 궁극적으로는 생산성을 높이기 위해 아날로그 상호작용을 극대화한 사무실들이다. "이런 특전과 혜택이 단순히 사람들을 끌어들이기 위한 것이라고들 생각하죠. 하지만 사실은 사람들이 하는 일을 지원하기 위한 겁니다." 핀터레스트의 브랜드 디자인 매니저 에버릿 캐틱백의 말이다.

테크 회사들이 모여드는 샌프란시스코 소마 인근의 크고 우뚝한 핀터레스트 사무실에는 멋진 물건들이 넘쳐난다. 공중 정원, DIY 커피테이블, 탁구대, 테이블축구대, 대형 도로표지판, 구식 카메라와 닌텐도 시스템이 놓인 선반, 커다란 공용 주방, 핀터레스트의 프로젝트 사진들로 덮인 4층 높이의 거대한 중앙 벽 등. 어떤 면에서 핀터레스트 본사는 온라인 커뮤니티의 현실 세계 버전 같다. 이것이 바로 디지털 테크 회사에 아날로그적인 업무 공간이 많은 또 하나의 이유다. 소비자들의 손에 잡히는 디지털 제품을 제조하는 애플이나 고프로GoPro 같은 하드웨어 제조사들과는 달리 소프트웨어 회사들은 태생적으로 현실 세계와의 연결이 희미하다. 세계적인 브랜드일지라도 현실 세계에서는 존재감이 미미한데, 유일한 예외가 사무실이다. 이들 기업의 본사는 아날로그 세상에 자리한 (인터넷 기업의) 대사관으로, 그곳에서 가상 브랜드는 물리적 세상으로 넘어오게 된다.

본래 인쇄 디자인 분야에서 일했던 캐틱백은 핀터레스트의 다른 사람들에게 활판 인쇄를 가르쳐주었다. 활판은 물리적인 글자판과 나무틀을 배열하여 거기에 잉크를 묻히고 종이를 올려서 종이에 잉크가 찍혀 나오게 하는 인쇄 과정이다. 이 과정

2부 아날로그 아이디어의 반격

은 완전히 구식이고 아날로그 방식이지만 분명히 손으로 만든 느낌의 이미지를 생산한다. 대개 그 과정은 철저히 수동으로 이루어지기 때문에 디지털 테크놀로지 업계에 종사하는 사람들의 마음을 사로잡은 듯하다. 트위터의 시니어 소프트웨어 엔지니어인 크리스 첸은 19세기 활판 기계로 책을 인쇄하는 취미 덕분에 자신이 다른 엔지니어들보다 더 쉽게 읽히고 이해되고 편집되는 코딩을 하게 되었다고 믿는다.

2010년 말 페이스북에서 일하던 캐틱백은 마케팅팀의 디자이너인 벤 배리와 함께 페이스북 창고에 자신들의 인쇄 장비를 설치했다. 그들은 그곳을 아날로그 연구소Analog Research Laboratory라고 불렀다. 테크 중심의 기업 문화로 악명이 높은 회사에서 그냥 수작업으로 뭔가를 표현하고 싶은 개인적인 욕구를 분출했던 것이다. "회사의 다른 사람들은 '우리는 디지털 회사라서 디지털 도구로 커뮤니케이션한다'고 말했지만 벤과 저는 성에 차지 않아 뭔가를 만들고 싶었습니다. 한편으로는 과도하게 데이터와 지표에 집착하는 것에 대한 불만의 표현이었어요. 처음에는 사내 사용자들을 위해 페이스북 브랜드에 사람 냄새를 첨가했습니다. 그런 시도를 통해 사용자들도 현실 속의 사람들로 만들고자 했습니다." 캐틱백의 말이다.

그들은 해커 중심의 페이스북 문화를 담은 슬로건을 제작했다. "그 방법이 통한다면, 곧 쓸모 없어질 것이다." "이곳은 테크놀로지 회사인가?" "빠르게 움직이고 틀을 파괴하라." 그밖에도 해킹이란 단어와 그 단어가 들어간 어구를 다양하게 변형시켰다. 페이스북 직원들은 칸막이벽과 통로에 걸려 있는 그들의 슬로건에 주목하기 시작했고 자신들에게도 달라고 했다. 결국 이 이야기가 마크 저커버그의 귀에까지 들어갔다. 저커버그는 두 사람에게 페이스북의 연례 앱 개발자 컨퍼런스에 사용할 손으로 인쇄한 슬로건을 제작해달라고 했다. 그 슬로건이 큰 인기를 끌면서 아날로그 연구소는 자체 공간(페이스북 사내의 목공장 옆)과 예산, 상근 직원을 거느린 정식 부서가 되었다.

아날로그 연구소는 약 9만 2900제곱미터의 드넓은 팔로알토 캠퍼스에서 방문객이 주로 드나드는 입구 근처에 자리 잡았다. 페이스북 전체는 야외 광장이 여러 건물들과 연결된, 폐쇄적인 마을 같았다. 또한 활기가 넘치지만 세심한 통제를 받고 있어서 영화 〈트루먼 쇼〉 분위기가 났다. 아날로그 연구소가 제작한 포스터와 슬로건은 확실히 이런 느낌을 강화한다. 페이스북에서는 두세 발짝 옮길 때마다 직원들이 나누었으면 하는 해커의 덕목이나 공동체 의식을 극찬하는 슬로건과 마주치게 된다. 그래서 페이스북 외부인들은 아날로그 연구소를 회사의 선전물 공장이라고 부른다. 마크 저커버그가 양쯔 강을 헤엄쳐 건너거나 (중국의 공산화와 문화혁명을 주도한 마오쩌둥은 말년에 건강을 과시하기 위해 공개적으로 양쯔 강에서 수영을 했다-옮긴이) 셰릴 샌드버그Sheryl Sandberg가 트위터 새를 주먹으로 내리치는 포스터가 금방이라도 인쇄기에서 튀어나올 것 같다. 형태가 없는 소셜 네트워크를 관리하는 그토록 거대한 회사에서라면 조직의 간부에게 동기를 부여하고 방향성을 제시하기 위해 때로 약간의 선전물도 필요하다.

"대규모 공동체를 이끌어 자율적인 문화를 조성하고 유지하려면 어떻게 해야 할까요?" 현재 아날로그 연구소의 수석 디자이너 팀 벨로낙스가 물었다. 우리는 공짜 음식을 제공하는 널찍한 사내 카페테리아에서 케일 샐러드를 먹으며 대화를 나누고 있었다. "연구소의 사명은 사람들에게 내재한 창의성을 불러일으키거나 불어넣는 것입니다." 이제 연구소는 정기적으로 회사의 각기 다른 팀들을 불러다가 프로그램을 진행한다. 대개 큰 프로젝트를 앞두고 자기 팀에 동기를 부여할 슬로건을 만들려는 팀들이 참여한다. 그것은 팀 빌딩 훈련인 동시에 스트레스 해소책이기도 하지만 더 중요하게는 한 팀의 공동 작업을 실체가 있고 눈에 보이는 슬로건으로 추출해내는 방법론이기도 하다. 페이스북 디자인팀의 임원은 직원들에게는 이같이 현실과 연결되는 요소가 필요하다고 말했다. 이런 요소가 그들이 온라인에서 만들었던 어떤 것보다도 더 오랫동안 지속되는 성취감을 준다는 것이다. 벽에 붙인 포스터는 포스터에 영감을 주었던 프로젝트가 웹사이트에서 사라진 뒤에도 지속될 것이다.

마찰과 창의성의 관계

페이스북, 트위터, 핀터레스트 같은 소셜 네크워크의 커다란 장점은 참여의 용이함이다. 하지만 마이스페이스MySpace, 세컨드라이프Second Life, 프렌드스터Friendster에 비활성화 계정을 가진 나 같은 사람에게는 참여의 용이함이란 양날의 검이다. 이들 서비스에 대한 소비자의 충성도는 얄팍하기 이를 데 없다. 온라인에서 이용자들을 계속 참여시키는 중요한 방법은 지배력이다. 가장 거대한 소셜 네트워크가 될 것, 가장 뛰어난 기능을 가질 것, 서비스를 벗어나면 고통스러울 정도로 사람들의 일상에 깊이 얽혀들 것. 이것은 페이스북 같은 회사가 다른 잠재적 인수자들이 왕관을 빼앗기 전에 인스타그램이나 왓츠앱WhatsApp같이 요즘 뜨는 소셜 네트워크를 인수하는 이유다. 곳곳에 널린 수천 개의 실패한 온라인 커뮤니티(신출내기 스타트업이든 AOL같이 한때 전 세계를 재패했던 회사들이든)의 흔적들은 디지털 커뮤니티를 유지하는 일이 얼마나 어려운지 보여준다.

아날로그는 이런 현상에 가능성 있는 해법을 내놓는다. 소셜 네트워크와 온라인 커뮤니티가 가상의 존재를 어떤 형태로든 실생활의 상호작용으로 바꿀 수만 있다면 그들은 이용자들 사이에 진짜 소속감을 형성해서 장기적으로 경쟁사에 맞서는 고객 충성도를 형성할 수 있다. 우수한 사례인 옐프는 2005년에 소비자와 판매자의 커뮤니티로 출범했고 처음에는 레스토랑 리뷰에 중점을 두었다. 일 년 후 옐프의 CEO 제러미 스토플먼과 니시 나다라자(당시 옐프의 브랜드 매니저)는 초기 커뮤니티가 더욱 자주, 더욱 신뢰할 만한 리뷰를 올리도록 동기를 부여할 방법을 찾기 시작했다. 그들은 가장 충실하게 많은 리뷰를 올리는 옐프 이용자의 지위를 승격시킴으로써 보상해주기로 결정했다. 이용자 프로필에 엘리트 배지가 달릴 경우 몇몇 도시에서 열리는 정기 이벤트와 파티에 참석할 자격을 주었다. 행사는 새로 생긴 레스토랑에서 갖는 식사 모임에서부터 라이브 음악, 별난 주제, 공짜 음식, 음료, 풍성한 꽃장식이 곁들여진 정성스러운 페스티벌에 이르기까지 다양했다. 옐프 엘리트 대원Yelp Elite Squad을 위한 이벤트는 철저하게 온라인상에서만 참여가 이루어지는 다른 소셜 네트워크들의 이벤트와는 달리 끈끈한 공동체 의식을 형성해준다.

엘리트들은 헌신과 열정에 따라 선발된다. 그들은 마치 공화당의 기독교 연합(미국 공화당 내에서 큰 영향력을 가진 압력단체-옮긴이) 같다. 열렬한 기반 세력을 토대로, 응집력을 유지하고, 사이트에서 왕성하게 활동하며, 그 결과 옐프는 전 세계로 네트워크를 확장하고 더 많은 광고를 수주할 힘을 얻었다. 보통의 옐프 이용자가 레스토랑 리뷰계의 보병이라면 옐프의 엘리트 군단은 해병대다. 소수 정예라는 사실에 자부심이 강하고 느낌표 사용에 거리낌이 없다!!!!!!! "옐프의 핵심은 바로 이 커뮤니티입니다. 뭐든 들어오는 것들(광고, 스폰서 등등)은 이 커뮤니티에 기반을 두고 있습니다." 이제는 스타트업 자문을 맡고 있는 나다라자의 말이다. 그런 충성도 덕분에 옐프는 시티서치Citysearch나 어번스푼Urbanspoon, 그리고 자가트Zagat 같은 다른 리뷰 사이트에 비해 경쟁력에서 우위를 갖게 되었다. 엘리트의 열광적 참여가 다른 사람들의 참여를 이끌어내면서 고객 수에 따라 광고비를 지불하는 지역 사업자들 사이에서 옐프의 가치가 올라간다.

"인터넷 비즈니스가 오프라인에서 조직적으로 사람들을 모으는 것이 언뜻 이해되지 않죠. 이 사람들을 현실의 오프라인에서 모은 것은 현명한 결정이었어요. '진짜 리뷰, 진짜 사람들Real Reviews. Real People'이라는 옐프의 기업 철학을 실현했고 커뮤니티를 강화했으니까요." 샌프란시스코의 인터넷 분석가이자 컨설턴트 그레그 스털링의 말이다.

아날로그 수단으로 이용자와 관계를 맺은 또 다른 온라인 커뮤니티로는 어도비 소유의 플랫폼 비핸스Behance가 있다. 디자이너 등 시각 크리에이티브 종사자들이 자기 작품을 선보이는 플랫폼이다. "아날로그 제품이 더 오래 살아남습니다." 비핸스의 창업자이자 CEO인 스콧 벨스키가 뉴욕의 자택 근처에서 나와 함께 아침을 먹으며 이야기했다. "몇 번의 접촉 기회만으로도 수익을 낼 수 있기 때문이지요. 선택권, 경쟁력, 가격 면에서 인터넷보다 긍정적입니다." 벨스키는 매년 열리는 비핸스의 창의적 사고 컨퍼런스를 정리하여 비즈니스 레슨과 리더십을 주요 내용으로 하는 책을 출간했고 아이디어 실행에 도움이 되는 ('실행 방법Action Method'이라는 이름의) 비핸스 노트와 문구류도 제작했다. 벨스키는 이들 실물 제품을 하나라도 구입한 사람들은 비핸스 커뮤니티의 가장 열렬한 홍보대사가 되었다고 말했다. 디지털 제품(이북, 온라인 세미나, 온라인 노트 서비스)으로는 불가능한 일이었다.

또 다른 예로는 비핸스가 매년 전 세계 디자이너들을 대상으로 운영하는 '포트폴리오 대면 리뷰 주간'이 있다. 지부별로 최고의 포트폴리오가 선발되고 참가자들은 비핸스로부터 회사 로고가 찍힌 동전 모양의 토큰을 받는다. 토큰은 단순하고 저렴하

2부 아날로그 아이디어의 반격

고 별 의미 없는 물건이다. 하지만 벨스키는 그 토큰이 비핸스의 커뮤니티를 강화시킨다고 굳게 믿는다. "이 토큰은 상징적 물건이 되었습니다. 실물 제품에는 희소성이 있어요. 반면에 디지털 제품은 전혀 무가치하지요. 우리가 우수 회원들에게 보상해주는 경우에는 반드시 실체가 있는 물건을 주어야 합니다." 그의 말이다.

벨스키는 아날로그가 디지털 회사의 기업 문화에 가져다준 궁극적 이익은 마찰이라고 생각한다. 디지털 테크놀로지에서 마찰은 흔히 장애물, 낡아빠진 관행, 극복되어야 할 장벽을 의미한다. "디지털 직장은 마찰 없는 공간으로 디자인되었습니다." 벨스키는 무심하게 휴대전화를 들어 그의 팀이 만든 어도비 앱을 두드렸다. 그러자 앞에 있던 그릇에 담긴 과일의 색이 휴대전화에 나타났다. "하지만 아날로그 세상은 모든 것이 마찰로 이루어지죠." 그는 계속 말을 이어가면서 나무 테이블의 거친 표면을 손으로 쓸었다. "이건 마찰로 채워진 경험입니다. 우리가 마찰이 전혀 없는 생활을 누려야만 할까요? 창의성은 충돌 지점에서 발생합니다. 마찰이 창의성을 유발하는 거죠. 마찰이 없다면, 사물은 그저 계획한 대로만 흘러갈 테니까요."

정보화 시대의 밝은 전망 중에 커뮤니케이션 테크놀로지의 진보가 생산성 증가로 귀결될 거라는 주장이 있었다. 연구 결과 그런 일은 일어나지 않았다. 하지만 대부분은 굳이 학문적인 연구 없이도 그런 사실을 실감한다. 받은 메일함에 이메일이 쌓여가고, 휴대전화에서 메시지 알림음이 울려대고, 슬랙Slack같이 사내에서만 이용되는 메신저의 메시지들이 줄줄이 늘어서면서 더 이상 통제되지 않는 것을 보면 모든 테크놀로지가 생산성을 높이기는커녕 오히려 떨어뜨릴 수도 있다는 사실을 깨닫게 된다.

이런 상황에 대비해서 어떤 테크놀로지 회사들은 아예 테크놀로지 자체를 제한하기도 한다. 마케팅 관리 소프트웨어를 만드는 뉴욕 소재 회사 퍼콜레이트Percolate에서는 쓸데없이 길어지거나 종종 힘들어지는 회의를 엄격히 규제했다. 그중에는 사내 회의에서 모든 디지털 기기를 금한다는 규정도 포함되어 있다. 퍼콜레이트의 공동 창업자이자 CEO인 노아 브라이어는 회의 중에 누군가 발표를 하면 다른 사람들은 듣는 척만 하고 이메일이나 문자메시지에 답을 보내는 모습을 보고는 이런 규정을 만들었다고 한다. 이런 일은 무례할 뿐만 아니라 집중을 방해하기 때문에 회의 시간만 크게 늘어난다는 것이었다. 퍼콜레이트가 디지털 기기를 금지하자 효과가 즉각 나타났다. "사람들은 정말로 주의를 기울이게 되었습니다. 회의는 짧아지고 더 유용해졌고요."

다른 테크놀로지 회사들은 다른 기법들을 채택해서 같은 결과를 얻었다. 오필라는 실리콘밸리의 반도체 회사가 실제로 무선 신호가 잡히지 않는 회의실을 만들었다는 이야기를 들은 적이 있다고 했다. 한편 아마존은 더욱 아날로그적인 해법을 선택했다. 제프 베저스는 전체 회의에 참석하는 임원들은 여섯 페이지 내외의 서술형 보고서를 써오게 했다. 회의에 참석하는 모든 사람은 처음 30분 동안 조용히 읽기만 한다. 그렇게 모든 사람이

2부 아날로그 아이디어의 반격

메모를 읽고 나서야 논의가 시작된다. 인터뷰에서 베저스는 그런 경험을 자율 학습에 비유하면서 서술형 보고서가 파워포인트 슬라이드보다 더욱 명확하게 아이디어를 전달해준다고 말했다.

테크놀로지 회사들은 회의 이외에서도 대면 커뮤니케이션을 장려하는 정책들을 채택했다. 이벤트 회사 미트업Meetup의 CEO 스콧 하이퍼먼은 미트업이 제공하는 대면적 상호작용에 중심 가치를 두고 기업의 구조를 만들었다. 미트업 덕분에 방콕의 조류 관찰 모임에서부터 부에노스아이레스의 레코드판 교환 모임까지 전 세계적으로 수천 명이 정해진 날짜에 모임을 갖는다. 하지만 미트업은 사무실이 뉴욕에 단 하나뿐이며, 모든 직원이 같은 건물에서 일한다. 그 사무실에서 나와 만난 하이퍼먼은 이런 선택이 의도적이었다고 했다. "저는 전화로 일을 하지 않고 회의 시간에는 스카이프를 금지합니다. 그리고 친구들과 자주 점심을 먹고요." 캠프장처럼 꾸민 조그만 회의실에서 우리는 콜먼Coleman 접이식 의자에 앉아 이야기를 나누었다. 회의실 벽면은 미트업의 하이킹 동호회 사진으로 덮여서 캠프장 느낌을 더했다. 하이퍼먼은 불가피한 경우가 아니라면 전화, 이메일 혹은 디지털 기기로 중요한 논의를 하지 않는다. "커뮤니티를 이룬다는 것은 자주 직접 만난다는 뜻입니다. 우정은 중요합니다. 따라서 직접 많이 만날수록 좋다고 생각합니다."

이 회사들의 아날로그적인 행보는 드라마 〈매드 맨Mad Men〉이 불러일으킨 과거의 비즈니스 방식에 대한 향수나 직원들의 변화에 대한 두려움 탓이 아니다. 이들은 전 세계에서 가장 앞선 진보적인 회사들이다. 그런 그들이 아날로그를 수용하는 것은 아날로그가 멋있어서가 아니다. 아날로그가 가장 효율적이고 생산적인 비즈니스 방식이라는 점이 입증되었기 때문에 수용하는 것이다. 아날로그가 그들에게 경쟁 우위를 선사하기 때문에 수용하는 것이다.

새로운 얼굴의 아날로그

샌프란시스코의 베이브리지가 내려다보이는 구글의 사내 카페테리아에서 사용자 경험 디자이너 존 스키젤을 만났다. 로스트 치킨과 구운 케일을 먹으면서(이렇게 다들 케일을 먹는 것을 보면 섬유소가 많은 음식만큼 아날로그적인 것도 없는 게 아닐까). 이전에 어도비와 유튜브에서 일했던 스키젤은 자신이 주도하는 아날로그 프로젝트에 대해 말해주었다. 디자이너로서 스키젤은 언제나 초안을 종이에 스케치했다. 하지만 그가 구글에서 만난 대부분의 디자이너들은 곧바로 일러스트레이션 소프트웨어에서 디자인하고 있었다. 2009년 스키젤은 구글의 사용자 경험UX 디자이너들에게 스케치를 가르치는 내부 과정을 개설했다. 수강생들은 스케치북 한 권과 굵기가 다른 세 자루의 펜을 지급받았다.

이 일곱 시간짜리 과정은 가장 기초적인 스케치 과제인 직선 그리기에서부터 시작된다. 스키젤은 내 노트를 펼쳐서 자신이 어떻게 가르치는지 보여주었다. "빠르게 수직으로 내리긋고 싶다면 팔 전체를 사용하세요. 팔꿈치와 어깨까지 움직여요." 그의 말대로 했더니, 꽤 똑바른 직선이 나왔다. 다음으로는 수평선, 점선, 명암법, 글상자(글을 쓰고 나서 상자를 그린다), 버튼, 기타 등등. 디자이너들이 구글 제품의 거의 모든 기능적 측면을 스케치할 수 있을 때까지 과정은 이어졌다. 이 과정의 목표는 구글의 디자이너들이 디자인 소프트웨어가 제공하는 무한히 조절 가능한 변수들이라는 수렁에 빠져들지 않고도 빠르고 효과적으로 새로운 아이디어를 커뮤니케이션하게 하는 것이었다. 상당한 효과가 있었기 때문에 이제 스키젤의 과정은 구글의 전 세계 UX 디자이너와 사용자 인터페이스UI 디자이너에게 필수 코스가 되었고 손과 종이와 펜으로 그린 스케치는 구글의 디자인 과정에서 표준이 되었다.

"그리는 것은 정말 빠르죠. 비용도 별로 들지 않고요……. 종이와 펜만 있으면 되니까. 게다가 디테일에 갇히지도 않죠. 스케치는 뭔가를 지시하는 대신 제안합니다. 명암이나 폰트에 신경 쓸 필요도 없고요." 스키젤이 말했다. 컴퓨터 디자인 소프트웨어로 작업한 결과물은 즉각 진짜처럼 보인다. 그 때문에 디자이너들은 쓸데없는 디테일에 사로잡히게 된다. 손으로 그린 스케치는 어설퍼 보여도 사람들을 아이디어에 집중시키고 고치기도 쉽다. 스키젤은 과정 중에 회의적인 태도("이런 것을 하라고 컴퓨터가 있는 것이 아닌가요?")를 보이는 디자이너를 꼭 만나게 된다. 그럴 때면 구글 창업자 래리 페이지를 엘리베이터에서 만난다면 어떤 일이 벌어지겠느냐고 묻는다. 마침내 최고위층에게 새로운 혁신적 아이디어를 설명할 일생일대의 기회가 생겼다고 가정하

자. 그에게 아이디어를 제안할 시간은 단 20초다. "펜을 꺼내서 냅킨에 아이디어를 스케치한 다음 그에게 건넬 수 있겠죠. 노트북으로는 그럴 수 없을 겁니다." 스키젤이 말했다.

나와 이야기를 나누었던 트위터, 드롭박스, 핀터레스트의 디자이너들은 머릿속의 생각을 유형의 공간으로 끄집어내는 데는 화이트보드, 포스트잇 메모지, 종이만큼 우수한 것이 없다고 열변을 토했다. 그렇다고 그들이 디자인 소프트웨어를 종이로 대체하거나 소프트웨어를 멀리하는 것은 아니었다. 어떤 아이디어가 종이 위에서 구체적인 상태로 발전하고 나면 디자인 공정은 예외 없이 컴퓨터로 옮겨져서 다듬어지고 테스트된다. 그런 디지털로의 이행을 거치면서 아이디어는 더욱 신중하게 검토되고 컴퓨터에서 시작된 아이디어보다 좋아진다.

이런 변화가 느껴지는 가장 흥미로운 회사가 바로 에버노트다. 클라우드에 기반한 종이 없는 노트 서비스 회사가 몰스킨과 손을 잡고 노트를 제작한다. 캘리포니아 주 레드우드 시에 위치한 에버노트 본사를 방문해보았다. 마케팅 부사장 앤드루 신코브는 2007년 회사가 설립될 당시 종이는 극복해야 할 마찰의 근원이었다고 했다. "우리는 '사람들을 종이 없는 세상으로 이끌어갈 회사'로 스스로를 규정했습니다." 신코브는 에버노트의 디자인 부사장 제프 즈워너와 함께한 자리에서 이렇게 말했다.

즈워너에 따르면 2013년 에버노트의 창업자(이자 전임 CEO) 필 리빈은 의도적으로 가상 세계에 기반한 에버노트나 경쟁사들과는 반대로 회사의 방향을 설정했다고 한다. 그해 에버노트

　　　2부 아날로그 아이디어의 반격

는 특별한 몰스킨 노트와 포스트잇 노트, 사무용 소품(연필 홀더, 노트북 스탠드), 가방 등 실물 제품을 거래하는 온라인 장터를 열었다. 온라인 장터는 매출 측면에서도 성공(즈워너의 설명에 따르면 2015년 초 월 100만 달러 이상)을 거두었지만, 또한 이들 실물 제품은 에버노트의 온라인 서비스 이용도 증가시켰다. 첫해에 에버노트의 몰스킨 노트를 구매한 고객들은 클라우드에 기반한 에버노트의 노트 관리 서비스를 전보다 10퍼센트 이상 더 많이 이용했다. "사람들은 실물 제품에 열광했어요. 사람들은 물건에 정서적인 애착을 갖지요. 사람들이 앱에 열광하거나 애착을 가진 적이 있었나요?" 신코브가 물었다.

실물 제품은 회사의 디지털 미학에 대한 유용한 판단 기준이 되었다. 예전에는 에버노트의 디자인 부문은 거의 모든 업무를 컴퓨터로 처리했다. 그 결과 직원들은 다른 직원들이 지금 무슨 일을 하는지 전혀 몰랐다. 각자의 작업 내용은 하드 드라이브에 숨겨져 있었기 때문이다. 이제 에버노트 디자이너들은 실물 제품이든 디지털 제품이든 새로운 디자인을 출력하여 사무실 벽에 붙여둔다. "이제는 '제품 디자인이 시작될 수 있게 스케치를 벽에 붙이라'는 것이 규정이 되었습니다. 제품과 소프트웨어 디자이너들은 새로운 준거점, 즉 실물로 구체화된 브랜드를 갖게 되었습니다. 그들은 스크린에서 어떻게 보이는지에 한정되지 않는 360도 피드백을 받습니다." 즈워너의 말이다. 그는 최고급 제록스 컬러 프린터 쪽으로 다가가서 부드럽게 쓰다듬더니, 이 프린터가 회사에서 가장 소중한 테크놀로지 제품이라고 말했다.

결국 가장 중요한 것은 이윤과 성과가 실리콘밸리 회사들, 더 넓게는 글로벌 테크놀로지 대기업들의 동력이라는 점이다. 아날로그에 이점이 있다면 회사들은 아날로그를 채택할 것이다. 이에 따라 몇몇 영역에서 아날로그 이용도 빠르게 늘어나고 있다.

그중 한 가지 영역은 흔히 말하는 큐레이션된 콘텐트curated content다. 이는 기본적으로 사람에 의해 선별된 정보를 의미한다. 읽을 만한 기사, 구매할 만한 책, 볼 만한 동영상 등을 추천하는 일. 많은 기업들이 이런 일을 알고리즘만으로 해결하려고 했지만 대개는 실패했다. 넷플릭스의 알고리즘은 내개 폴리 쇼어와 스티븐 볼드윈이 출연한 영화 〈바이오돔〉을 보라고 거듭 추천했다. 수학이 복잡한 사람의 취향을 이렇게나 파악하지 못하다니. 2015년 여름 트위터, 인스타그램, 유튜브는 실제로 사람이 엄청나게 유입되는 데이터 가운데에서 최적의 게시물을 살피고, 고르고, 편집하여 콘텐츠를 추천하는 새로운 기능을 발표했다.

또 다른 영역은 보안이다. 모든 정량화된 척도로 따지자면 사이버 보안은 모순이다. 대기업들부터 가장 민감한 정부 네트워크에 이르기까지 해킹 가능한 컴퓨터는 모두 해킹될 것이다. "보통 사이버 시스템이라고 불리는 디지털 테크놀로지는 보안 패러독스다." 미 해군성 장관이었던 리처드 단직Richard Danzig은 2015년 신미국안보센터Center for a New American Security 보고서에 이렇게 기술했다. 신미국안보센터는 군과 정부의 지휘 통제 시스템상의 사이버 취약성을 점검하는 기관이다. "그들의 의사전달 능력은 협력과 네트워킹을 가능하게 한다. 하지만 그 때문에 침입에도 취약해진다." 단직은 아날로그 안전장치를 중요 시스템에 도입하자고 제안했다. 여기에는 의사결정 역할에 사람들을 배치하고, 디지털 장비에 아날로그 안전장치(이를테면, 물리적 스위치)를 부착하며, 디지털 시스템이 공격받을 경우에 대비하여 아날로그 백업을 준비하는 것도 포함된다.

최근 증가하고 있는 인간 참여human-in-the-loop라는 시스템 디자인과 인공지능을 둘러싼 논의도 거기에 해당한다. 인간 참여는 의도적으로 인간을 디지털 프로세스에 통합시켜서 인간의 판단에 따라 컴퓨터를 조종하게 한다. 핵발전소나 비행기 같은 시스템에는 이미 적용되고 있고 이제는 그다지 중요하지 않은 개인용 소프트웨어에도 적용 중이다. 톰 해드필드는 인간 참여의 열렬한 지지자다. 그의 온라인 쇼핑 앱 페치Fetch는 사람들과 인공지능을 결합하여 문자, 이메일, 음성을 통해 간단하고 효과적으로 구매가 이루어지게 한다. 해드필드는 그것을 '생체 지원bionic assistance' 또는 '인간 지능의 도움을 받은 인공지능'이라고 부른다. "'이봐, 톰, 12사이즈 나이키 신발을 사줘. 파란색이나 흰색으로. 혹시 파란색이나 흰색이 없으면 빨강으로'라는 말은 컴퓨터가 해석하기에는 복잡하지만 사람에게는 그렇지 않죠. 우리는 인공지능이 적당할 때는 인공지능을, 사람의 지능이 적당할 때는 사람의 지능을 활용합니다. 그 둘이 결합하는 순간 우리는 제대로 일을 해내지요." 그가 말했다. 페이스북은 유사한 기법을 개인비서 소프트웨어에 도입했다.

마지막 영역으로는, 많은 사람들이 한계에 다다랐다고 말하는 디지털 컴퓨팅 자체의 기본적인 특성이 있다. 무어의 법칙Moore's Law을 따르던 필연적인 기술 진보가 10년 후에는 우리가 공급할 수 있는 전력 수준을 뛰어넘게 되면서 벽에 부딪힐 것이라는 두려움이 컴퓨터 엔지니어들 사이에 퍼져 있다. 프로세서가 1과 0 사이를 오가면서 계산을 수행할 때마다 전력이 필요하다. 그런데 디지털 프로세서의 에너지 효율성은 상대적으로 침체되어 있다. 이에 대해 가장 흔히 떠올리는 해법은, 여전히 초기 연구 단계이긴 하지만 이른바 아날로그 컴퓨팅이다. 이는 1과 0의 정확한 이분법적 계산에 의지하기보다는 훨씬 에너지 소모가 적은, 패턴을 인식하는 근삿값 계산에 의지한다. 이것은 몹시 복잡한 미래 기술이다. 하지만 생각해보면 자율주행차도 복잡한 기술이지만 실현되고 있지 않은가? 많은 사람들이 아날로그가 컴퓨터의 미래라고 말한다.

실리콘밸리는 이상주의적인 공간이다. 금융이나 제조업 같은 다른 업종들에 비하면 훨씬 그렇다. 비록 그 기술적 근원은 전후 군산 복합체에 있지만 그 정신적 근간은 1960년대 말과 1970년대 초의 반문화 운동과 밀접하게 연관되어 있다. 테크놀로지 컨퍼런스에서 세상을 변화시키겠다고 연설하는 스타트업 창업자들의 말에는 진심이 담겨 있다. 테크놀로지의 힘이 세상을 개선시킬 것이라는 그들의 믿음은 종교적이기까지 하다.

하지만 디지털 테크놀로지는 더욱더 가상 세계를 추구하면서 점차 물리적 근원으로부터, 또한 현실의 아날로그 세상으로부터 단절되어가고 있다. 한때는 새로운 반문화의 상징이었던 실리콘밸리는 새로운 월스트리트가 되었고 해커들은 기득권층이 되어 버렸다.

테크놀로지 산업은 이를 되돌리기 위해 아날로그에 더욱 확고하게 발을 딛는다. "사람들은 (스크린에) 매혹되었고, (스크린에) 빠져들었습니다. 하지만 (스크린에는) 감각이 빈곤하다는 사실을 깨닫게 되었습니다." 디자인 회사 IDEO의 산업 디자인 책임자 블레즈 베르트랑의 말이다. IDEO는 디자인 사고 방법론을 만든 회사다. "사람의 감각은 다중적이어서 너무나 다양한 방법으로 풍성하게 경험을 누립니다. 하지만 사람들은 점점 더 스크린에만 집중하기 때문에 다른 감각(촉각, 후각)에서는 혁신이 일어나지 않아요." 베르트랑은 아날로그가 테크놀로지 산업에 가져오는 이익이 머지않아 실리콘밸리의 화두가 되리라고 예견했다. 디지털의 한계와 아날로그의 효용을 기꺼이 인정하는 사람만이 진정으로 세상을 변화시킬 테크놀로지를 탄생시킬 것이다.

"이건 논의의 여지가 없습니다. 세상은 아날로그이고 디지털은 언제나 그걸 흉내 낼 뿐이니까요." 댄 샤피로의 말이다. 그가 창업한 신생 스타트업 글로우포지는 가죽, 나무, 판지 같은 소재들을 엄청나게 정밀하게 절단하는 3-D 레이저 절단기를 만들었다. 아날로그의 가치를 높이 평가하는 샤피로는 아이들에게 컴퓨터 프로그래밍을 가르쳐주는 '로봇 거북이Robot Turtles'라는 인기 보드게임을 만들기도 했다. 그는 소프트웨어와 같은 순전히 디지털뿐인 환경에서 일하는 것을 '초보 단계'의 비디오게임을 하는 것에 비유했다. 아날로그는 엄청나게 힘들고 인과관계가 명확하지만 제대로만 되면 더 큰 보상이 돌아온다. 아날로그는 우리의 존중을 요구한다. 그리고 그 가능성은 디지털보다 훨씬 풍부하다. "디지털은 현실이 아닙니다. 우리가 갖고 있는 기계로 현실에 가까이 다가갈 가장 편리한 방법일 뿐이지요." 샤피로가 말했다. 아날로그로부터 디지털로의 이동은 언제나 뭔가를 포기하는 과정이고 완전하지 않게 적당히 만족하는 방법을 찾는 일이다. "아날로그가 항상 원본이고 항상 진실이지요. 현실은 아날로그잖아요. 디지털은 현재의 도구로 만들어낼 수 있는 최선이고요. 우습게도 사람들은 그 사실을 자주 잊어버려요." 그가 말했다.

우리 몸도 아날로그잖아요

아침에 샌프란시스코에서 집으로 돌아오는 비행기를 타기 위해 공항으로 향하다가 잠시 〈와이어드〉 지의 창간 멤버인 케빈 켈리를 만났다. 켈리는 디지털 테크놀로지가 우리를 최선의 상태로 이끌어가는 동력이라고 생각하는 핵심적인 테크노 이상주의자다. 그는 아주 초창기에 몇몇 온라인 커뮤니티와 소셜 네트워크를 개척했다. 2010년에는 《테크놀로지가 원하는 것What Technology Wants》이라는 책을 출간했다. 테크놀로지가 우리 인간을 어떻게 형성하는지를 다룬 책으로, 젊은 컴퓨터 프로그래머 마이크 머치슨이 내게 강력히 추천했다. 특히 우리의 테크놀로지 이용이 어떻게 진화했고, 그것이 아날로그의 반격과 어떤 관련이 있는지 켈리의 생각을 반드시 읽어보라는 것이었다.

　　　　　　　　　　　2부 아날로그 아이디어의 반격

"내게는 어떤 테크놀로지도 절대 사라지지 않을 것처럼 보였다." 켈리는 이렇게 썼다. 고대의 농기구, 만년필, 양초 등은 '아름다운 무용함beautiful uselessness'에 도달한 오늘날에도 제조되고 판매된다.

테크놀로지에는 단순한 기계적 업무 수행을 넘어서는 사회적 차원이 있다. 우리가 새로운 테크놀로지를 받아들이는 것은 대개 그것이 우리에게 해주는 작업 때문이지만 한편으로는 그것이 우리에게 갖는 의미 때문이기도 하다. 종종 우리는 똑같은 이유로 테크놀로지를 거부한다. (특정 기술에 대한) 회피가 우리의 정체성을 강화하거나 형성하기 때문이다.

어떤 집단들 혹은 개인들은 거부할 수 있다는 이유만으로 모든 종류의 기술 혁신을 거부할 것이다. 혹은 다른 사람들이 모두 수용한다는 이유로 혹은 자신의 자아 개념과 충돌한다는 이유로 혹은 더욱 힘들게 일하는 것을 마다하지 않겠다는 이유로 (혁신을) 거부할지 모른다. 사람들은 희한한 차별화의 형태로 전 세계에서 통용되는 테크놀로지를 멀리하거나 포기할 수도 있다.

켈리는 자기 집의 커다란 서재에서 나를 맞았다. 서재의 많은 부분은 그가 직접 만들었다고 했다. 서재에 들어서자마자 나는 두 가지 물건과 마주쳤다. 4.5미터 높이의 거대한 로봇 모형과 바닥부터 천장까지 2층 높이로 솟아 있는 책꽂이. "우리는 아날로그 물건들에 매료되지요. 우리의 몸도 아날로그잖아요." 켈리가 말했다. 내가 그에게 디지털 테크놀로지가 원하는 것이 정말 무엇인지, 아날로그 테크놀로지는 어떤 지점에서 그것을 충족시키는지를 물었다. "아날로그 사물은 빈도, 규모, 범위, 편안함으로 우리의 관심을 끕니다. 그런 매력에는 자연적인 제약도 포함됩니다. 우리는 숫자표에서도 의미를 찾아낼 수 있습니다만, 뭔가를 직접 보거나 느끼는 쪽이 훨씬 쉽지요."

켈리는 아날로그와 디지털의 차이가 곧 무너질 거라고 굳게 믿었다. 테크놀로지가 우리의 현재 기대 수준을 뛰어넘으면 아날로그의 편안함과 친숙함을 갖춘 디지털을 제공할 테니까. 그건 그냥 진도의 문제였다. 그는 몰스킨 노트에 잉크 펜으로 썼다. 그가 갖고 있는 라이브스크라이브 디지털 펜의 기술적 역량이 아직 그 수준에 미치지 못하기 때문이었다. 짐작건대 라이브스크라이브 펜이 그 수준에 이르면 켈리의 잉크 펜은 은퇴해서 서랍 속으로 들어갈 것이다.

최근 몇 년 동안 켈리가 주도한 가장 흥미로운 프로젝트는 거대한 책이다. 그는 가로 세로가 거의 1미터쯤 되는 《쿨한 도구들: 가능성의 카탈로그Cool Tools: A Catalog of Possibilities》라는 책을 내게 작별 선물로 주었다. 켈리는 사회생활 초기에 "전 지구 카탈로그Whole Earth Catalog"라는 제목의 출판물(1968~72년에 출간된 반문화 잡지로, 스티브 잡스가 좋아했다고 해서 더 유명해졌다. 잡스가 즐겨 인용한 "늘 갈망하고 우직하게 나아가라Stay hungry. Stay foolish"는 문구는 이 잡지의 마지막 호 뒤표지에 등장했다-옮긴이)을 편집했다. 1960년대 말에서 1970년대 초의 초창기 히피-해커 세대의 입맛에 맞춘 에세이들과 독자들의 제품 리뷰를 실었다. 지오데식 돔, 실험적인 태양전지판, 미국 기업에 반대하는 장광설 등을 생각하면 된다. 나중에 〈전 지구 카탈로그〉는 영역을 확장하여 컴퓨터와 소프트웨어까지 다루었다. 하지만 아마존 같은 리뷰 기반의 전자상거래 사이트가 성행하면서 〈전 지구 카탈로그〉는 얼마간 무의미해져버렸고 발행을 중단했다. 켈리는 '쿨한 도구들'이라는 이름의 블로그를 유지하면서 〈전 지구 카탈로그〉의 정신을 이어받아 매일 다른 도구에 대한 리뷰를 한 편씩 발표했다. 켈리는 블로그를 계속 업데이트했지만 온라인만으로는 5퍼센트의 부족함을 항상 느꼈다.

"20년이나 지나서 저는 밤늦게 옛날 카탈로그들을 뒤적이는 제 모습에 깜짝 놀랐어요. 거기 실린 정보 대부분은 이제 쓸모없게 되었는데도 말이지요. 눈을 떼지 못하겠더라고요." 켈리가 말했다. "시대에 뒤떨어지고 소멸해가는 정보 안에서 무슨 일인가 일어나고 있었어요. 그게 제 정신을 쏙 빼놓고 여러 시간 동안 계속 말을 걸었습니다. 그게 뭐였을까요? 저는 그게 포맷이라는 것을 깨달았어요. 이것저것 모아놓은 레이아웃, 원하는 내용을 찾으려면 종이를 일일이 넘겨야 하는 시스템, 서로 무관한 것들을 모아놓은 커다란 페이지 같은 것들 말이지요." 그는 웹사이트의 모든 리뷰를 모으고 새로 몇 개를 추가해서 커다란 책으로 출간했다. "시대에 역행하게 이것을 종이로 발간한 이유는 웹에서 잃어버린 5퍼센트를 되찾기 위해서였어요. 그게 본래 모습이었잖아요."

그날 밤 나는 오랜 비행 끝에 토론토 집으로 돌아와 짐을 풀었다. 그러고는 켈리의 《쿨한 도구들》을 무릎 위에 올려놓고 펼쳐보았다. "자비를 들인 출판이든 아니든, 2013년에 죽은 나무, 즉 종이로 책을 만드는 것은 미친 짓이다." 서문에 켈리는 그렇게 썼다. "킨들이나 태블릿 버전은 만들지 않을 것이다. 이 책은 무겁고 배송비도 많이 든다. 하지만 또한 아주 흥미진진한 책이기도 하다. 그런지 그렇지 않은지는 독자의 판단에 맡긴다." 나는 페이지를 넘겨서 리뷰를 읽기 시작했다. 그리고 세 시간이 지나고 나서야 무아지경에서 빠져나왔다.

《쿨한 도구들》은 내가 조사 중에 만났던 여러 가지 아날로그 작품 중에서도 단연코 가장 대단했다. 거추장스럽게 무겁고 투박하다. 마치 누군가 웹사이트에서 '인쇄' 버튼을 눌러서 만든 것처럼 최신 산업용 선반, 수동 윈치, 초소형 손전등, 우상, 익스트림 포고스틱, 배란 테스트기, 최고의 야생 생존 지침서, 진흙 건축물, 소변 활용 원예 등 최고로 잡다한 제품 리뷰 모음을 특징으로 하는 책이다. 네스트Nest 가정용 온도계부터 최고의 코란 번역에 이르기까지 상상 가능한 모든 것이 책에 담겨 있었다. 그것은 모든 카탈로그의 완결판이었다. 제품에 대한 설명서라기보다는 시대를 초월하여 소비문화라는 세상을 향해 열려 있는 창문이었다.

나는 《쿨한 도구들》을 몇 달 동안 커피테이블에 올려두었다. 책을 펼쳐본 사람은 죄다 빠져들었다. 잡다한 내용도 그들이 빠져든 이유였을 것이다. 하지만 이 이상한 책의 유별난 매력은 대부분 아날로그적 특성에서 나왔다. 이 책은 엄청나게 거대해서 도저히 못 보고 지나칠 수가 없고, 탐색하기 쉬우며, 모든 것이 손에 잡히고, 커다란 페이지를 넘길 때면 요란한 천둥소리가 났다. 이 책이야말로 아날로그의 반격을 증명하는 증거물 제1호였다. 하지만 몇 주 후에 켈리에게 전화로 그 이야기를 하자 켈리는 그다지 확신하지 못했다. "지금은 《쿨한 도구들》이 인쇄물이어야만 합니다." 그는 인정했다. "하지만 50년 후에는 그렇지 않을 수도 있어요. 종이는 현재에는 적절했지만 미래에는 적절하지 않을 수도 있습니다."

솔직히 나는 켈리의 대답에 조금 실망했지만 그렇다고 놀란 것은 아니었다. 그는 디지털 테크놀로지의 향상성을 가장 열렬하게 옹호하는 사람으로서 진보가 지속되리라는 흔들리지 않는 신념을 지녔기 때문이다. 켈리는 아날로그의 반격을 기껏 5퍼센트도 되지 않는 소수의 소비자에게 속한 반문화로 여겼다. 일반적인 문화 동향을 생각하면 5퍼센트 미만은 통계적으로 미미하다. 하지만 켈리가 지적했듯이 히피 또한 전체 인구에서 아주 작은 부분을 차지했지만 훗날 주류 문화·음악·정치와 실리콘밸리의 정신에 엄청난 영향을 끼쳤다.

"결국 우리 인간은 아날로그 존재들이고 아날로그 물건들이 우리에게 잘 맞으니까요." 켈리는 이렇게 말하면서 (애플 스티커로 덮인) 미니밴에 아들과 함께 올라탔다. 그들이 방금 발행한 그래픽 노블을 가지러 인쇄소로 가는 길이었다. "아날로그 물건을 잘 만드는 사람들이 더 뛰어난 디지털 물건을 만들지요."

*

에필로그

여름의 반격

내가 이 책의 프롤로그를 막 쓰기 시작했던 지난봄 아내가 월든 캠프Walden Camp가 새로 마련한 테크놀로지 사용 정책을 이메일로 보내주었다. 월든 캠프는 어린 시절 나도 다녔던 여름 캠프로, 웹페이지에는 그곳의 생활을 소개하는 멋진 동영상이 게시되어 있다. 동영상에 나오는 캠프 참가자들과 스태프는 테크놀로지에서 해방된 여름을 보내는 것이 얼마나 좋은지 이야기하고 있었다. 동영상 아래쪽에는 캠프에서 금지하는 물품들(전화기, 노트북컴퓨터, 태블릿, 그 외 인터넷이 연결되는 모든 것들)과 허락하는 물품들(구식 MP3플레이어, 디지털카메라, 그 외 인터넷이 연결되지 않는 이북 리더기 등)의 리스트가 있었다. 그리고 월든 캠프의 총책임자인 솔 바이렌봄의 짧은 안내문이 있었다.

월든 캠프는 참가자들이 모든 감각을 총동원해서 자연을 경험하고 (전자제품의) 스크린 없이 서로 직접 소통하기를 바랍니다. 저희는 아이들이 스포츠든 댄스든 음악이든 직접 몸을 움직이는 활동을 통해 성취감과 행복감을 키우기 바랍니다. 그리고 그 과정에서 아이들의 손이 지저분해졌으면 합니다! 바로 그 때문에 저희는 아이들이 대부분의 전자제품을 집에 두고 캠프에 참여하게 합니다. 저희의 규정을 준수하시어 '멸종 위기에 처한, 테크 없는 생활'을 보존하는 데 일조하시기 바랍니다.

그의 글에서 보존이라는 단어가 눈에 띄었다. 월든 캠프는 헨리 데이비드 소로의 《월든》에서 영감을 받은 것으로, 소로는 도시 생활에서 벗어나 삶을 명상하기 위해 당시 매사추세츠 주에서 상대적으로 황무지였던 월든 호수로 가곤 했다. 월든 캠프를 설립해서 운영하다가 바이렌봄에게 넘긴 테드 콜과 일레인 콜 부부는 소로의 메시지를 굳게 신봉했었다. 캠프의 식당에는 (테드 콜과 놀라울 만큼 닮은) 소로의 초상이 걸려 있고 이 캠프에 참가한 학생이나 스태프는 캠프 첫날 밤의 행사 중에 소로의 시집을 선물받는다. "세계의 보존은 야생의 땅에 놓여 있다In Wildness Is the Preservation of the World"라는 시집의 제목은 걷기에 관한 소로의 시 구절에서 따온 것이다.

웹페이지에 등장하는 바이렌봄의 편지는 소로의 생각을 반영한다. 그의 재치 있는 표현인 "멸종 위기에 처한"은 다음과 같은 내용을 분명하게 전달한다. 테크놀로지가 우리의 자연적인 상태를 위협하고 있다, 소로 시대에 공장과 도로가 그랬던 것처럼. 그리고 '보존'이라는 단어는 내가 이 책의 조사 작업을 하면서 거듭 들었던 말이기도 하다. 그런 이유에서 나는 이 책의 마지막 장을 끝내자마자 가방을 싸서 캠프로 차를 몰았다(가방 안에는 내가 그 캠프에서 사용했던 홑이불이 들어 있었다).

테크놀로지를 금지해서 '보존'하려는 것

월든 캠프에 도착하려면 캐나다 토론토에서 북서쪽으로 세시간 반을 운전해야 한다. 1970년 약 3제곱킬로미터의 땅에 세워진 월든 캠프는 레드파인 호수의 남쪽 면에 펼쳐져 있다. 진녹색의 레드파인 호수 한가운데에는 섬이 있고 캠프는 빽빽한 숲과 가파른 언덕에 둘러싸여 있다. 캠프는 연령별로 다섯 개의 오두막 무리(컬러, 코믹, 조디악, 시커, 카운슬러 후보생)로 나뉜다. 그 외에도 테니스, 워터스키, 요트, 연극, 도예, 활쏘기 등을 할 수 있는 수십 개의 다목적 운동장과 건물들이 있다. 월든 캠프는 한번에 500명 이상을 수용할 수 있어서 캐나다에서는 대규모 숙박형 캠프에 속하지만 그 외에는 다른 캠프들과 다르지 않다. 여름 캠프에 흔히 출몰하는 모기도 예외가 아니다.

나는 아홉 살 때 부모님과 함께 처음 이곳에 와서 슬라이드로 월든에 대한 설명을 들었다. (캠프가 끝나고 나서 테드 콜은 LP레코드 판을 나눠줬다. 나는 캠프송이 들어 있는 그 레코드판을 아직도 간직하고 있다.) 그 후 1989년부터 1998년까지 모두 열 번의 여름을 이곳에서 보냈다. 그곳에서 나는 워터스키와 카약을 배웠고 카누를 운반하는 방법을 익혔으며 테니스는 내 취향이 아니라는 것도 알게 되었다. 또한 웨지wedgies(속옷을 뒤에서 잡아 올려 엉덩이 사이에 끼게 하는 장난-옮긴이)를 당하거나 하기도 했다. 밥 딜런의 음악을 좋아하게 되었고 불을 피우는 방법도 배웠다. 활쏘기를 하던 언덕에서 첫 키스를 했고 카운슬러로 일하면서 난생처음 돈도 벌어보았다. 해마다 여름 캠프가 끝나면 테드 콜은 물가에서 (월든을 상징하는) W자로 쌓은 장작에 불을 붙이며 조니 미첼Joni Mitchell의 〈서클 게임Circle Game〉을 불렀고 나는 다른 아이들과 함께 울었다. 월든에서 만난 사람들과는 아직도 가깝게 지낸다. 내게 이 책을 써야겠다는 생각을 불러일으킨 애덤 캐플런도 캠프에서 만났다.

월든 캠프에 마지막으로 와본 지도 20년이 되었지만 캠프는 거의 변하지 않았다. 건물들은 그대로였고, 물맛도 그때처럼 금속 비린내가 났으며, 귀뚜라미 울음소리도 변함 없었다. 수건과 옷들은 여전히 오두막 앞의 빨랫줄에 걸려 있고 캠프 곳곳의 스피커에서는 다음 활동 시간을 알리는 음악 소리가 퍼져 나왔다. 남자아이들은 다음 장소로 이동할 때는 (그저 뛸 수 있다는 점 외에는) 아무런 이유 없이 뛰었고 여자아이들은 친구들의 머리를 땋으며 아무렇게나 노래를 흥얼거렸다. 지금도 아이들은 그때의 우리와 마찬가지로 만화 잡지 〈아치Archie〉를 읽고 있었고, 마크라메 매듭으로 팔찌를 만들고 있었다. 심지어 입고 있는 옷도 우리 때와 똑같았다. 테바Teva 샌들에 헐렁한 루츠Roots 추리닝 바지와 대학교 이름이 적힌 티셔츠를 입고 있었다. 아이들의 대화를 슬쩍 들어보면 반세기 전의 아이들도 했을 법한 이야기다.

내가 캠프에 도착했을 때 솔 바이렌봄(캠프에서는 누구나 그냥 '솔'이라고 부른다)은 컴퓨터 모니터가 놓인 책상에 앉아 있었다. 40대 초반의 바이렌봄은 캠프 총책임자들이 흔히 그렇듯 진실하고 긍정적인 성격을 가졌다. 그는 월든 캠프를 '자애로운 군주'처럼 다스리던 테드 콜과는 상반된 인물이다. 2003년 콜 부부에게서 캠프를 인수한 바이렌봄은 디지털 테크놀로지가 월든 캠프에 미칠 영향에 대해 고민하기 시작했다.

"우리는 콜 부부가 생각할 필요도 없었을 질문에 대해 고민해야 했습니다." 바이렌봄이 말했다. 이메일과 블로그 그리고 휴대전화는 이미 널리 사용되고 있었고, 캠프 참가자와 스태프들이 사용하던 CD플레이어는 1세대 아이팟으로 대체되기 시작했다. 콜 부부는 워크맨이 나온 후부터 오두막에서는 모든 개별 전자기기의 사용을 금지했지만 바이렌봄은 기술이 발달하면서 상황이 점점 더 어려워질 것을 알았다. 그는 분명한 선을 그어야 한다고 생각했다. "저는 테크놀로지를 사랑합니다. 일 년에 10개월 동안은 말이죠." 바이렌봄은 자신이 컴퓨터를 전공했다고 말했다. "하지만 일 년에 2개월 동안은 테크놀로지에서 해방되고 싶었습니다."

바이렌봄이 캠프를 이끈 이후 대부분의 학부모들은 테크놀로지를 금지하는 원칙을 불평 없이 따라주었다. 물론 몇몇 부모는 자신의 아이들이 TV를 보거나 게임을 해야만 쉽게 잠든다며 불평했고, 아이들의 삶에는 더욱 많은 테크놀로지가 침투했지만 바이렌봄은 조금도 물러서지 않았다. 스마트폰이 등장했고, 아이패드가 나왔으며, 페이스북과 인스타그램, 스냅챗이 생겨났다. 그렇다고 월든 캠프가 테크놀로지에 반대하는 것은 아니다. 캠프의 사무실은 컴퓨터로 돌아간다. 스태프 몇몇은 노트북컴퓨터로 다양한 프로그램 자료들(연극 대본, 오두막별 시간표, 저녁 행사를 위한 동영상 등)을 만들 뿐만 아니라 캠프에는 심지어 동영상 촬영용 드론까지 갖추어져 있다. 하지만 캠프에 참가하는 아이들은 여름 내내 컴퓨터 근처에도 가지 못한다.

바이렌봄은 매일매일 캠프에서 일어나는 일을 알고 싶어 하는 디지털 기술에 익숙한 부모들을 상대로, 아이들에게 디지털 스크린을 허락하지 않는 캠프를 운영하기 위해서는 어느 정도의 양보가 필요하다는 사실을 일찍이 깨달았다. 그래서 월든 캠프는 블로그와 페이스북 페이지를 개설하고 사진사를 고용해서 꾸준히 캠프에서 일어난 일을 사진과 동영상으로 포스팅하고 있다. "부모들이 자식들을 통해 대리 만족을 얻고 싶다면 말리지 않겠습니다. 하지만 저희는 분명한 선을 그었습니다. 사진에 등장하는 자기 아이의 머리카락이 지저분해 보이더라도 제가 찾아가서 확인하지는 않을 거고 아이들이 사진에서 웃고 있지 않더라도 담당 카운슬러와 이야기할 생각은 없다고요. 하지만 사진을 많이 올릴수록 부모들의 전화가 줄어드는 것이 사실입니다. 그러지 않았으면 좋겠지만, 부모들은 더 많은 사진을 요구하니까요." 바이렌봄이 말했다.

테크놀로지와 관련해서 월든 캠프가 겪고 있는 가장 큰 어려움은 이메일이다. 전통적으로 캠프 참가자들은 부모에게 편지를 썼고 부모들도 아이에게 편지를 썼다. 하지만 점점 더 많은 부모가 아이들에게 이메일로 연락하게 해달라고 요구하기 때문에 캠프는 타협안을 생각해냈다. 참가자들이 캠프의 편지지에 편지를 쓰면 캠프 측이 그 편지를 스캔해서 PDF파일로 컴퓨터에 저장한 다음 3일 뒤에 부모에게 이메일로 보낸다. 그러면 부모는 아이에게 보내는 편지를 캠프 측에 이메일로 보내고, 그 편지는 3일 뒤에 종이에 인쇄되어 아이에게 전달된다. 메시지가 전달되는 시간을 사흘씩 지연시키는 것은 캐나다 우체국의 우편배달 시간을 따른 것으로, 바이렌봄이 말하는 '권한 이양'에 결정적인 역할을 한다.

"가령 아이가 같은 오두막에 있는 다른 아이에게 괴롭힘을 당한다고 치죠." 바이렌봄은 최근의 사례를 들었다. "만약 그 아이가 스마트폰으로 집에 이메일을 보냈다면 어머니는 바로 딸에게 대응책을 알려줄 것이고 제게 연락해서 문제를 해결해달라고 하겠죠. 이 경우 권한은 어머니에게 있어요. 하지만 아이가 편지를 보내서 어머니의 답장을 받기까지 6일이 걸린다면 그사이에 아이는 문제를 해결할 방법을 찾을 거예요. 결국 '열여덟 살짜리 담당 스태프에게 이야기하는 게 낫지 않을까'라는 생각도 하게 되고요. 그 순간 권한은 어머니에게서 캠프 카운슬러에게로 이양됩니다. 그 같은 권한 이양은 월든 캠프의 사회적 화합에 결정적으로 중요합니다." 바이렌봄은 요즘 아이들의 불안감이 높아진 것은 부모가 헬리콥터처럼 끊임없이 주변을 맴돌면서 디지털 테크놀로지를 이용하여 아이를 하루 종일 감시하기 때문이라고 믿는다. 부모들은 자신의 권한을 넘기려 하지 않는다. 바이렌봄이 지난 몇 년간 아이들에게서 압수한 휴대전화의 상당수는 아이들과 계속 연락하려는 부모가 들려 보낸 것이었다.

테크놀로지를 금지하는 월든 캠프의 정책은 여전히 대부분의 부모들을 끌어들이는 매력적인 요소다. 특히 가족 간의 관계에 큰 영향을 주는 스마트폰과 태블릿이 등장한 후에는 더욱 그렇다. "최근까지 그분들은 자녀와의 관계에서 한 번도 부족함을 경험해본 적이 없습니다." 바이렌봄에 따르면 이들 새로운 기기들이 저녁 식탁, 거실, 자동차, 가족 여행 등 가족 생활의 모든 순간에 끼어들게 되었다고 한다. "어느 순간, 모두들 휴대전화만 들여다보고 있지요. 그런 자녀들을 보는 부모들은 '밖에 나갈 생각도 하지 않고 실내에 들어앉아 인스타그램만 할 거라면 굳이 돈을 쓰며 놀러 갈 필요가 있나?'라고 자문하게 되는 겁니다."

2012년 여름 월든 캠프의 몇몇 구석에서도 휴대전화 전파가 잡히기 시작했다. 바이렌봄은 캠프 전체에서 스마트폰의 사용이 가능해지는 것도 시간문제임을 알았다. 다양한 여름 캠프들이 각기 다른 방법으로 이 문제를 해결한다. 어떤 캠프는 휴식 시간에만 휴대전화와 인터넷을 허용하고, 어떤 캠프는 참가자와 스태프에게 휴대전화를 완전히 허용하기도 한다. 전미캠프협회American Camp Association의 조사에 따르면 2011년 참가자들에게 휴대용 전자 기기를 허용하는 캠프는 10퍼센트가 되지 않았지만 2013년에는 그 숫자가 거의 세 배로 늘어났으며, 여전히 늘어나는 추세다. 하지만 나머지 캠프들에서는 전자 기기 사용을 철저히 금지하며, 토론토 근교의 어느 캠프에서는 스태프들이 금속 탐지기로 휴대전화를 찾아낸다. 그러자 참가자들 역시 머리를 쓰기 시작했다. 많은 참가자들이 두 개의 휴대전화를 가져온다. 주로 사용하는 전화기는 깊숙이 숨겨놓고 낡은 휴대전화를 캠프에 내는 식이다.

월든 캠프의 테크놀로지 금지 정책은 높은 신뢰를 통해 실행된다. 스태프들은 근무 시간 외에는 휴대전화 등을 사용할 수 있지만 캠프에서는 반드시 로커룸에 보관해야 한다. 여름 캠프가 시작되면 바이렌봄은 참가자들에게 사무실에 있는 자진 신고 상자에 대해 알려주고 자발적으로 내놓은 금지 품목들은 캠프가 끝난 후에 주인에게 돌려준다고 설명한다.

2015년 여름 캠프가 중반쯤 진행되었을 무렵 바이렌봄은 캠프 참가자가 휴대전화를 숨겨둔 것 같다는 이야기를 들었다. 월든 캠프의 페이스북 페이지에 포스팅된 사진에 "좋아요"를 누른 사람이 다름 아닌, 그 사진 속의 인물이었던 것이다. 며칠 후 바이렌봄은 아침 식사 후에 시커팀(가장 나이가 많은 12~14세 그룹) 전체를 식당에 남게 했다. 그는 캠프에 테크놀로지 금지 정책이 존재하는 이유를 설명하고 나서 그들이 가지고 있는 휴대전화를 자발적으로 내놓지 않으면 각 오두막에 있는 개인의 소지품을 검사하겠다고 발표했다. 그러자 참가자 몇몇이 곧바로 휴대전화를 내놓았다. 그러고도 오두막의 자물쇠를 부수고 침대를 샅샅이 수색해서 휴대전화를 몇 대 더 찾아냈다. 그렇게 찾아낸 휴대전화는 아무런 설명도 없이 봉투에 넣어져 수신자 부담으로 부모에게 발송되었다. 집으로 발송된 휴대전화만으로도 월든 캠프의 메시지가 분명히 전달되기 때문이었다.

나는 바이렌봄에게 테크놀로지를 금지함으로써 '보존'하려는 것이 무엇인지 물었다. 그는 캠프가 있는 지역을, 오두막을, 호수를, 그리고 캠프의 모든 공간을 외부 세계로부터 지키고자 하는 것일까? 아니면 디지털 야만족으로부터 캠프를 지키려는 그의 노력은 더 깊은 어떤 것, 즉 월든 캠프를 만들어내고 아날로그의 반격을 이끌어낸 보편적인 진리를 보존하려는 것일까?

바이렌봄은 망설임 없이 대답했다. "우리 일의 핵심이 무엇인지 생각해봤어요. 그건 대인관계였습니다." 테크놀로지의 효용에 관한 모든 논의는 다음과 같은 이분법적 질문으로 귀결되었다. 그것이 대인관계에 영향을 주는가, 주지 않는가? "내일 거대한 운석이 떨어져서 캠프가 깡그리 파괴되어도 우리는 길 건너로 자리를 옮겨서 다시 시작할 수 있습니다. 그래도 여전히 월든 캠프라고 부를 수 있죠." 중요한 것은 관계와 그 관계를 형성하게 하는 월든 캠프 특유의 아날로그 방법론이었다.

먼저 많은 사람들을 한자리에 모아 감독자의 가이드에 따라 서로를 알아가게 한다. 감독자는 그 과정에서 참가자들이 서로를 존중하고 격려하게 한다. 다음에는 참가자들에게 다양한 스트레스와 짜증, 그리고 어려움을 유발하는 프로그램을 진행한다. 거기에는 정해진 시간에 아침 식사를 하는 것부터 캐나다의 거친 황무지를 카누로 가로지르는 것까지 포함된다. 때로는 열

두 살짜리 아이들이 무게 27킬로그램의 카누를 머리에 이고 비를 맞으면서 또는 흑파리에게 발목을 물리면서 1.6킬로미터 이상을 걸어가기도 한다.

그런 상황들은 결국 개개인의 인내심과 자존감, 즉 많은 사람들이 '성격'이라고 부르는 것으로 이어진다. 그리고 그 성격은 캠프에서 형성된 관계들을 내 경우처럼 평생 지속시키는 접착제 역할을 한다. "약간의 어려움을 견디면서 자신에게 편안하게 느껴지는 범위에서 조금 더 나아가고 주위에서 당신의 목표 달성을 도와준다면 결국에는 우정과 자신감, 그리고 내적 용기를 얻게 됩니다. 그렇게 되면 자신이 더 크고 상호의존적인 커뮤니티에 속해 있다는 느낌을 받게 되고요. 그것이 가장 기본적인 인간의 조건입니다." 바이렌봄이 말했다.

균형을 만드는 과정

테크놀로지 분야의 종사자들은 컴퓨터 바깥의 세상을 'IRLin real life(현실 세계에서)'이라고 부른다. 이 표현은 심지어 영문 약자를 좋아하는 해커들도 디지털이 현실은 아니라는 사실을 암묵적으로 인정하고 있음을 보여준다. 디지털은 과거에도 현실이 아니었고 미래에도 현실이 아닐 것이다. 스크린 밖의 세상은 비가 내리는 거칠고 답답한 곳이지만 우리의 몸과 정신이 최상의 상태가 되는 장소이자 우리의 몸과 정신이 만들어지고 자라나고 변화하는 장소다.

우리는 개인용 컴퓨터와 30년 이상, 인터넷과 20년, 스마트폰과 10년을 살았다. 디지털 테크놀로지가 가져다준 이점들(속도, 고속 인터넷 연결, 강력한 프로세싱 파워)은 아날로그의 장점들(고요하고 개인적인 관계, 깊은 사색)을 희생시켰다. 우리는 깨어 있는 시간 내내 스크린을 들여다보고, 키보드를 누르고, 화면을 밀거나 두드린다. 우리의 하루는 디지털 화면과 사운드가 만들어내는 리듬에 따라 이루어진다. 이메일이 도착했다는 알림음으로 잠을 깨고 침대에서 환하게 빛을 내는 휴대전화 스크린을 보면서 잠든다. 우리는 인터넷에 연결되어 있지 않은 일상의 몇몇 순간들을 더욱 또렷하게 인식한다. 잠잘 때, 샤워할 때, 그리고 휴대전화의 전파가 닿지 않는 곳(점점 줄어들고 있다)에 머물 때.

2011년 버지니아 헤퍼넌Virginia Heffernan은 갈수록 성장하는 아날로그의 인기를 분석한 기사를 〈뉴욕타임스 매거진〉에 실었다. 그녀는 "디지털 세상은 불쾌감을 주기도 한다—낮은 강도로, 그러나 끊임없이 일어나는 슬픔은 가장 논란이 되는 부작용 중 하나"라고 했다. "나 역시 아날로그 문화와 그 문화를 상징하는 물건들에 대한 우리의 집착이 곧 끝날 것으로 생각했다. 손으로 타자를 치는 사람이나 LP레코드판 수집가들도 곧 이베이, 유튜브, 판타지 풋볼fantasy football 게임 등을 발견하고는 거기에 몰두할 거라고 생각했다. 그러나 우리의 끝 모를 상실감은 사라지지 않고 있다. 인터넷의 마술(물질세계가 아이디어의 세계에 밀려나는 일)은 모두에게 통하지는 않았다."

오늘날의 세계는 파괴를 위한 파괴에 의해 끌려가는 듯하다. 체스판을 끊임없이 뒤집어버리고 다음 수를 고민하지만 그것이 가져올 결과에 대해서 생각할 시간은 갖지 못한다. 좋다. 페이스북 사무실에 걸린 "빠르게 움직이고 틀을 파괴하라"는 말처럼 모든 것이 파괴되었다. 그런데 잠시 속도를 늦추고 파괴된 것을 고쳐볼 수는 없을까?

디지털 라이프가 영구적인 현실이 되어버린 전 세계의 모든 지역에서 점점 더 많은 사람들이 의식적으로 아날로그를 선택하고 있다. 기본 설정이 되어버린 디지털 기술에 비해 아날로그는 경제적으로도, 시간적으로도, 정신적으로도 비용이 훨씬 큰데도 불구하고 점점 더 많은 사람들이 아날로그를 찾고 있다.

왜일까?

즐거움이 한 가지 이유다. 아날로그는 물리적인 사물과 경험이 사라져가는 영역에서 손으로 만질 수 있는 실재적 물건을 창조하고 소유하는 기쁨을 준다. 그것은 사진관에서 필름을 찾아오는 즐거움일 수도 있고, 옛 친구들과 새로운 보드게임을 하는 즐거움일 수도 있고, 일요판 종이 신문이 내는 듣기 좋은 소리일 수도 있고, 내 생각이 펜으로 종이 위에 구현되는 모습을 보면서 느끼는 즉각적인 보상일 수도 있다. 그런 즐거움을 아는 사람들에게는 이 모두가 값을 매기기 힘든 경험이다.

또 다른 이유는 이윤이다. 《아날로그의 반격》이 설명하는 포스트디지털 경제에는 모든 과정을 가능하게 하는 투자자와 소매상, 그리고 기업가가 필요하다. 작은 레코드점을 개장하든 거대한 시계 공장을 시작하든 아날로그에서는 수익이 생긴다. 언론은 실리콘밸리의 성공에 흥분하지만 사실 우리 경제의 절대적인 부분은 아날로그다. 아날로그 경제는 작은 지역에 집중된 디지털 자본에 비해 사회에 광범위하게 이득이 된다. 비즈니스 세계가 점점 더 디지털에 초점을 맞추고 있기 때문에 아날로그 기술을 새롭고 참신하게 활용하는 기업이나 개인이 더욱더 돋보이고 성공할 가능성이 높아졌다. 인간의 역할은 더욱 값어치가 올라갈 것이고 아날로그 도구나 활동(가령 화이트보드나 오프라인 매장처럼 디지털 경험을 현실 세계에 옮겨놓는 것)은 선두 기업과 나머지 기업들을 갈라놓을 것이다. 아날로그는 생산성의 도구일 뿐만 아니라 때로는 최고의 생산성을 가진 도구이기 때문이다.

"우리는 사람들이 과거에 대한 향수 때문에 새로운 도구를 거부하고 옛날 도구를 선호한다고 단정 짓는다. 이성적이기보다는 감성적으로 선택한다는 것이다." 니콜라스 카는 그의 저서 《유리감옥》에서 말한다. "하지만 진정한 감성적 오류는 새로운 사물이 오래된 사물보다 우리의 목적과 의도에 더 잘 부합한다는 지레짐작이다. 어린아이 같은 순진한 생각일 뿐이다. 하나의 도구가 다른 도구에 비해 우월한지 우월하지 않은지는 그것이 얼마나 최신인가에 달려 있지 않다. 중요한 것은 그 도구가 우리를 얼마나 확장시키거나 축소시키느냐다. 또한 자연과 문화, 그리고 서로에 대한 우리의 경험을 어떻게 만들어가느냐."

일상생활 구석구석에 퍼져 있는 디지털 테크놀로지의 영향에 대한 연구가 활발해지면서 우리는 건강을 위해 아날로그를 택하기도 한다. 스크린을 보는 시간이 늘어나면 집중력이 떨어지고, 스트레스와 불안이 증가하며, 수면 습관이 흐트러지고, 뇌 기능이 저하된다는 사실이 과학적으로 증명되었다. 그러한 사실들은 성인들에게서도 확인되지만 어린아이들에게는 더 분명하게 나타난다. 몇 분에 한 번씩 모바일 기기를 확인하고 몇 시간씩 스크린을 들여다보면서도 세상에서 일어나는 일을 놓치고 있다는 불안감이 떠나지 않으니 스트레스를 받게 된다. 아날로그는 우리를 그 모든 것에서 한 걸음 물러나 한 시간 동안 혹은 오후 내내 레코드판을 돌리거나 일요판 신문을 읽게 해준다. 그렇게 아날로그는 우리에게 존재감에 대한 확신을 준다.

궁극적으로 아날로그는 디지털 테크놀로지보다 훨씬 깊은 방법으로 사람들을 연결시켜준다. 그렇게 물리적인 공간 내에서 실시간으로 형성된 유대감은 개별 언어나 단어나 상징만을 사용하는 우리의 소통 능력을 초월한다. 사람들은 보드게임 '카탄의 개척자'를 하기 위해 카페 스네이크 앤드 라테스에 가고 MBA학위를 받기 위해 토론토 대학교 인근의 캠퍼스로 가지만 사실은 게임이나 학위보다는 그곳에서 형성되는 간접적이고 유익한 사회관계가 목적이다. 그런 사회관계는 온라인에서는 형성할 수 없다. 디지털이 줄 수 있는 것은 현실 세계의 풍성함을 흉내 낸 모사에 불과하다. 물론 그 모사는 끊임없이 개선되지만 궁극적으로는 시뮬레이션일 수밖에 없다.

디지털 기술이 우리 삶에 미치는 영향에 대해 줄곧 연구하고 글을 써온 MIT 교수 셰리 터클에 따르면 인간관계 테크놀로지는 절대로 실현할 수 없는 약속을 하기 때문에 항상 실망만을 안겨준다고 한다. 터클은 많은 논의를 불러일으킨 저서 《외로

워지는 사람들》에서 "우정을 약속하지만 가져다주는 것은 성능뿐"이라고 주장했다. "절대 친구가 될 수 없는 친구들을 양산하는 비즈니스에서 일하고 싶은가?" 친구인 척하는 기계는 우정이라는 개념 자체를 퇴색시킨다.

디지털 기술은 어색한 순간을 아주 흥미로운 방법들로 채워준다. 사람들은 전자 기기를 떠나 다른 사람과 직접적으로 상호작용하는 것을 더 이상 선호하지 않는다는 주장이 널리 퍼져 있다. 그것은 내가 이 책을 쓰면서 가장 자주 만났던 주장이었다. 테크놀로지는 좋은 결과를 가져오는 원동력으로서 우리의 삶과 인간관계를 다양하고 멋진 방법으로 포착해내고 확대해서 더욱 풍성하게 하리라는 가정은 젊은 세대, 즉 월든 캠프의 참가자들처럼 태어나면서부터 디지털 테크놀로지와 함께했던 세대에게 맞는 말이다. "이 아이들이 얼마나 많은 시간을 컴퓨터, 휴대전화, 그리고 다른 기기들과 함께 보내는지 보세요. 그것이 그 애들이 알고 있는 것이고, 그 애들이 커뮤니케이션하는 방식이며, 그 애들이 정말 좋아하는 겁니다." 사람들은 젊은 세대의 삶에서 중심을 차지하는 디지털 테크놀로지를 부정하는 것은 세상이 근본적으로 바뀌었음을 무시하는 처사라고 주장한다.

내가 이 책을 쓰면서 발견한 것은 정반대의 현상이었다. 젊을수록, 디지털에 더 많이 노출된 세대일수록 디지털 테크놀로지에 매력을 덜 느꼈고, 그것이 가져올 영향을 더 우려했다. 새 턴테이블과 필름 카메라와 종이책을 사는 10대와 20대가 바로 그들이며, 워드프로세서의 제약보다는 종이의 공간적 제한성을 선호한다고 말한 학생들이 그들이다. 그들은 아날로그를 경외하고 갈망하고 있었다. 또한 그들은 아날로그의 이점에 대해서 내가 만난 그 누구보다도 정확하게 표현했다.

나는 월든 캠프에서 점심으로 바비큐를 먹으면서 서로 다른 오두막에 속한 아이들이 캠프의 테크놀로지 금지 정책을 어떻게 생각하는지 들어봤다. 컬러 팀에 속한 가장 어린 라일리(8세)는 집에 두고 온 아이패드가 아주 그립다고 했다. 하지만 라일리의 친구인 알로나(9세)와 리스(8세)는 캠프에 오자마자 집에 두고 온 컴퓨터나 다른 기기들이 생각나지 않았다고 했다. 친구들의 대답을 들은 라일리도 "여기에 아이패드를 가져오면 나쁠 것 같아요. 그러면 다른 활동들을 안 할 것 같거든요"라고 말하면서도 "하지만 저는 아이패드를 좋아해서 가져와도 좋을 것 같아요!"라고 했다.

바로 옆의 피크닉 테이블에 앉아 있던 시커 팀의 10대들은 남녀 모두 테크놀로지 금지 정책을 지지했다. "만약 월든이 테크놀로지를 허용한다면 저는 오지 않을 거예요." 긴 갈색 머리의 새미가 말했다. "여기에 있으면 친구들과 강하게 연결되기 때문에 인터넷이 필요 없어요. 지금 이 순간 메시지를 보내고 싶은 상대가 같은 오두막에 있으니까요."

새미의 친구인 노아에 따르면 여름이 시작되기 직전에 같은 오두막의 친구들끼리 같은 단톡방에 모여서 캠프에 휴대전화를 가져오지 말자고 맹세했다고 한다. 노아는 "휴대전화를 가져오면 오두막에서 손톱을 손질하며 이야기를 나누지 않을 테니까요"라면서 "우리는 아마 전부 휴대전화로 인스타그램을 봤을 거예요. 그럼 캠프가 아닌 거죠"라고 덧붙였다. 이런 정신은 캠프를 떠나도 이어진다. 즉 캠프에서 만난 친구들이 일 년에 몇 차례 토론토에서 재회하면 휴대전화를 꺼내지 않는 원칙을 세워서 캠프의 아날로그 분위기를 재현한다.

물론 아이들은 캠프가 끝나고 집으로 돌아가면 엄마 아빠와 인사를 나눈 후에 곧바로 휴대전화를 켤 것이다. 그래도 그들은 디지털이 지배하는 삶에서 아날로그가 소중한 자리를 차지하고 있음에 감사하면서 캠프에서나 집에서 아날로그의 자리를 의식적으로 만들어줄 것이다. 레코드점 주인부터 하이테크 기업의 직원들까지 내가 이 책을 쓰기 위해 만난 거의 모든 사람들도 마찬가지였다. 나를 포함해 누구도 디지털 이전의 세상으로 돌아가자고 주장하지는 않는다. 누구도 자신의 휴대전화를 연못에 던져 넣거나 디지털 네트워크 밖에서 살려고 하지는 않는다. 완전히 아날로그적으로만 존재하는 것은 불가능하고 매력적이지도 않다. 하지만 완전히 디지털적으로만 사는 것도 마찬가지다. 이상적인 삶은, 그리고 《아날로그의 반격》이 주장하는 것은 그 둘 사이에서 균형을 찾는 것이다.

나는 2주 전에 휴대전화를 압수당한 시커 팀의 아이들과 이야기하고 싶었다. 캠프 직원은 캠프에서 가장 멀리 떨어진 오두막으로 나를 안내했다. 그 안에서 나는 세 명의 아이들(카일, 제이크, 마이클)을 만났다. 그들은 모두 다른 이유로 휴대전화를 가져왔다. 카일은 단순히 휴대전화에서 떨어질 수가 없었다고 했다. 카일은 항상 휴대전화로 음악을 듣고 사진을 찍기 때문에 더욱 그랬다. 제이크와 마이클은 휴대전화로 연락을 주고받기 때문에 가져왔다고 했다. "손으로 편지를 쓰는 것보다 쉽고 빠르거든요." 마이클이 말했다. 엄마와 이야기를 하고 싶었다는 것이다.

바이렌봄에게 휴대전화를 압수당한 후에는 캠프에 대한 시각이 어떻게 바뀌었을까?

제이크는 "항상 하던 일을 여기에서는 잠시 그만둬도 괜찮은 것 같아요"라고 말하면서 "우리가 여기 온 이유는 모든 것들로부터 벗어나기 위해서니까요. 단지 휴대전화뿐만 아니라 컴퓨터나 TV, 비디오게임처럼 정신을 산만하게 하는 모든 것들로부터요."

"솔(바이렌봄)이 그러는 데는 이유가 있어요." 카일이 말했다. "캠프를 보존하려는 거죠. 솔은 성질을 부리는 게 아니에요. 오두막에 앉아 휴대전화나 들여다보기 위해 7500달러를 지불한 것은 아니죠." 카일에 따르면 바이렌봄은 테크놀로지가 삶에서 어떤 역할을 하는지 설명했다고 한다. "우리가 얼마나 테크놀로지에 집착하고 있는지 알게 되었어요." 마이클이 고개를 끄덕였다.

나는 그들에게 휴대전화를 가져온 것을 후회하느냐고 물었다. 그들은 모두 그렇다고 대답했다. 그들은 자신의 휴대전화가 그리울까? 그들은 일제히 아니라고 대답했다.

"휴대전화를 압수당한 건 정말 잘된 일이었어요." 카일이 말했다. 나는 주차장으로 되돌아가 내 차에 시동을 걸고 휴대전화를 켰다. 휴대전화 전파가 잡히지 않았다. 나는 오디오를 켰다.

오디오는 대여섯 개의 디지털 옵션(MP3, 팟캐스트, CD, 위성 라디오, 음악 스트리밍)을 제시했다. 나는 마지막으로 한 번 더 캠프를 바라보면서 차창을 열고 숨을 깊게 들이마셨다. 들이마신 공기에서 어린 시절의 냄새를 맡았다. 적어도 아직까지는 그 본질이 사라지지 않은 어린 시절의 냄새.

나는 오디오와 휴대전화를 껐다. 집으로 가기 위해 고속도로에 들어서면서 속도를 높였다. 그리고 오직 바람 소리에만 귀를 기울였다.

감사의 말

이 책이 나오기까지 도움을 주신 모든 분들께 아날로그 포옹을 드리고 싶습니다. 그분들의 이름을 잉크로 인쇄해서 제가 얼마나 감사하는지를 보여주는 증거로 삼으려고 합니다.

우선 제 에이전트인 스털링 로드 리터리스틱사의 로버트 긴슬러에게 감사드립니다. 이 프로젝트가 실현되기까지 지속적으로 저를 믿어주고 퍼블릭어페어즈PublicAffairs 출판사에 제 원고가 들어갈 수 있도록 온갖 노력을 기울여주셨습니다. 피터 오스노스, 클라이브 프리들, 린지 프래드코프, 제이미 라이퍼, 토니 포드, 매티 골드버그, 멜리사 베로네지, 그리고 팀의 모든 분들과 함께 일하면서 내내 즐거웠습니다. 이분들은 모든 단계마다 제게 깊은 인상을 남기셨습니다. 이 책의 출간 과정 중에 아기를 낳으신 여러 팀원 분들에게 각별한 축하를 보냅니다. 이 책을 준비하는 과정이 임신과 출산에 좋은 영향을 주었나 봅니다.

제가 제일 먼저 감사해야 할 분은 엄청난 재능을 타고난 편

424

집자 벤저민 애덤스입니다. 저는 이분의 인내심, 통찰력, 판단을 한 치의 의심도 없이 신뢰할 뿐만 아니라 이분과 함께 일하는 것이 정말 즐거웠습니다. 어쩌다 보니 우리는 2012년부터 (함께) 두 권의 책과 (도합) 네 명의 아이를 만들었습니다. 그러면서도 다행히 제정신을 잃지는 않은 것 같습니다.

수많은 분들이 조언해주시고 지인들을 연결해주셨을 뿐만 아니라 기초 조사를 하고 이 책을 쓰는 동안 머물 곳을 제공해주셨습니다. 모든 분들의 도움에 진심으로 감사드립니다. 데이비드 캐츠넬슨과 제이 밀라는 LP의 세계를 이해하기 쉽게 설명해주었고, 에밀리 스파이백은 몰스킨이라는 멋진 세계를 제게 펼쳐주었을 뿐만 아니라 팀 전체와 함께 밀라노에서 저를 크게 환대해주셨습니다. 마르코와 니콜라, 페라니아에 초대해주셔서 고맙습니다. 닥, 마티아스, 샐리도 빈에서 시간을 내주어서 고마웠어요. 스네이크 앤드 라테스의 모든 직원들은 최고의 이웃이자 제게 필요했던 보드게임 구루였어요.

런던에서 작업 공간을 마련해준 애리애드니, 애런, 루카스, 에밀리에게 다시 한 번 감사드려요. 제러미 레슬리와 스티븐 왓슨을 비롯한 몇몇 분들은 매력적인 런던에서 종이와 잉크를 사용하는 동네로 저를 데려가주셨습니다. 감사드립니다. 뉴욕의 리테일 업계에서 활약하는 용감한 서점주들, 특히 북컬처의 크리스 도블린과 애니 헤드릭에게도 신세를 졌습니다. 시놀라의 카일 폴크, 에이미 엘리엇 브래그, 벤 블랙웰께 디트로이트에서 베풀어준 호의에 감사드립니다. 토론토 대학교 경영학과와 교육학과의 여러 교수님들, 교육의 미래라는 복잡한 세상으로 저를 안내해주셔서 고맙습니다. 마이크 머치슨은 이 책의 9장에 영감을 주었고, 앤과 제러미는 예쁜 숙소를 제공해주었고, 스콧 벨스키, 토드 크리거, 레베카 보트먼 같은 분들은 맛있는 케일을 공짜로 먹을 수 있는 곳으로 저를 안내해주셨습니다. 어린 시절의 가장 행복했던 곳으로 돌아갔던 것은 그 자체로도 축복이지만 '일을 위해서' 월든에 돌아갈 수 있었던 것은 더한 축복이었습니다. 솔, 젠, 그리고 모든 캠프 스태프분들, 저를 맞아주셔서 고맙습니다.

재능 많은 웬디 리트너는 이 책의 기초 조사를 도와주었습니다. 뛰어난 능력과 사람을 웃기는 재주를 모두 갖춘 분입니다. 우리 시대에 최고 인기작이 될 시트콤을 하나 팔았으니 다음 정착 역은 할리우드가 되겠지요. 웬디, 한 번 더 말하지만 제가 큰 신세를 졌어요.

데이비드, 찰스, 마크, 피터, 파멜라를 비롯한 라빈 에이전시의 모든 분들께 이 아이디어를 세상에 소개하게 해주셔서 감사하다는 말씀을 드립니다. 여러분이 도와주신 덕분에 건장한 감자밭 농부들이 대부분이었던 저의 독자층이 한결 넓어졌습니다.

〈뉴요커〉의 제러미 키인과 〈블룸버그 비즈니스위크Bloomberg Businessweek〉 제작진에게, 이런 아이디어들을 지면에 펼칠 수 있게 해주셔서 고맙다는 말씀을 전합니다.

리부트에 감사드립니다. 거의 10년 전쯤 유타의 (럭셔리한) 산꼭대기에서 언플러깅의 구루 댄 롤먼을 비롯한 멋진 사람들과 함께 있는 동안 이 아이디어를 처음 떠올렸습니다.

《아날로그의 반격》은 애덤 캐플런과의 우정에서 탄생했습니다. 애덤은 나의 가장 친한 친구일 뿐만 아니라 저와는 무슨 주제로든 몇 시간씩 토론할 수 있는 사람입니다. 애덤, 네 인생이 항상 허브 앨퍼트 앨범의 커버처럼 신나고 휘핑크림으로 가득하길 바라.

내 인생의 사랑 로렌, 모든 것은 당신 덕분입니다. 당신과의 관계는 언제나 진정으로, 그리고 가장 좋은 의미로 아날로그예요. 당신의 인내심과 현명함에 감사해요. 그리고 이 책을 쓰도록 격려해준 것도 고마워요. 또한 더 이상 바랄 것이 없는 최상의 파트너가 되어주어서, 그리고 무엇보다 우리의 현실 세계에서 IRL 우리 아이들, 이토록 조그맣고 경이로운 존재들을 키워주어서 고맙습니다.

끝으로, 이 어둡고 비관적인 시대에도 레코드점에서, 워크숍에서, 공장에서, 스튜디오에서, 그리고 마음속에서 계속 아날로그의 불꽃을 지키고 계신 아날로그 수호자들에게 감사와 경외의 마음을 담아 깊이 머리 숙여 인사를 보냅니다. 여러분에게 이 책을 바칩니다.

코앞에서 일어나는 일인데도 눈치채지 못할 때가 있다. 가령 2007년의 경기 침체는 미국의 서브프라임 모기지를 다루던 금융권에서는 분명한 경고 신호가 있었음에도 아무도 알아차리지 못했거나 외면했고, 2016년에는 도널드 트럼프를 지지하는 사람들이 급속도로 늘어나고 있었음에도 주류 언론들의 레이더에는 잡히지 않았다. (심지어 어느 유명 매체는 개표 결과가 트럼프에게 유리하게 나오는 순간에도 오히려 힐러리의 승리 가능성을 높여 잡는 어처구니 없는 짓을 하기도 했다.) 조각조각 흩어진 정보들을 잘 꿰면 트렌드가 보이겠지만, 대부분의 사람들에게는 그것들을 꿸 만한 실이 없다.

하지만 그렇게 널려 있는 정보의 구슬을 꿰는 실을 단순히 '전문가의 혜안'이라고 말하는 것은 지식의 생산자와 소비자가 궁극적으로 다른 사람들이라는 옳지 않은 차별만을 낳을 뿐이다. 구슬을 꿰어놓은 것으로 유명한 저자들의 공통점은 대개 눈에 띄는 현상들 사이의 공통점을 찾기 위해 전 세계를 돌아다니면서 변화의 현장에 들러보고 관련자들과 긴 인터뷰를 했다는 것이다. 1970년대 앨빈 토플러는 당시 세계 경제의 슈퍼파워가 아니었던 일본에까지 찾아가 변화를 관찰한 끝에 정보화 사회를 예견한 전설적인 책《제3의 물결》을 발표했다. 세계화는 인류가 피할 수 없는 흐름임을 역설한 토머스 프리드먼의《렉서스와 올리브 나무》나《세계는 평평하다》역시 그런 과정을 거쳐 탄생했다.

《아날로그의 반격》에 등장하는 사례들은 이미 내가 전부 목격한 것들이었다. 몰스킨 노트를 들고 다니는 사람들이 많다는 사실은 익히 알고 있었을 뿐 아니라 나 자신도 이미 그 노트를 두세 권째 사용 중이다. 또한 주위에서 좀 '힙'하다는 사람들은 집에 LP레코드판을 수집하고 있었다. 로모 카메라까지는 아니더라도 스마트폰으로 사진을 찍을 때는 로모 필터 효과가 크게 인기를 끌었다. 나는 타깃 스토어에 갔다가 보드게임이 눈에 띄게 늘었다는 것도 어렴풋이 느꼈었다. 맨해튼의 와비 파커 안경점에서는 직접 안경을 사서 지금도 쓰고 있다(심지어 와비 파커의 성공에 관한 글을 기고하기까지 했다).

그런데도 내 눈에는 그 모든 것들이 아날로그가 반격을 시작했다는 증거로 보이지 않았다. 이제 생각해보니 이유는 두 가지였다. 하나는 내가 디지털 미디어에 대해 글을 쓰고 디지털 미디어와 관련된 일을 하고 있다는 사실이다. 끊임없이 변화하고 진화하는 디지털 미디어의 트렌드만을 들여다보다가 아날로그 미디어를 보면 예전과 전혀 다르지 않은 모습만 눈에 들어왔다. 당연히 "변화=성장", "불변=침체 또는 쇠퇴"라는 (그다지 논리적이지 못한) 결론에 도달할 수밖에 없었다.

또 다른 이유는 이 책에서 설명하는 것처럼 내가 속한 연령 집단(코호트) 때문이다. X세대 이상의 연령 집단은 아날로그 세상에서 태어나 세상이 디지털화하는 모습을 목격했다. 우리가 지켜본 가장 최신의 트렌드는 디지털이었다. 우리는 지금껏 아날로그가 하지 못하는 많은 일들을 디지털이 해내는 모습에 감탄해왔다. 내가 아직 초등학생(아니, '국민학생')이던 시절, 아버지를 따라 삼성동 코엑스에서 열린 국제박람회에 갔던 적이 있다. 기억 속에 남아 있는 단 한 가지는 화상통화 시범 코너다. 당시 나는 서로 20미터쯤 떨어져 있는 흑백 모니터 두 대로 이야기를 나눌 수 있다는 사실에 감탄하면서도 실현 가능성에 대해서는 하늘을 나는 자동차와 비슷한 수준으로 생각했다.

2017년 현재 자동차는 아직도 땅위를 달리고 있지만, 나는 태평양 너머에 있는 아이들과 페이스타임으로 매일 만난다. 그것도 흑백 모니터가 아니라 고화질 디스플레이를 가진 스마트폰으로. 그런 경험치가 쌓이다 보니 내가 속한 세대는 "발전은 디지털에서 일어난다"는 무의식적인 믿음을 가지게 되었다.

저자에 따르면 지금의 10대, 20대는 다르다. 그들이 태어났을 때 인터넷은 이미 존재했고 세상은 이미 디지털화되어가고 있었기 때문에 그들에게 디지털은 도달해야 할 목표도, 반짝이는 신기한 물건도 아닌, 그냥 기본 값에 불과했다. 그리고 그런 '디지털 네이티브digital natives'들에게 신기하고 새로운 것은 오히려 아날로그였다.

여기까지는 많은 사람들이 동의한다. 하지만 여전히 대부분의 사람들은 아날로그로의 회귀가 젊은 힙스터들 사이의 일시적인 유행이라고 생각한다. 나도 그랬다. 미국의 10대와 20대를 대상으로 하는 의류 매장인 어번 아웃피터스가 LP레코드판을 미국에서 가장 많이 파는 오프라인 매장이라면, LP레코드판은 하나의 독립된 상품이 아니라 그냥 옷을 사러온 젊은 층에게 끼워 파는 상품, 혹은 그들의 호기심을 자극하는 미끼 상품이라고 생각하는 것이 (우리 세대로서는) 논리적인 추론이다.

하지만 이 책이 설득력 있게 강조하는 것은 레코드판 같은 아날로그 상품이 젊은 층에게 잘 팔리는 것은 일시적인 유행이 아니라는 것이다. 디지털이 세상을 점령하리라는 기대는 우리의 착각이었을 뿐, 아날로그가 디지털보다 훨씬 더 잘하는 영역에서는 반격이 시작되었다는 것이다. "라이트 더 십Right the ship"이라는 영어 표현이 어쩌면 그런 상황을 가장 잘 설명해줄 것이다. 한쪽으로 기운 배를 다시 똑바로 세워놓는다는 의미처럼 메모를 하고, 음악을 듣고, 책을 읽고, 공부를 하는 가장 좋은 방법은 맹목적인 디지털화가 아닐지도 모른다.

디지털이 세상에서 가져갈 분량은 분명하게 존재한다. 나는 태평양 너머에 있는 우리 아이들에게서 생일 카드를 받는 것이 기쁘지만, 매일매일 페이스타임을 통해 얼굴을 보면서 대화하는 것을 손편지와 바꿀 마음은 추호도 없다. 그렇게 디지털은 아직도 우리에게 보여줄 것이 많다. 그러나 모든 아날로그 세상이 디지털로 바뀔 일은 절대로 없다. 다들 완벽한 디지털 세상을 기대하는 순간 아날로그가 '반격'을 해서 다시 균형 상태를 회복하고 있기 때문이다.

몇 년 전까지만 해도 종이책 시장을 완전히 무너뜨릴 것만 같았던 이북이 30퍼센트 정도의 시장점유율에서 성장세를 멈췄다는 최근의 보도가 그 증거다. 책을 읽는 사람들 가운데 상당수가 이북의 경험이 종이책의 경험에 미치지 못한다고 생각한다. 종이책에 대한 향수 때문이 아니라 (이 부분이 중요하다) 순전히 디지털 경험과 아날로그 경험의 일대일 대결에서 아날로그가 승리했기 때문이라는 것이 저자 색스의 주장이다. 그는 그런 영역을 (에필로그를 포함해서) 열 가지 추려내어 변화의 일선에 서 있는 사람들을 찾아다닌다. 《아날로그의 반격》은 바로 그 결실이다.

《아날로그의 반격》의 번역 작업을 시작하기 전에 페이스북 친구들을 통해 망원동의 작은 서점을 알게 되었다. 이 책을 함께 번역한 이승연 님으로부터 "책은 많지 않지만, 흥미로운 책을 잘 모아둔 큐레이션 서점"이라는 설명을 들었을 때 까지만 해도 나는 큰 기대를 하지 않았다. 지난 10년간 거의 모든 책은 온라인으로 주문했고, 서점은 그저 온라인에서 주문하기 전에 책을 직접 확인하는 용도로 사용했다(나 같은 소비자를 서점에서 싫어한다는 것도 잘 안다). 그래서 큐레이션 서점이라는 말에도 큰 기대를 하지 않았다. '어차피 대형 서점에 가면 다 있을 책들인데 뭐' 하는 생각이었다.

하지만 속는 셈 치고 서점을 찾아간 날, 나는 그 자리에서 오프라인 서점의 가치를 믿는 사람으로 '개종'하게 되었다. 아주 작은 공간에 책도 그다지 많지 않아서 서점이라기보다는 그냥 책이 있는 작업공간 정도의 느낌이었다. 그런데 웬걸, 주인이 골라 놓은 책들은 하나같이 내 눈길을 잡아 끌었다. 내가 처음 만난 누군가의 집에서 그 책들을 발견했다면 어떻게든 그와 친구가 되려고 애썼을 것이다.

내가 책을 둘러보는 동안 갑자기 서점이 시끌시끌 해지면서 주인의 동네 친구인 듯한 사람들이 서점에 들어왔다. 그러더니 그들은 서점 한복판에 놓여 있던 종이박스를 둘러쌌다. 그들의 이야기를 들어보니 (엿들으려는 생각은 아니었지만, 워낙 작은 공간이라서 어쩔 수가 없었다) 며칠 전에 서점 주인이 길에 버려진 작은 고양이 새끼를 데려온 모양이었다. 주인을 포함한 동네 친구들은 떨고 있는 그 고양이를 어떻게 살릴 것인지를 이야기하고 있었다. 그곳은 정말 '현실 속을 사는 사람들이 모인 현실의 장소'였다. 《아날로그의 반격》은 그렇게 우리가 아날로그적인 존재임을 다시 한 번 일깨워주는 책이다.

참고문헌

프롤로그

Embracing Analog: Why Physical Is Hot. JWT/Frank Rose, 2013.

Rushkoff, Douglas. *Present Shock: When Everything Happens Now.* Current, 2013.

Turkle, Sherry, and William J. Clancey. *Simulation and Its Discontents* (Simplicity: Design, Technology, Business, Life). MIT Press, 2009.

1장 레코드판

Database of record stores found at recordshops.org. Sales statistics courtesy of International Federation of the Phonographic Industry (IFPI) and the Recording Industry Association of America (RIAA), as well as Nielsen Soundscan, Record Store Day, and the Vinyl Factory.

Barnes, Tom. "Science Shows There's Only One Real Way to Listen to Music." *MusicMic*, November 13, 2014.

Bartmanski, Dominik, and Ian Woodward. *Vinyl: The Analogue Record in the Digital Age.* Bloomsbury, 2015.

Bauerova, Ladka. "Czechs the Spin Kingpins in Global LP Revival." *Bloomberg*, February 11, 2015.

Blacc, Aloe. "Aloe Blacc: Streaming Services Need to Pay Songwriters Fairly." *Wired*, November 5, 2014.

Crane, Larry. "Jack White Is No Fan of Digital Audio." *Tape Op Magazine*, March 2011.

Graham, Jefferson. "Who's Making Money in Digital Music?" *USA Today*, February 15, 2015.

Greenwald, David. "Does Vinyl Really Sound Better? An Engineer Explains." *Oregonian*, November 19, 2014

Grundberg, Sven. "A Penny for Your Song? Spotify Spills Details on Artist Payments." *Wall Street Journal*, December 3, 2015.

Guarino, Mark. "Pressing Plants Feel the Strain with Vinyl Records Back in the Groove." *Washington Post*, September 26, 2014.

Harding, Cortney. "Vinyl Gets Vital: A Classic Format Makes a Comeback." *Billboard*, November 17, 2007.

Harris, John. "Vinyl's Difficult Comeback." *The Guardian*, January 7, 2015.

Hasty, Katie. "Dave Grohl Talks Digital vs. Analog for Next Foo Fighters Album." *HitFix*, March 18, 2013.

Hochberg, William. "Just How Much of Musical History Has Been Lost to History?" *Atlantic*, September 26, 2013.

Hogan, Marc. "Did Vinyl Really Die in the '90s? Well, Sort of . . ." *SPIN*, May 16, 2014.

ICM Unlimited. "Music Buyers Prefer CDs, Vinyl and Cassettes over the Cloud." April 16, 2014.

Levy, Joe. "Jack White on Not Being a 'Sound-Bite Artist,' Living in the Wrong Era and Why Vinyl Records Are 'Hypnotic.'" *Billboard*, March 6, 2015.

Locker, Melissa. "A Fresh Sound: Whole Foods Starts Selling Records." *Time*, August 23, 2013.

"The Loudness Wars: Why Music Sounds Worse." *NPR All Things Considered*, December 31, 2009.

McDuling, John. "The Music Industry's Newfangled Growth Business: Vinyl Records." *Quartz*, July 11, 2014.

———. "The Vinyl Revival Is Not About Sound. It's About Identity." *Quartz*, January 9, 2015.

Oliphint, Joel. "Wax and Wane: The Tough Realities Behind Vinyl's Comeback." *Pitchfork*, July 28, 2014.

Paz, Elion. *Dust and Grooves: Adventures in Record Collecting.* Ten Speed Press, 2015.

Peoples, Glenn, and Russ Crupnick. "The True Story of How Vinyl Spun Its Way Back from Near-Extinction." *Billboard*, December 17, 2014.

Petrusich, Amanda. *Do Not Sell at Any Price: The Wild, Obsessive Hunt for the World's Rarest 78rpm Records.* Scribner, 2014.

Sottek, T. C. "Musician Jack White Praises Analog Living, Says 'There's No Romance in a Mouse Click.'" *Verge*, February 19, 2013.

"The Streaming Price Bible—Spotify, YouTube and What 1 Million Plays Means to You!" *Trichordist*, February 11, 2012.

Tingen, Paul. "Inside Track: Jack White." *Sound on Sound*, October 2014.

Van Buskirk, Eliot. "Vinyl May Be Final Nail in CD's Coffin." *Wired*, October 29,

2007.

The Vinyl Factory. "HMV Reclaims Top Spot as Britain's Biggest Physical Music Retailer." January 16, 2015.

———. "Turntable Resurgence: 240% Spike in Record Player Sales at John Lewis." May 5, 2015.

Whitwell, Tom. "Why Do All Records Sound the Same?" *Cuepoint—Medium*, January 9, 2015.

2장 종이

Carbone, Ken. "Unify, Simplify, Amplify: How Moleskine Gets Branding Right." *Fast Co. Design*, March 28, 2011.

Chemin, Anne. "Handwriting vs. Typing: Is the Pen Still Mightier Than the Keyboard?" *The Guardian*, December 16, 2014.

Courtice, Craig. "The Cult of the Moleskine." *National Post*, November 11, 2006.

Francese, Alberto. "Moleskine: Brand and Model to Catch Target Market Growth." *Banca IMI*, March 24, 2015.

"Hacking a GTD Moleskine." *Lifehack*, January 2007.

Harkin, James. *Niche: The Missing Middle and Why Business Needs to Specialize to Survive*. Abacus, 2012.

Horowitz, Jason. "Does a Moleskine Notebook Tell the Truth?" *New York Times*, October 16, 2004.

Jabr, Ferris. "The Reading Brain in the Digital Age: Why Paper Still Beats Screens." *Scientic American*, November 1, 2013.

Levitin, Daniel. *The Organized Mind: Thinking Straight in the Age of Information Overload*. Dutton, 2014.

Martin, Claire. "Moleskine Notebooks Adapt to the Digital World." *New York Times*, April 18, 2015.

Mayyasi, Alex. "Is Moleskine Inc Replicable?" *Priceonomics*, March 22, 2013.

Mediobanca Securities. "Italian Wake-up Call." March 25, 2015.

Mueller, Pam, and Daniel Oppenheimer. "The Pen Is Mightier Than the Keyboard: Advantages of Longhand over Laptop Note Taking." Association for Psychological Science, 2014.

"On the Cards." *The Economist*, March 14, 2015.

Raphel, Adrienne. "The Virtual Moleskine." *New Yorker*, April 14, 2014.

Seward, Zachary. "Everything You Need to Know About Moleskine Ahead of Its IPO." *Quartz*, March 20, 2013.

Walker, Rob. "Look Smart." *New York Times Magazine*, June 26, 2005.

Weiner, Eric. "In a Digital Chapter, Paper Notebooks Are as Relevant as Ever." *NPR*, May 27, 2015.

Young, Molly. "A Pencil Shop, for Texting the Old-Fashioned Way." *New York Times*, May 19, 2015.

3장 필름

Film industry sales figures taken from Film Ferrania investors' presentation, compiled from Fujifilm, Agfa, Ilford, and selected articles and industry reports.

Fujifilm financial and sales information courtesy of annual/quarterly reports.

Japanese camera sales statistics courtesy of CIPA. Ager, Steve. "Film Didn't Die with Kodak's Chapter 11." *Financial Times video*, January 4, 2015.

Bonanos, Christopher. *Instant: The Story of Polaroid*. Princeton Architectural Press, 2012.

Cade, D. L. "Teens 'Turning Their Backs on Digital' and Flocking to Polaroid, Says Impossible Project CEO." *PetaPixel*, November 9, 2014.

Hardy, Quentin. "At Kodak, Clinging to a Future Beyond Film." *New York Times*, March 20, 2015.

Kirn, Walter. "Remembrance of Things Lost." *New York Times Style Magazine*, April 12, 2015.

Klara, Robert. "How One Man Hopes to Restore the Legacy of Kodak." *Ad-week*, October 20, 2014.

Lanier, Jaron. *Who Owns the Future?* Simon & Schuster, 2014.

"Leadership in Black and White—How a Manufacturer Prots in a Declined Analogue Film Industry." vivianeli.com, April 15, 2015.

Lomography. LOMO Life: *The Future Is Analogue*. Thames & Hudson, 2013.

"Minnesota's Pohlads Acquire Polaroid Majority Stake." *Pioneer Press*, December 27, 2014.

Phelps, David. "Five Years Later: Tom Petters' Ponzi Scheme." *Star Tribune*, September 23, 2013.

Renfroe, Don. "Fans of 'Analog' Photography Keep the Faith." *Des Moines Register*, January 19, 2015.

Rizov, Vadim. "Kodak's Back in Action and Making Film Stock Again." *Dissolve*, September 4, 2013.

Swart, Sharon, and Carolyn Giardina. "Film Fighters, All in One Frame." *Hollywood*

Reporter, December 17, 2014.

Zhang, Michael. "30% of Film Shooters Are Younger Than 35, Says Ilford."
PetaPixel, February 4, 2015.

4장 보드게임

Hobby games market statistics and gures courtesy of ICV2.

Curry, Andrew. "Monopoly Killer: Perfect German Board Game Redenes Genre."
Wired, March 23, 2009.

"Dispatching Obscene Boxes." *The Economist*, June 9, 2014.

Duffy, Owen. "Board Games' Golden Age: Sociable, Brilliant and Driven by the
Internet." *The Guardian*, November 25, 2014.

Ewalt, David. "Fantasy Flight Games Merging with Asmodee." *Forbes*, November
17, 2014.

Ewalt, David M. *Of Dice and Men: The Story of Dungeons & Dragons and the People Who
Play It.* Scribner, 2013.

Furino, Giaco. "Board Game Creators Are Making Assloads of Money on
Kickstarter." *VICE*, September 17, 2014.

Gilsdorf, Ethan. "Board Games Are Back, and Boston's a Player." *Boston Globe*,
November 26, 2014.

Kuchera, Ben. "No One Is Getting Rich from Exploding Kittens' $8.7 Million
Kickstarter." *Polygon*, February 25, 2015.

Lagorio-Chafkin, Christine. "The Humans Behind Cards Against Humanity." *Inc.*,
January 6, 2014.

Moulder, Stuart. "Boardgames: The Latest Analog Craze." *GeekWire*, November
27, 2014.

O'Neil, Lauren. "Cards Against Humanity Sells 30,000 Boxes of Actual Poop to
Mock Holiday Consumerism." *CBC News*, December 15, 2014.

Ochs, Rhiannon. "Kickstarter Killed the Board Game Star." *Whose Turn Is It
Anyway?* December 10, 2014.

Raphel, Adrienne. "The Man Who Built Catan." *New Yorker*, February 12, 2014.

Schank, Hana. "How Board Games Conquered Cafes." *Atlantic*, November 23,
2014.

Summers, Nick. "Cards Against Humanity, the Most Offensive—and Lucrative—
Game on Earth." *Bloomberg Businessweek*, April 24, 2014.

Thai, Kim. "Board Games Are Back." *Fortune*, July 10, 2009.

Wingeld, Nick. "High-Tech Push Has Board Games Rolling Again." *New York*

Times, May 5, 2014.

5장 인쇄물

Magazine statistics courtesy of Launch Monitor (Samir Husni).

Battan, Carri. "Is Vice Getting Nice?" *Daily Intelligencer*, April 1, 2015.

Biasotti, Tony. "The California Sunday Sets Out to Win the West." *Columbia Journalism Review*, October 21, 2014.

Bilton, Nick. "In a Mother's Library, Bound in Spirit and in Print." *New York Times*, May 13, 2015.

Bilton, Ricardo. "Why So Many Digital Publishers Are Flocking Back to Print." *DigiDay*, March 10, 2014.

Burrell, Ian. "Looks Good on Paper: Forget Tablet Editions—A New Wave of Young Independent Publishers Is Producing Wonderful Hard-Copy Titles." *The Independent*, February 19, 2014.

Carr, David. "Print Starts to Settle into Its Niches." *New York Times*, January 5, 2014.

Catalano, Frank. "Paper Is Back: Why 'Real' Books Are on the Rebound." *GeekWire*, January 18, 2015.

Changizi, Mark. "The Problem with the Web and E-Books Is That There's No Space for Them." *Psychology Today*, February 10, 2011.

Herships, Sally. "More Than 800 Magazines Launched in the Last Year." *Marketplace*, December 12, 2014.

Jackson, Jasper. "Guardian CEO: 'The Idea We Will Survive by Becoming a Technology Company Is Garbage.'" *Media Briefing*, December 9, 2014.

Milliot, Jim. "For Books, Print Is Back." *Publishers Weekly*, January 2, 2015.

Nowak, Peter. "Print Books Are Surviving—Even Thriving—in the e-Reader Age." *Canadian Business*, March 20, 2015.

Raphael, T. J. "Your Paper Brain and Your Kindle Brain Aren't the Same Thing." *PRI*, September 18, 2014.

Reese, Diana. "In Small Towns with Local Investment, Print Journalism Is Thriving." *Al Jazeera America*, April 29, 2014.

Sanders, Sam. "J.C. Penney Brings Back Its Print Catalog, After a 5-Year Hiatus." *NPR News*, January 20, 2015.

Silcoff, Mireille. "On Their Death Bed, Physical Books Have Finally Become Sexy." *New York Times Magazine*, April 25, 2014.

Tepler, Benjamin. "Kinfolk Magazine Takes Over the World." *Portland Monthly*,

April 2, 2014.

UK Magnetic Influencer Survey 2015.

Van Meter, William. "A Fashion Magazine's Successful Business Model (Hint: It's Free!)." *New York Times*, March 4, 2015.

Wilkinson, Alec. "Read It and Reap." *New Yorker*, November 10, 2014.

Wolff, Michael. "How Television Won the Internet." *New York Times*, June 29, 2015.

6장 오프라인 매장

US e-commerce statistics courtesy of US Census.

US farmers' market statistics courtesy of USDA.

Alter, Alexandra. "The Plot Twist: E-Book Sales Slip, and Print Is Far from Dead." *New York Times*, September 22, 2015.

Bell, David R., Jeonghye Choi, and Leonard Lodish. "What Matters Most in Internet Retailing." *MIT Sloan Management Review*, September 18, 2012.

Bloom, Ari. "In a Digital World, Physical Retail Matters More Than Ever." *Business of Fashion*, March 4, 2014.

Bonanos, Christopher. "The Strand's Stand: How It Keeps Going in the Age of Amazon." *Vulture*, November 23, 2014.

Chapman, Matthew. "Foyles and Waterstones Reap Rewards of Print Resurgence as Online Growth Slows." *Retail Week*, January 7, 2015.

Cima, Rosie. "Why the Comic Book Store Just Won't Die." *Priceonomics*, May 5, 2015.

Currid-Halkett, Elizabeth. "What People Buy Where." *New York Times*, December 13, 2014.

D'Onfro, Jillian. "Four Years Ago Gilt Groupe Was the Hottest Startup in New York—Here's What Happened." *Business Insider*, February 21, 2015.

Dorf, David. "Pure-Play Retail Is Doomed." *Oracle Commerce Anywhere Blog*, March 12, 2015.

"The Four Horsemen," talk by Scott Galloway at DLD15, available on You-Tube, https://www.youtube.com/watch?v=XCvwCcEP74Q.

Gibson, Megan. "E-books Go Out of Fashion as Book Sales Revive." *Time*, January 9, 2015.

Griffith, Erin. "Counterpoint: Groupon Is Not a Success." *Fortune*, March 20, 2015.

———. "Fab Was Never a Billion-Dollar Company." *Fortune*, January 22, 2015.

Gustafson, Krystina. "Millennials Don't Want to Shop Where You May Think." *CNBC*, May 28, 2014.

Halkias, Maria. "Supermarkets Consider Replacing Self-Checkout Lanes." *Dallas Morning News*, July 7, 2011.

Heyman, Stephen. "Assessing the Health of Independent Bookshops." *New York Times*, February 25, 2015.

"Independent Bookstores Are on the Rise Despite Digital Competition." *Michigan Radio*, March 10, 2015.

Lacy, Sarah. "Andreessen Predicts the Death of Traditional Retail. Yes: Absolute Death." *Pando*, January 30, 2013.

McCrum, Robert. "Whisper It Quietly, the Book Is Back . . . and Here's the Man Leading the Revival." *The Guardian*, December 14, 2014.

Osnos, Peter. "How 'Indie' Bookstores Survived (and Thrived)." *Atlantic*, December 2, 2013.

Rigby, Darrell. "E-Commerce Is Not Eating Retail." *Harvard Business Review*, August 14, 2014.

———. "Online Shopping Isn't as Profitable as You Think." *Harvard Business Review*, August 21, 2014.

"The Rise of the Independent Bookstore." *Huffington Post Books*, May 29, 2015.

Ruiz, Rebecca. "Catalogs, After Years of Decline, Are Revamped for Changing Times." *New York Times*, January 25, 2015.

Salmon, Kurt. "The Store Strikes Back." KurtSalmon.com, March 8, 2013.

Schwartz, Barry. *The Paradox of Choice: Why More Is Less*. Harper, 2005.

Streitfeld, David. "Selling E-Commerce While Avoiding Amazon." *New York Times*, June 5, 2015.

———. "To Gain the Upper Hand, Amazon Disrupts Itself." *New York Times*, December 1, 2014.

Thau, Barbara. "Beware, Retailers: Ignore Millennials at Your Own Risk." *Forbes*, October 10, 2014.

Underhill, Paco. *Why We Buy: The Science of Shopping*. Simon & Schuster, 1999.

Valloppillil, Sindhya. "Why Consumer-Facing E-Commerce Is Broken." *Business Insider*, April 28, 2013.

Wahba, Phil. "Barnes & Noble's Stores Provide Relief as Online Sales Plunge." *Fortune*, March 3, 2016.

7장 일

Autor, David H. "Polanyi's Paradox and the Shape of Employment Growth." Abstract, MIT, NBER, and JPAL, August 11, 2014.

Bender, Morgan, Benedict Evans, and Scot Kupor. "U.S. Technology Funding—What's Going On?" Andreessen Horowitz presentation, June 2015.

Brynjolfsson, Erik, and Andrew McAfee. *Race Against the Machine: How the Digital Revolution Is Accelerating Innovation, Driving Productivity, and Irreversibly Transforming Employment and the Economy.* Digital Frontier Press, 2012.

———. *The Second Machine Age: Work, Progress, and Prosperity in a Time of Brilliant Technologies.* W. W. Norton & Co., 2016.

———. "Why Workers Are Losing the War Against Machines." *Atlantic,* October 26, 2011.

Brynjolfsson, Erik, Andrew McAfee, and Michael Spence. "New World Order." *Foreign Affairs,* July/August 2014.

Caramanica, Jon. "The Next Branding of Detroit." *New York Times,* August 21, 2013.

Carr, Nicholas. *The Glass Cage: Automation and Us.* W. W. Norton & Co., 2014.

Crawford, Matthew. *Shop Class as Soul Craft: An Inquiry into the Value of Work.* Penguin Press, 2009.

Davidson, Adam. "Don't Mock the Artisanal-Pickle Makers." *New York Times Magazine,* February 15, 2012.

Ford, Martin. *Rise of the Robots: Technology and the Threat of a Jobless Future.* Basic Books, 2015.

Krugman, Paul. "The Big Meh." *New York Times,* May 25, 2015.

Lanier, Jaron. *You Are Not a Gadget.* Thorndike, 2010.

LeDuff, Charlie. *Detroit: An American Autopsy.* Penguin, 2013.

Maraniss, David. *Once in a Great City: A Detroit Story.* Simon & Schuster, 2015.

McNeal, Marguerite. "Rise of the Machines: The Future Has Lots of Robots, Few Jobs for Humans." *Wired,* April 2015.

Miller, Claire. "As Robots Grow Smarter, American Workers Struggle to Keep Up." *New York Times,* December 15, 2014.

Mirani, Leo. "The Secret to the Uber Economy Is Wealth Inequality." *Quartz,* December 16, 2014.

Moy, Jon. "On Shinola, Detroit's Misguided White Knight." *Four Pins,* March 26, 2014.

Nocera, Joe. "Is Motown Getting Its Groove Back?" *New York Times,* June 2, 2015.

Raffaelli, Ryan. "Mechanisms of Technology Re-emergence and Identity Change in a Mature Field: Swiss Watchmaking, 1970 – 2008." *HBS Working Knowledge*, December 12, 2013.

Rushkoff, Douglas. *Program or Be Programmed: Ten Commands for a Digital Age*. Soft Skull Press, 2011.

Spence, Michael. "Labor's Digital Displacement." Council on Foreign Relations, May 22, 2014.

Trudell, Craig, Yuki Hagiwara, and Ma Jie. "Humans Replacing Robots Herald Toyota's Vision of Future." *Bloomberg*, April 7, 2014.

Williams, Alex. "Shinola Takes Its 'Detroit Cool' Message on the Road." *New York Times*, January 6, 2016.

8장 학교

Barshay, Jill. "Why a New Jersey School District Decided Giving Laptops to Students Is a Terrible Idea." *Hechinger Report*, July 29, 2014.

Blume, Howard. "L.A. School District Demands iPad Refund from Apple." *Los Angeles Times*, April 16, 2015.

Boyd, Danah. "Are We Training Our Students to Be Robots?" *Bright*, April 7, 2015.

Brenneman, Ross. "Before Buying Technology, Asking 'Why?'" *EdWeek*, June 18, 2014.

Carr, Nicholas. "The Crisis in Higher Education." *Technology Review*, September 27, 2012.

———. *The Shallows: What the Internet Is Doing to Our Brains*. W. W. Norton & Co., 2010.

Catalano, Frank. "Tech Happens: When Tablets and Schools Don't Mix." *GeekWire*, October 9, 2013.

Chiong, Cynthia, Jinny Ree, Lori Takeuchi, and Ingrid Erickson. "Comparing Parent-Child Co-Reading On Print, Basic, and Enhanced e-Book Platforms." Cooney Center, Spring 2012.

Colby, Laura. "News Corp.'s $1 Billion Plan to Overhaul Education Is Riddled with Failures." *Bloomberg Businessweek*, April 7, 2015.

Cordes, Colleen, and Edward Miller. "Fool's Gold: A Critical Look at Computers in Childhood." Alliance for Childhood, 2000.

DeAmicis, Carmel. "A Q&A with 'Godfather of MOOCs' Sebastian Thrun After He Disavowed His Godchild." *Pando*, May 12, 2014.

Dodd, Tim. "UNE Shuts Down Its Loss-Making MOOCs." *Financial Review*, August 25, 2014.

Edmundson, Mark. "The Trouble with Online Education." *New York Times*, July 19, 2012.

Emma, Caitlin. "Finland's Low-Tech Take on Education." *Politico*, May 27, 2014.

Helfand, Duke. "Reading Program Didn't Boost Skills." *Los Angeles Times*, February 7, 2005.

Hembrooke, Helene, and Geri Gay. "The Laptop and the Lecture: The Effects of Multitasking in Learning Environments." *Journal of Computing in Higher Education*, Fall 2003.

Herold, Benjamin. "After Ed-Tech Meltdown, a District Rebounds." *Ed-Week*, January 27, 2015.

Holstead, Carol. "The Benefits of No-Tech Note Taking." *Chronicle of Higher Education*, March 4, 2015.

Kachel, Debra. "School Libraries Are Under Attack." *New Republic*, July 13, 2015.

Kamenetz, Anya. "The Inside Story on LA Schools' iPad Rollout: 'A Colossal Disaster.'" *Hechinger Report*, September 30, 2013.

Konnikova, Maria. "Will MOOCs Be Flukes?" *New Yorker*, November 7, 2014.

Lewin, Tamar. "After Setbacks, Online Courses Are Rethought." *New York Times*, December 10, 2013.

Lewin, Tamar, and John Markoff. "California to Give Web Courses a Big Trial." *New York Times*, January 15, 2013.

McNeish, Joanne, Mary Foster, Anthony Francescucci, and Bettina West. "Exploring e-Book Adopters' Resistance to Giving Up Paper." *International Journal of the Book*, 2014.

———. "The Surprising Foil to Online Education: Why Students Won't Give Up Paper Textbooks." *Journal for Advancement of Marketing Education*, Fall 2012.

McNeish, Joanne E. and Barbara Kolan. "Confronting the Illusion of Technological Expertise Among College and University Students." Ted Rogers School of Management, Ryerson University, and Achva Academic College, 2014.

———. "A Cross-Cultural Study on Digital Delivery of Academic Course Content." Ted Rogers School of Management, Ryerson University, and Achva Academic College, 2014.

Miller, Larry, Bethany Gross, and Robin Lake. "Is Personalized Learning Meeting Its Productivity Promise?" CRPE, May 2014.

Miron, Gary, and Jessica Urschel. "Understanding and Improving Full-Time Virtual Schools." National Education Policy Center, July 2012.

Oppenheimer, Todd. *The Flickering Mind: Saving Education from the False Promise of*

Technology. Random House, 2004.

Powers, William. *Hamlet's BlackBerry: A Practical Philosophy for Building a Good Life in the Digital Age*. Harper, 2010.

Rich, Motoko. "Kindergartens Ringing the Bell for Play Inside the Classroom." *New York Times*, June 9, 2015.

Rockmore, Dan. "The Case for Banning Laptops in the Classroom." *New Yorker*, June 6, 2014.

Sana, Faria, Tina Weston, and Nicholas J. Cepeda. "Laptop Multitasking Hinders Classroom Learning for Both Users and Nearby Peers." *Computers & Education*, October 2012.

Schuman, Rebecca. "The King of MOOCs Abdicates the Throne." *Slate*, November 19, 2013.

Shirky, Clay. "Why I Just Asked My Students to Put Their Laptops Away." *Medium*, September 8, 2014.

Strauss, Valerie. "Too Much Tech? An Argument for Keeping Schools Low-Tech." *Washington Post*, August 26, 2014.

"Students, Computers and Learning." OECD Publishing, 2015.

Vigdor, Jacob L., and Helen F. Ladd. "Scaling the Digital Divide: Home Computer Technology and Student Achievement." *Urban Institute*, June 2010.

Warschauer, Mark, and Morgan Ames. "Can One Laptop per Child Save the World's Poor?" *Journal of International Affairs*, Fall/Winter 2010.

Zakaria, Fareed. "Why America's Obsession with STEM Education Is Dangerous." *Washington Post*, March 26, 2015.

9장 실리콘밸리

Bezos, Jeff. Interview on the Charlie Rose Show, November 15, 2012.

Bilton, Nick. "Steve Jobs Was a Low-Tech Parent." *New York Times*, September 10, 2014.

Clarke, Peter. "When Did Analog Steal Digital's Mojo?" *Electrical Engineering Time*, May 28, 2015.

Danzig, Richard. "Surviving on a Diet of Poisoned Fruit Reducing the National Security Risks of America's Cyber Dependencies." Center for New American Security, July 2014.

Evans-Pughe, Christine. "Photonic Computers Promise Energy-Efficient Supercomputers." *Engineering and Technology Magazine*, December 15, 2014.

Honan, Matt. "This Is Twitter's Top Secret Project Lightning." *BuzzFeed News*,

June 18, 2015.

Kelly, Kevin. *Cool Tools: A Catalog of Possibilities*. kk.org, 2014.

———. *What Technology Wants*. Viking Press, 2010.

Lanks, Belinda. "Evernote Has More Office Supplies to Sell." *Bloomberg Businessweek*, August 26, 2014.

Lohr, Steve. "If Algorithms Know All, How Much Should Humans Help?" *New York Times*, April 6, 2015.

McMillan, Robert. "Darpa Has Seen the Future of Computing . . . and It's Analog." *Wired*, August 22, 2012.

Shachtman, Noah. "In Silicon Valley, Meditation Is No Fad. It Could Make Your Career." *Wired*, June 18, 2013.

Wagner, Kurt. "There's a Shiny New Trend in Social Media: Actual Human Editors." *re/code*, June 24, 2015.

에필로그: 여름의 반격

Bisby, Adam. "Roam Free: The Case for Digital Detox at Camps." *The Globe and Mail*, June 25, 2015.

Brody, Jane E. "Screen Addiction Is Taking a Toll on Children." *New York Times*, July 6, 2015.

Heffernan, Virginia. "Magic and Loss." *New York Times Magazine*, February 18, 2011.

Holson, Laura M. "The IRL Social Clubs." *New York Times*, October 1, 2014.

Keim, Brandon. "Screens May Be Terrible for You, and Now We Know Why." *Wired*, March 18, 2015.

Pinker, Susan. *The Village Effect: How Face-to-Face Contact Can Make Us Healthier and Happier*. Random House, 2014.

Turkle, Sherry. *Alone Together: Why We Expect More from Technology and Less from Each Other*. Basic Books, 2011.

———. *Reclaiming Conversation: The Power of Talk in a Digital Age*. Penguin Press, 2015.

아날로그의 반격

초판 1쇄 발행 2017년 6월 30일
초판 12쇄 발행 2024년 2월 29일

지은이 데이비드 색스
옮긴이 박상현, 이승연
발행인 김형보
편집 최윤경, 강태영, 임재희, 홍민기, 박찬재, 강민영
마케팅 이연실, 이다영, 송신아 **디자인** 송은비 **경영지원** 최윤영

발행처 어크로스출판그룹(주)
출판신고 2018년 12월 20일 제 2018-000339호
주소 서울시 마포구 양화로10길 50 마이빌딩 3층
전화 070-8724-0876(편집) 070-8724-5877(영업) **팩스** 02-6085-7676
이메일 across@acrossbook.com **홈페이지** www.acrossbook.com

한국어판 출판권 ⓒ 어크로스출판그룹(주) 2017

ISBN 979-11-6056-021-3 03320

만든 사람들
편집 강태영 **교정** 윤정숙 **디자인** 박진범 **조판** 성인기획